Ellic Howe

Uranias Kinder

Ellic Howe (1910-1991), ein britischer Gentleman russisch-jüdischer Herkunft, studierte einige Semester Geschichte und Nationalökonomie in Oxford. Auf ausgedehnten Reisen durch Europa erwarb er gründliche Sprachkenntnisse. Von 1934-37 Buchdrucker-Lehre. Veröffentlichungen zur Geschichte des Buchdrucker- und Buchbinder-Handwerks. 1938 bei der Territorialarmee, 1940-41 Sergeant-Major bei der Flugabwehr. Karriere bei der Political Warfare Executive, Spezialist für Typographie und Meisterfälscher des SOE in Sefton Delmers Abteilung für „schwarze" Propaganda (cf. *Die schwarze Propaganda. Ein Insiderbericht über die geheimsten Operationen des britischen Geheimdienstes im Zweiten Weltkrieg*, München 1983). Nach dem Krieg erschienen *The London Compositor 1785-1900* (1947) und *The London Bookbinder 1750-1806* (1950). Umfangreiche Forschungen zur Geschichte des Irrationalen und der Freimaurerei: *Urania's Children* (1967, 2. Aufl. 1984), *The Magicians of the Golden Dawn* (1972), mit Helmut Möller *Merlin Peregrinus: Vom Untergrund des Abendlandes* (Würzburg 1986). Meister vom Stuhl der Forschungsloge „Quattuor Coronati" (1979). Ihm zu Ehren erschien die Festschrift *Wege und Abwege* (hrsg. von Nicholas Barker und Albrecht Götz von Olenhusen, Freiburg 1989).

Ellic Howe

Uranias Kinder

Die seltsame Welt der Astrologen und das Dritte Reich

Herausgegeben und aus dem Englischen übersetzt von Franz Isfort

Erstveröffentlichung: London 1967 (Urania's Children: The Strange World of the Astrologers). Erweiterte Ausgabe: Wellingborough 1984 (Astrology and the Third Reich). © 1984 by Ellic Howe

©1995 Beltz Athenäum Verlag, Weinheim
Alle Rechte vorbehalten.
Ohne ausdrückliche Genehmigung ist es nicht gestattet,
das Buch oder Teile daraus auf fotomechanischem Weg
(Fotokopie, Mikrokopie) zu vervielfältigen.
Graphiken: Volker Ewald, 30451 Hannover. True-Type-Font
Astro-Master-Multi-2 © 1994 by Günter Hager, 53347 Alfter
Umschlaggestaltung: Bayerl & Ost, Frankfurt am Main
unter Verwendung eines Fotos von Ullstein Bilderdienst: Vorlesung für kritische
Astrologie an der Hochschule der Okkultisten 1933
Druck und Bindung: Druckhaus „Thomas Müntzer", Bad Langensalza
Printed in Germany
ISBN 3-89547-710-9

Inhalt

Teil I
Der historische Hintergrund

1. Begegnung mit der Astrologie — 7
2. Zur astrologischen Theorie — 19
3. Überleben und Wiederaufleben der Astrologie in Großbritannien — 34
4. Zeitungsastrologie in Großbritannien — 97
5. Das Wiederaufleben der Astrologie in Frankreich — 102
6. Das Wiederaufleben der Astrologie in Deutschland — 110
7. Die deutschen Astrologen im Dritten Reich — 143

Teil II
Karl Ernst Krafft

8. Die Suche nach Krafft — 163
9. Der Ursprung einer Obsession — 174
10. Ein unkonventioneller Berufsastrologe — 189
11. Tausend obskure Verse — 216
12. Kraffts Hitler-Prophezeiung — 225
13. Die Affaire um den Tilea-Brief — 233
14. Nostradamus und psychologische Kriegführung — 245
15. Die Aktion Heß — 259
16. Captain Louis de Wohl — 273
17. Astrologen in Gefangenschaft — 294
18. Eine unglaubliche Alternative — 314

Danksagungen — 325
Abbildungen — 326
Index — 327

Für Elsa, die dieses Abenteuer mit mir teilte [1]

Uranias Kinder

Die Astrologen glauben, sie seien besonders empfänglich für den Einfluß des Planeten Uranus und ihre Kunst sei deshalb „uranisch". „Es ist ein bemerkenswerter Umstand, daß, was immer er [Uranus] bewirkt oder bedeutet, von *seltsamer, romantischer und unerwarteter* Natur ist. So ist der Bereich des individuellen Schicksals, über den er herrscht, *für die Mehrzahl derer, die unter einem anderen Einfluß geboren sind, ausgesprochen ungewöhnlich, völlig überraschend, und gänzlich anders als der übliche Lauf der Dinge*. In der Tat scheint unter solchen Umständen Magie im Spiele zu sein, so daß eine Person unter diesem Einfluß manchmal zu denken glaubt, *von einem Zauber verwandelt* worden zu sein. *Es ist wie im Märchen*, und es ist müßig, darüber nachzusinnen, ob es das Blendwerk eines *Traumes* oder die Wirklichkeit ist."

John Corfield in *The Urania*, Nr. 1, Juni 1814.

---

[1] Die zweite englische Auflage (*Astrology and the Third Reich*, 1984) ist Helmut Möller gewidmet.

Teil I
Der historische Hintergrund

Begegnung mit der Astrologie

Der erste Astrologe, dem ich begegnete – ich sollte später noch viele kennenlernen – wurde mir Anfang 1943 von Sefton Delmer vorgestellt. Delmer war der phantasievollste und geschickteste Vertreter der „schwarzen" psychologischen Kriegführung, den ich während einer fast vierjährigen Tätigkeit für die Political Warfare Executive kennenlernte. Die Produktion dieser Dienststelle hatte zwei Seiten: die BBC-Radio-Sendungen für Deutschland und das feindlich besetzte Europa sowie alle Flugblätter mit dem Impressum der Regierung Ihrer Majestät, die von der Royal Air Force abgeworfen wurden, waren „weiß". „Schwarze" Operationen hingegen machten ihre britische Herkunft niemals kenntlich. Verschiedene „schwarze" Radiosender sorgten äußerst geschickt dafür, daß der Eindruck entstand, sie würden innerhalb Deutschlands betrieben, und es wurde viel Mühe darauf verwandt, daß „schwarze" Publikationen zumindest so aussahen, als seien sie erst kürzlich in Deutschland hergestellt worden. „Schwarzes" Material wurde auch nicht in großen Mengen via RAF nach Deutschland gebracht, sondern in relativ kleinen Stückzahlen über Untergrundkanäle eingeschleust.[1]

Delmers Hausastrologe war Louis de Wohl, ein großer schwabbeliger Elephant von Mann. Er glotzte hinter einer Schildpattbrille hervor und trug eine gut geschnittene Uniform, offenbar die eines Captains der höheren Army-Laufbahn. Er zog ein paar Papiere aus einer großen, teuren Aktentasche aus Krokodilleder und nahm eine Zigarre aus einer Schachtel, die aus demselben Material bestand. „Das Krokodil ist mein Lieblingstier", sagte er. Delmer war schon gegangen. De Wohl saß da und starrte mich an. Ich hatte das Gefühl, als ob ein Krokodil mich mit den Augen verschlänge. Er bat mich, meinen Namen zu wiederholen, und fragte, wie man „Ellic" buchstabiere. Er sprach ein außergewöhnlich gutes Englisch mit leichtem deutschen Akzent. Ohne seinen Blick zu senken, nahm

---

[1] Sefton Delmers *Die Deutschen und ich* (Hamburg 1962) enthält eine verläßliche Schilderung der „schwarzen" britischen Aktivitäten gegen Deutschland während des 2. Weltkriegs.

er einen Stift in jede Hand und schrieb simultan „Ellic Howe", normal mit der rechten und in Spiegelschrift mit der linken Hand. Ich merkte, daß er mich hypnotisieren wollte, und schaute weg. Das brach den Bann und wir gingen zum geschäftlichen Teil über.
De Wohl erzählte mir, Delmer habe ihn beauftragt, den Text für eine Fälschung der deutschen Astrologie-Zeitschrift *Zenit* zu schreiben. Er fragte mich, ob wir die nötigen Schrifttypen für die Tierkreis- und Planetensymbole beschaffen könnten. Er zeigte sie mir in seinem Manuskript. Obwohl ich keine Ahnung von Astrologie hatte, kannte ich sie und erwiderte, für Druckzwecke seien sie leicht aufzutreiben. Meine erste Begegnung mit de Wohl war nur kurz, und danach traf ich ihn nur noch bei zwei oder drei Gelegenheiten, immer in Zusammenhang mit einem „schwarzen" astrologischen Projekt Delmers.
Neben einigen Ausgaben des *Zenit* produzierten wir eine kleine Broschüre mit prophetischen Quatrains im Stil des Michel Nostradamus, des berühmten französischen „Sehers" aus dem 17. Jahrhundert. Ich werde später mehr über diese Publikationen berichten. Ich wußte damals nicht, daß unsere Nostradamus-Broschüre darauf beruhte, daß man in Erfahrung gebrachte hatte, daß der Schweizer Astrologe Karl Ernst Krafft, den man für Hitlers Ratgeber hielt, Nostradamus-Material für die psychologische Kriegführung benutzt hatte. Nostradamus wurde nun zu den Deutschen „zurückgespielt".
Kraffts Verbindung zu Hitler machte ihn zum bevorzugten Objekt unserer Aufmerksamkeit. De Wohl hatte sicherlich seine Finger im Spiel, als wir im Sommer 1943 einen Brief mit der Krafft'schen Unterschrift fälschten. Weder Delmer noch ich selbst können sich noch genau an den Inhalt dieses Briefs erinnern, außer daß Krafft angeblich schrieb, Deutschland werde den Krieg verlieren, Hitler eines gewaltsamen Todes sterben, und dergleichen mehr. Geplant war, den Brief in die Hände der Gestapo zu spielen. Wenn alles gut liefe, würde Krafft verhaftet werden, und Hitler der Dienste eines vermutlich unschätzbaren Astrologen verlustig gehen. Ich habe keine Ahnung, ob das Dokument jemals an seinen Bestimmungsort gelangte, doch in der Rückschau kann ich mir lebhaft vorstellen, wie sich gewisse Leute in Heinrich Himmlers *Reichssicherheitshauptamt* köstlich amüsierten, denn sie hatten Krafft schon im Sommer 1941 verhaftet.

BEGEGNUNG MIT DER ASTROLOGIE

Als ich *Uranias Kinder* Anfang der sechziger Jahre schrieb, hatte ich keinen Zugang zu den Akten der Political Warfare Executive, die erst ein Jahrzehnt später öffentlich zugänglich wurden. Ich nutzte diese Unterlagen ausführlich für mein Buch *Die schwarze Propaganda: Ein Insiderbericht über die geheimsten Operationen des britischen Geheimdienstes im Zweiten Weltkrieg* (München 1983). So verweise ich den Leser auf dieses Buch, wenn er über meine Beteiligung an Fälschungen von Dokumenten im Krieg detailliert nachlesen will. In diesem Zusammenhang ist der Name *Armin Hull* irreführend. Denis Sefton Delmer erfand dieses Pseudonym für mich in seinem autobiographischen Buch *Die Deutschen und Ich* (Hamburg 1962). Es folgt nun eine überarbeitete Version der Geschichte der Fälschung des Krafft-Briefs.

Nach einem Arbeitsbericht vom 9. Januar 1943 wartete ich damals auf Material für die Operation Nr. H. 277, die vorläufig unter der Bezeichnung „Drucksache Brandt-Rasputin" lief. Es ging um die Herstellung einer 24-seitigen Broschüre mit einem roten Umschlag aus Papier, worin ein Brief abgedruckt war, den Krafft selbst geschrieben haben soll. In *Die schwarze Propaganda* schrieb ich: „Der Gentleman, der die Unterschrift von Krafft fälschte, saß damals im Gefängnis und hat nichts für seine Arbeit verlangt. Auf Bitten von Colonel Chambers [Verbindungsoffizier des PWE zum MI5] hat Scotland Yard den Fälscher zur Mitarbeit veranlaßt; ich selbst habe ihn nie kennengelernt."

Der Text des gefälschten Briefs lautet:

Mein Lieber!
Hier haben Sie den versprochenen Durchschlag meines Briefes an den Führer. Ich weiss, er ist sicher in Ihren Händen. Mögen alle guten Mächte helfen, dass das Übel abgewendet werden kann. Fiat voluntas...
Stets Ihr
K. E. Krafft.

Dem Brief folgte eine kurze Begründung seiner Entscheidung, an den *Führer* zu schreiben, ein Bericht über seine seit vielen Jahren für Hitler geleistete Arbeit sowie eine Erklärung, warum er sich so selten im Führerhauptquartier aufhalten könne: Er arbeite nämlich an einer Neuausgabe der Prophezeiungen des Nostradamus. Am 8. Dezember 1942 wurde, so der Text, „Herr Doktor Krafft" in seiner Wohnung von einem Offizier des Führerbegleitbataillons abgeholt und ward seitdem nicht mehr gesehen. Die folgenden Seiten enthielten die unsinnigsten Behauptungen, zum Teil unter Berufung auf Dr. Karl Brandt, den wir als Leibarzt Hitlers identifiziert hatten. Angeblich behandelte Brandt ein Prostata-Leiden Hitlers mit einem auf Kokainbasis hergestellten Medikament, Cycloform, und mit hohen Dosen Ovarialhormonen. Dies war mit Großaufnahmen der Augen von Brandt und Rasputin (jedenfalls sollten es deren Augen sein) illustriert. So sollte angedeutet werden, daß der negative Einfluß Brandts auf Hitler nicht nur zur Entlassung von Generalfeldmarschall von Brauchitsch, sondern auch zu Hitlers Entschluß geführt habe, in Rußland den Oberbefehl selbst zu übernehmen. Außerdem wurden neunzehn weitere vom Führer ihres Dienstes enthobene Generale namentlich genannt.

Die Absicht, die hinter diesem komplexen Machwerk stand, war, Gerüchte über den körperlichen und geistigen Verfall Hitlers in die Welt zu setzen. Es wurden meiner Schätzung nach nur wenige tausend Exemplare gedruckt, um sie über geheime Untergrundkanäle nach Deutschland einzuschleusen. Auch wenn sich unter solchen Umständen nur schwer ein „Beweis" für ihre Aufnahme in Deutschland und im von deutschen Truppen besetzten Europa erbringen läßt, erreichten offenbar viele meiner ungewöhnlichen Produkte ihr Ziel. Das einzig klar benennbare Ergebnis der ganzen Krafft-Fälschungsaktion war jedoch nur, daß mir sein Name ins Gedächtnis eingebrannt blieb, so daß ich, als ich Anfang 1959 wieder darauf stieß, mit Nachforschungen begann, die dann zur Veröffentlichung von *Uranias Kinder* führten.[2]

Nach 1945 hatte ich meine Arbeit für Delmer und andere Leute der Abteilung zunächst vergessen. Ich verschwendete kaum einen Gedanken an Astrologie, bis im Frühjahr 1958 meine Neugier durch Verweise auf dieses Thema in verschiedenen Büchern C. G. Jungs geweckt wurde. Ich war überrascht, daß Jung Astrologie ernst nahm. So beobachtete er zum Beispiel 1931: „Wie der Bildungsphilister noch bis vor kurzem glaubte die Astrologie als längstens erledigt belächeln zu können, steht sie heute, von unten heraufkommend, dicht vor den Toren der Universitäten, aus denen sie vor etwa dreihundert Jahren ausgezogen ist."[3]

In seinem Aufsatz über fliegende Untertassen („Ein moderner Mythos von Dingen, die am Himmel gesehen werden") schrieb er: „Für diejenigen meiner Leser, denen diese Dinge unbekannt sein sollten und die daher meine Darstellung als Übertreibung abtun möchten, kann ich auf die von jedermann zu kontrollierende Tatsache hinweisen, daß die Blütezeit der Astrologie nicht ins graue Mittelalter fällt, sondern in die Mitte des 20. Jahrhunderts, wo selbst viele Tageszeitungen es nicht verschmähen, Wochenhoroskope herauszugeben. Eine dünne Oberschicht wurzelloser Aufgeklärter liest zwar mit Genugtuung im Konversationslexikon, daß noch im Jahre 1723 ein gewisser So-und-so für seine Kinder das Horoskop habe stellen lassen, weiß aber nicht, daß das Horoskop schon beinahe den Rang einer intimen Visitenkarte erlangt hat."[4]

Schließlich stieß ich auf das Kapitel „Ein astrologisches Experiment" in *Naturerklärung und Psyche*, wo Jung die Astrologie im

---

[2] Nachtrag Ellic Howes aus der 2. engl. Auflage 1984.
[3] C. G. Jung: „Seelenprobleme der Gegenwart" in: *Zivilisation im Übergang*, Gesammelte Werke Bd. 10, 1974, S. 104.
[4] C. G. Jung: *Zivilisation im Übergang*, a.a.O., S. 403.

Rahmen seiner „Synchronizitätstheorie" diskutiert.[5]
So beschloß ich, mir die Astrologie genauer anzusehen, ohne dabei eine klare Absicht im Kopf zu haben. Ich hätte nie gedacht, daß das Thema mich länger als ein oder zwei Monate beschäftigen würde. Zunächst erwarb ich eine Nummer des Massenblatts *Prediction* und las die Anzeigen professioneller Astrologen, die „Hilfe in jeder möglichen Frage, sei es Heirat, Geld, Geschäft, Gesundheit, Reise, Umzug etc." für eine Guinee offerierten. Für den gleichen Betrag bekam man auch „eine detaillierte Jahresvorschau mit exakten Daten aller künftigen Ereignisse". Erstaunt, daß präzises Wissen über die Zukunft so preiswert zu erhalten war, wandte ich mich den Leitartikeln und diversen Beiträgen zu, die in einem mir unverständlichen Fachjargon geschrieben waren. So stand z. B. beim Horoskop eines Filmstars: „Merkur steht im Trigon zu Mars im Stier. Der Stier wird von Venus beherrscht, was bedeutet, daß die Wirkung des Mars sich der Funktion des Herrschers unterordnen muß". Ich konnte mir auf diese Geheimsprache keinen Reim machen.
Außerdem brachte das Magazin Vorhersagen für den aktuellen Monat, angeordnet in der Reihenfolge der zwölf Tierkreiszeichen. So müßte jeder, der zum Beispiel unter dem Zeichen Widder geboren wurde, den gleichen astralen Einflüssen unterworfen sein oder das gleiche „Schicksal" haben. Das schien mir keinen Sinn zu ergeben.
Ich warf einen Blick in *Horoscope*, das französische Äquivalent zur *Prediction*. Der Inhalt war nahezu identisch, doch hier gab es viel mehr Anzeigen von Astrologen. Die französischen Praktiker offerierten eine ganze Palette mantischer Spezialitäten wie Handlesen, Kartenlegen (der mysteriöse *Tarot égyptien*) und sogar Hellsehen. Während die britischen Astrologen ihre Geschäfte meist eigens über eine Postadresse abwickelten, empfingen ihre französischen Kollegen die Klienten zu einem persönlichen Gespräch.
Mein nächster Schritt war die Anforderung einer 2-Guineen-Horoskopdeutung von einem der „Weisen", der in *Prediction* inserierte. Ich schickte dem Gentleman das Datum meiner Geburt und teilte ihm mit, die genaue Uhrzeit sei nicht bekannt. Daraufhin bat er um Daten von wichtigen Ereignissen meines Lebens und erklärte, dies

---

[5] „Synchronizität als ein Prinzip akausaler Zusammenhänge" in: *Naturerklärung und Psyche*, Studien aus dem C. G. Jung-Institut Bd. 4; Zürich 1952.

ermögliche ihm die „Rektifikation" meines Horoskops, d. h. er wollte die Geburtszeit aus den Konstellationen abzuleiten versuchen, die zu den fraglichen Ereignissen vorherrschten. Nach einiger Zeit kam seine Auslegung zusammen mit einer Horoskop-Zeichnung an. Neugierig las ich seine Ausführungen. Er hatte festgestellt, daß ich annähernd um 1.30 h geboren sein müsse. In späteren Jahren versuchten ein halbes Dutzend berühmter deutscher Astrologen meine Geburtszeit herauszufinden – jedesmal mit anderem Ergebnis. Falls man nun annimmt, daß ich mein Vermögen für Horoskope verschleuderte, so muß ich erklären, daß mir meine deutschen Freunde für ihre Arbeit nichts berechneten.

Mein Astrologe schickte mir fünf Schreibmaschinenseiten. Im ersten Absatz beschrieb er mit bemerkenswerter Genauigkeit einen meiner auffälligsten Charakterzüge. Das war genau auf den Punkt getroffen, und ich war sehr beeindruckt. Außerdem gab es ein paar kurzfristige Voraussagen wie z. B., ich würde im Juni finanziell gut dastehen, im September auf unerwartete Hemmnisse stoßen und im Oktober verreisen. Ich weiß nicht mehr, ob eine der Vorhersagen eintraf, doch im November reiste ich kurzfristig nach Frankreich.

Der überraschende Eindruck, den dieser erste Abschnitt auf mich machte, veranlaßte mich, weiter zu forschen. Damit verbunden war ein vorübergehendes Interesse an dem, was die Deutschen Charakterologie nennen. Erst kürzlich hatte ich Jungs *Psychologische Typen*, Kretschmers *Körperbau und Charakter* sowie andere Werke dieses Genres von deutschen Autoren gelesen. Man muß betonen, daß Charakterologie eine sehr deutsche Angelegenheit ist. Außerdem hatte ich herausgefunden, daß Jung oftmals die Horoskope seiner Patienten studierte, nicht um die Zukunft vorherzusagen, sondern weil er glaubte, sie enthielten nützliche Informationen psychologischer Natur: inwieweit zum Beispiel ein bestimmtes Individuum für eine bestimmte Neurose anfällig sei. Es gab also ein neues Markenzeichen: Jungianische Psychologische Astrologie, und ich hoffte, entsprechende Literatur zu finden. Doch ein flüchtiger Blick auf die aktuellen Angebote des Atlantis Bookshops in der Museum Street verriet mir, daß das Wissen und die Anleitung, die ich wünschte, nicht leicht zu finden sein würden.

Und wieder waren die Sterne auf meiner Seite. Meine Frau und ich besuchten damals die Vorträge in dem Kreis „The Open Way" bei einem meiner Verwandten, Dr. Erich Graham Howe. Das Publikum

bestand aus klinischen Psychologen, Laientherapeuten und gewöhnlichen Laien wie uns. Dr. Howe interessierte sich für jede denkbare Äußerung menschlichen Glaubens und Verhaltens, und so war niemand überrascht, als ein Vortrag über Astrologie angekündigt wurde. Die Vortragende war Phyllis Naylor, eine Berufsastrologin, deren Namen weder im Londoner Telephonbuch noch in den Anzeigenseiten irgendwelcher Blätter zu finden war. Das Thema ihres vorsichtig formulierten Vortrags war: „Astrologie und das Problem der Prognose". Ich wurde ihr vorgestellt, und das war der Beginn einer langjährigen Freundschaft.
Im Februar 1959 begann mich Mrs. Naylor in der Berechnung eines Horoskops und den Grundlagen der Deutung zu unterrichten. Die mathematische Seite war schnell erlernt, doch ich erreichte nie Mrs. Naylors Geschick in der Beschreibung psychologischer Charakteristika von (mir gut bekannten) Leuten, deren Horoskope ich berechnet hatte, um sie ihr zur Begutachtung vorzulegen. Dabei hatte sie keine Ahnung, wer sie waren. Nach und nach jedoch wurde ich einigermaßen vertraut mit diesem Geschäft der „Blinddiagnose". Die meisten meiner Vorhersageversuche lagen weitab vom Schuß und ich denke, daß meine wenigen Erfolge in dieser Hinsicht – ein oder zwei davon waren recht beeindruckend – eher durch Glück als durch Können zustande kamen.
Ich tat mich leichter mit der „Vorhersage rückwärts", d. h. der Identifikation vergangener Ereignisse aus dem Horoskop einer Person. Der bekannte Berufsastrologe Arthur Gauntlett forderte mich auf, herauszufinden, was ihm an zwei bestimmten Tagen seines Lebens widerfahren sei. Noch keiner seiner Kollegen habe das fragliche Ereignis beschreiben können. Um dieses Rätsel zu lösen, benutzte ich das System der „Hamburger Schule", auf das ich noch zurückkomme werde, und es glückte mir wider Erwarten gut. Einige Jahre später schickte mir Gauntlett ein „Zeugnis": „Am 30. Januar 1961 beantworteten Sie meine Fragen, und Sie kamen den tatsächlichen Ereignissen so außerordentlich nahe, daß, wüßte ich es nicht anders, ein Vorherwissen unterstellt werden müßte". Heute könnte ich so etwas wohl nicht mehr leisten, und ich kann auch nicht erklären, warum es mir 1961 gelang.
Nun verlor ich allmählich das Interesse an dem Problem, ob die Astrologie wahr oder falsch sei. All meine vermeintlichen „Erfolge" hätten mich zwar von der Validität der astrologischen These

überzeugen und zu einem treuen Anhänger machen müssen. Doch ich fühlte, daß dieses „Herummurksen" an Horoskopen, jedenfalls soweit es mich betraf, reine Zeitverschwendung war. Ich war geneigt zu akzeptieren, daß an der Astrologie mehr dran war, als die Skeptiker ihr zugestehen wollten. Doch an diesem Punkt endete mein Engagement. Es dämmerte mir, daß Antworten auf die Fragen, die mir am meisten unter den Nägeln brannten – diese Fragen hatten nichts mit der Validität der astrologischen Lehre zu tun – nicht durch das Erstellen von Horoskopen, sondern nur durch historische Forschung zu finden waren.

Irritiert hatte mich vor allem das Phänomen des Überlebens der Astrologie in der Form, in der ich sie vorgefunden hatte, und darüber hinaus ihre geradezu aufdringliche Präsenz im 20. Jahrhundert. Darauf hatte schon Jung hingewiesen, doch genaueres über den neueren historischen Hintergrund dieses Phänomens war offenbar nicht verfügbar. Sorgfältig hatten die Gelehrten zahllose Aspekte der Frühgeschichte der Astrologie untersucht, von ihren Ursprüngen in Babylon bis zu der Zeit, als astrologische Vorstellungen gegen Ende des 17. Jahrhunderts aus der Mode kamen. Doch niemand hatte es für wichtig erachtet, die neuere Zeit seit ca. 1700 genauer unter die Lupe zu nehmen.

Der Grund für dieses Versäumnis ist leicht zu erklären. Nahezu zwei Jahrtausende, von frühhellenistischer Zeit bis zum Ende der Renaissance, durchdrangen astrologische Vorstellungen viele Bereiche des Wissens und der intellektuellen Spekulation im Westen. Astronomie und Astrologie waren Zwillingsschwestern, kosmologische Theorien hatten eine astrologische Basis, und es gab traditionell enge Verbindungen zwischen Astrologie und Medizin. So war es unvermeidlich, daß im jetzigen Jahrhundert Forscher aus den unterschiedlichsten akademischen Disziplinen auf astrologische Lehren, Traditionen und Spuren stießen, sie untersuchten und kommentierten. Doch historisch gesehen schwand ihr Interesse, als die Astrologie im 17. Jahrhundert ihren bis dato respektablen Status verlor. Warum Zeit verschwenden mit der neueren Geschichte eines fragwürdigen Aberglaubens?

Aby Warburg (1866-1929) und sein Schüler und Kollege Fritz Saxl (1890-1948), zwei der vorzüglichsten Kulturhistoriker dieses Jahrhunderts, waren anderer Meinung und legten den Grundstein zu einer bedeutenden Sammlung von *Astrologica* des 20. Jahrhunderts, die sich jetzt im Warburg Institute an der Universität London befindet. Warburg arbeitete über astrologische Symbolik in der Kunst der Renaissance, und Saxl spürte die wichtigsten astrologischen Manuskripte des Mittelalters auf und katalogisierte sie. Schon vor dem ersten Weltkrieg hatte Warburg in Hamburg damit begonnen, zeitgenössische astrologische Broschüren und Bücher zu sammeln (moderne Publikationen dieser Art waren damals eine Neuheit in Deutschland), denn für ihn repräsentierten sie das überraschende Überleben heidnischer Lehren, die er schon in der Renaissance vorgefunden hatte. Für Warburg hatten diese Publikationen ausschließlich historische Bedeutung. Saxl führte die Sammlung nach Warburgs Tod weiter. Ich entdeckte diese Bücher schon bald nach dem Beginn meiner Forschungen und war den Sammlern außerordentlich dankbar dafür.

Der Essay „The Revival of the Late Antique Astrology" von Fritz Saxl brachte mich auf den richtigen Weg. Saxl wandte sich von der Vergangenheit der Gegenwart zu und konstatierte ein unerwartetes Wiederaufleben astrologischer Lehren in Deutschland kurz vor dem ersten Weltkrieg. Er setzte dies einem weit verbreiteten Interesse an Wahrsagerei gleich, das seiner Meinung nach um 1910 begonnen hatte und als eines der Vorzeichen des Krieges anzusehen war.

„Seitdem hat es weiter zugenommen", schrieb er. „Eine Vielzahl von Zeitschriften, die sich ausschließlich der Astrologie widmen, sind erschienen, eine beachtliche Menge an Literatur wurde veröffentlicht – Lehrbücher, Prophezeiungen, Reprints astrologischer Klassiker und so weiter. Eine Massenbewegung wurzelt immer tief im Psychologischen, und auch wenn wir von einem rein logischen und wissenschaftlichen Standpunkt feststellen, daß sie auf falschen Schlußfolgerungen beruht, so ist doch der imaginative oder, wie ich es auch nennen möchte, religiöse Hintergrund einer Massenbewegung von allergrößter Bedeutung; und es mindert, wie ich glaube, die Bedeutung eines Gelehrten in keiner Weise, wenn er darüber forscht... Ich halte es für ausgesprochen wichtig, diese Entwicklungen genauer zu studieren, ihre Führer und Gefolgsleute sowie ihre Methoden und religiösen Tendenzen kennenzulernen. Wir können unsere eigene Zeit nicht verstehen, wenn wir unser Augenmerk nicht auf ihre unwissenschaftlichen Tendenzen richten".[6]

---

[6] F. Saxl: *Lectures*, 1957, Bd. I, S. 73.

Das Hauptthema Saxls in diesem Essay war das Wiederaufleben der Astrologie im 12. Jahrhundert im Abendland, als arabische Übersetzungen weit älterer griechisch-hellenistischer Texte erstmals ins Lateinische übersetzt wurden. Besonders beeindruckt war ich von dem folgenden Abschnitt, denn er erinnerte mich an etwas, das ich erst kürzlich in Jungs *Seelenprobleme der Gegenwart* gelesen hatte. Saxl schrieb: „Das 12. Jahrhundert, das erstmalig das Heidentum im Gewand der Astrologie wiederkommen sah, muß einige Ähnlichkeit mit unserer Zeit gehabt haben. Die Zeit der Kreuzzüge muß mit einem Ausmaß von Unruhe erfüllt gewesen sein wie sie auch jetzt existiert... Wie heute muß es eine Zeit gewesen sein, in der die christliche Religion nicht mehr in der Lage war, die spirituellen Bedürfnisse der Menschen zu befriedigen, und so entstand eine Lücke, in die das Heidentum einsickern konnte, wie wir es auch heutzutage beobachten."[7]

Auch Jung glaubte, das astrologische „Ferment" sei ein Charakteristikum des jetzigen Jahrhunderts und reflektiere „gnostische" Einflüsse. Damit meinte er jenes „ganz allgemeine Überhandnehmen des Interesses für seelische Erscheinungen, Spiritismus, Astrologie, Theosophie, Parapsychologie usw. Seit dem ausgehenden 16. und dem 17. Jahrhundert hat die Welt ähnliches nicht mehr gesehen. Ein vergleichbares Phänomen ist nur noch die Blüte der Gnosis im 1. und 2. nachchristlichen Jahrhundert. Gerade mit dieser berühren sich die heutigen Geistesströmungen aufs innigste."[8]

Meine Aufgabe war nun, wie ich es Anfang 1961 sah, die Forschung auf der Linie voran zu bringen, die Saxl vorgeschlagen hatte. Es war klar, daß ein Großteil meines Materials deutsch sein würde. Das bedarf einer Erklärung. Ich hatte festgestellt, daß das Interesse an der Astrologie in Großbritannien und Frankreich gleichzeitig, aber unabhängig voneinander in den 1890er Jahren wieder erwachte. Doch während die Astrologie in Großbritannien seit dem Ende des 17. Jahrhunderts eine kontinuierliche Geschichte hatte, wenn auch im „Untergrund", begann sie in Frankreich wieder

---

[7] Auf diesen Punkt verwies auch Warburg in seiner Schrift *Heidnisch-antike Weissagung im Wort und Bild zu Luthers Zeiten*, Heidelberg 1920. Er zeigte, daß die Götter des klassischen Altertums in Europa als „kosmische Dämonen" überlebt hatten, und daß die Kirche die heidnische Kosmologie in Form der Astrologie stillschweigend tolerierte.

[8] C. G. Jung: „Das Seelenproblem des modernen Menschen" in: *Zivilisation im Übergang*, Gesammelte Werke Bd. X, Olten 1974, S. 100 f.

aufzuleben, ohne daß der historische Hintergrund einfach zu identifizieren wäre. In Deutschland begann es noch später als in Frankreich, etwa um 1910, wie Saxl vermutete. In den deutschsprachigen Ländern war die Astrologie wie in Frankreich nahezu vollständig in Vergessenheit geraten. Die neue Bewegung in Deutschland war in mancherlei Hinsicht jedoch ein Nebenprodukt des britischen Wiederauflebens der Astrologie der 1890er Jahre.

Am meisten reizte mich die besondere, aber offensichtlich noch nicht geschriebene Geschichte der astrologischen Bewegung in Deutschland zwischen den Weltkriegen. Hier lag der Schlüssel, wenn er denn zu finden war, der zu Hitler und seinen Astrologen führte. Einer von ihnen war möglicherweise Krafft. Die Auseinandersetzung mit der Astrologie in Deutschland war ohne jede Parallele zu einem anderen europäischen Land oder den USA. Die Deutschen zerlegten die Astrologie buchstäblich in Stücke, um herauszufinden, warum sie funktionierte oder nicht. Jungs Behauptung, die Astrologie stehe „vor den Toren der Universitäten", war eine überaus optimistische Einschätzung auf Grund des Einflusses der deutschen Akademiker, die sich zwei Jahrzehnte lange intensiv mit der Astrologie beschäftigt hatten. Jedenfalls war ihr Pochen an den Pforten der Wissenschaft schwach und blieb ungehört. Jungs Behauptung, „daß das Horoskop schon beinahe den Rang einer intimen Visitenkarte erlangt hat", bezieht sich auf die besondere Situation im Deutschland der frühen 30er Jahre. Doch selbst wenn wir Jung einige Übertreibung zugestehen, bleibt eine spezifisch deutsche „Besessenheit" an der Astrologie, und so habe ich, der Saxl'schen Anregung folgend, versucht, ihren historischen Hintergrund und weiteren Verlauf aufzuzeigen.

Außerdem war ich neugierig, wie Krafft in die deutsche Astrologie-Szene verwickelt war. Er war schließlich der einzige Astrologe, der bislang eindeutig mit Hitler in Verbindung gebracht worden war. Die folgenden Fragen ergaben sich von selbst: Glaubte Hitler an Astrologie? Arbeitete Krafft für Hitler? Wer war Krafft?

So fand ich mich in einer Situation, in der ich zwei parallelen Forschungslinien folgte. Die erste war rein historischer Natur und bezog sich auf die unmittelbaren Ursprünge der modernen astrologischen Bewegungen in England, Frankreich und Deutschland. Die zweite betraf Krafft. Eher eine Ahnung als Logik ließ mich glauben, könnte ich nur genügend Fakten zu Kraffts Karriere sammeln, so hätte ich nicht nur Material für eine bemerkenswerte, möglicherweise einzigartige Fallgeschichte, die eines bekannten Berufsastrologen, sondern Krafft selbst werde mich möglicherweise zu den Top-Nazis und ihren dunklen Verbindungen zur Astrologie führen.

Ich schrieb dieses Buch hauptsächlich, um Antworten auf Fragen zu finden, die ich mir selbst gestellt hatte. Es ging mir aber nicht nur um die seltsame Karriere Karl Ernst Kraffts und sein Schicksal im Dritten Reich. Deshalb schicke ich meiner Abhandlung der Krafft-Saga eine längere Einleitung voraus: „Der historische Hintergrund". Sie behandelt das Überleben astrologischer Vorstellungen in Europa nach 1700 und insbesondere das Wiederaufleben der Astrologie in Deutschland nach 1910.

Ich muß gestehen, daß die Aufgabe, diesem Buch eine befriedigende Struktur zu geben, mich oft verzweifeln ließ. Es ist kein Lehrbuch der Astrologie, und jeder, der detaillierte Informationen zu astrologischen Techniken sucht, muß sich anderweitig umschauen. Da ich die Astrologie nicht „erklären" kann, habe ich sie weder attackiert noch verteidigt. Doch ganz offensichtlich ist meine Haltung den Astrologen gegenüber nicht so hochachtungsvoll, wie viele von ihnen es sich wünschen. Wenn man mir vorwirft, nicht mehr an positiven Erfahrungen zu präsentieren, kann ich dem nur entgegenhalten, daß ein längerer Aufenthalt in der „Unterwelt" der Astrologen, wie ich ihn hinter mir habe, einem endlosen Marsch durch einen Sumpf gleicht. Der Ausdruck „Unterwelt" ist wahrscheinlich die beste Bezeichnung für dieses spezielle *Milieu*. Es ist nicht sehr respektabel, genau wie seine Bewohner. Doch ich möchte auch nicht alle Astrologen über einen Kamm scheren, da einige von den vielen, denen ich begegnete, mir gute Freunde geworden sind.

Auch wenn die Astrologie und die Astrologen mich weiterhin vor Rätsel stellen, so glaube ich dennoch, daß die Symbolik, die sie benutzen, aber selten zu verstehen scheinen, eine gewisse objektive Schönheit, ja sogar Logik hat. Die mögliche Bedeutung dieser Symbole in ihren ständig wechselnden Kombinationen kann man manchmal in einer subjektiven, nicht mitteilbaren Erfahrung erspüren. Der Zauber verfliegt in dem Moment, wo man versucht, alles in gewöhnliche Alltagssprache zu übersetzen. Ich glaube, gut ist die Astrologie nur ohne Astrologen.

Zur astrologischen Theorie

Die astrologische Tradition, wie man sie heute in der westlichen Welt vorfindet, besteht aus einer umfangreichen Sammlung von Regeln und Verfahrensweisen, die vielfach bis in die ersten Jahrhunderte der christlichen Ära zurückreichen. Sie wurden von einer Generation von Astrologen zur nächsten weiterreicht, von Manuskript zu Manuskript kopiert, später von Buch zu Buch, und von astrologischen Autoren überarbeitet und neu formuliert. Es gibt weder eine endgültige Autorität noch ein letztlich maßgebliches Werk oder einen verbindlichen Quelltext. Jedes Jahrhundert und jede neue Generation entwickelte ihren eigenen astrologischen Kanon in ihrer eigenen Sprache.[1] Die Literatur des 20. Jahrhunderts ist besonders umfangreich. Wahrscheinlich wurde in den letzten siebzig Jahren mehr zu diesem Thema veröffentlicht als in all den zwanzig Jahrhunderten zuvor.

Ein typisches astrologisches Lehrbuch verfolgt zwei Zwecke: den Leser anzuleiten, wie man ein Horoskop erstellt und wie man es deutet. Üblicherweise enthalten solche Bücher auch Kapitel über prognostische Techniken, die „Rektifikation" eines Horoskops, wenn die Geburtszeit nicht genau bekannt ist, und andere Themen, die eher für Astrologen als für Laien gedacht sind.

Ein Horoskop ist eine Auflistung astronomischer Daten und zeigt eine geozentrische „Karte" der planetaren Positionen (die Astrologen zählen Sonne und Mond zu den Planeten) in Bezug auf den Tierkreis oder Zodiak[2]. Es wird für ein gegebenes Datum und

---

[1] Zur Textüberlieferung der Astrologie in der Antike siehe Wilhelm und Hans-Georg Gundel: *Astrologoumena. Die astrologische Literatur der Antike und ihre Geschichte*, Wiesbaden 1966; zur Geschichte der Astrologie allgemein Franz Boll / Carl Bezold / Wilhelm Gundel: *Sternglaube und Sterndeutung. Die Geschichte und das Wesen der Astrologie*, 3. Aufl. Leipzig 1926; Wilhelm Knappich: *Geschichte der Astrologie*, Frankfurt 1967; Will-Erich Peuckert: *Astrologie. Geschichte der Geheimwissenschaften Band 1.*, Stuttgart 1960; S. J. Tester: *A History of Western Astrology*, Woodbridge 1987. (A.d.Ü.)

[2] Der Zodiak oder Tierkreis ist ein gedachtes Band am Himmel. Er repräsentiert den Jahreslauf der Sonne auf dem Hintergrund der Fixsterne. Dieser antike Meßkreis besteht aus zwölf Sektoren à dreißig Grad. Die Sektoren sind nach bestimmten Fixstern-Konstellationen benannt, wie Widder, Stier, Zwillinge, Krebs etc. Mit der Ausnahme von Pluto bewegen sich der Mond und alle Planeten innerhalb eines Orbits von 9° von der Mitte dieses Bandes und somit auf fast demselben Weg wie die Sonne. Der Zodiak ist eine babylonische Erfindung, wahrscheinlich nicht vor 500 v. Chr.

darüber hinaus auf die exakte Zeit und die entsprechenden geographischen Koordinaten hin berechnet. Ein Horoskop kann sich auf die Geburt eines Menschen beziehen, auf ein Land (d. h. Datum und Uhrzeit der Unabhängigkeitserklärung, Unterzeichnung der Verfassung oder ein anderes wichtiges Ereignis), auf ein Schiff (Stapellauf), oder auf ein ungewöhnliches Geschehen wie ein Erdbeben, ein Eisenbahnunglück oder einen Mord. Ohne zusätzliche Informationen kann man nicht wissen, ob man das Horoskop eines Mannes oder einer Frau, eines Genies oder eines Idioten, eines Haustiers oder eines Gorillas oder eines Ereignisses vorliegen hat.

Die arithmetischen Berechnungen sind ganz einfach. Man braucht dazu Ephemeriden (jährliche Tafeln der Planetenbewegungen mit detaillierten Angaben über ihre jeweilige Position zur Mitternacht oder zum Mittag für jeden Tag des Jahres) und andere Hilfstabellen. Die „Magie" beginnt indes, wenn (basierend auf traditionellen Regeln oder ihren modernen Äquivalenten) Deutungen vorgenommen werden, die auf der Analyse der Tierkreis-Position der Planeten, gewissen Winkelbeziehungen zwischen zwei und mehr Planeten, der Planetenstellung in den zwölf Häusern, der Tierkreis-Position des Aszendenten oder des „aufsteigenden Zeichens" und des damit verbundenen Medium Coeli oder der Himmelsmitte beruhen. Diese Aufzählung ist schon eine kurze Zusammenfassung aller wesentlichen Faktoren.

Als Krafft 1919 lernte, wie man ein Horoskop erstellt, begann er vermutlich mit seinem eigenen, denn das macht wohl jeder Neuling. Kraffts Horoskop wird uns als anschauliches Arbeitsbeispiel dienen. Zuerst lernte er die Tierkreiszeichen kennen (siehe Bild 1),

[In den letzten 2000 Jahren hat sich durch die Präzession der Erdachse der *tropische* gegenüber dem *siderischen* Tierkreis etwa um ein Tierkreiszeichen verschoben. Das Vorrücken der Aquinoktien, war schon den antiken Astrologen bekannt: „Die Schriftsteller weisen uns darauf hin, daß der Anfang der Zeichen von Frühlings- und Sonnenstillstandspunkt gehe: denn daher und nirgends anders stammt Kraft, freundliche und entgegengesetzte Beziehung der Planeten. Nehmen wir andern Anfang, müssen wir die Zeichen vom Urteil ausschließen, oder, wenn wir sie zuziehen, in Täuschung fallen, denn die Räume, von welchen die Zeichen ihre Kraft nehmen, sind bereits rückwärts gewandert." (Claudius Ptolemaeus: *Tetrabiblos*. Aus dem Griechischen von Julius Wilhelm Pfaff, Warpke-Billerbeck o. J., S. 23.) Fast alle westlichen Astrologen arbeiten mit dem *tropischen* Tierkreis, der durch den Jahreslauf der Sonne (Solstitien und Äquinoktien) definiert ist (und *nicht* durch die Fixsterne). (A.d.Ü)]

ZUR ASTROLOGISCHEN THEORIE

also wann die Sonne in welchen Abschitt der 30°-Sektoren tritt.

Aries (Widder)	♈ 21. März	Libra (Waage)	♎ 23. September
Taurus (Stier)	♉ 20. April	Scorpio (Skorpion)	♏ 24. Oktober
Gemini (Zwillinge)	♊ 21. Mai	Sagittarius (Schütze)	♐ 23. November
Cancer (Krebs)	♋ 22. Juni	Capricorn (Steinbock)	♑ 22. Dezember
Leo (Löwe)	♌ 23. Juli	Aquarius (Wassermann)	♒ 20. Januar
Virgo (Jungfrau)	♍ 23. August	Pisces (Fische)	♓ 19. Februar

Bild 1: *Die Zeichen des Zodiaks*

Krafft wurde am 10. Mai 1900 um 12.45 h mitteleuropäischer Zeit (MEZ) in Basel geboren, und so ist sein Sonnenzeichen Stier.[3] Jeder, der in diesem Jahr zwischen dem 20. April und 21. Mai geboren wurde, ist ebenfalls „unter Stier geboren". Eine derart allgemeine Aussage hat für den Astrologen keinen großen Wert, denn normalerweise hat er mit individuellen Horoskopen zu tun, die auf ein gegebenes Datum, auf Zeit und Ort berechnet werden.

Da alle Angaben in den Ephemeriden auf Mittag (oder Mitternacht) Greenwich-Zeit (GZ) berechnet sind, mußte Krafft eine Stunde subtrahieren, um MEZ in GZ zu konvertieren, und so kam er auf eine Geburtszeit von 11.45 h GZ.

Die Planetenpositionen am Mittag (GZ) des 10. Mai 1900 waren:

---

[3] In einem Brief vom 11. November 1933 an Dr. Maurice Faure, Nizza, bestätigte er die offizielle Zeit aus der Geburtsurkunde, ergänzte jedoch: „12.50 h, um präzise zu sein". Offenbar hatte er sein Horoskop „rektifiziert".

Sonne	☉	19° 21'	Stier	Jupiter	♃	8° 8'	Schütze
Mond	☾	2° 17'	Waage	Saturn	♄	4° 30'	Steinbock
Merkur	☿	29° 8'	Widder	Uranus	⚳	11° 22'	Schütze
Venus	♀	4° 20'	Krebs	Neptun	♆	25° 21'	Zwillinge
Mars	♂	24° 49'	Widder	Pluto	♇	15° 30'	Zwillinge

Bild 2: *Krafffts Horoskop mit den Planeten*

Die Planetenbewegungen vom Mittag des 9. zum 10. Mai betrugen:

Sonne	☉	0° 58'	Jupiter	V	0° 6'
Mond	☾	11° 55'	Saturn	♄	0° 2'
Merkur	☿	1° 40'	Uranus	⚳	0° 2'
Venus	♀	0° 53'	Neptun	♆	0° 2'
Mars	♂	0° 45'	Pluto	♇	< 1'

Wie man sieht, „bewegt" sich in einem Zeitraum von 24 Stunden nur der Mond in merklicher Weise, so daß er ca. alle 2½ Tage ein neues Tierkreiszeichen erreicht.

Mit simplem Dreisatz oder mit Logarithmentafeln lassen sich die exakten Planetenpositionen für jede gegebene Zeit einer 24-Stunden-Periode berechnen. Krafft wurde so nahe am Mittag (GZ) des 10. Mai geboren, daß man mit Ausnahme der Mondposition auch mit den Mittagspositionen, wie sie in der Ephemeride stehen, arbeiten könnte. Auf dieser Stufe könnte sein Horoskop (siehe Bild 2) noch für jeden gelten, der am 10. Mai 1900 geboren wurde. Bei nicht bekannter Geburtszeit erstellt der Astrologe ein Horoskop mit

den Mittagspositionen. Ein vollständiges Horoskop jedoch zeigt auch den *Aszendenten* und das *Medium Coeli*, die nur dann berechnet werden können, wenn die Geburtszeit (und der Geburtsort) bekannt sind.
Im Diagramm (siehe Bild 3) zeigt das Horoskop-Schema, wie die Sonne im Osten aufgeht, also bei Tagesanbruch über den Osthorizont steigt; wie sie mittags kulminiert oder ihren höchsten Stand am Himmel erreicht; wie sie im Westen untergeht und in der Nacht unterhalb des Horizonts unsichtbar bleibt. Wenn also *Aszendent* und *Medium Coeli*, die nachfolgend erklärt werden, gegeben sind, kann man mit einem Blick ins Horoskop die annähernde Geburtszeit schätzen.

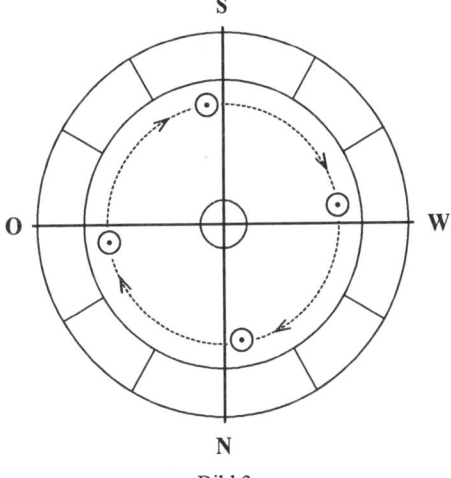

Bild 3

Das *Medium Coeli* (MC) oder die Himmelsmitte ist der kulminierende Grad des Zodiaks. Innerhalb von 24 Stunden kulminiert sukzessive jeder der 360 Grade am MC. Jedes MC hat einen entsprechenden *Aszendenten*, d. h. den Grad des Zodiaks, der gleichzeitig am Osthorizont aufsteigt. Dieser Grad variiert innnerhalb gewisser Grenzen je nach der Breite nördlich oder südlich des Äquators. Das Zeichen am Aszendenten wechselt etwa alle zwei Stunden.
Bei Krafts Geburt war der Aszendent 1°43' Jungfrau und das MC 24°2' Stier. Diese Daten lassen sich durch einfache Berechnungen mit geeigneten Tabellen ermitteln. Bild 4 zeigt sein Horoskop mit der Achse *Aszendent-Deszendent* und der entsprechenden Achse

Medium Coeli-Imum Coeli. Das sind die „Ecken" und damit die entscheidenden Punkte des Horoskops. Sie lassen sich nur bei bekannter Geburtszeit berechnen.

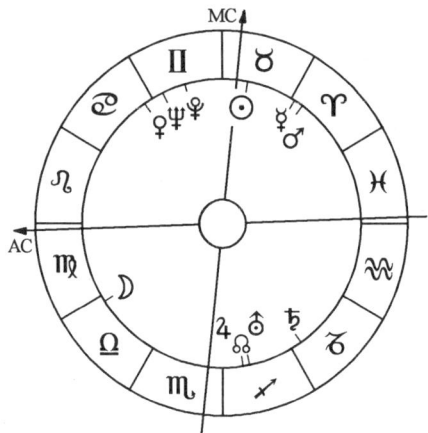

Bild 4: *Krafits Horoskop mit den „Ecken"*

Wir kommen nun zur Einteilung des Horoskops in zwölf Häuser oder Felder. Die Sektoren der Häuser sind nicht dieselben wie die zodiakalen- oder Tierkreis-Sektoren. Die Grenzen des ersten und siebten Hauses werden durch die Achse Aszendent-Deszendent und die des zehnten und vierten Hauses durch die entsprechende Achse MC-IC festgelegt. Die Grenzen der sogenannten Zwischenhäuser variieren nach dem benutzten System der mathematischen Häusereinteilung, wie z. B. Placidus, Regiomontan, Campanus, Koch etc.
Man muß betonen, daß die Häusereinteilung nicht auf astronomischen Fakten, sondern auf seltsamen mathematischen Spekulationen oder Fiktionen basiert. Ein durchschnittlicher Astrologe wäre auch gar nicht in der Lage, die nötigen Berechnungen durchzuführen, denn sie setzen ein Fachwissen in sphärischer Geometrie voraus. Dem geht er aus dem Wege, indem er seine Informationen aus einer Häusertabelle abliest. Die größte Verbreitung haben die Placidus-Häuser, aber wohl eher auf Grund historischer Zufälle als ihrer Überlegenheit gegenüber rivalisierenden Systemen.[4]

---

[4] Das Problem der Häuserteilung, das prinzipiell unlösbar ist, beschäftigte eine Minderheit von astrologischen Polemikern seit dem frühen 17. Jahrhundert. –

Auch wenn die Astrologen betonen, man müsse den Grad des Aszendenten mit äußerster Genauigkeit berechnen, sind doch die Mehrzahl der Geburtszeiten, wenn sie überhaupt aufgezeichnet wurden, nur plus/minus 15 Minuten genau. Deshalb sind die meisten Aszendenten nur hypothetisch und schwanken um ca. 5°, und jede Ungenauigkeit betrifft *alle* Häusergrenzen. Die meisten Astrologen jedoch ziehen es vor, diese Anomalie zu ignorieren.[5]
Bild 5 zeigt Krafts Horoskop mit den zwölf (Placidus-) Häusern. Man beachte, daß der Raum, den sie einnehmen, nicht gleich groß ist, sondern variieren kann.

Bild 5: *Krafts Horoskop mit den zwölf Häusern*

Schließlich gibt es noch die sogenannten „Aspekte", d. h. bestimmte Winkelbeziehungen zwischen zwei oder mehreren Planeten, in Gradzahlen ausgedrückt. Die Hauptaspekte sind:

Cf. Richard Gibson: *Flagellum Placidianum, or a Whip for Placidianism*, 1711. Nach 1920 stritten die Deutschen beharrlich über diese Frage; cf. F. Wiesel: *Das astrologische Häuserproblem*, München 1930, wo vierzehn vergleichbare Systeme besprochen werden. Ebenso Walter Koch: *Horoskop und Himmelshäuser*, 1959, und *Regiomontan und das Häusersystem des Geburtsortes*, Veröffentlichung im Selbstverlag, Göppingen 1960. Beide Bücher enthalten nützliches historisches Material.
[5] Die Geburtszeit wird in den meisten europäischen Ländern offiziell aufgezeichnet und ist daher mit der Geburtsurkunde erhältlich.

Konjunktion	☌ 0°	Anderthalbquadrat	⚻	135°
Opposition	☍ 180°	Trigon	△	120°
Quadrat	□ 90°	Sextil	✶	60°

Bild 6 zeigt Krafft Horoskop mit den wichtigsten Aspekten. Der Mond steht z. B. im Quadrat (90°) zu Venus und Saturn und im Sextil (60°) zu Jupiter. Venus steht in Opposition (180°) zu Saturn und hat ein Sextil (60°) zum Aszendenten.

Bild 6: *Krafft Horoskop mit den „Aspekten"*

Zusammenfassend: Ein Horoskop auf der Grundlage einer bekannten Geburtszeit besteht aus den folgenden Faktoren:

- Zwölf Tierkreiszeichen à 30° (12 x 30 = 360°);
- Zehn Planeten an den entsprechenden zodiakalen Positionen;
- Zwölf Häuser: der Aszendent ist der Beginn des ersten Hauses;
- Vier „Ecken" (spezielle „sensitive Punkte"): Aszendent, MC, Deszendent, IC;
- Aspekte (Winkel) zwischen zwei oder mehr Planeten.

Wir sind nun mit der Hypothese konfrontiert, daß ein Horoskop die „astrale" Aufzeichnung eines Zeitmoments ist, ausgedrückt in einem symbolischen Code, den man entschlüsseln kann. Die Astrologen arbeiten mit einer Reihe von Vorannahmen:

1. Jeder Planet arbeitet oder funktioniert in unterschiedlicher Weise. Man denke nur an die übliche Verwendung von Adjektiven wie martialisch (Mars), merkurial (Merkur), saturnin (Saturn) und jovial (Jupiter).
2. Ein Planet reflektiert in gewisser Weise die Qualitäten des zodiakalen Zeichens, in dem er steht. So hat Mars im Löwen eine andere Qualität als Mars im Fisch.
3. Ein Planet funktioniert entsprechend seiner Hausposition. So bedeutet Venus im zehnten Haus etwas anderes als Venus im fünften.
4. Die Winkelbeziehungen zwischen zwei oder mehr Planeten „mischen" die planetaren Einflüsse. So könnte Venus in Konjunktion (0°) mit Mars Sensualität und/oder Sensitivität betonen, während sie im Quadrat (90°) mit Mars die Freuden der Liebe einschränken, und sie im Trigon (120°) mit Mars fördern könnte.

Die Kunst der Deutung umfaßt die geschickte *Kombination* aller verfügbaren Faktoren. Wenn der Leser nun dagegenhält, daß diese Faktoren selbst nichts taugen, so wollen wir doch an dieser Stelle einmal davon ausgehen, daß man einem Horoskop tatsächlich etwas entnehmen kann. Ein Hauptproblem dabei ist das Vokabular, denn ein Ausdruck wie „Sonne-Mars-Konjunktion im Steinbock im siebten Haus im Quadrat zu Saturn im Widder im zehnten Haus" ist nur schwer in eine sinnvolle und einleuchtende Prosa zu übersetzen. Man kann zu einem der zahllosen astrologischen „Kochbücher" greifen, die eine Deutung einer jeden möglichen Kombination und Permutation enthalten, die „Antworten" niederschreiben und dann eine Synthese versuchen. Tatsächlich verfahren die meisten Astrologen so. Oder sie plappern wie Papageien einfache Sätze oder Ideen nach, die sie ihrem Gedächtnis eingeprägt haben. Beide Methoden liefern Resultate in dem Sinn, daß mehr als 50 Prozent der Behauptungen einer Deutung mehr oder weniger richtig zu sein scheinen.

Während viele Astrologen über die mechanische Reproduktion der traditionellen Lehre nie hinaus gelangen, so gibt es doch einige, die mehr zu Stande bringen. Sie werfen einen Blick auf ein Horoskop, beginnen zu reden, und was sie sagen, ist oftmals überraschend zutreffend. Ich kenne dies aus Erfahrung, muß aber sagen, daß man Virtuosen dieser Art selten trifft. Meine Freundin Phyllis Naylor brauchte nie ein „Kochbuch". Deshalb glaube ich, daß gewisse

Individuen ein Horoskop intuitiv zum „Sprechen" bringen können. Möglicherweise ist das Horoskop eine Art Fokus – wie die Kristallkugel für den Hellseher. Läßt man für einen Moment die mantische Seite der Astrologie beiseite, so muß ich gestehen, daß ihre Symbolik als Ganzes eine wundervolle Sammlung von Analogien ist, eine Fülle von Ideen über die zyklische Natur des menschlichen Lebens (Geburt, Wachstum und Tod), die menschliche Typologie, Psychologie etc. Diese hypothetischen *Schemata* können untersucht werden, ohne daß man dafür unbedingt Horoskope erstellen muß, und sie enthalten tatsächlich ein immenses *corpus* traditioneller antiker Weisheit. In diesem Kontext haben sie eher ästhetischen Reiz als praktischen Wert.

Doch der Astrologe kümmert sich nicht um Ästhetik, sondern will sein Wissen praktisch umsetzen. Falls er nicht von „Kochbüchern" abhängig ist, kennt er ein weites Spektrum planetarer und zodiakaler Analogien. Um diese zu vermitteln, benötigt er ein Arbeitsvokabular, möglicherweise in Form einer Reihe von „Schlüsselworten", die er auf die verschiedensten Faktoren eines Horoskops anwendet. Die daraus folgende Synthese beruht dann auf dem rein subjektiven Verständnis dessen, was sein Vokabular für ihn bedeutet. Einige typische Schlüsselworte sind weiter unten aufgeführt. Sie haben keinerlei wissenschaftliche Gültigkeit, bilden aber die Grundlage für astrologische Deutungen.[6]

DIE PLANETEN

☉ *Sonne*   Leben, die Person, der physische Körper, geistige Energie, das männliche Prinzip.

☽ *Mond*   die Seele oder Psyche, Phantasie und Gefühl, Veränderung, Wechsel und Fließen (cf. Ebbe und Flut, die Monate).

☿ *Merkur*   Intelligenz, Verstand, die assoziative oder verbindende Funktion, Bewegung. Cf. Merkur als Götterbote.

---

[6] Zum Leidwesen für alle englischsprachigen Leser stammen die besten Bücher zu diesem Thema von deutschen Autoren. Siehe Dr. H. A. Strauß: *Psychologie und astrologische Symbolik*, Zürich 1953, geschrieben von einem Jung'schen Psychologen; Thomas Ring: *Astrologische Menschenkunde*, 2 Bde., Zürich 1956-59; Frh. von Klöckler: *Grundlagen für die astrologische Deutung*, Berlin 1952. Diese Bücher haben ein intellektuelles Niveau, das im britischen oder amerikanischen Schrifttum unbekannt ist.

♀ Venus   Lieben, Begehren, Kunst, Schönheit, Genuß, Harmonisierung. Cf. Venus als Liebesgöttin.
♂ Mars   Aktion, Energie, Impuls, die aggressive Funktion; Mars, der Kriegsgott.
♃ Jupiter Expansion, Reichtum (materiell oder geistig), Gesundheit, Humor (jovial!), die Entwicklungsfunktion.
♄ Saturn Begrenzung, Zusammenziehung, Konzentration, Hindernis, Trennung, Reife, Verlust (oder Tod), saturnines Temperament, die restriktive Funktion.
♅ Uranus Plötzlichkeit, Revolution, Gewalt, Transmutation (Magie, Alchemie, die okkulten Künste), die kreative Funktion.
♆ Neptun Empfänglichkeit, Phantasie, Romantik, Mystizismus, Täuschung und Selbst-Täuschung, Psychismus.
♇ Pluto   Machtstreben, Diktatur, Demagogie, Metamorphose, die Massen.[7]

DIE ZEICHEN DES ZODIAKS

♈ Widder   Wut, Impulsivität, Energie.
♉ Stier   Geduld, Beständigkeit, Hartnäckigkeit.
♊ Zwilling   Fortschrittlichkeit, Klugheit, Instabilität.
♋ Krebs   Inspiration, Sensitivität, Ausflüchte.
♌ Löwe   Würde, Offenherzigkeit, Heuchelei.
♍ Jungfrau   Vernunft, Exaktheit, Pedanterie.
♎ Waage   Harmonie, Berechnung, Oberflächlichkeit.
♏ Skorpion   Tiefe, Beharrungsvermögen, Grobheit.
♐ Schütze   Gerechtigkeit, Besitzergreifung, Sophisterei.
♑ Steinbock   Unabhängigkeit, Abstraktion, Widerspenstigkeit.
♒ Wassermann   Spiritualität, Überzeugungskraft, Illusion.
♓ Fische   Mitgefühl, Toleranz, Faulheit.

---

[7] Die letzten drei Planeten wurden erst seit dem Ende des 18. Jahrhunderts entdeckt, lange nach der Entwicklung der traditionellen Analogien der ersten sieben Planeten: Uranus 1781, Neptun 1846 und Pluto 1930. Jedesmal erfanden die Astrologen empirische „Deutungen", die schließlich als verbindlich akzeptiert wurden. Ich fand als erstmalige Formulierungen: für Uranus – J. Corfield in *The Urania*, Juni 1814; für Neptun – „Professor" J. Ackroyd in der 1890er Ausgabe von W. J. Simmonite's *Complete Arcana of Astral Philosophy*; für Pluto – Fritz Brunhübner im *Zenit*, Mai 1932. Herr Brunhübner wußte schon 1934 genug über Pluto, um darüber ein 138-seitiges Buch veröffentlichen zu können. „Ich fühle mich berechtigt, sagen zu können", schrieb er, „daß Pluto der sogenannte kosmische Aspekt ist, der das Dritte Reich hervorgebracht hat."

DIE ZWÖLF HÄUSER
1. Entwicklung der Persönlichkeit, Umwelt, Kindheit, physische Konstitution.
2. Materieller Besitz und Geld.
3. Familiäre Beziehungen, Kommunikation.
4. Elternhaus, erbliche Merkmale.
5. Zeugung, Sexualität, Vergnügen, Spekulation.
6. Bedienstete, Gesundheit.
7. Gemeinschaft, Partnerschaft, Heirat, offene Feinde.
8. Unfälle, Tod, Erbschaften, Geld des Ehepartners.
9. Spirituelles Leben, Philosophie, Religion, Reisen.
10. Berufung, Beruf, öffentliches Leben.
11. Wünsche und Hoffnungen, Freundschaften.
12. Versteckte Feinde, Isolation (Hospitäler, Gefängnisse), unbekannte Schwierigkeiten.

Angenommen, jemand hat die Sonne in Konjunktion mit Merkur in Jungfrau im dritten Haus. Theoretisch bedeutet dies eine Person (Sonne), deren Intellekt (Merkur) logisch, präzise oder sogar pedantisch (Jungfrau) in seinen familiären Beziehungen oder seiner Kommunikationsweise (drittes Haus) arbeitet. Ohne weitere Informationen über Milieu, Erziehung, Gewerbe oder Beruf des Nativen[8] weiß der Astrologe nicht, ob das Horoskop z. B. zu einem Angestellten gehört, der pflichtbewußt umfangreiche Karteien pflegt, oder zu einem Gelehrten, der gründlich und akkurat Forschung betreibt. Diese Beispiele sind zwar relativ nichtssagend und dürftig, doch wenn man alle Faktoren eines Horoskops untersucht, findet sich oft etwas Markantes oder überraschend Zutreffendes.

Ich blätterte einmal in einem alten Lehrbuch, John Gadburys *The Doctrine of Nativities* von 1658, und wandte dessen Formulierungen auf Krafft Horoskop an. Es funktionierte verblüffend gut. Nachfolgend einige Zitate daraus:

Kraffts Mond stand im zweiten Haus. „Mond im Zweiten", so Gadbury, „macht den Nativen begierlich nach Reichtümern und den Gaben Fortunas; doch nie gelingt es ihm, gesicherten Reichtum zu erlangen; denn das Glück des Nativen wechselt, bald reich, bald arm; bald erfolgreich, bald unglücklich; manchmal steht er in der Gunst der Großen und hat viel Gewinn dadurch; zu anderer Zeit ist

---

[8] Der Native (lat. der Geborene) = der Horoskop-Eigner. [A.d.Ü.]

er bar jeder Hoffnung." All dies trifft zu auf Krafft, der immer „begierlich" nach Geld war, viel verdiente und ausgab, erbte und verlor. Er kannte bedeutende Leute, profitierte manchmal von diesen Beziehungen und erlebte auffällige Höhen und Tiefen.
Sein Saturn war im fünften Haus. „Wenn Saturn im fünften Hause steht, so bedeutet dies für den Nativen entweder keine Nachkommenschaft oder Tod und Verderben derselben... Er zerstört das Glück des Nativen und stachelt auf zu Zank und Streit zwischen ihm und Boten oder Botschaftern; er zeigt ein widriges oder Gegen-Glück für alle seine Geschäfte." Krafft hatte keine Kinder und erfuhr ein Gutteil „Zank und Streit".
„Mars im Neunten macht den Nativen äußerst abergläubisch und zu einem Schaumschläger in seinem Beruf; wankelmütig, prahlerisch und öfter seine Meinung wechselnd; nie beständig oder festgelegt; seine Träume werden nichtig und trügerisch sein, und dadurch wird er aufgeblasen und dünkelhaft: er wird viel reisen, kreuz und quer..." Daß Krafft abergläubisch war, kann man wohl sagen, denkt man an seine extreme Identifikation mit Astrologie und Prophetie (cf. seine obsessive Begeisterung für Nostradamus). Das Irrationale war für ihn weit attraktiver als das Rationale. Und auch sein Wunsch, eine bedeutende Rolle hinter den Kulissen des Dritten Reiches zu spielen, kann nur als „nichtiger und trügerischer" Traum bezeichnet werden.
„Merkur im neunten Haus besagt, daß der Native in okkulten und absonderlichen Dingen erfahren ist, ebenso in den vorzüglichsten der Künste, wie Astrologie und Mathematik..." Auch das paßt auf Krafft.
Schließlich gibt es noch das weite Feld der „Prognose". Wie ich schon ausgeführt habe, beruht ein Geburtshoroskop (ausgenommen die zwölf Häuser) auf astronomischen Daten, auch wenn es keine wissenschaftlichen Beweise dafür gibt, daß planetare „Influenzen" die Menschen und ihre Angelegenheiten beeinflussen. Mit Ausnahme der Theorie der „Transite", auf die ich noch eingehen werde, haben die Prognose-Techniken keinerlei astronomische Grundlage. Einige Varianten verlangen die „Progression" individueller Faktoren eines Horoskops nach einem gewähltem empirischen „Schlüssel". Am verbreitetsten sind die sogenannten „Tag-pro-Jahr"- oder „Grad-pro-Jahr"-Systeme, weil sie relativ einfach zu handhaben sind.

Angenommen, ein hypothetischer Herr Smith wurde am 1. Januar 1935 geboren. Im Herbst 1974 konsultiert er einen Astrologen und fragt nach seinen Aussichten für das Jahr 1975. Der Astrologe konsultiert seine Ephemeriden, aber nicht für 1975, sondern für den 9. Februar 1935, d. h. vierzig Tage nach dem Geburtsdatum („Tag-pro-Jahr"-System). Dann notiert er die Planetenstände für diesen Tag und ermittelt die Winkelbeziehungen, die die „progressiven" Planeten mit denen des Geburtshoroskops bilden. Im Fall der „Grad-pro-Jahr"-Formel betragen die „Progressionen" dementsprechend 40°. Außerdem gibt es noch das Naibod-System, benannt nach einem Astrologen bzw. Mathematiker des 17. Jahrhunderts, das den Tageswinkel der Sonnenbewegung von 59'8" zugrunde legt. Einige Praktiker arbeiten mit den sogenannten Primärdirektionen, die exakte mathematische Berechnungen erfordern. In einer Zeit der „Instant-Astrologie" sind sie jedoch nicht mehr üblich. Jedenfalls sind sie viel zu kompliziert für ältere Damen aus der Vorstadt, die im Hinterzimmer an Horoskopen herumstümpern.

Schließlich gibt es noch die „Transite", die immerhin eine astronomische Basis haben. Der Astrologe untersucht die aktuellen oder künftige Planetenstände an Hand der Ephemeriden und „deutet" die Winkel, die sie mit den Planeten des Geburtshoroskops bilden (werden). Ein gewisser Herr X wurde z. B. am 13. September 1930 mit der Sonne auf 19°58' in der Jungfrau geboren (Mittagsstand). Seine Frau verübte am 14. Dezember 1965 Selbstmord. An diesem Tag war Uranus auf 19°34' Jungfrau im Transit mit seiner Sonne, oder wie die Astrologen schreiben: $\delta_t \sigma \odot_r$ – Uranus Transit Konjunktion (0°) Sonne Radix.[9] Traditionell bedeutet ein solcher Transit ein überraschendes oder gar dramatisches Ereignis. Ich habe gelegentlich auf meine eigenen Transite geachtet, ohne jedoch zu definitiven Schlußfolgerungen zu gelangen.

Die Frage ist nun, ob mit Hilfe einer der verfügbaren Methoden mehr oder weniger zutreffende Vorhersagen möglich sind. Dabei ist es reine Zeitverschwendung, hier einen Maßstab ansetzen zu wollen, der wissenschaftlichen Kriterien standhält. Bei sorgfältiger Analyse aller Begleitumstände ist auch bei einer zufälligen Sammlung von Vorhersagen zu erwarten, daß ein gewisser Anteil

---

[9] radix (lat.) = Wurzel. Ein Radixhoroskop ist ein Horoskop (z. B. das einer Geburt), auf das sich abgeleitete Horoskope (Progressionen, Direktionen, Transite etc.) beziehen. (A.d.Ü.)

eintrifft. Das Problem ist dabei, exemplarische Beispiele zu finden, die auf genuines Vorherwissen weisen. Die Treffer, die ich schon angeführt habe – keiner davon hat mit mir selbst zu tun – sind zwar interessant, doch ich konnte dabei nicht alle relevanten Begleitumstände untersuchen.

Ein vorsichtiger Astrologe behauptet nicht, Vorhersagen machen zu können, die über Allgemeinplätze hinausgehen, wie z. B. die Wahrscheinlichkeit einer Zeit emotionaler oder physischer Spannung oder ihres Gegenteils, eines Wechsels der Umstände wie Arbeit, Wohnung oder ähnliches, oder auch die Möglichkeit von Heirat oder Scheidung. Die schrillen Offerten derer, die behaupten, unentbehrliche Ratgeber von Geschäftsbossen oder Filmstars zu sein, lasse man am besten unbeachtet. Man könnte fast als gültige Regel behaupten, daß man Berufsastrologen, die öffentliche Publizität irgendwelcher Art nutzen oder suchen, besser meiden sollte.

Entgegen meiner Erwartung ergab die Überprüfung einer großen Stichprobe seriöserer astrologischer Zeitschriften, die seit 1900 in Großbritannien, Frankreich und Deutschland veröffentlicht worden sind, daß die astrologischen *cognoscenti* erstaunlich wenig zum Thema Prognose publiziert hatten. Die Amateurastrologen versuchen sich nur selten in der Prognose, weil dieser Bereich so unergiebig ist, und beschränken ihre Aktivität auf die sogenannte Psychologische Astrologie oder Charakterologie.

Der durchschnittliche Klient eines Berufsastrologen interessiert sich nicht besonders für Charakterologie, sondern möchte Informationen über die Zukunft. Mrs. Naylor nannte mir zwei häufige Fragen: „Werde ich erben?" und „Was glauben Sie, wann wird mein Mann (meine Frau) sterben?" Bei einer Gelegenheit sagte sie: „Was die Leute wollen, ist ein magischer Akt, der möglichst nicht mehr als eine oder zwei Guineen kosten sollte."

Überleben und Wiederaufleben der Astrologie in Großbritannien

Während die Astrologie in Frankreich in den 1890er Jahren und in Deutschland ab 1900 buchstäblich neu entdeckt werden mußte, ist das Wiederaufleben der Astrologie in Großbritannien um 1890 nur die Fortsetzung eines sozialen Phänomens, das bereits seit Ende des 17. Jahrhunderts eine durchgängige einheimische Geschichte hatte.[1] Die westliche Astrologie wurde über nahezu zwei Jahrhunderte (ca. 1700-1890) fast nur in Großbritannien überliefert und praktiziert. In anderen europäischen Ländern blieb sie im Untergrund oder war gänzlich in Vergessenheit geraten.

Die Engländer beschäftigten sich mit diesem Thema zu einer Zeit, als es aus dem Blickfeld kultivierter Europäer entschwunden war. Das geschah vor allem in der zweiten Hälfte des 17. Jahrhunderts, als die Produktion von Handbüchern und prognostischen Almanachen in London den gemeinsamen Ausstoß aller wichtigen europäischen Verlagszentren übertraf. Auch wenn das Interesse in den ersten Dekaden des 18. Jahrhunderts nachließ, praktizierten viele gebildete Engländer die Kunst auch weiterhin. Ihre Zahl nahm langsam ab, doch niemals während des ganzen 18. Jahrhunderts geriet die Astrologie vollkommen in Vergessenheit, immer gab es einen Kern von gläubigen Praktikern. Inzwischen hatte sich der Bedarf an astrologischen Lehrbüchern so verringert, daß zwischen 1700 und 1780 noch nicht einmal ein halbes Dutzend neu erschienen. Die Autorität der Autoren des späten 17. Jahrhunderts blieb bis gegen Ende der 1820er Jahre ungebrochen.

Das Interesse einer schlecht informierten und abergläubischen Öffentlichkeit an der Astrologie zog sich durch das ganze 18. Jahrhundert. Man glaubte weithin, daß Astrologen die Zukunft vorhersagen könnten. Die meisten Städte hatten ein paar Quacksalber, die mittels astrologischer Diagnosen und planetarer Entsprechungen ihre Kräutermedizin verordneten. Das Überleben der Astrologie auf populärer Ebene war hauptsächlich die Folge des regelmäßigen Erscheinens der Jahrbücher oder Almanache, die von der *Stationers'*

---

[1] Cf. dazu die ausführliche Studie von Patrick Curry: *Prophecy and Power. Astrology in Early Modern England*, Cambridge 1989. In einer neueren Studie behandelt er auch das 19. und frühe 20. Jahrhundert: *A Confusion of Prophets. Victorian and Edwardian Astrology*, London 1992. (A.d.Ü.)

ÜBERLEBEN UND WIEDERAUFLEBEN DER ASTROLOGIE IN GROẞBRITANNIEN

Company herausgegeben wurden, von einer der vielen noch florierenden mittelalterlichen Handwerksgilden der Londoner City.

Die Stationers' Company, eine Handelsverbindung von Druckern, Buch- und Schreibwarenhändlern, hatte das Publikationsmonopol für die Almanache seit 1603. Sie profitierte von dem rasch wachsenden Markt für prognostische Almanache, der sich seit etwa 1650 entwickelt hatte.[2] Alle erfolgreichen Publikationen dieser Art waren ursprünglich von bekannten Berufsastrologen wie William Lilly, John Gadbury, William Salmon, William Andrews, John Partridge u. a. zusammengestellt worden. Die Teilhaber des mit der Company kooperierenden Verlags hatten deshalb ein berechtigtes Interesse, den Bedarf an dieser Art ephemärer Literatur zu fördern und zu unterstützen. Als in den ersten beiden Jahrzehnten des 18. Jahrhunderts nach und nach die letzten der berühmten Almanach-Autoren des 17. Jahrhunderts starben, erschienen ihre jeweiligen Publikationen weiterhin mit unveränderten Titelseiten. Und da es eher die Ausnahme als die Regel war, den Tod eines für die Company wertvollen Autors anzuzeigen, erreichten einige dieser Männer eine fiktive Unsterblichkeit. Ein bekanntes Beispiel ist Francis Moore (ca. 1657-1715), dessen Almanach *Vox Stellarum* noch bis 1896 von der Company herausgegeben wurde.[3]

Im 18. Jahrhundert nahm die Zahl der prognostischen Jahrbücher allmählich ab. Um 1803 waren alle alten Magazine verschwunden, mit Ausnahme von *Merlinus Liberatus* von John Partridge, *Olympia Domata* von Vincent Wing, *Speculum Anni* von Henry Season und *Vox Stellarum* von Francis Moore.

Der immense Erfolg des „Moore" im Vergleich zu allen anderen Almanachen der Stationers' Company ist unerklärlich. Vergeblich suchte ich nach wunderbar eingetroffenen Prophezeiungen oder sonst etwas, was ausgerechnet diesen Almanach gegenüber allen anderen ausgezeichnet hätte. Da vor 1768 keine Verkaufszahlen

---

[2] Ausführlich findet sich die Geschichte der Londoner Almanache des 18. Jahrhunderts in meinem Aufsatz: „The Stationers' Company Almanacks: A Late Eighteenth-Century Publishing Operation", in: *Buch und Buchhandel im achtzehnten Jahrhundert*, Sitzgsber. des 5. Wolfenbütteler Symposions, 1.-3. Nov. 1977, hrsgg. v. Dr. Ernst Hauswedel u.a., Hamburg 1981.

[3] Die aktuelle Foulsham-Edition, die angeblich seit Beginn des 18. Jahrhunderts ununterbrochen erscheint, ist wohl ein Nachfolger des 1844 erstmals erschienenen Pseudo-*Vox Stellarum* oder „Old Moore's Almanac". Von 1897-1927 erschien *Vox Stellarum* bei einem kommerziellen Verleger in Lizenz.

vorliegen, kann man nicht sagen, wann *Vox Stellarum* zum Bestseller wurde. In diesem Jahr jedenfalls wurden 107.000 Exemplare verkauft. Partridge kam mit 5.600 auf einen schlechten zweiten Platz, und fünf andere Almanache erreichten eine Gesamtauflage von etwa 13.000 verkauften Exemplaren.
Im Jahre 1803 war die Auflage für den „Moore" auf 393.750 gestiegen, während die restlichen Jahrbücher zusammen 7.750 verkaufte Exemplare erreichten. *Vox Stellarum* erreichte seinen Höhepunkt im 19. Jahrhundert mit einer Auflage von 560.000 im Jahre 1839. Danach ging es allmählich abwärts, und als der Absatz auf 16.000 gefallen war, verkaufte die Company 1927 das Copyright. Betrachtet man die Verkaufszahlen des „Moore" in Relation zur Bevölkerungszahl (1801 – 10,5 Millionen; 1835 – 17 Millionen), war das Ausmaß seiner Verbreitung bemerkenswert groß. Das jährliche Erscheinen prognostischer Almanache hielt auf populärem Niveau den Glauben an Astrologie in Großbritannien wach, während sie in Europa mehr oder weniger gänzlich in Vergessenheit geriet.
In den achtziger Jahren des 18. Jahrhunderts interessierte man sich wieder für die astrologische Praxis. Die verfügbaren Berichte zeigen die Existenz einer kleinen, aber lebendigen Gruppe von Enthusiasten. Sie waren meist Amateure, doch es gab auch einige Profis. In den fünfzig Jahren davor hatte es immer ein paar obskure Professionelle in London und anderswo gegeben, auch wenn nicht sehr viel über sie bekannt ist. Da war z. B. ein „Mr. Creighton, ein Gentleman und ein Gelehrter, der vor dreißig oder vierzig Jahren [ca. 1750] ob seiner Fähigkeiten in der Astrologie und der medizinischen Kunst eine große Anhängerschaft hatte. Ein paar Türen rechter Hand des Wegs vom Ludgate-hill löste [beantwortete] er Fragen."[4] Ein Ausschnitt aus einer nicht näher identifizierbaren Londoner Zeitung von 1770 zeigt eine Anzeige eines anonymen Berufsastrologen, der nicht weit von Creighton in 62 Old Bailey wohnte. Er berechnete 3 Shilling 3 Pence für jede Prognose, die „geschrieben, versiegelt und am nächsten Tage an jede Person abgeschickt wird, wenn sie mir das entsprechende Jahr, den Tag und den Monat mitteilt". In den 1780er Jahren gab es auch eine offenbar sehr bekannte Mrs. Williams, die wohl als eine der ersten ihres Geschlechts professionelle Astrologie betrieb.[5] Sie übte ihr Gewerbe

---

[4] *The Astrologer's Magazine*, August 1793.
[5] Eine Sarah Jinner, die sich selbst als „Studentin der Astrologie" bezeichnete,

saisonal in modischen Heilbädern wie Bath und Bristol Hot-Wells aus, und wenn sie in London war, konnte sie konsultiert werden „ausschließlich von Frauen von morgens zehn bis acht Uhr abends in ihrem Haus, dem Artificial Flower Warehouse, Store Street, Bedford Square. Die Ladies werden angenehm überrascht sein, es ist ein kleines Haus mit grünen Fensterläden".[6]

In kleinerem Maßstab lebte die Astrologie in den 1780er Jahren wieder auf, zeitgleich mit einem neuen und etwas antiquiert wirkenden romantischen Faible für antike hermetische Disziplinen wie Magie und Alchemie. Daneben entstand eine neue Gruppe von Anhängern, für die die Astrologie vor allem prognostische Wissenschaft war, die ohne okkulten oder magischen Nimbus auf sicheren mathematischen Prinzipien basierte. Seitdem teilen sich die Astrologen in zwei Lager: die einen halten sie für eine hermetische oder esoterische Disziplin (wie die theosophischen Astrologen nach ca. 1890), die andern betrachten sie als Wissenschaft. Der Mann von der Straße hat sich nie um diese feinen Unterschiede gekümmert.

Es war eher Zufall als Absicht, daß *The Conjurer's Magazine* (Nr. 1, August 1791) die erste Zeitschrift wurde, die sich überhaupt um die Belange der Astrologen kümmerte. Anfangs bestand sie hauptsächlich aus geschwätzigen kleinen Artikeln über „philosophische und geistreiche Vergnügungen" wie Zaubertricks und chemische Küchenexperimente, daneben brachte sie auch einige astrologische Beiträge. Diese wurden meist von William Gilbert beigesteuert, der unter dem Pseudonym „B." schrieb. Die Astrologen machten sich die Zeitschrift bald zu eigen, und als im August 1793 der Titel in *The Astrologer's Magazine* geändert wurde, dankte der Herausgeber „unseren zahlreichen Freunden und Subskribenten, die uns ermöglichten, zum Wiederaufleben der Astrologie beizutragen; einer Wissenschaft, die schon von den Patriarchen der Frühzeit studiert wurde, durch Verschlagenheit oder Unwissen ihrer Verfechter vielfacher Verleumdung und Irrtümern ausgesetzt war." Der Gebrauch des

---

war die Verfasserin von *An Almanack or Prognostication* für 1658. Das einzige bekannte Exemplar steht in der Guildhall Library in London.

[6] Ausschnitt aus *The Morning Herald* vom Oktober 1786. Im Jahre 1805 warb eine Mrs. Corbyn, die ihre Dienste nicht auf Personen ihres Geschlechts einschränkte, für ihre astrologischen Dienste; sie wohnte in 8 Charlotte Buildings, Gray's Inn Lane. (undatierter Zeitungsausschnitt).

Wortes „Wiederaufleben" ist signifikant, denn er verweist auf ein erst kürzlich wieder erwachtes Interesse.
Die Mehrzahl der Artikelschreiber benutzte Pseudonyme, und so ist es unwahrscheinlich, daß wir jemals die Identität von Astrologus, Mehmet, Mercurius of Bath, Tarantabobus, Hampton Court Observer und all den anderen erfahren werden, die dort ihr Wissen versprühten oder sich über obskure Punkte in Theorie und Praxis zankten. Die meisten, die *The Conjurer's Magazine* unterstützten, waren eher der „wissenschaftlichen" Astrologie zugewandt als ihrem okkulten Gegenstück. Eine Ausnahme ist der oben genannte William Gilbert, ein professioneller Okkultist mit Sitz in 11 Devonshire Street, Queen Square, der sich auf magische Talismane spezialisiert hatte.
„Die Verfertigung von Talismanen ist eine *Große Kunst*", schrieb er, „die ich nach vielen Kämpfen und Widrigkeiten vollständig gemeistert habe... Und jeder, der meine Hilfe braucht und darum bittet, wird nicht abgewiesen, sondern vollste Zufriedenheit erlangen."
Gilbert arbeitete nicht für Nichts. „Ich werde BEZAHLT, und ich werde GROSSZÜGIG bezahlt... Die Sache ist sehr einfach – wenn Sie MICH *wollen*, und niemand sonst kann bewerkstelligen, was ICH erreichen kann, werden Sie unternehmen, was notwendig ist – andernfalls nicht. Nur wenige ausgewählte Freunde akzeptiere ich. – B."
In einem anderen Artikel erläuterte er die traditionellen Verbindungen zwischen Talismanen und Astrologie: „Der Grund, warum ein Talisman seine Aufgabe verfehlt, liegt entweder darin, daß er nicht unter den richtigen planetaren Einflüssen gefertigt wurde, oder falls das nicht der Fall ist, daß der Geist der Person dafür noch nicht reif ist (d. h., sich nicht vollständig auf die beabsichtigte Wirkung konzentriert hat)."
Gilbert offerierte in der Mai-Ausgabe des *Conjurer's Magazine* von 1792 seine Tarife für Privatunterricht in „Astrology and Spirit; with the nature and use of Talismans"[7]. Sein veranschlagtes Honorar belief sich auf 20-150 £ per annum je nach benötigtem Unterrichtspensum, was im Verhältnis zum damaligen Geldwert überraschend viel war. „Der Unterricht erfolgt brieflich oder persönlich, je nach den Umständen", annoncierte er, „entweder im Hause des Schülers,

---

[7] Der Sinn des Wortes Spirit [Geist] ist dunkel. Es könnte hier mit Nekromantie zu tun haben.

oder bei Mr. Gilbert; und sobald für 200 £ gezeichnet ist, wird er einen entsprechenden Platz einrichten, um Schüler öffentlich oder privat zu empfangen, wie es am besten paßt... Kein Talisman wird fürderhin für jemand anderen als für meine Schüler hergestellt werden, *und ich werde die Wirkung all derer aufheben*, die nicht unter meiner Anleitung, oder von mir selbst, hergestellt wurden."

Eine bekanntere astrologische Autorität fand sich in der Person von Dr. Ebenezer Sibly (1752-1799), einem exzentrischen Gentleman, der noch spät einen medizinischen Abschluß erwarb. Er verfaßte *The Complete Illustration of the Celestial Art of Astrology,* deren erster Teil 1784 erschien. Das Werk schwoll schließlich auf vier Bände und über tausend Seiten an. Zeitgenössische Gelehrte und besonders die „wissenschaftlichen" Astrologen hatten gute Gründe für ihr Mißfallen an den *Complete Illustrations*. Mit den Worten eines Kritikers: „Wir halten es für das Werk eines Quacksalbers, äußerst ungleichmäßig ausgeführt, dem Umfang und der Ausführung von Anfang an nicht gewachsen; denn wir finden darin all die Irrtümer des alten John Gadbury [1627-1704], die er ohne Korrektur und Richtigstellung in der Sprache eines Tollhäuslers vorstellt."[8]

Sibly plünderte weitgehend die Werke der Autoren des 17. Jahrhunderts, da er zur Astrologie nichts Neues zu sagen wußte. Dennoch verkaufte sich das Buch ziemlich gut und wurde bis zu seinem Tod noch zweimal aufgelegt, weil es zu diesem Thema die einzige leicht zugängliche größere Abhandlung war. Siblys Zusammenstellung ist aus zwei Gründen von historischem Interesse: einmal, weil sie zeigt, wie verknöchert die alte astrologische Tradition war; und zweitens, weil sie eine längere Abhandlung über Magie enthält. Verbindungen zwischen Astrologie und Magie lassen sich schon seit dem Beginn des christlichen Zeitalters nachweisen. Kopien des *Picatrix*-Manuskripts (in lateinischer Sprache), eines arabischen astro-magischen Traktats aus dem 10. Jahrhundert, waren bei den „Adepten" des 16. und 17. Jahrhunderts sehr begehrt. Es ist zwar recht unwahrscheinlich, daß Sibly oder seine Generation dieses Werk kannten, aber die Magie hatte eine große Anziehungskraft auf alle, die gern glauben wollten, das geheime Wissen des alten Ägypten habe in einer dunklen, aber dennoch authentischen hermetischen Tradition überlebt. In der Tat findet man diesen Gedanken noch heute.[9]

---

[8] *The Conjurer's Magazine*, März 1792.
[9] Der Text der *Picatrix* wurde erst zweimal gedruckt: arabisch (1933) und

Siblys Name blieb weit über seinen Tod am 30. Oktober 1799 bekannt, nicht etwa wegen seiner astrologischen oder medizinischen Schriften (er gab eine Ausgabe von Culpeper's Kräuterbuch heraus), sondern auf Grund der anhaltenden Popularität von „Dr. Sibly's wieder-belebende Sonnen-Tinktur, oder Lebens-Wasser", ein selbsterfundenes Wundermittel, das noch um 1830 im Handel war. *The Astrologer's Magazine* stellte sein Erscheinen nach der siebten Nummer im Januar 1794 ein, und für die nächsten dreißig Jahre gab es kaum vergleichbare astrologische Schriften oder Publikationen. Die schlechte Erfahrung, die John Corfield 1814 mit seinem Versuch machte, eine astrologische Zeitschrift herauszubringen, zeigt, daß es noch keinen Markt für solche Literatur gab. Seine *Urania* erschien im Juni und ging unmittelbar darauf wieder ein. Das Exemplar im Britischen Museum enthält eine pathetische Anmerkung von Corfields Hand: „Angebliche Liebhaber der Wissenschaft versprachen mir jede Unterstützung bei der Durchführung dieser Unternehmung, versagten sie mir jedoch; allein gelassen mit der Redaktion und den Kosten, mußte sie scheitern... Die Leserbriefe habe ich aus Mangel an Einsendungen selbst verfaßt."
Ein weiteres astrologisches Magazin hatte 1814 nur eine kurze Lebensdauer. Es war *The London Correspondent* (acht Ausgaben, Januar-August) mit Artikeln für Amateurastronomen und Astrologen. Einer seiner Autoren war James Wright, der als Berufsastrologe in London praktizierte. Er identifizierte einige der anonymen Autoren, die für *The Conjurer's Magazine* geschrieben hatten. „W. E." z. B. war William Elder (1739 - ca. 1796), der im Mai 1792 versicherte, „wenn man mir eine Geburtszeit schickt, die auf anderthalb Stunden genau ist, bin ich in der Lage, in ein paar Minuten die wahre Zeit [durch „Rektifikation"] ohne weitere Informationen zu ermitteln; und danach kann ich eine zutreffende Beschreibung des Temperaments, der Haarfarbe, privater Kennzeichen wie Narben und Muttermale, des Charakters etc. liefern." Wright fand auch heraus, daß „H. D." John Lambert (1757-1809) war, der „die feurigsten Spirituosen in großen Mengen trank, was sein Ende beschleunigte." Man hätte erwarten können, daß die Französische Revolution und

---

deutsch als „*Picatrix*", *das Ziel der Weisen von Pseudo-Magriti*, übersetzt von H. Ritter und M. Plessner, Warburg Institute, London 1962. Die beste Studie über die Hermetik der Renaissance ist Frances Amalia Yates: *Giordano Bruno in der englischen Renaissance*, Berlin 1989.

die Napoleonischen Kriege einen Aufschwung astrologischer Spekulation erzeugt hätten, doch das war nicht der Fall. Zwei Studien über Napoleons Horoskop erschienen 1805 und 1814. Da war *The Nativity of Napoleon Bonaparte*, 1805 in gefälliger Ausstattung in High Wycombe gedruckt. Die Autorschaft wurde, wahrscheinlich fälschlich, dem Drucker Thomas Orger zugeschrieben. Von John Worsdale erschien im selben Jahr *Napoleon Bonaparte's Nativity*, und 1814 folgte *Destiny of Europe!!! The Nativity of Napoleon Buonaparte, Emperor of the French* von John Corfield. Niemand kannte Napoleons Geburtszeit, und so gab es Rätselraten auf der Grundlage der sogenannten Rektifikationstechniken.[10] Mehr als ein Jahrhundert später lieferten die deutschen Astrologen die unterschiedlichsten Horoskope für Adolf Hitler, bis dann schließlich seine Geburtsstunde annähernd bekannt war.

Der oben genannte John Worsdale wäre in London wohl bekannter geworden als in Lincolnshire, wo er sein ganzes Leben verbrachte. Er wurde am 2. Dezember 1766 in Fulbeck nördlich von Grantham geboren.[11] Als junger Mann war er Küster in Fulbeck. Später lebte er in Spanby und Donington Northope in Lincolnshire. Dann zog er nach Lincoln, wo er bis zu seinem Tod um 1826 als Astrologe praktizierte. In seiner Abhandlung *Astronomy and Elementary Philosophy* (1820) inserierte er, daß „Personen, die an Störungen verschiedenster Art leiden, wenn sie guten Willens sind, dem Autor dieses Werks in Lincoln Zeit und Ort ihrer Geburt brieflich (frankiert) mitteilen, um die Natur und den Ursprung ihrer Erkrankung genau festzustellen, und nach den alten Regeln der Elementaren Philosophie eine Arznei für jegliche heilbare Krankheit zu erhalten." Er versprach auch, „die Zeit und Qualität jedes wichtigen Ereignisses im Leben eines jeden Individuums genau angeben zu können, sei es

---

[10] Orger oder wer immer der Autor war, schlug 11.40 h am 14. August 1769 vor. Worsdale zog 10.09 h vor, und Corfield bot 11.28 h an. Der Astrologe Thomas White aus Bath stützte sich auf ein in seiner Zeitschrift *The Celestial Intelligencer*, Bath 1810, abgedrucktes Horoskop und vermutete 9.41 h.

[11] Im 18. Jahrhundert gab es im Grantham-Stamford Distrikt eine Clique von Astrologen und Jahrbuch-Autoren, z.B. einige Generationen der Wing-Familie, Edmund Weaver (fl. 1724-49), Richard Saunders (fl. 1683-1736), Robert White (1693-1773) und Thomas Wright (fl. 1769-92). Henry Andrews, viele Jahre bis zu seinem Tode 1820 Herausgeber des Almanachs *Vox Stellarum*, wurde in Friestone nur einige Meilen von Worsdales Geburtsort Fulbeck geboren. Die Bedeutung dieser regionalen Gruppe bedarf noch weiterer Forschung.

vergangen, gegenwärtig oder zukünftig."
Worsdale hatte keinen Sinn für William Gilbert oder Ebenezer Sibly und deren okkulte Interessen. Astrologie war für ihn ausschließlich prognostische Wissenschaft, die auf den akkuratesten mathematischen Verfahrensweisen beruhte. Noch Generationen späterer Astrologen sollten sich an sein Buch *Celestial Philosophy, or Genethliacal Astronomy*[12] (1828) erinnern, das zwei Jahre nach seinem Tode herauskam. (Durchgesehen für den Druck hatte es sein Sohn John, der anscheinend seine astrologische Praxis in Lincoln weiterführte. Auch sein Ableben wurde nicht angezeigt, wohl um keine Klienten zu verlieren.) Dieses Buch ist vor allem aus psychologischer Sicht interessant, zeigt es doch das pathologische Vergnügen Worsdales, seine Klienten und auch andere, die ihn ärgerten, mit ihrem angeblichen Todesdatum zu konfrontieren. In jedem von den dreißig Horoskopen, die in *Celestial Philosophy* analysiert wurden, tauchte das Phänomen auf, das Worsdale euphemistisch „Dissolution" [Auflösung] nannte.
In Lincoln lebte Richard White, ein Friseur, der dort am 25. April 1792 um 3.45 h geboren war. „Am Montag, dem 8. September 1817 bat er mich, sein Horoskop zu berechnen, was ich auch tat, um ihn von der Wahrheit dieser ehrwürdigen Wissenschaft zu überzeugen, auch wenn ich *wußte*, daß die Wissenschaft keinen größeren *Feind* hat als ihn, und daß niemand *abfälligere und ungehörigere Reden* über die Macht der himmlischen Heere führte als er und seine Verwandten... Ich berechnete, wann sein Tod zu erwarten sei, doch als ich dieses kritische Datum nannte, wurde ich von *verstockten Ungläubigen, bösartigen Kritikern und Banausen* verleumdet."
Worsdale sagte vorher, daß White im Alter von dreiunddreißig Jahren sterben werde, „wie man meinem Urteil entnehmen kann, das ich sieben Jahre vor seinem Tod veröffentlichte, was man jederzeit nachprüfen kann; er starb am Mittag des 18. April 1825 im Alter von nahezu dreiunddreißig Jahren."[13]
Der Fall der Mary Dickson (* 1. Februar 1798 um 3.48 h) ist von besonderem Interesse, da ihr Tod durch Ertrinken möglicherweise

---

[12] Genethlialogie (griech. genethlios = Geburtstag) ist Individual-Astrologie. Die Begriffe Astronomie und Astrologie wurden bis in die Neuzeit nahezu synonym verwendet. Cf. Wolfgang Hübner: *Die Begriffe „Astrologie" und „Astronomie" in der Antike*, Stuttgart 1989. (A.d.Ü.)
[13] John Worsdale: *Celestial Philosophy*, [1828], S. 109-118.

nicht geschehen wäre, hätte Worsdale es nicht suggeriert. „Am 5. August 1822 kam sie (in Begleitung einiger Freundinnen) zu mir und stellte mir einige Fragen zu ihrem Horoskop; sie gab mir ihre richtige Geburtszeit und meinte, daß sie zu solchen Dingen wenig Vertrauen habe, da sie nie einen ausreichenden Beweis gesehen habe; sie fragte, ob ich ihr den Termin ihrer Hochzeit nennen könne und ob sie in ihrer Ehe glücklich werden würde, worauf ich antwortete, ich sei sicher, daß sie nie heiraten würde; sie sagte, leider läge ich falsch, denn sie wolle im kommenden Frühjahr heiraten; meine Antwort war, ich hätte schwerwiegende Gründe (folgenreicher und heikler Natur), die die Wahrheit meiner Aussage stützten, wie sich in wenigen Monaten zeigen würde... Ich eröffnete ihr dann, daß noch vor dem Monat März etwas Schreckliches geschehen würde, was Leben auslöschen würde... Sie lachte übertrieben und sagte, daß sie mir keinen Glauben schenke; ich teilte ihr mit tiefstem Bedauern mit, daß ich schreckliche astrale Einflüsse in ihrem Horoskop sah, deren Auswirkungen schnell näherkamen, aber keine meiner Ermahnungen konnte sie umstimmen... Als sie ging, meinte sie scherzend, da ich nun ein Urteil über die Kürze ihres Lebens abgegeben habe, (angenommen, sie würde es glauben), so wünsche sie doch über die Todesart Bescheid zu wissen; ich sagte, Ertrinken sei der Grund für ihre Auflösung."[14]

Zwei Wochen später sandte ihr Worsdale eine Botschaft mit der Warnung, vorsichtig zu sein, aber Miss Dickson lachte darüber. Doch als sie am 7. Januar 1823 mit dem Schiff auf dem Flusse Witham unterwegs von Lincoln nach Boston war, fiel sie über Bord, „und als sie herausgezogen wurde, war ihr Leben erloschen."

Das Interesse an der Astrologie stieg sichtlich erst wieder nach 1825. Das ist hauptsächlich den beständigen Bemühungen von Robert Cross Smith und Richard James Morrison, beide Jahrgang 1795, zu verdanken. Der etablierte Almanach *Vox Stellarum* verkaufte sich in großen Stückzahlen (1825-1830 durchschnittlich 270.000 Exemplare per anno), und der Herausgeber druckte Vorhersagen aus früheren Ausgaben nach dem Zufallsprinzip ab. In der Tat gab es kaum eine Zeile in *Vox Stellarum*, die irgend jemanden hätte dazu bringen können, ernsthaft Astrologie zu studieren. Smith und Morrison machten sich einen Namen als astrologische Publizisten,

---

[14] John Worsdale, ibid., S. 120-21.

indem sie der Öffentlichkeit eine neue und attraktivere Form des prognostischen Almanachs boten.

Smith trat als erster auf. Er kam um 1822 aus bescheidenen Verhältnissen von Bristol nach London und fand dort Arbeit bei einem Baumeister in der Upper Thames Street, wahrscheinlich als Angestellter. Schon seit einigen Jahren hatte er sich um die Astrologie bemüht. Eine seiner ersten Bekanntschaften in London war G. W. Graham (* 1784), der sich als professioneller Ballonfahrer bald einen Namen machen sollte. Graham, das zeitgenössische Äquivalent zu einem heutigen Motorsport-Champion, pflegte ungewöhnliche Hobbys wie Alchemie und Astrologie. Er hatte einen Narren an Smith gefressen, führte ihn in seinen Freundeskreis ein und ermutigte ihn, Berufsastrologe zu werden. Er unterstützte ihn sogar eine Zeitlang finanziell, bis er sich etabliert hatte.

Smith beobachtete in Grahams Horoskop „eine Neigung zu seltsamen Studien... der Native hat beachtliche Tiefe in der okkulten Philosophie erreicht, besonders in *der alchemistischen Kunst und der Transmutation der Metalle*, wobei ich selbst Zeuge von einigen höchst erstaunlichen Experimenten war."[15]

1822 verfaßten sie gemeinsam einen seltsamen 24-seitigen Traktat über geomantische Wahrsagerei, *The Philosophical Merlin*, „die Übersetzung eines wertvollen Manuskripts, früher im Besitz von Napoleon Bonaparte." Smith „entdeckte" die pseudo-napoleonischen Manuskripte und mühte sich, Napoleon okkulte Neigungen zuzuschreiben – wie eine spätere Generation Adolf Hitler. Die Broschüre war „der berühmten und angesehenen Mademoiselle Le Normand" gewidmet, einer berüchtigten Wahrsagerin aus Paris.[16]

Eher durch Zufall als mit Absicht wurde Smith zum Begründer der populären modernen Zeitungsastrologie. Das geschah folgendermaßen: Am 3. Juni 1824 publizierte ein bislang noch nicht identifizierter Herausgeber die erste Nummer einer neuen Wochenzeitung, die sich *The Straggling Astrologer* nannte (16 Seiten, 4 Pence). Ein wöchentlichen Journal, das sich ausschließlich der Astrologie widmete, war eine Weltneuheit. Das Impressum der Nummer 4 nennt als Verleger William Charlton Wright. Er senkte den Preis auf 3

---

[15] [R. C. Smith]: *The Astrologer of the Nineteenth Century*, 1825, 7. [sic] Auflage, S. 440.

[16] Marie-Anne Adélaïde Le Normand (1772-1843). Siehe A. Marquiset: *La célèbre Mlle. Le Normand*, Paris 1911.

Pence, wohl um die bereits wieder sinkende Nachfrage anzuregen. Smith war offenbar bis Ende Juli als Redakteur angestellt. Die Nr. 9 (vom 31. Juli) bringt eine Ankündigung, daß die Zeitschrift „durch astrologische Manuskripte von Verfassern der höchsten Stände wie Ihrer Königlichen Hoheit, der Prinzessin von Cumberland, beehrt wurde... die unserer Überzeugung nach völlig ungerechtfertigt Verfolgung erleidet." Die „Prinzessin" war die exzentrische Mrs. Olivia Serres, deren Anspruch, die legitime Tochter des Herzogs von Cumberland, des Bruders Georg III., zu sein, niemals offiziell anerkannt wurde. Die späteren Annalen der Astrologie verzeichnen die Namen vieler falscher „Doktoren" und sogar ein oder zwei „Gräfinnen", aber Mrs. Serres scheint das einzige Exemplar einer astrologischen Prinzessin zu sein. Leser, die sich intime Einblicke in das Leben bei Hofe erhofft haben mochten, wurden enttäuscht, denn die Artikel der Lady waren ziemlich fade.

Smith hoffte, einen populären Ton zu treffen. So wollte er mit seinem dritten Beitrag „Astrologische Beobachtungen nach uralten Zeugnissen über Heirat und Zeugung" (Nr. 11 vom 14. August) die Leser in die Lage versetzen, „herauszufinden, ob die Frau, die sie heiraten möchten, eine Jungfrau sei." Das war zuviel für W. C. Wright, der in seiner nächsten Ausgabe schrieb, daß „der Verleger bedauert, daß sich während seiner Abwesenheit unabsichtlich einige anstößige Artikel in frühere Ausgaben eingeschlichen haben. Zukünftig wird dafür Sorge getragen, daß nicht wieder etwas Kränkendes für das schwache Geschlecht erscheint."

Nr. 12 vom 21. August präsentierte sich den Abonnenten mit einem neuen Titel und der Ankündigung einer ganzen Meute von Herausgebern. *The Straggling Astrologer of the Nineteenth Century* wurde nun geleitet von „der gefeierten Mademoiselle Le Normand, Ihrer Königlichen Hoheit der Prinzessin Olive von Cumberland, den Mitgliedern der Mercurii, dem Herausgeber von The Prophetick Almanack, und anderen berühmten Astrologen." Die Mixtur jedoch war nach wie vor die gleiche: die Prinzessin steuerte weiterhin langweilige „Astrologische Fragmente" bei, und eine kurze Analyse des Horoskops Georg III. war mit „Raphael" unterzeichnet. Das war das erste Erscheinen des später berühmten Pseudonyms von Smith. Aus der Feder der Mademoiselle Le Normand gab es nichts. Wahrscheinlich wußte sie noch nicht einmal, wie ihr illustrer Name genutzt wurde. Die Mercurii gehörten zu einer kleinen astrologischen

Gemeinschaft, deren Präsident Smith war.[17]
Eine bemerkenswerte Neuerung war der „Wöchentliche astrologische Kalender: gegründet auf himmlischen Einfluß", mit Rubriken für Liebe und Heirat, Geschäft und Gewinn, und Reise – die erste *Wochenvorschau* des astrologischen Journalismus.
Als *The Straggling Astrologer* am 30. Oktober 1824 sein Erscheinen einstellte, hatte W. C. Wright noch eine beträchtliche Anzahl unverkaufter Blätter in seinen Händen. Sie wurden gebunden und 1825 in Buchform angeboten als 6. (!) Auflage von *The Astrologer of the Nineteenth Century*. Daneben beauftragte er Smith mit einer sogenannten siebten Auflage. Sie wurde noch 1825 fertiggestellt, aber Wright mußte das Blatt in Folge finanzieller Schwierigkeiten an Knight & Lacey abgeben. Das neue Buch brachte Material, das schon in *The Straggling Astrologer* erschienen war, daneben einige zusätzliche Kapitel über Zaubersprüche, magische Zeremonien, Geomantie und Geister. Smith ist einer der ersten in einer langen Reihe von Okkultismus-Schreiberlingen, wie sie seit dem Beginn des 19. Jahrhunderts massenhaft auftraten. Seine journalistischen und literarischen Aktivitäten fanden bei den zeitgenössischen „wissenschaftlichen" Astrologen nur wenig Gefallen, die seine Bemühungen ablehnten, ihre Kunst in populärer Form darzustellen. Einer gab zu bedenken, man müsse „eine rationale und wertvolle Wissenschaft vor der Verwechslung mit dem bewahren, was gewisse Leute Populäre Astrologie nennen", und er fügte hinzu, „daß wir sicherlich niemanden bloßstellen möchten, aber wenn ein Sack voll Unsinn der Öffentlichkeit als Astrologie angedreht wird, halten wir es für unsere Pflicht, die Situation zu klären."[18]
Entmutigt vom Fehlschlag des *Straggling Astrologer* und der Kritik seiner Kollegen, beschloß Smith, „die Wissenschaft der Astrologie gänzlich aufzugeben, übernahm ein Kaffeehaus in der Poland Street, mußte aber auf Grund mangelden pekuniären Erfolgs dieses Projekt wieder einstellen."[19]

---

[17] „Die Mitglieder sind derzeit nur wenige Ausgewählte ... Der Ort, an dem sich diese wissenschaftlichen Gentlemen treffen, muß vorerst noch geheim bleiben." (Nr. 22 vom 30. Okotober 1824)
[18] Vorwort der gebundenen Ausgabe von *The Spirit of Partridge*, 1825. Diese kurzlebige Zeitschrift wurde gegen den *Straggling Astrologer* von der *London Astrological Society* herausgegeben (17 Aus., 5. Aug. 1824 - 15. Jan. 1825).
[19] *The True Prophetic Messenger for 1833*, S. 88.

THE
𝕾𝖙𝖗𝖆𝖌𝖌𝖑𝖎𝖓𝖌 𝕬𝖘𝖙𝖗𝖔𝖑𝖔𝖌𝖊𝖗
OF THE NINETEENTH CENTURY;

(Late "The STRAGGLING ASTROLOGER;")

OR, MAGAZINE OF CELESTIAL INTELLIGENCES:

CONDUCTED BY THE CELEBRATED

MADEMOISELLE LE NORMAND,
OF PARIS,

H. R. H. THE PRINCESS OLIVE OF CUMBERLAND,

𝕿𝖍𝖊 𝕸𝖊𝖒𝖇𝖊𝖗𝖘 𝖔𝖋 𝖙𝖍𝖊 𝕸𝖊𝖗𝖈𝖚𝖗𝖎𝖎,

THE EDITOR OF THE PROPHETIC ALMANACK,

AND OTHER CELEBRATED ASTROLOGERS.

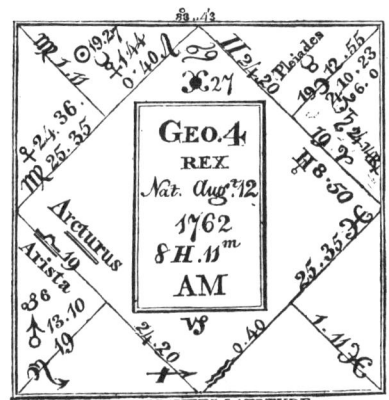

HIEROGLYPHIC—No. XII.
HOROSCOPE OF HIS MAJESTY GEORGE IV.

CONTENTS.

OBSERVATIONS and PREDICTIONS by the ROYAL MERLIN - *P.* 178	CESS OLIVE OF CUMBERLAND.—No. III. - - - - - - - 185
NATIVITY of HIS MAJESTY GEORGE IV. - - - - - - 180	CERTAIN RESULTS anticipated from impending and approaching SIGNS 187
EARTHQUAKE and VIOLENT HEAT at LISBON - - : - - - - 183	The OCCULT PHILOSOPHER: consisting of BIOGRAPHICAL ANEC-
ASTROLOGICAL FRAGMENTS, by HER ROYAL HIGHNESS PRIN-	DOTES of ASTROLOGERS, &c. - 189
	NOTICES - - - - - - - - 192

PUBLISHED EVERY SATURDAY, BY WILLIAM CHARLTON WRIGHT,
65, PATERNOSTER ROW, LONDON.
Printed by A. SWEETING, 21, Aldersgate Street.

No. 12. *August* 21, 1824.—*Three-pence.*

---

1. Die erste astrologische Wochen-Zeitschrift, die jemals erschien (London 1824).

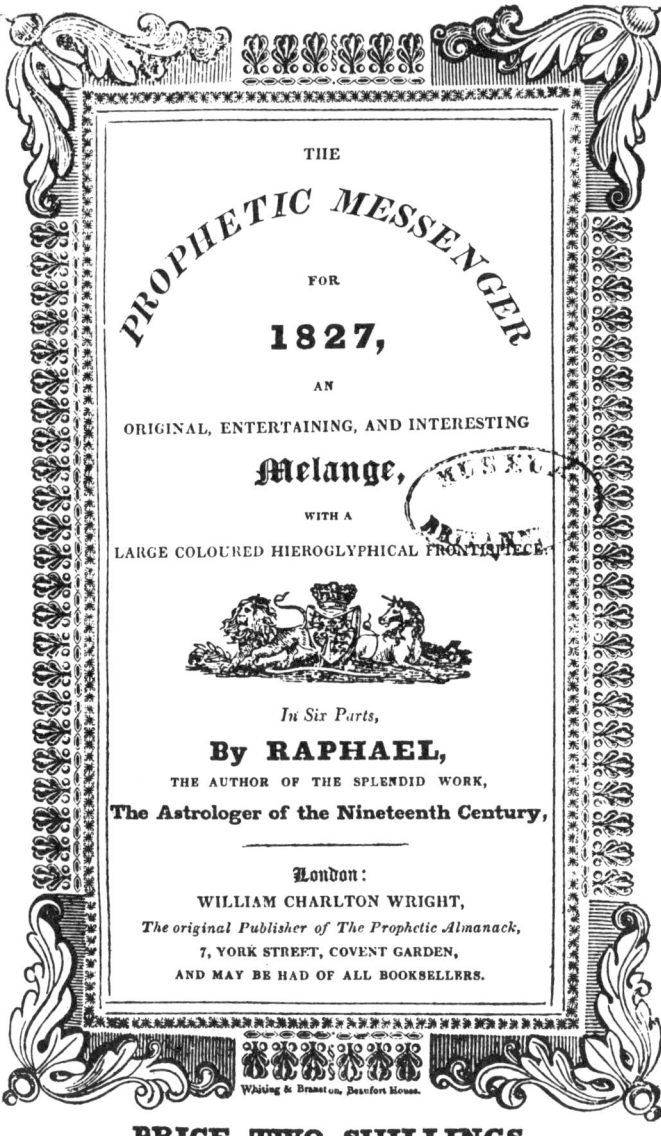

2. Der erste astrologische Almanach mit „Vorhersagen" für jeden Tag des Jahres (London 1827).

In der Zwischenzeit war W. C. Wright wieder im Geschäft und beauftragte Smith, einen neuen prognostischen Almanach zu schreiben. Das war *The Prophetic Messenger*, dessen erste Ausgabe (für 1827) im November 1826 herauskam.[20] Wright verkaufte die erste Auflage des *PM* innerhalb einer Woche und orderte eine Nachlieferung. Zu Smiths Lebzeiten – er starb 1832 – stieg die Verbreitung des Almanachs ständig. Im Vergleich zu *Vox Stellarum* war es jedoch nur ein relativ kleines publizistisches Projekt. Der Grund für seinen Erfolg lag darin, daß der *PM* in der Hauptsache astrologische Prognosen enthielt, wobei die Vorschau für jeden Tag des Jahres die wichtigste Neuerung war. So bot er weit mehr als *Vox Stellarum*. In der Folgezeit gelangte Smith zu einer bescheidenen Berühmtheit unter seinem Pseudonym Raphael, das auf der Titelseite des *PM* stand. Seine astrologische Praxis entwickelte sich zufriedenstellend, und außerdem war er ein fleißiger Autor.[21] Der berühmte Aquarellmaler John Varley, ein Anhänger der Astrologie, machte ihn mit William Blake bekannt, kurz vor dessen Tod im August 1827.[22] Als Smith am 26. Februar 1832 starb, entstand ein geradezu schamloser Wettbewerb um die Zukunft des *PM*, weil schon das Copyright einen gewissen Wert darstellte. Ein Astrologe namens Dixon suchte unmittelbar nach Smiths Tod dessen Witwe auf und erfuhr, daß „zwei Schüler ihres Ehemanns schon angeboten hatten, den *Prophetic Messenger* für 1833 zu schreiben." Dixon war darüber sehr verwundert, wie er nachfolgend schreibt: „Als ich das hörte, konnte ich ein Lächeln nicht unterdrücken bei der Vorstellung, daß

---

[20] Der *PM* erhielt seinen Titel von *The Prophetic Almanac*, den Wright 1824 erworben hatte. Vier frühere Ausgaben waren bei Baldwin, Craddock & Joy erschienen. Wright war verantwortlich für die 1825er Ausgabe. Die Zeitschrift ging an Knight & Lacey und wurde dann eingestellt.
[21] Raphaels Schriften reichen von *The Manual of Astrology* (1828) und *The Familiar Astrologer* (1828) bis zu Wahrsagebüchern wie *The Royal Book of Fate* (1829), *The Royal Book of Dreams* (1830) und *Raphael's Witch* (1831).
[22] Varley war Autor des *Treatise on Zodiacal Physiognomy*, 1828. Er wollte ein vierteiliges Werk herausbringen, aber nur der erste Teil erschien. Darin finden sich Beschreibungen angeblicher physischer Charakteristika von Personen, die unter Widder, Stier und Zwillinge geboren sind, wie der bekannte Kupferstich „Ghost of a Flea", der von John Linnel nach einem Gemälde von William Blake gefertigt wurde. „Der Geist eines Flohs", schreibt Varley, „trifft genau den Ausdruck einer gewissen Gruppe von Zwillingsgeborenen, denn der Zwilling ist Signifikator für den Floh, und seine braune Farbe enspricht der Augenfarbe so manchen typischen Zwillings". (Cf. die Abbildung S. 69).

zwei junge Leute, die gerade einmal ein paar Stunden Unterricht bei Raphael erhalten hatten, die Kühnheit besitzen sollten, über ein so verwickeltes Thema wie mundane Angelegenheiten zu schreiben."[23]
Die sich da eingemischt hatten, waren John Palmer, ein Angestellter eines Chemiegeschäfts in der Duke Street nahe Piccadilly, und P. Moody, Head Messenger am britischen Oberhaus. Palmer kam wie Smith aus Bristol und wurde dort am 28. Mai 1807 geboren. Erst kürzlich war er aus Paris zurückgekehrt, wo er angeblich bei Nicolas Vauquelin (1763-1839), dem berühmten Professor der Chemie an der Ecole de Médecine, studiert hatte.[24]
Soweit es Mrs. Smith betraf, waren Palmer und Moody am schnellsten gestartet, denn Raphael lag wohl noch nicht einmal im Sarg, als Moody ihr in entschiedenem Ton schrieb: „Ich bin dagegen, eine Totenmaske von Smith Gesicht abzunehmen – *so wird sein Tod im Augenblick zu publik*; die Gründe dafür habe ich letzte Nacht dargelegt. Mrs. Smith möge in dieser Hinsicht Zurückhaltung üben; ich jedenfalls verweigere meine Zustimmung, daß ein Abdruck von seinem Kopf gefertigt wird." Sie hatten gute Gründe zu verhindern, daß sich die Neuigkeit von Smiths Tod verbreitete: Smith war tot, doch Raphael sollte leben. Dixon wollte Raphael II. werden, aber Palmer und Moody hatten ihr Claim bereits abgesteckt.
Dixon entschloß sich, selbst einen *Prophetic Messenger* für 1833 zu schreiben, „um zu verhindern, daß die Öffentlichkeit grob getäuscht wird, denn es ist die Absicht der besagten jungen Leute, für W. C. Wright den ‚Prophetic' für 1833 zu schreiben, um ihn dann Raphael zuzuschreiben! Ich halte es für angebracht, dies vorauszuschicken und der Öffentlichkeit die Fakten zu präsentieren, um die Verbreitung von Unsinn zu verhindern, der unfehlbar aus der Feder solcher Leuten fließen muß, die ihr ABC in der Astrologie noch zu lernen haben."[25]
Doch im Jahre 1833 jedoch gab es nicht zwei, sondern drei rivalisierende Almanache, die alle das Wort „Prophetic" im Titel trugen.

---

[23] Mundane Angelegenheiten: im Gegensatz zu persönlichen Angelegenheiten Prognosen über Nationen oder Staaten.
[24] Knappe biographische Angaben zu John Palmer finden sich in der 1837er Ausgabe des *Prophetic Messenger*. Moody war 1833 Extra Door Keeper [Pförtner] am britischen Oberhaus und wurde dann wahrscheinlich Head Messenger [Kurier]. Er starb um 1876.
[25] *The True Prophetic Messenger for 1833*, S. 90.

Der dritte war aber kein ernsthafter Konkurrent zu den Almanachen von Palmer-Moody und Dixon. Es war *The Royal Prophetic Annual*, eine achtseitige Ramschproduktion, die John Catnach herausbrachte, ein bekannter Hersteller populärer Volksbücher. Catnach versprach auf der Titelseite erwartungsgemäß „erschröckliche Prophezeiungen". Dixons Almanach für 1833 war *The True Prophetic Almanac* „von Raphael". Er hatte große Ähnlichkeit mit früheren Ausgaben des authentischen *PM*, sogar die Titelblätter und der typographische Stil waren eine Kopie der editorischen Eigenheiten Raphaels. Danach verschwindet Dixon von der zeitgenössischen Astrologen-Bühne.

Nichts unterschied den ersten *PM* Palmers von dem seines Vorgängers. Und nichts in der 1833er Ausgabe oder danach wies auf eine Zusammenarbeit mit Moody. Palmer gab sich auf der Titelseite als „Professor für Chemie und Mathematik" aus. Der Almanach für 1833 brachte einen kurzen Hinweis auf den Tod von Raphael I. und darauf, daß die aktuelle Ausgabe zu Gunsten seiner Witwe und seiner Kinder publiziert würde. Palmer starb 1837. Dann scheint W. C. Wright das Copyright erworben zu haben. Bis zu seinem Tod im Jahre 1858 blieb er Herausgeber des Almanachs.

Der wichtigste astrologische Publizist der folgenden vier Jahrzehnte der viktorianischen Ära war zweifellos Richard James Morrison mit seinem Pseudonym Zadkiel. Wie R. C. Smith war er 1795 geboren – ein guter Astrologen-Jahrgang: Smith am 19. März, Dixon am 28. März und Morrison am 15. Juni. Er war von vornehmer Herkunft. Sein Großvater väterlicherseits war Captain im Dienst der East India Company, und sein Vater Richard Caleb Morrison war Ehrenpensionär Georg III. R. J. Morrison ging 1806 im zarten Alter von elf Jahren zur Königlichen Marine, war 1810-11 im aktiven Dienst gegen die französische Flotte im Mittelmeer, wurde im März 1815 zum Leutnant befördert und schied 1817 mit Halbsold aus. 1827-29 war er Offizier der Küstenwache, verließ jedoch den aktiven Dienst, um die Nichte von Sir R. Joshua Paul, eines irischen Adligen, zu heiraten, mit der er neun Kinder hatte.[26]

Morrison war mit R. C. Smith befreundet und ebenfalls Mitglied der „Mercurii" im Jahre 1824. In das gleiche Jahr fällt auch sein

---

[26] Einzelheiten entnehme man *The Dictionary of National Biography* und Christopher Cooke: *Curiosities of Occult Literature*, 1863.

erster Versuch in astrologischer Schriftstellerei, ein Brief mit der Unterschrift „John Partridge junior", der in *The Spirit of Partridge* (Nr. 8) erschien. Er lebte in Liverpool, und 1830 wurde er professioneller Astrologe. Als er am Beispiel Smith die Öffentlichkeitswirksamkeit eines erfolgreichen prognostischen Almanachs sah, brachte er ein Konkurrenzblatt zu Raphaels *Prophetic Messenger* heraus: *The Herald of Astrology* (der Titel wurde 1836 zu *Zadkiel's Almanac*). Er war alleiniger Eigentümer des Almanachs, der bald höhere Verkaufszahlen erzielte als der Rivale *Prophetic Messenger*.[27]

Die soziologische Bedeutung dieser Almanache ist nicht zu unterschätzen. Beide zusammen erreichten zwar nie den Verbreitungrad von *Vox Stellarum* mit 560.000 Exemplaren im Jahre 1839, doch sie zielten auf einen anderen Markt. Wer in den 1830er Jahren wissen wollte, „was die Sterne sagen", blickte wohl kaum in *Vox Stellarum*, wo doch „echte" Information, zusammengestellt von anerkannten Experten, weit detaillierter von Raphael oder Zadkiel angeboten wurden. Man muß betonen, daß diese populären Schriften Jahr für Jahr, Jahrzehnt für Jahrzehnt als ständige Erinnerungshilfe das Überleben der Astrologie sicherstellten. Solche Publizität brachte neue Rekruten in die Reihen der Amateure und Klienten.[28] Ich habe schon erwähnt, daß dieses öffentlichtliche Interesse an der Astrologie ein spezifisch britisches Phänomen war, da es in keinem anderen Land prognostische Almanache gab.

Der Inhalt des „Zadkiel" oder „Raphael" folgte einem festen Muster. Es gab die unvermeidlichen „Vorhersagen", meist vage formuliert, so daß zwangsläufig einiges „eintreffen" mußte; Berichte über die laufenden astralen Aussichten der Königlichen Familie oder die prominenter Personen; daneben auch eher allgemein gehaltene Artikel. *Zadkiel's Almanac* ist in dieser Hinsicht besonders inter-

---

[27] Ständige Preissenkungen ermöglichten die größere Verbreitung des *ZA* im Vergleich zum *PM*. Morrison kalkulierte anfangs 2 Shilling 6 Pence für 72 Seiten. Der Preis des *PM* war 2 Shilling 9 Pence. 1835 reduzierte er den Preis auf einen Shilling für 48 Seiten. Nach einer weiteren Preissenkung 1847 konnten die Leser den Almanach für 6 Pence erwerben und 1870 erhielten sie 84 Seiten für den gleichen geringen Betrag. Raphaels *PM* konnte bis 1877 preislich nicht mithalten, dann kostete er 6 Pence ohne oder einen Shilling mit den jährlichen Ephemeriden, wenn sie der Bezieher benötigte.

[28] 1960 fragte ich den früher recht bekannten Profi E. H. Bailey, der damals schon ein sehr alter Mann war, wie er die Astrologie entdeckt habe. Er antwortete: „Ich las als Junge den ‚Zadkiel'".

essant. Darin finden sich Morrisons eigentümliche, ja exzentrische Lesefrüchte Seite an Seite mit riskanten Prognosen und seltsamen kosmologischen Theorien.[29] Morrison war mit vielen dunklen Dingen vertraut, und zweifellos wollte er zur Erziehung seiner Leser beitragen. Man muß bedenken, daß die Jahrbücher in vielen einfachen Haushalten sorgfältig gelesen wurden, besonders auf dem Lande und zu einer Zeit, als es nur wenig öffentliche Unterhaltung gab. Morrison setzte offenbar voraus, daß einige Leser Grundkenntnisse in Latein, Griechisch, Hebräisch oder der höheren Mathematik hatten. Möglicherweise spielte *Zadkiel's Almanac* eine bedeutendere Rolle in der Erwachsenenbildung der viktorianischen Ära als man heute gemeinhin annimmt. Wie auch immer, der Almanach als Ganzes spiegelt auf lebendige Weise die unkonventionelle Persönlichkeit seines Eigentümers.

Morrison kümmerte sich mehr als irgendeiner seiner Vorgänger um die soziale Stellung der Astrologie und die ihrer professionellen Vertreter. Dafür gab es zwei Gründe: erstens sein waches Bewußtsein für die wachsende Zahl der Gegner der Berufsastrologie, die man mit Wahrsagerei gleichsetzte; zweitens seine eigene schwierige Position, die ihn beständig einen Drahtseilakt zwischen Achtbarkeit und Illegalität vollführen ließ. Als Lieutenant Morrison, R. N., als wohlerzogener Mann mit einem weiten Spektrum rationaler und irrationaler Interessen, war er in der Londoner Gesellschaft weithin bekannt und in vielen vornehmen Häusern willkommen, bis im Jahre 1863 die Verleumdungsklage Morrison versus Belcher seine Reputation ankratzte, obwohl er den Prozeß gewann. Die Rolle Zadkiels, des Profiastrologen und Herausgebers des populären prognostischen Almanachs, mußte mit Diskretion gespielt werden. Wahrscheinlich hatten die meisten, die mit Morrison zu tun hatten, keine Ahnung, daß er Zadkiel war.

1834 zog er von Liverpool nach Gloucestershire und residierte die nächsten zehn Jahre in der Nähe von Gloucester und Cheltenham.[30] Die dortigen Einwohner erfuhren bald von seinem astrologischen

---

[29] Siehe Morrisons *The Solar System as it is, and not as it is represented* [1857], und *The New Principia, or The True System of Astronomy*, 1868. Er glaubte z. B., daß die Erde das unbewegliche Zentrum des Sonnensystems sei und daß die Entfernung zur Sonne nur 365.000 ½ Meilen betrage.

[30] In der Zwischenzeit hatte er 1833 *The Grammar of Astrology* veröffentlicht, sowie neunzehn Ausgaben von *The Horoscope: A Weekly Miscellany of Astrology* (8 Seiten für 1½ Pence, 1834).

Engagement. Sein Almanach für 1837 verzeichnete eine „öffentliche Diskussion vor einigen hundert angesehenen Personen" in Cheltenham. Zunehmender Klatsch über den Lieutenant und die Astrologie führte zu einem Angriff von T. H. Moody in seiner umständlichen Abhandlung *Refutation of Astrology*, Cheltenham 1838, in der er die Astrologie aus religiösen Gründen ablehnte. Moody schrieb, er sei „von zwei Gentlemen, die Lieutenant Morrison bekannt seien, informiert worden, daß einige Leute in Cheltenham auf Grund astrologischer Prognosen seelischen Schaden erlitten haben, und dies, weil die Werke dieses Gentleman in unserer Stadt und anderen Teilen Englands frei verkäuflich sind." Fünfundzwanzig Jahre später sollte der *Daily Telegraph* feststellen, daß Zadkiels Prophezeiungen „darauf abzielten, die Furchtsamen zu ängstigen und die Leichtgläubigen zu verführen."

So sehr Moody Morrison tadelte, so anstößig fand er die Aktivitäten eines Philip Wood, der ganz in der Nähe in Stroudwater lebte und sich „Professor der Göttlichen und Himmlischen Wissenschaft in Übereinstimmung mit der Schrift, der Vernunft und der Mathematik" nannte. In der *Cheltenham Free Press* (31. Oktober 1835) warb Wood für „Himmlische Artikel, wie Talismane, Vigils [Siegel] und Amulette, gefertigt nach den wahren Prinzipien der Göttlichen und himmlischen Magie, zur Abwehr oder Milderung der verderblichen Einflüsse der Himmelskörper".[31]

Morrison kümmerte sich nicht groß um Kritiker wie Moody, da er sich ebenfalls für einen guten Christen hielt. Etwas anderes waren wissenschaftliche Einwände gegen die Astrologie, sie bedurften der Erwiderung. Objektive Gewißheit war seiner Meinung nach am besten zu erreichen, wenn planetare Einflüsse auf das Wetter nachzuweisen waren. So trat er in die Fußstapfen seiner Vorgänger des 17. Jahrhunderts, denn schon John Gadbury hatte ein Werk über Wetterastrologie verfaßt: *Nauticum Astrologicum, or the Astrological Seaman, directing Merchants, Marriners, &c., how (by God's blessing) they mey escape divers Dangers which commonly happen in the Ocean* (1691). Morrison studierte wie andere britische Astrologen Astro-Meteorologie, bis sie gegen Ende des 19. Jahrhunderts

---

[31] Ähnliche, aber „ungeweihte" Artikel wie Talismane der Sonne, der Venus, mit Runen, etc. werden auch vom Hermann Bauer Verlag, Freiburg i. Br., angeboten. [Was in den 1960ern noch ein Kuriosum war, gehört inzwischen zum Bestand einer jeden esoterischen Buchhandlung. (A.d.Ü.)]

aus der Mode kam. Er trat der orthodoxen *London Meteorological Society* bei und wurde 1840 in ihren Rat gewählt.
Im Februar 1843 wurde der Astrologe J. Bradshaw aus Manchester wegen Wahrsagerei angeklagt. Um die Mittel für seine Verteidigung und sonstige unvorhersehbare Kosten aufzubringen, kündigte Morrison im Jahrbuch für 1844 die Gründung der *British Association for the Advancement of Astral and other Sciences* an, die schon ein Jahr später angeblich 107 Mitglieder hatte. Bradshaw war mehr oder weniger seriös, sonst hätte ihn Morrison wohl nicht unterstützt, denn inzwischen waren einige unseriöse Scharlatane aufgetaucht.
„Was die zahlreichen Fälle angeht, wo Leute sich bei uns über das Versagen von Astrologen beklagen, die fünf Schillinge für ein Horoskop gezahlt haben oder eine halbe Krone pro Frage[32], so möchten wir ein für alle Mal erklären, daß kein gebildeter Mensch sich dazu hergeben würde, ein solch lächerliches Honorar zu nehmen. Alle größeren Städte des Königreiches sind voll ignoranter Kerle, die angeblich die Astrologie beherrschen, jedoch noch nicht einmal ihren Namen schreiben, geschweige denn einen Dreisatz rechnen können... Unterdessen bitten wir unsere Freunde, jeden Astrologen zu meiden, der kein auf Pergament gedrucktes Diplom mit dem Siegel der British Association of Astral Science vorzeigen kann, das jetzt ein jeder gebildete, seriöse Astrologe im Königreich besitzt."
Die Association hatte wohl kein langes Leben, da sie im Almanach nicht wieder auftaucht. Es war der erste Versuch, professionelle Astrologen zu „organisieren". Es sollte noch weitere Anläufe geben, insbesondere in Deutschland, fast ein Jahrhundert später.
Morrison zog 1846-47 von Gloucestershire nach London. (Zuvor wohnte er in Painswick südöstlich von Gloucester im Shepscombe House.) Für die Jahre 1848-62 läßt sich sein wahrscheinlicher Aufenthaltsort aus der jeweiligen Adresse eines fiktiven Samuel Smith im Almanach folgern.[33]

---

[32] „Eine halbe Krone pro Frage": gemeint ist *Stundenastrologie*, bei der ein Horoskop auf den Moment erstellt wird, wo eine Frage gestellt wird oder z. B. mit der Post kommt. Sie war weit verbreitet, bis sie Ende des 19. Jahrhunderts in Mißkredit geriet. Alan Leo nennt sie „ein Unglück für die Wissenschaft und eine Bankrotterklärung des Astrologen". (*Modern Astrology*, Nov. 1896)
[33] Smith' Adressen: 1848 - 11 Dudley Place, Paddington; 1849 - Acre Lane, Clapham; 1850 - 23 Middle Street, Cloth Fair, Clerkenwell; 1851 - Reading; 1853-61 - Post Office, Brompton. Das Jahrbuch für 1849 verzeichnete „keine persönlichen Konsultationen", aber als Zadkiel in Reading lebte, warb er mit

Ab 1847 war auf dem Umschlag und der Titelseite des Almanachs als Autor „Zadkiel, Tao Sze" verzeichnet. Nach Christopher Cooke „bedeutet das Wort Zadkiel oder Zedekiel den Engel oder Genius des Planeten Jupiter. Tao Sze bedeutet Doktor der Vernunft."[34] Ein früherer, aber vereinzelter Gebrauch des Titels Tao Sze findet sich im Vorwort des 1844er Jahrbuchs nebst einem Swastika-Symbol.[35] Die Copestick-Affäre in Bath mit einer Anklage und Gefängnis für den dort ansässigen Berufsastrologen Francis D. Copestick brachte den jungen Londoner Rechtsanwalt Christopher Cooke zu seinem bleibenden Nachteil mit Morrison in Kontakt.[36] Cooke war Morrison 1847 erstmals in der Praxis eines Phrenologen am Picadilly begegnet, scheint sich aber nicht mit ihm unterhalten zu haben, doch im gleichen Jahr hörte er einen Vortrag von ihm und erwarb eine gebrauchte Ausgabe der ersten Folge von Zadkiels Zeitschrift *The Horoscope* (1834). Später schrieb er, „dieses Buch erklärte die Verbindungen, die man zwischen der phrenologischen Wissenschaft und der Astrologie vermutete... und da ich mich an Hand der Werke von Dr. Combe und Mr. G. Combe und anderer Schriften schon in der Phrenologie oder aber Physiognomie kundig gemacht hatte, war mein Interesse an ‚The Horoscope' erwacht."[37]

---

persönlichen Konsultationen", aber als Zadkiel in Reading lebte, warb er mit dem Angebot, Schüler, die Astronomie und Astrologie erlernen wollten, für einige Wochen als Gäste in sein Haus aufzunehmen.

[34] Christopher Cooke, *Astrology in a Nutshell*, 1827, S. 27.

[35] Die früheste literarische Verwendung des Swastika-Symbols [Hakenkreuz] datiert das *Oxford English Dictionary* auf 1871. Die „esoterische" Bedeutung der Swastika wurde in Deutschland offenbar erstmals im Jahre 1895 von Alfred Schuler (1865-1931) diskutiert. Siehe seine *Fragmente und Vorträge aus dem Nachlaß*, mit einer Einleitung von Ludwig Klages, Leipzig 1940. Die Nazis übernahmen das in „völkischen Kreisen" schon recht bekannte Symbol.

[36] Christopher Cooke wurde an der Harrow School ausgebildet und 1844 als Anwalt zugelassen. Er lebte mit seiner Mutter in 2 Upper Grosvenor Street, einer guten Adresse, und hatte seine Praxis in 12 Southampton Buildings, Chancery Lane.

[37] Christopher Cooke, *Curiosities of Occult Literature*, 1863, S. 5. Es ist hauptsächlich George Combe (1788-1858) und seinem Bruder Andrew (1797-1843) zu verdanken, daß die Lehren von F. J. Gall [1758-1826 und K. K. Spurzheim in Großbritannien nach 1820 größere Verbreitung fanden. In den 1850ern war Phrenologie nicht nur in Mode, sondern auch bekannter als die Astrologie. Heute ist sie nahezu vergessen, auch wenn die British Phrenological Society (gegr. 1886) noch immer existiert. [Im Dritten Reich nutzten „völkische Anthropologen" die Phrenologie (Schädelkunde), um durch

1849 bat Cooke Zadkiel um eine Auslegung seines Horoskops und erhielt zwei „Deutungen", für die er 10 £ zu zahlen hatte. (Das Honorar war im Vergleich zum damaligen Geldwert sehr hoch. Ein gelernter Schriftsetzer, traditionell ein gut bezahlter Handwerker, verdiente damals etwa 2 £ pro Woche.) Im Oktober 1851 erhielt er eine weitere Deutung, und im gleichen Monat schrieb er zweimal an Zadkiel, um sich durch „Stundenhoroskope" Fragen beantworten zu lassen. Ob er Zadkiel jemals eine Haarlocke schickte, ist nicht bekannt. In Zadkiels Almanach für 1849 stand jedenfalls eine bemerkenswerte Voraussetzung für seine Kunden in der „Stundenastrologie": „Wenn der Fragende eine Haarlocke schickt, verstärkt das entscheidend die Sympathie, denn sie ist ein Teil seiner Person. Das kommt einer persönlichen Vorsprache gleich." (Die Verbindungen zwischen der modernen Radioästhesie und alten magischen Traditionen sind enger, als man erwartet.)

Seit Sommer 1851 muß Morrison gewußt haben, daß Cooke Anwalt war. Einige Wochen später nahm der Fall Copestick mit all seinen Konsequenzen für die rechtliche Stellung des Berufsastrologen einen Großteil seiner Zeit in Anspruch. Francis Copestick war der Inhaber einer kleinen Buchhandlung in Bath. Seine jüngste Veröffentlichung, *Copestick's Prophetic Annual, Celestial Intelligencer and Weather Guide*, hatte die Aufmerksamkeit der örtlichen Polizei erregt, denn er bot für 2 £ „alle Direktionen, für das ganze Leben trigonometrisch berechnet", also Langzeit-Prognosen. Ein Polizeioffizier in Zivil suchte ihn in Begleitung eines weiblichen *agent provocateur* in seiner Wohnung auf, stellte einige Fragen für Stundenhoroskope, bezahlte mit gekennzeichnetem Geld und zeigte ihn wegen Verstoßes gegen das Landstreicherei-Gesetz von 1824 an.[38] Der Fall kam im Dezember 1851 vor den Magistrat von Bath. Copestick wurde zu einem Monat Gefängnis verurteilt, kam jedoch bis zur Berufung frei. Der Stadtrichter bestätigte das Urteil am 10. Januar 1852. Morrison ging nach Bath, um zugunsten Copesticks auszusagen.

Schädelmessungen die „Minderwertigkeit" sog. nicht-arischer Rassen nachzuweisen. So wurde an der Reichsuniversität Straßburg unter Prof. August Hirt eine „jüdische" Skelettsammlung angelegt. (A.d.Ü.)]

[38] Die Astrologen hatten nie das unselige Schicksal von Thomas White aus Bath vergessen, der 1813 unter nahezu gleichen Umständen auf der Insel Wight arrestiert wurde. White wurde zu einem Jahr Gefängnis verurteilt und starb im Gefängnis in Winchester.

Morrison war damals gerade von Reading nach London gezogen und lebte nun in 1 Milborne Grove in Fulham. Er stand in enger Verbindung mit Lord Robert Grosvenor, den er kennengelernt hatte, als dieser Präsident der London Meteorological Society war, und besprach den Fall Copestick mit ihm. Grosvenor und William Ewart, ein radikaler Liberaler, beschlossen, dem Unterhaus eine Petition zur Verbesserung des Landstreicherei-Gesetzes zu überreichen, die Morrison aufgesetzt hatte. So geschah es, doch nichts passierte.[39] Morrison wollte Legalität für Personen *mit festem Wohnsitz* im Gegensatz zu „arbeitsscheuen und liederlichen Personen" erreichen, damit sie ihren astrologischen Beruf zu Hause ausüben konnten. Dadurch wäre auch seine eigene unbefriedigende Situation in Ordnung gebracht worden.

Cookes persönliche Bekanntschaft mit Morrison begann am 1. April 1852, als er zum erstenmal nach Milborne Grove kam. „Der Seher", wie Cooke ihn oft nannte, hatte auch William Sharp Cross eingeladen, einen Anwalt, der sich sehr für Astrologie interessierte.[40] Cooke wurde Morrisons Partner bei einer ganzen Reihe von riskanten geschäftlichen Spekulationen. Ein Jahrzehnt später, als er schon von Herzen bedauerte, jemals seine Bekanntschaft gemacht zu haben, erklärte er, Morrison habe ihn überzeugt, die Wahrheit der Astrologie sei öffentlich anerkannt und ihre Legalisierung stehe unvermeidlich bevor. Desillusioniert schrieb Cooke: „Wäre er [Morrison] kein Astrologe gewesen, wäre seine gesellschaftliche Stellung wohl bedeutender gewesen... Ich hing der irrigen Vorstellung an, die Astrologie sei anerkannt und geachtet, doch wie sich jedoch nach jahrelanger Erfahrung gezeigt hat, ist das nicht der Fall. Lieutenant Morrisons lebhafte Korrespondenz führte mich in dieser Hinsicht in die Irre, denn noch im Oktober 1851 versicherte er, er lerne täglich ‚gebildete Leute von hohem gesellschaftlichem Rang' kennen, wie (*mirabile dictu!*) den Herausgeber einer Londo-

---

[39] Der gegen Wahrsagerei gerichtete Paragraph des britischen Landstreicherei-Gesetzes wurde erst am 16. November 1989 aufgehoben. (A.d.Ü.)
[40] W. S. Cross (1812-61) war 1835 in Cambridge der sechste „Wrangler". Er schrieb unter den Pseudonymen „Scrutator" und „Herschel" einige Artikel für die zweite Folge von Zadkiels *The Horoskope*, 1841, und verfaßte das 1849 anonym erschienene Buch *Reasons for Belief in Iudicial Astrology*. Anders als sein Kollege Cooke handhabte er seine astrologischen Interessen diskret. A. G. Trent (d. i. Richard Garnett) verfaßte eine biographische Skizze über ihn, die 1903 in *The Horoscope*, Vol. 1, Nr. 3, erschien.

ner Zeitschrift, die ‚das Studium der Wissenschaft aufnehmen' wollten und an ihrem Fortschritt interessiert seien".[41]
1853 begann Cooke mit der Niederschrift seines Buches *A Plea for Urania*, und 1854 schoß er 200 £ zu den Druckkosten zu. In den nächsten sechs Jahren wurden nicht einmal 250 Exemplare verkauft (obwohl die 388 Seiten nur 5 Shillinge kosteten), der Restbestand wurde vom Verlag ohne sein Wissen oder seine Zustimmung für 4½ Pence pro Stück verramscht, als er 1859 in den USA war. Cooke hätte größeren Erfolg verdient, denn er schrieb die erste *lesbare* astrologische Abhandlung, die im 19. Jahrhundert erschien.

Noch während er fleißig an *A Plea for Urania* schrieb, war er als Anwalt, Investor und Vermittler in diverse Geschäftsgründungs-Aktivitäten verwickelt, bei denen Morrison eine führende Rolle spielte. Im Vorwort zu *Curiosities of Occult Literature* von 1863 heißt es, er habe „noch nicht einmal den zwanzigsten Teil der Korrespondenz veröffentlicht, der mit den drei in diesem Buch erwähnten Firmen zusammenhängt... Diese Firmen waren, eben weil sie mit dem astrologischen Prinzip verknüpft und so nachweislich gesichert waren, vom gewöhnlichen Gang der Spekulation ausgenommen, wie ich damals glaubte".

Unglücklicherweise erläuterte Cooke nie näher die Natur des „astrologischen Prinzips" hinter der Wellington Telescope Company, der Emperor Life Assurance Society oder den Spekulationen im Kohlebergbau in Süd-Wales, mit denen er zwei Drittel seines bescheidenen Kapitals von 10.000 £ verlor. Was Morrisons Anteil an diesen Geschäften angeht, so würde er heutzutage wohl kaum einer Strafverfolgung wegen Vorspiegelung falscher Tatsachen entgehen. Eine Mischung aus Naivität, Optimismus und überzogenem Selbstvertrauen, und möglicherweise die Unfähigkeit, in den eigenen Sternen zu lesen, führte den Lieutenant in die Irre.

Ich habe hier nicht den Platz für eine detaillierte Abhandlung der Geschichte der oben erwähnten Firmen, wie Cooke sie vornimmt. Bei dem nie realisierten Wellington-Teleskop-Projekt ging es um die Herstellung und Errichtung eines Riesenteleskops in der Nähe des Glaspalastes von Sydenham. Morrison hatte Bedenken, als Lord Brougham (1778-1868) dem Unternehmen seinen Namen geben

---

[41] Der Herausgeber war William Charles Kent (1823-1902), der 1850 die Abendzeitung *Sun* erwarb. Am 19. Januar 1852 publizierte er einen Leitartikel, der die Strafverfolgung und Gefängnisstrafe für Copestick anprangerte.

sollte. Er hatte gute Gründe, sich nicht selbst an Brougham zu wenden und Cooke als Vermittler einzuschalten. Brougham verweigerte seine Mitarbeit, und später fand Cooke heraus, daß seine Ablehnung daher rührte, daß er wußte, daß Morrison jener anonyme Zadkiel war, der vor Jahren in *The Horoskope* vom August 1834 einige beleidigende Bemerkungen über ihn geschrieben hatte.

„Der böse Saturn am Aszendenten", schrieb Zadkiel, „bringt einen großen Mangel an Schönheit der Person; in der Tat könnte man das Gesicht des Nativen gewöhnlich nennen. Der Übeltäter am Aszendenten bewirkt Gebrechen im Gesicht, und dies ist auch der Fall. Seine Lordschaft hat ein nervöses Zucken oder Zwinkern, was ihm kaum ein paar Minuten Ruhe läßt, ohne daß sich die Muskeln des Gesichts oder des Mundes in widerwärtigster Weise verziehen. Da wir verschiedentlich schon in der Nähe seiner Lordschaft weilten, können wir uns für die Wahrheit dieser Aussage verbürgen."

Die *Emperor Life Assurance Society* war zwar zur rechten Zeit gegründet worden, geriet aber bald in Zahlungsschwierigkeiten. Morrison, vordem ihr erster Vorsitzender, war längst abgetreten, und so sah sich Cooke verpflichtet, zahllose unbezahlte Stunden auf die Geschäftsführung zu verschwenden. Das Spekulationsobjekt Kohlebergbau, in das Morrisons Freunde große Summen investiert hatten, war 1856 hoffnungslos bankrott, was Morrison nicht davon abhielt, damit zu werben, „ein jeder könne mit 4000 £ Einlage ohne jegliches Risiko 6000 £ im Jahr machen".

1859 gab Cooke seine Anwaltspraxis, die nie gut gelaufen war, auf und ging für einige Monate in die USA. Als er nach London zurückkehrte, hatte er bald wieder mit Morrison zu tun. Der Lieutenant hoffte noch immer, die Astrologie gesellschaftsfähig und wissenschaftlich akzeptabel zu machen und war bestrebt, eine weitere Gesellschaft zu diesem Zweck zu gründen. Eine schon laufende Planung für einen Kongress der Astronomen und Freunde der Gestirnswissenschaft realisierte sich nicht, doch im Sommer 1860 gründeten er und W. H. White, der ehemalige Sekretär der zwischenzeitlich eingegangenen London Meteorological Society, die *Astro-Meteorological Society*, deren Gründungsversammlung am 29. November in Cookes Wohnung 58 Pall Mall stattfand. Die neue Gesellschaft florierte einigermaßen bis 1861, doch im Sommer, so Cooke, „verließen einige Personen die Gesellschaft, da sie, wie sie behaupteten, mit Astrologie zu tun habe, was unleugbares Faktum war, obwohl einige Winkelzüge unternommen wurden, um das Gegenteil zu erweisen". Die Gesellschaft wurde im März 1862 mit den Stimmen all derer aufgelöst, die ihre letzte Sitzung herbeigeführt hatten. Morrison war damals in einen größeren Skandal verwickelt, und die verbliebenen Astro-Meteorologen hielten es für angebracht, jede öffentliche Verbindung mit ihm abzubrechen. Auch Cooke, der wohl weit größeren Anlaß zu Mißtrauen als die meisten anderen hatte, brach nun mit Morrison. „Es sind Umstände eingetreten, die meinen Ärger über meine persönliche Verwicklung in die letzten Projekte des Lieutenant hochkochen ließen", schreibt Cooke. Die fraglichen Umstände hatten mit dem zu tun, was Cooke die „Kristallkugel-Affäre" nannte. Sie brachte Morrison unwillkommene Publizität einer Art, mit der er in den vergangenen Jahren zwar immer kokettiert, sie bis dato aber geflissentlich vermieden hatte.

Die Kristallkugel, die Morrison für diverse „spiritistische" Experimente benutzte, war um 1849 in seinen Besitz gelangt. Sie kam aus dem Besitz der gerade in Paris verstorbenen Lady Blessington. „Als ich ihre Kräfte erprobt hatte", schrieb er in seinem Almanach für 1851, „habe ich mich entschlossen, meinen Lesern über diese wundervolle Methode, mit den Geistern der Verstorbenen in Kontakt zu treten, zu berichten". Man muß anmerken, daß Morrisons Interesse an diesen Kontakten zu den Vorstufen dessen gehörte, was Frank Podmore „die klassische Periode des englischen Spiritismus" nannte. Die Öffentlichkeit interessierte sich zunehmend für angeblich paranormale Phänomene und Spiritismus.[42]

Spiritistische Medien benutzten in der Regel keine Kristallkugeln und wußten auch nicht um deren Bedeutung in der Geschichte der Magie und des Okkultismus. Doch Morrison kannte sich auf diesem Gebiet aus, und er hielt seinen Kristall für den, den schon der berühmte Dr. John Dee unter der Regierung von Elisabeth I. benutzt hatte. Morrisons Kristall war ungewöhnlich groß. „Man zeigte mir schon viele andere", schrieb er, „aber mit Ausnahme des einen, den mir Lord S. zeigte, sind alle kleiner. Man sagt, sie seien den Engeln der Planeten geweiht und hätten deshalb weitaus geringere Kräfte als Lady Blessingtons Kristall; da er *Michael*, dem Erzengel der SONNE, geweiht ist, kann er täglich vier Stunden lang konsultiert

---

[42] Eine nützliche historische Analyse findet sich in F. Podmore: *Modern Spiritualism: A History and a Criticism*, 1902, 2 Bde.

werden, während die anderen sich normalerweise nur für sehr kurze Zeit nutzen lassen; auch kann man mächtige Geister nicht mit ihnen beschwören und sie zeigen sich auch nicht sichtbar darin". Er versicherte, daß „in diesem großen Kristall die Geister erscheinen, ohne *beschworen* worden zu sein, wie es normalerweise geschieht... Sie gaben uns höchst *wichtige Informationen über das tatsächliche Weiterleben der Seele nach dem Tode, und über den Zustand, in dem sie sich befindet und bis zum Jüngsten Gericht befinden wird*... [Aber] *die Astrologie* ist ein weitaus besserer Wegweiser als sie [die Geister der Toten] es sein können. Sie wissen jedoch vieles vom zukünftigen Geschick der *Nationen*."

Christopher Cooke, der angeblich dabei war, als „bemerkenswerte Visionen" im Blessington-Kristall zu sehen waren, erklärte den Zusammenhang der Kristallschau mit der Astrologie folgendermaßen: „Dieses Thema hat mit der astrologischen Wissenschaft zu tun. Weil der Mond Einfluß auf Kristalle haben soll, sollte man die Kristalle in Entsprechung zu dem Planeten, dem sie geweiht sind, nutzen – an einen bestimmten Tag der Woche und einer bestimmten Stunde des Tages oder der Nacht, die seinem Einfluß unterliegt oder unterliegen soll. Dieses Thema hat auch deshalb mit der Astrologie zu tun, weil Personen, die unter bestimmten planetaren Konfigurationen geboren sind, die Gabe und Macht haben, mit dieser Methode wahrzusagen; dies gilt für beide Geschlechter, obwohl diese Fähigkeit bei Männern seltener zu finden ist. Bei Kindern – Jungen wie Mädchen – ist sie häufig."[43] Zur „Abstimmung" des Kristalls erklärte er, „die Grundidee ist, den Kristall durch gewisse Invokationen oder Gebete zu weihen, und ihm seine Abstimmung an dem Tag und der Stunde zu geben, wenn der Planet oder der Einfluß des Planeten herrscht, dem man den Kristall weihen will."

Morrison selbst war nicht fähig, „die Geister des Kristalls" zu rufen und nutzte daher Kinder als Kristallseher, einen seiner Söhne und den Enkel von Sir Thomas Ussher. In den Almanachen von 1851-52 finden sich längere Abhandlungen über „Visionen, gesehen in Lady Blessintons Kristall". Es erschien ein Geist, der sich selbst Orion nannte. „Ein großer Mann mit Helm und Waffen; eine große Keule in der Hand; einen Bär auf den Hinterpfoten hinter sich. Er sieht grimmig aus, hat aber ein freundliches Lächeln." Morrison notierte

---

[43] Christopher Cooke: *Curiosities of English Literature*, 1863, S. 123.

alles, was Orion gesagt haben soll, und zwei aufeinander folgende Jahrbücher enthielten nicht weniger als fünfundzwanzig Seiten mit den für solche Kontakte typischen Platitüden. Dann taucht der Kristall bis zur 1862er Ausgabe (geschrieben 1861) nicht mehr auf. Morrison berichtete von seinen Schwierigkeiten, „Seher" zu finden; er habe „aber kürzlich das Glück gehabt, vier exzellente erwachsene Seher auszumachen; drei Damen und einen Herrn".

Anfang der 1850er Jahre konnte Morrison mit seiner Begeisterung nicht mehr an sich halten und schrieb an *The Athenaeum* über seine Kristallschau-Experimente. Seine Briefe erregten Aufsehen, und er „erhielt eine Menge Zuschriften hochgestellter Persönlichkeiten, die um einen Blick in die Kristallkugel baten". Fortan wurden bei ihm zu Hause und anderswo Kristallschau-Sitzungen abgehalten, wobei einer seiner Söhne oder der junge Ussher als Seher fungierten. Unter den Teilnehmern waren die Countess of Errol, Baron Bunsen (der preußische Botschafter), Admiral Fitzclarence, die Marquise von Ailesbury, der Bischof von Litchfield, der Earl of Effingham, Lady Egerton of Tatton, der Earl of Wilton sowie der berühmte Schriftsteller Sir Bulwer-Lytton, der einen ausgeprägten Hang zum Okkulten hatte. Die Auswirkungen folgten ein Jahrzehnt später.

Solange sich die meisten Leute erinnern konnten, hatte Zadkiel, wer immer er auch sein mochte, sein jährliches Quantum an Prognosen veröffentlicht. Was Cooke „freimütige und zwanglose Bemerkungen des Sehers über Dinge und Personen im Allgemeinen" nannte, war nicht unbedingt allen Leuten willkommen, die es betraf. Die astrologischen Aussichten der Königlichen Familie hatten schon seit alterher Almanach-Autoren mit Material versorgt – so auch Zadkiel. Regelmäßig besprach er die laufenden „Direktionen" so verdienstvoller Leute wie die des Herzogs von Wellington, Lord Palmerstons, Lord Broughams und anderer Prominenter des Establishments.

In den frühen 1840er Jahren diente Lord Robert Grosvenor als Vermittler zwischen Morrison-Zadkiel und dem Prinzgemahl. So schrieb Grosvenor am 14. November 1840, er habe „den Auftrag, den Dank des Prinzen für Zadkiels Almanach für das Jahr 1841 zu übermitteln. Seine Königliche Hoheit weiß den genauen Zeitpunkt seiner Geburt nicht, ich habe aber Schritte eingeleitet, ihn ausfindig zu machen und werde es Sie wissen lassen; ich vertraue auf günstige Einflüsse." Prinzessin Victoria, das älteste Kind der Königin, wurde am 21. November 1840 geboren, und Morrison erstellte ihr

Horoskop. Grosvenor teilte ihm mit: „Ihre Königliche Hoheit hat sich über das Horoskop der Königlichen Prinzessin gefreut und hat mich beauftragt, Ihnen dafür zu danken". Mit Absender Windsor Castle bestätigte am 10. Dezember 1842 ein Mr. Anson den Erhalt „eines Exemplars von *Zadkiels Almanac*, den Lord Grosvenor Ihrer Königlichen Hoheit übersandt hat".[44] Doch bald nahm Königin Victoria Anstoß an den jährlichen Ergüssen Zadkiels, und unter der Schlagzeile „Horoskop Ihrer Majestät" fand sich in der Ausgabe für 1847 folgender Hinweis: „Ich habe in letzter Zeit wenig über dieses Thema geschrieben, da mir von höchster Stelle mitgeteilt wurde, meine Prognosen hätten zur Mißbilligung einer Persönlichkeit geführt, der ich höchsten Respekt und Bewunderung zolle."

Die Schwierigkeiten, die 1862-63 über Morrison hereinbrachen, verdankte er der Akkuratesse bestimmter Prognosen bezüglich des Prinzgemahls und des Prince of Wales im Jahrbuch für 1861, das er bereits im Sommer 1860 geschrieben hatte. Er deutete z. B. an, Saturns stationäre Position 1861 sei „sehr böse für alle Personen, die am 26. August oder nahebei geboren sind; mit Bedauern muß ich feststellen, daß auch der werte Prinzgemahl zu denen gehört, die davon in Mitleidenschaft gezogen werden. All diese Personen sollten äußerst gewissenhaft auf ihre Gesundheit achten..." Und für den Prince of Wales: „Die Lunation Ende November 1860 gibt uns eine Warnung vor manchem Leiden an die Hand, doch wollen wir hoffen, daß es nichts Ernsthaftes ist; das Jahr 1861 ist von Übel für den Vater des Nativen."

Auch Lord Palmerstons unmittelbare Aussichten waren nicht sehr erfreulich wegen einer Finsternis am 31. Dezember 1861 „nahe der Position des Mondes bei der Geburt Lord Palmerstons; der letztere wird unter solchen Umständen, wenn er überhaupt solange lebt, wohl kaum seinem Schicksal entgehen." In die gleiche Kerbe ging eine Bemerkung über Lord Brougham. Wenn man bedenkt, daß Palmerston um die siebenundsiebzig Jahre und Brougham über achtzig war, waren Prognosen dieser Art nicht zu tollkühn, aber der Prinzgemahl (* 26. August 1819) war erst zweiundvierzig und hätte wohl noch einige Lebensjahre erwarten dürfen.

Diese Prognosen hätten wohl keine große Aufmerksamkeit erregt, wäre nicht der Prinzgemahl völlig unerwartet am 14. Dezember

---

[44] *Zadkiel's Almanac*, 1864.

1861 gestorben, und hätte das nicht ein gewisser Humphery während einer Anhörung des Londoner Magistrats erwähnt, die nichts mit Astrologie zu tun hatte. Seine Bemerkungen wurden in einigen Londoner Zeitungen zitiert, und in einem Leitartikel des *Daily Telegraph* vom 31. Januar 1862 wurde Zadkiel angegriffen.

Da gibt es einen Kerl, der sich Zadkiel nennt, den man seit zweiunddreißig Jahren, wie es scheint, jährlich einen Mischmasch von erbärmlichen Quatsch veröffentlichen läßt, den er Almanach nennt, und worin er sich, als angeblicher Interpret der „Stimme der Gestirne", in Prophezeiungen weitschweifig über öffentliche Affären ausläßt. Alle fünf Jahre trifft zufällig einmal eine von Zadkiels Prophezeiungen ein, die meist ein dümmliches Herumtrampeln auf allen möglichen Gemeinplätzen sind; worauf der Seher außer sich gerät mit seinem: „Hab' ich's nicht gesagt?!" und seine Almanache zu Tausenden, wie wir leider in Erfahrung brachten, verkauft. Erst kürzlich vernahm die Öffentlichkeit mit Empörung, daß ein Londoner Ratsherr in der Ausübung seiner Magistratsfunktion so wenig Respekt vor der Würde des Hohen Hauses zeigte, daß er die Aufmerksamkeit der Zeitungsreporter auf eine von Zadkiels Prognosen für 1861 lenkte, welche auf vage Weise mit dem Tod des Prinzgemahls koinzidiert. Der Verkauf des Almanachs ist, wie wir erfahren haben, seit dem unbesonnenen Ausfall des Ratsherrn Humphery unglaublich in die Höhe gegangen; doch nun ist es die Pflicht der Presse, ein Korrektiv zu der Torheit des Ratsherrn zu sein und diesen Zadkiel einmal ins rechte Licht zu rücken. Unser witziger Zeitgenosse *Punch* hat mehr als einmal diesen schamlosen Buben mit den Pfeilen seines Sarkasmus aufgespießt; und es soll nicht unser Fehler sein, wenn dieser üble Verführer nicht auf lange Sicht moralisch geteert, gefedert und an den Pranger gestellt wird...

Wir hätten dieses blödsinnige Pamphlet mit Verachtung übergehen können; aber die Publizität, die es jetzt erreicht hat, erfordert, daß es und sein Autor, wer auch immer es sein mag, bloßgestellt und öffentlich gebrandmarkt werden. Das Pamphlet ist Betrug, er aber ist ein Schwindler. Der Almanach ist kein harmloser Schund; sein Inhalt zielt darauf ab, die Furchtsamen zu ängstigen und die Leichtgläubigen zu verführen; und auch die Anspielung auf Lord Palmerston und die Spekulationen über die mögliche Lebensdauer dieses berühmten Staatsmannes betrachten wir als geschmacklos und unaussprechlich boshaft. Wer ist dieser Zadkiel, und gibt es keine Möglichkeit, ihn aufzustöbern und mit gutem Recht als Schurke und Vagabund auf die Bow-Street zu zerren?

Die Antwort auf die Frage: „Wer ist dieser Zadkiel?" kam noch am selben Tag. Es war zwar mit „Anti-Humbug" unterzeichnet, jedoch von Konteradmiral Sir Edward Belcher verfaßt. Er schrieb:

Sir, – in Ihrer heutigen Ausgabe fragen Sie: „Wer ist dieser Zadkiel?" und: „Gibt es keine Möglichkeit, ihn aufzustöbern und mit gutem Recht als Schurke und Vagabund auf die Bow-Street zu zerren?" Ich möchte Ihnen auf die Sprünge helfen und teile Ihnen erstens mit, daß er als Lieutenant in der *Navy List* von 1815 geführt wird; zweitens, daß er seine Bewunderer um Greenwich Hospital hat, die ihn als einen 1a-Propheten feiern; und daß sich seine schändlichen Neigungen nicht nur auf die lächerliche Herausgabe von *Zadkiel's Almanac* beschränken. Er fungierte erst kürzlich namentlich als Präsident einer sonderbaren Gesellschaft mit Verbindung zur Astrologie (R. J. Morrison). Ein Freund erinnerte mich: ‚der Autor des *Zadkiel'* ist der gefeierte Kristallkugel-Seher, der um das Jahr 1852 viele hochgestellte Persönlichkeiten hereinlegte'. Mit Hilfe eines Jungen unter 14 und eines Mädchens unter 12 Jahren, die in die Kristallkugel schauten, gab er vor, Konversation mit den Geistern der Apostel zu treiben – ja sogar mit unserem Erlöser, mit allen Engeln des Lichts und der Finsternis, und so mitzuteilen, was in jedem Teil der Welt vor sich ginge. Man fertigte Zeichnungen von den Objekten, die in den Visionen erschienen. Eine vornehme Dame gab dem Jungen 5 £, um Auskunft über ihren Sohn zu bekommen, der sich im Mittelmeerraum aufhielt. Der Junge ‚verplapperte sich' – so kam es heraus. Natürlich stimmte die Information nicht. Für solch profane Dinge nahm er Geld, wenn es denn wirklich derselbe ist, und ließ sich's gut gehen. Wenn man es für ausreichend wichtig erachtet, kann er zweifelsohne identifiziert werden. Was seine Stellung als Marineoffizier angeht, so war er seit 1815 außer bei der Küstenwache nicht mehr zur See im Dienst.

Morrison wies sofort seinen Anwalt an, sich wegen des „Anti-Humbug" an den *Daily Telegraph* zu wenden, und bekam dessen Namen mitgeteilt. Er forderte einen öffentlichen Widerruf Belchers. Als keine Reaktion erfolgte, erhob er Verleumdungsklage gegen den Admiral. Der Fall hätte schon im Mai 1862 verhandelt werden sollen, doch Belchers Anwälte erreichten einen Aufschub nach dem anderen in der Hoffnung, die Angelegenheit für Morrison so teuer zu machen, daß er die Klage zurückziehen müsse. Schließlich ordnete ein Richter an, den Fall ohne weiteren Aufschub zu verhandeln, und so fand der Prozeß Ende Juni 1863 statt.

Als der Brief des Admirals Anfang 1862 noch viel diskutiert wurde, fühlte Christopher Cooke sich verpflichtet zu intervenieren, nicht Morrisons wegen, sondern, wie er nachfolgend in *Curiosities of Occult Literature* ausführt, „wenn Zadkiel und seine Lehre bloß Betrug und Spiegelfechterei wären, so wären meine Bemühungen, seine Bruderschaft seriös und legal zu machen, während zehn oder zwölf Jahren meines Lebens gänzlich vergeblich gewesen... Daß ich für so unbedachte Spekulationen wie die Glamorgan Coal Company und die Emperor Life Assurance, die anfänglich mit Lieutenant Morrison zusammenhingen, meinen Namen hergegeben habe, lag einzig darin begründet, die Wahrheit des astrologischen Prinzips zu überprüfen; und erwiese sich dieses Prinzip als unwahr... wäre die Arbeit von dreizehn Jahren umsonst."

Im März 1862 schrieb Cooke ein 28-seitiges Pamphlet herunter –

Astrology in a Nut Shell, in a Letter to Mr. Alderman Humphery on Occult Phenomena connected with the Death of H.R.H. Prince Consort – mit seinem Namen auf der Titelseite. Auch wenn diese vorsichtige Verteidigung der Astrologie mit einer Analyse ihres aktuellen rechtlichen Status nur wenig Aufmerksamkeit erregte, brachte ihm diese Veröffentlichung wohl eher Schaden als Nutzen. Danach begann er mit der Niederschrift seines Buchs *Curiosities of Occult Literature*, einer detaillierten Abrechnung seiner Beziehungen mit Morrison während des letzten Jahrzehnts, offenbar mit der Absicht, seine eigene doch recht fragwürdige Position zu verteidigen. Es kann sich wohl kaum zugunsten Morrisons ausgewirkt haben, daß dieses Buch (auf Kosten des Autors) just vor seiner Verhandlung gegen Belcher herauskam, da es ihn in ein nicht gerade vorteilhaftes Licht rückte.

Der Fall Morrison vs. Belcher wurde am 29. Juni 1863 bei einer Sitzung des Obersten Gerichts mit einer ausgewählten Jury am Gerichtshof in Queen's Bench, Guildhall, abgehandelt. *The Times* berichtete am 30. Juni ausführlich, aber einseitig, der *Morning Advertiser* etwas objektiver. Morrison bestritt, jemals Geld für die Kristallschau genommen zu haben, und der Junge habe keine 5 £ dafür erhalten. Auch wenn *The Times* keine Namen nannte, sagten doch alle auf Seite 63 genannten Personen als Zeugen zu Morrisons Gunsten aus und bestätigten, daß er nie Geld verlangt habe. Der Anwalt des Admirals rief zu seiner Verteidigung keine Zeugen auf, attackierte aber den Kläger wegen seiner Prognosen im Almanach. Der Vorsitzende des obersten Gerichts war ganz offensichtlich Morrison gegenüber feindselig eingestellt – in *The Times* findet sich keinerlei Anhaltspunkt, daß er etwas gegen das permanente Gelächter im Gerichtssaal unternahm. Die abschließende Urteilsbegründung zeigte, daß er die nachweislich böswilligen Unterstellungen Belchers nicht in Betracht zog. Im Gegenteil, er gab der Jury deutlich zu verstehen, wenn sie Morrison schon Schadensersatz zuerkennen sollte, so solle der nicht besonders groß sein.

Morrison gewann seinen Fall. Die Jury erkannte auf einen Schaden von nur 20 Shillingen und verweigerte ihm eine Anerkennung seiner Kosten. Während die Auflage des 1861er Almanachs mit der berühmten Prognose für den Prinzgemahl noch bei 38.000 Exemplaren gelegen hatte, stieg die des 1864er auf 58.000. Sie wurde unmittelbar nach der Gerichtsverhandlung in Druck gegeben, und so blieb die Affäre nicht ohne Werbewirksamkeit. Unglücklicherweise fiel Morrisons letzter Versuch, eine astrologische Zeitschrift zu etablieren, mit der Veröffentlichung von Admiral Belchers Brief im Januar 1862 zusammen. Just in diesem Monat brachte er die erste und einzige Ausgabe von *Voice of the Stars* heraus, die eigentlich vierteljährlich erscheinen sollte. Wahrscheinlich war er zu sehr mit der Angelegenheit Belcher beschäftigt, um sie fortführen zu können. 1861 hatte er den ersten Teil von Zadkiels *Handbook of Astrology* veröffentlicht, der zweite Teil erschien erst 1864. Dieses kleine Lehrbuch im Oktavformat ersetzte seine alte *Grammar of Astrology*, die zwar noch im Handel, aber nicht mehr sein Eigentum war.

Im letzten Jahrzehnt seiner langen beruflichen Karriere stand Morrison-Zadkiel kaum mehr im Blickfeld der Öffentlichkeit. Der Almanach für 1862 war der letzte, in dem Zadkiel für seine professionelle Tätigkeit warb, und Samuel Smith hatte seinen letzten Auftritt 1863, als Zadkiel darum bat, „alle Briefe oder Bitten, zu welchem Thema auch immer", an die Postadresse seines *alter ego* in Brompton zu schicken.

Im 1870er Almanach, der im Sommer 1869 erschien, fehlte eine Prognose des Kriegsausbruchs zwischen Frankreich und Preußen, dafür gab es eine Annonce für *The Most Ancient Order of the Suastica, or Brotherhood of the Mystic Cross*. Die Aufnahmegebühren als „Bruder Lehrling" waren moderate 10 Shillinge 6 Pence. Doch damit nicht genug, ein Mr. Sparkes, der Herausgeber von Raphaels Konkurrenz-Almanach warb für *The Society of the Most Ancient Magi*, „gegründet einzig zu dem Zweck, die reine Lehre der Astrologie zu verteidigen und das okkulte Wissen zu verbreiten".[45]

Angesichts seiner eigenen unglücklichen Erfahrungen mit dem Kohlebergbau muß Morrison sicherlich geschmunzelt haben, als Londoner Zeitungen am 13. Mai 1873 berichteten, Bergleute der Wynnstay-Zeche in Ruabon hätten die Arbeit verweigert, weil Zadkiel für den kommenden Samstag ein Unglück in Nord-Wales vorausgesagt habe. Am 13. Mai fand tatsächlich ein Zechen-Unglück in Nova Scotia in Kanada statt, und so war seine Ehre teilweise wiederhergestellt.

---

[45] Erwähnt in *Zuriel's Voice of the Stars; or Scottish Prophetic Messenger* für 1871. In der 1872er Ausgabe dieses kurzlebigen Almanachs wurde die geplante Gründung einer Scottish Astro-Philosophical Society angekündigt.

3. R. J. Morrison (Zadkiel) 1795-1874.

4. „The Ghost of a Flea" – Stich von John Linnel nach einem Gemälde von William Blake (Siehe Anmerkung S. 49).

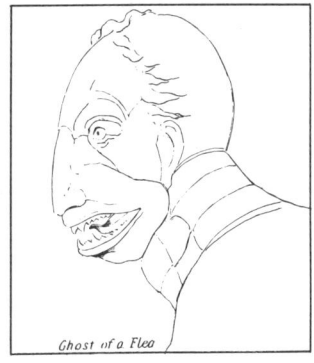

Christopher Cooke gab seine Anwaltspraxis 1862 auf und zog sich ins Privatleben zurück. „Ich habe festgestellt, daß eine Verbindung zu Astrologie und Mystik schlecht fürs Geschäft ist", schrieb er, „deshalb habe ich meine Praxis aufgegeben, vielleicht für immer."[46] Lebenslang ein Junggeselle, verstarb er am 18. April 1882 im London Hospital und hinterließ ein Vermögen von 18.000 £. Der Harrow School vermachte er ein kleines Erbe, um einen Preis für guten Stil in der englischen Sprache zu stiften, „insbesondere für die Werke von Dr. Samuel Johnson und Dr. Oliver Goldsmith". Der Christopher-Cooke-Preis wird noch heute verliehen. Da sein eigener literarischer Stil lesbarer ist als der vieler zeitgenössischer Astrologie-Autoren, ist es schade, daß sein *Complete Guide to Astrology* nie erschienen ist. Das Manuskript war 1889-90 im Besitz von P. Powley, einem Astrologen aus Hull. Die Veröffentlichung wurde zwar angekündigt, das Buch erschien jedoch nie.[47]

Morrison war sicherlich die zentrale Figur auf der Bühne der Astrologie in der frühen viktorianischen Epoche, doch er war keineswegs der einzige aktive astrologische Publizist in England. Es gab noch andere, die ich, wenn auch kurz, anführen muß.

In seinem langen Leben sah Morrison nach dem Tode von R. C. Smith im Jahre 1832 vier Raphaels kommen und gehen. Ich nannte schon John Palmer (Raphael II), der 1837 starb. Die Identität von Raphael III. ist unbekannt. Er verlangte zwischen 20 Shillingen und 5 £ für ein „Horoskop für das ganze Leben", jedoch reichten 5 Shillinge für „ein Stundenhoroskop für jedes mögliche Ereignis". Er lehrte Astrologie und verkaufte „korrekte Abschriften wunderlicher alter MSS. [Manuskripte] über Alchemie, Magie etc. und alle Zweige der Okkulten Wissenschaften". 1846 legte er die Redaktion des *PM* nieder. Sein Nachfolger war ein gewisser Medhurst (Raphael IV), ein ehemaliger Ausbildungsoffizier an Bord der HMS *Victory*. Er war der erste, der, wie zeitweise auch sein Nachfolger, das Pseudonym Edwin Raphael benützte. Er starb 1853. Raphael V. war ein Mr. Sparkes (1820-75), der den *PM* in den nächsten zwanzig Jahren herausgab. Er war „ein guter Astrologe, aber nachlässig mit seinen Kunden".[48] Er lebte in Elephant und

---

[46] Cooke: *Curiosities...*, S. 225 ff.
[47] Siehe *The Astrologer*, hrsg. von P. Powley, Vol. 3, Nov. u. Dez. 1889.
[48] Raphael VI, d. i. R. T. Cross, in: *Raphael's Private Instructions in Genethliacal Astrology*, eine hektographierte Veröffentlichung von 1881.

Castle südlich der Themse, bot den üblichen astrologischen Service an und verkaufte Verdauungs-Pillen „aus rein pflanzlicher Herstellung, das Ergebnis langer Studien und Beobachtungen der Wirkung verschiedener Kräuter auf die Verdauungsorgane". Er brachte zwei Ausgaben eines kurzlebigen Zeitschrift heraus: *The Oracle; A Monthly Journal of Induktive and predictive Philosophy, Meteorology, Medical Botany, Science and Art*, Mai-Juni 1861.

Der neben Morrison einflußreichste astrologische Publizist der frühen viktorianischen Ära war wohl William Joseph Simmonite aus Sheffield, der führende Praktiker, Lehrer und Autor im Norden Englands. Es ist nicht bekannt, ob er gebürtig aus Sheffield stammt, aber zuerst wird er in White's Sheffield Dictionary for 1837 im Zusammenhang mit der Bethel Academy geführt, einer gemischten Tagesschule in Coalpit Lane. In den frühen 1840er Jahren war er die treibende Kraft der Erwachsenenbildung in Sheffield und 1845 leitete er die Sheffield British Institution for the Education of Young Gentlemen and Ladies.[49]

Simmonite war auch ein bekannter Kräutermediziner. Im Vorwort seiner *Medical Botany or Herbal Guide to Health* (1848) schreibt er, er betreibe schon seit neun Jahren „Heilpflanzen-Therapie" und werde „weiterhin Kräuter zur Behandlung aller Krankheiten zusammenstellen – und in alle Teile des Vereinigten Königreichs seine berühmten Jupiter-Pillen versenden, von denen er seit Aufnahme seiner Privatpraxis mehr als 9000 Schachteln zu je einem Shilling verkauft hat". 1856 inserierte er, „der berühmte Astro-Kräuterarzt Dr. W. J. Simmonite kann von morgens 10 bis 6 Uhr abends zu jeder Krankheit, die die Konstitution beeinträchtigt, in seiner Kräuterapotheke konsultiert werden". Er bot eine große Auswahl Kräutermedikamente an, von (alphabetisch) „Anti-Cholera-Pulver" bis zu einer schamhaft „Woman's Friend" genannten Zubereitung.[50]

Zusätzlich zum Unterricht und seiner medizinischen Arbeit fand Simmonite noch Zeit, eine große astrologische Praxis zu führen und

---

[49] Siehe seine *Plans and Rules of the Sheffield Young Man's College in connection with the Sheffield Scientific and Philosophic Society. Established October 1842* (12 Seiten, Sheffield Public Library). Ein kleiner Mitarbeiterstab lehrte an der Sheffield British Institution, einer privaten Einrichtung, ein weites Themenspektrum, darunter auch Philosophie der Astrologie.

[50] Anzeige in *Dr Simmonite's Meteorologist... and Almanack for the Eventful Year 1856*, 18. jährliche Ausgabe.

eine Reihe astrologischer Werke zu verfassen. Einige davon waren unter den ernsthafteren Schülern dieses Gegenstandes offenbar weit verbreitet. Er teilte nicht die Neigung Morrisons zu kosmologischen Spekulationen oder den Verirrungen der Kristallschau, noch handelte er – wie einige der Raphaels – mit angeblichen alchemistischen oder magischen Manuskripten. Er bot eine solide, nüchterne, „wissenschaftliche" Astrologie auf einer exakten mathematischen Grundlage ohne okkulte Schnörkel. Ich habe den Eindruck, daß er der erste Autor des 19. Jahrhunderts ist, der nicht bloß die alten Formulierungen aus dem 17. Jahrhundert nachplappert.

Wie Morrison war auch er ein kühner Astro-Meteorologe. Im Mai 1839 wurde er in die London Meteorological Society aufgenommen und wie Morrison zu ihrer Versammlung im März 1840 eingeladen. Sein meistgelesenes Buch wurde bekannter unter dem Titel seiner zweiten Auflage, nämlich *W. J. Simmonite's Complete Arcana of Astral Philosophy*, das 1890 von dem ebenfalls in Sheffield ansässigen J. Story herausgegeben wurde. Im Vergleich zu jedem früheren Lehrbuch war dieses Werk ein Fortschritt aufgrund des Geschicks, mit dem Simmonite sein Material anordnete. Er erwartete viel von seinen Lesern, z. B. daß sie die Grundlagen der sphärischen Trigonometrie verstünden und in der Lage seien, die Häuserspitzen ohne jede Tabelle zu berechnen. Es beabsichtigte nicht, die Astrologie zu vereinfachen, und über die Oberflächlichkeit vieler späterer Publikationen wäre er wohl entsetzt.[51]

Um 1851 stellte Simmonite offenbar seine astrologische Praxis ein und überließ die Aufträge einem Gentleman, der sich Mercurius Herschel F.R.S. nannte. Daneben taucht auch der Name Dr. Smith Ashpe in den Ausgaben seines *Meteorologist*-Almanachs von 1853 und 1856 auf: „Wer den Astrologen Smith Ashpe konsultieren möchte, wende sich mit seinen Anfragen vertrauensvoll an Dr. Ashpe, Astronom in Sheffield, der die Praxis weiterführt, und zwar *ausschließlich brieflich*, da außer in medizinischen Fragen *keine persönlichen Konsultationen* mehr durchgeführt werden".

Simmonite starb um 1861-62. Sein Bruder Henry warb in der 1862-er Ausgabe des *Meteorologist* für seine astrologische Praxis und

---

[51] Simmonites Hauptwerke sind *The Quarterly Celestial Philosopher*, hrsg. in mehreren Teilen, Nr. 1, Januar 1844 (2. Auflage 1890 als *Complete Arcana*); *The Scientific and Literary Messenger*, hrsg. in mehreren Teilen 1841-42; *The Astro-Philosopher and Meteorologist*, vierteljährlich, ca. 1844-48.

betrieb noch 1865-66 eine kräutermedizinische Reformapotheke.
Thomas Oxley und Edward Vaughan Williams können zusammen abgehandelt werden, da sie Lehrer und Schüler waren. Ich möchte kurz auf sie eingehen, weil beide „wissenschaftliche" Astrologen waren und keine Okkultisten. Sie waren Spezialisten in Entwurf, Herstellung und Vertrieb von Planisphären (Astrolabien), mathematischen Instrumenten, die in der Astrologie zur Berechnung von Direktionen, also zur Prognose, benutzt werden. Hinweise auf Planisphären sind häufig in der Literatur des 19. Jahrhunderts, doch seit etwa 1890 wurden sie kaum mehr genutzt, und die Deutschen, die hauptsächlichen astrologischen Experten nach 1920, scheinen überhaupt nicht zu wissen, daß es sie jemals gegeben hat.[52]

1830 lebte Oxley in Liverpool, wo damals auch Morrison war, und zog später nach London. Dort lehrte er Mathematik und Astrologie, beriet Erfinder und Spekulanten bei Patentanmeldungen und fertigte Modelle. In seiner letzten Veröffentlichung (1848) behauptete er, als Erfinder die Patente auf eine amerikanische Rodungsmaschine, ein besonderes Schaufelrad sowie spezielle Schiffsschrauben zu besitzen. Er starb Anfang der 1850er Jahre.[53]

Oxleys astrologische Praxis (3 Elizabeth Place, Westminster Road) wurde von Edward Vaughan Williams weitergeführt. Sein *Astrologer's Magazine and Philosophical Miscellany* (1857-58) war dilettantisch aufgemacht und schlecht gedruckt. In *The True Celestial Almanac* für 1861 findet sich eine bemerkenswerte Stelle. In den

---

[52] Der erste Hinweis auf den Gebrauch der Planisphäre in Verbindung mit der Astrologie findet sich in *The Astrologer's Magazine* August 1793, wo ein von einem gewissen Mr. Ranger entworfenes Gerät erwähnt wird. Oxley schrieb 1848, daß Ranger „nie eine Abhandlung über seine Entdeckung veröffentlichte, sondern es zu seinem pecuniären Nutzen einsetzte, indem er die Horoskope der vornehmen und reichen Leute berechnete, von denen er reich belohnt wurde". Oxley hörte um 1809 erstmals von dem Instrument und weigerte sich, einem Schüler Rangers eine Gebühr von fünf Guineen zu zahlen, um es sich erklären zu lassen. Statt dessen entwickelte er selbst ein Astrolab.
[Heute werden Planisphären bzw. Astrolabien von Peter Neubäcker, Verlag für astrologische Arbeitsmittel, München, hergestellt und vertrieben. (A.d.Ü.)]

[53] Thomas Oxley verfaßte *The Celestial Planispheres, or Astronomical Charts*, Liverpool 1830, das er Raphael I und den Mercurii widmete. In einem Anhang zu diesem Werk (1833) beschuldigte er Morrison des Plagiats, dieser habe Material aus seinen Vorträgen für die 1832er Ausgabe von *Zadkiel's Almanac* verwendet. *The Gem of Astral Sciences* (1848) widmete er Sir Robert Peel, was die Frage aufwirft, ob dieser Politiker sein Klient war.

„Geschäftsbedingungen für Horoskope" betonte er, das Honorar sei „nur für den Aufwand der umfangreichen astronomischen Berechnungen, die astrologische Deutung ist gratis". Diese Taktik war ein nützliches Alibi, wenn die Polizei Schwierigkeiten gemacht hätte.
Als R. J. Morrison am 8. Februar in seinem Haus am Knight's Park, Kingston-upon-Thames, starb, hinterließ er seinem Sohn Robert seine beiden Veteranen-Orden, eine Uhr mit Kette, den „magischen Kristall" und die Rechte an seinen Büchern. Das Copyright von *Zadkiel's Almanac* ging an seine dritte Frau, Louisa Morrison. Redakteur des Almanachs wurde nun Mr. Sparkes, ein alter Freund Morrisons, der ihm schon seit einiger Zeit assistiert und seit 1853 für den Konkurrenz-Almanach Raphaels geschrieben hatte.
Als im Herbst 1874 die 1875er Ausgabe von *Zadkiel's Almanac* herauskam, fehlte jeder Hinweis auf den Tod seines Gründers. Sein Nachfolger gebrauchte die Ausflucht: „Zadkiel möchte ausdrücklich versichern, daß er in Zukunft *keinerlei Korrespondenz* mehr mit den Lesern des Almanachs führen kann, da er all seine Zeit seinem Werk widmet." Dennoch verbreitete sich die Neuigkeit vom Tode Morrisons, und am 7. Oktober 1874 stand in Glasgows *North British Daily Mail*: „Nach dem Grundsatz konstitutioneller Monarchien stirbt der Souverän niemals, und so gedeiht auch Zadkiel weiterhin zum Wohle der Menschheit und des Almanach-Geschäfts, was – der menschlichen Leichtgläubigkeit sei's geklagt – ein profitables Unterfangen sein soll... Dennoch fürchten wir, daß Zadkiel der Erste nur einen kleinen Teil seines Hirns hinterlassen hat, denn die Prognosen für 1875 sind sprachlich vieldeutiger als in früheren Jahrbüchern und lassen ängstlich ‚Hintertüren offen'."
Wegen Sparkes Tod im Mai 1875 mußte die Familie Morrison einen neuen Redakteur für den Almanach finden. Ihre Wahl fiel auf Alfred James Pearce (1840-1923), der den Almanach sogar noch länger als sein Begründer herausgeben sollte.[54] Pearce war „für den

---

[54] Er war der Sohn des homöopathischen Arztes Charles Thomas Pearce († 1883), Ehrensekretär der 1845 gegründeten British Homeopathic Association deren Präsident Lord Robert Grosvenor war. Pearls Verurteilung wegen Totschlags im Jahre 1849 führte zu großer Empörung in homöopathischen Kreisen. Er hatte erfolglos seinen Bruder R. D. Pearce behandelt, der an der Cholera starb. Pearce praktizierte in den 1860er Jahren Homöopathie im Londoner Westend. Er war Anhänger der Astrologie und notierte sorgfältig die Geburtszeit seines Sohnes, 9.20 h am 10. November 1840, und rektifizierte sie auf 9h 18m 4s.

medizinischen Beruf bestimmt... jedoch hinderten finanzielle Schwierigkeiten ihn, seine medizinische Ausbildung abzuschließen, so daß er in London keinen akademischen Grad erwerben konnte; er praktizierte jedoch viele Jahre lang als Assistent verschiedener Ärzte".[55] Damals waren ungelernte Hilfskräfte in der Medizin noch durchaus üblich.

A. J. Pearce interessierte sich schon als Jugendlicher für die Astrologie, und kurz nach seinem 21. Geburtstag wurde er 1861 Mitglied der kurzlebigen Astro-Meteorological Society von Morrison. Sein erstes Buch, *A Defence and Exposition of the Principles of Astrology* (1863) widmete er Zadkiel, „der viel für die Wissenschaft der Astrologie getan hat, indem er sie von früher damit verbundenen abergläubischen Vorstellungen reinigte". Eine Passage im Kapitel über Astromedizin läßt vermuten, daß er hauptsächlich Medizin „praktizierte". Man brachte ihm ein krankes Kind, und er erstellte ein Stundenhoroskop. „Da Venus im 10ten [Haus] stand und Mitherrscherin des Aszendenten war, suchte der Autor nach einer zur Krankheit passenden Arznei, die unter ihrem Einfluß steht; und da Venus über alle *weißen* Metalle und Mineralien herrscht, verordnete er *calcium phosphoricum* in kleinen Dosen".[56]

---

[55] Nachruf in *The British Journal of Astrology*, Juli 1923.
[56] Solche „bewährten" Heilmittel werden noch heute von Astrologen benutzt, die sich mit Medizin befassen. Siehe z. B. Dr. Friedbert Asboga: *Astromedizin und Astropharmazie*, 1931, 2. Aufl. 1954; Dr. George Washington Carey und Inez Eudora Perry: *The Zodiak and the Salts of Salvation*, eine amerikanische Veröffentlichung (2. Aufl. 1948) über „die Verbindung der Mineralsalze des Körpers zu den Tierkreiszeichen – eine esoterische Analyse und Synthese der Tierkreiszeichen und ihrer biochemischen Entsprechungen"; Dr. William M. Davidson: *Medical Astrology and Health*, Astrological Bureau of Consultation, New York 1959. – 1961 pendelte ein deutscher Astrologe aus Hamburg, der keinerlei medizinische Qualifikation hatte, über der Hand meiner Frau und verschrieb daraufhin ein Neo-Paracelsisches Gebräu mit der hübschen Bezeichnung Arcanum 7. [Offenbar eines der auch heute noch gebräuchlichen Komplex-Arzneimittel (Hersteller: Staufen-Pharma) des Astrologen und spagyrischen Arztes Dr. Carl-Friedrich Zimpel (1801-1879); cf. Axel Helmstädter: *Spagyrische Arzneimittel: Pharmazie und Alchemie in der Neuzeit*, Stuttgart 1990. (A.d.Ü.)] – In Frankfurt am Main erzählte mir im Januar 1965 ein gewisser Herr E., er habe erfolgreich einige Fälle von Krebs mit Arzneimitteln behandelt, die eine Affinität zum Planeten Neptun haben sollen. [Cf. Wolfgang Döbereiner *Astrologisch-homöopathische Erfahrungsbilder zur Diagnose und Therapie von Erkrankungen*, 2 Bde., München 1980. Zum Bestseller wurde Thorwald Dethlefsen, Rüdiger Dahlke: *Krankheit als Weg. Deutung und Be-Deutung der Krankheitsbilder*, München 1989. Kritisch dazu Karin Spaink:

Der Durchschnittsleser dürfte nach 1875 kaum größere Veränderungen in *Zadkiel's Almanac* bemerkt haben. Doch eine sorgfältige Untersuchung würde zeigen, daß Pearce den Artikeln im Gegensatz zu den populär gehaltenen Prognosen eine andere Färbung gab. So schrieb er 1880: „Wir ziehen eine Grenzlinie gegen Magie und Spiritismus."[57] Er war belesen, allerdings weniger im okkultem Bereich wie Morrison, sondern eher in wissenschaftlicher Richtung. So war es nicht untypisch für ihn, daß er den Lesern des Almanachs für 1877 das 1869 erschienene berühmte Buch *Hereditary Genius* von Francis Galton vorstellte.[58] Sein Geschäft war, „Vorhersagen" zu machen, denn das erwartete die Öffentlichkeit, doch er war vorsichtiger als Zadkiel I. Auch wenn er in den späten 1870er Jahren regelmäßig die Direktionen für Queen Victoria und den Prince of Wales publizierte, nannte er sie nicht namentlich und begnügte sich damit, sie als „bedeutende Persönlichkeiten" zu bezeichnen. Die Verbreitung des Almanachs nahm in den ersten Jahren seiner Redaktion zu, jedoch nicht auf Grund von Sensationsberichten. In den 1880er Jahren wurde ein jährlicher Absatz von 140.000 Exemplaren erreicht. Ab 1891 erschienen keine Horoskop-Zeichnungen mehr. Als *Zadkiel's Almanac* 1931 eingestellt wurde, hatte Pearce ihn 48 von den vergangenen 56 Jahren herausgegeben. Sein *Text Book of Astrology*, 1879-89 (2 Bde., 2. Auflage 1911), war das letzte größere Lehrbuch der viktorianischen Ära.

Nach Sparkes Tod brauchte auch Raphaels *Prophetic Messenger* einen neuen Redakteur. Sparkes Nachfolger war sogar noch jünger als Pearce, denn Robert T. Cross (* 15. Mai 1850, † 1923) war erst fünfundzwanzig, als er Redakteur des *Prophetic Messenger* wurde.[59] Er stammte aus dem Osten Englands. Als er sein eigenes

Krankheit als Schuld. Die Fallen der Psychosomatik, Reinbek bei Hamburg 1992. Fundierter sind die Schriften von Edward C. Whitmont: *Psyche und Substanz. Essays zur Homöopathie im Lichte C. G. Jungs*, sowie *Die Alchemie des Heilens*, Göttingen 1992-93. (A.d.Ü.)]

[57] In seiner Zeitschrift *Urania*, September 1880 (9 Ausg., Jan.-Sep. 1880).

[58] Francis Galton (1822-1911), englischer Reisender und Gelehrter. Gründer des ersten Laboratoriums für Anthropometrie (auf ihn geht die Verwendung des Fingerabdrucks zur Identifizierung zurück). In seiner erbkundlichen Forschung knüpft er an Darwin und Mendel an. (A.d.Ü.)

[59] William Charlton Wright, der erste Herausgeber des *PM*, starb 1858. Die Eigentumsrechte erwarb die Firma Piper, Stephenson and Spence (1858-60), danach T. T. Lemare (bis 1872), dann Catty and Dobson oder J. E. Catty, bis 1886 erstmals das Impressum der gegenwärtigen Verleger Messrs. Foulsham

Horoskop in Raphaels Ephemeride für 1913 veröffentlichte, schrieb er: „Nichts ist mir geglückt außer der Astrologie. Ich habe vieles versucht, aber alles führte zu Mißerfolg oder Verlust. Mit der Astrologie habe ich wider Erwarten Erfolg gehabt, und wenn ich auf mein Leben zurückschaue, bin ich dankbar dafür." Sein *Guide to Astrology* (2 Bde., 1877-79), ein Elementarbuch im Taschenbuch-Format, war bei Astrologiestudenten jahrelang recht verbreitet. Er scheint die Astrologie nicht beruflich ausgeübt zu haben, benannte aber Astrologen, an die sich Horoskop-Kunden wenden konnten, wie Mr. Didaskolos aus Coleford bei Bath (1889), J. W. Herschel aus Frome (1893), und George Wilde aus Halifax (1904).

Pearce und Cross gehörten zu einer Astrologengeneration, die sich wohl kaum hätten träumen lassen, daß das Interesse an ihrer Kunst stetig wachsen sollte. Zwar verkauften sich ihre Almanache mit einem jährlichen Absatz von jeweils über 100.000 Stück recht gut, und jedes Exemplar wurde zweifelsohne mehrfach gelesen, doch einem Almanach war kaum etwas über die technische Seite der Astrologie zu entnehmen. Die Zahl der ernsthaften Astrologiestudenten nahm in den ersten zwanzig Jahren ihrer Redaktion auch nicht merklich zu. Astrologische Lehren waren wie zuvor noch immer weit davon entfernt, als respektabel zu gelten, und R. J. Morrisons Behauptung, die Astrologie werde bald als Wissenschaft anerkannt werden, war in den 1880er Jahren ebenso illusorisch wie dreißig Jahre zuvor, als er Christopher Cooke übel mitgespielt hatte. Ein unvorhergesehenes Resultat der viktorianischen Bildungsgesetze war jedoch, daß es nun Astrologen aus der Arbeiterklasse gab, besonders im Norden von England. Dort studierten ehrliche Handwerker, auch wenn es nicht viele waren, fleißig die ihnen zugänglichen Handbücher des 19. Jahrhunderts. Doch öffentlich mit Astrologie in Verbindung gebracht zu werden, war damals so *declassé*, daß es, wenn jemand vom intellektuellen Rang eines Richard Garnett seinen Glauben daran bekannte, sogar seine Freunde schwer fanden, ihn ernst zu nehmen.

Richard Garnett (1835-1906) war ein recht berühmter Mitarbeiter des Department of Printed Books am British Museum und ein

---

auftauchte. Foulshams hat zwar nicht das Copyright, nimmt aber im Interesse der gegenwärtigen Generation der Cross-Familie die Vertriebsrechte am *PM* und anderen Schriften Raphaels wahr. Einige davon sind direkte Abkömmlinge der Wahrsagebücher R. C. Smith' (Raphael I.) vom Ende der 1820er Jahre.

bekannter Literat. Sein Interesse an Astrologie begann in den 1870er Jahren. Samuel Butler, der Autor des *Erewhon*[60], erfuhr im Juni 1883 von dem exzentrischen Faible seines Freundes, denn er schrieb an seinen Vater, um in Erfahrung zu bringen, ob er „am 4. Dezember 1835 in der Frühe oder spät" geboren sei. „Der Anlaß für meine Frage ist folgender. Mein Freund Garnett vom British Museum hat einen Tic hinsichtlich der Astrologie, zumindest tut er so." Butler hatte Garnett im Museum getroffen und sich über seine Erkältung beklagt. Garnett sagte: „Ich hatte schon gefürchtet, daß du krank bist, und wollte schreiben, um mich zu erkundigen." Butler fragte, warum. Garnett „druckste erst herum und rückte schließlich damit heraus, wenn er spät am 4. Dezember 1835 geboren sei, müsse er unter einem Transit (ich glaube, er sagte Transit) des Saturn leiden, wie die Queen und noch einige andere Leute. Wäre ich jedoch an diesem Tag in der Frühe geboren, könne mir nichts passieren."[61]

Die gelegentlichen Essays Garnetts über astrologische Themen erschienen unter dem Pseudonym A. G. Trent, einem Anagramm von Garnett. Sein bekanntester Essay unter diesem Namen war „The Soul and the Stars" in *The University Magazine*, März 1880. Später erinnerte er daran, daß der Aufsatz „zu einer Kontroverse über Reinkarnation zwischen zwei tüchtigen Mitarbeitern der Zeitschrift führte, und der Autor unternimmt nun das Wagnis, dieses Thema von einem völlig anderen Gesichtspunkt aus zu veranschaulichen."[62]

In „The Soul and the Stars" skizzierte Garnett seine Auffassung von

---

[60] Samuel Butlers (1935-1902) Hauptwerk *Erewhon, or over the Range*, ist eine verkehrte Utopie (Erewhon = Nowhere), die wesentliche Autoren der Moderne stark beeinflußte. Aktuelle Neuausgabe: *Erewhon oder Jenseits der Berge*, Frankfurt 1994. (A.d.Ü.)
[61] Carolyn G. Heilbrun: *The Garnett Family*, 1961, S. 46-47.
[62] Eine überarbeitete und erweiterte Fassung von *The Soul and the Stars* erschien in G. Wilde und Joseph Dodson: *A Treatise on Natal Astrology*, Halifax 1894. G. Wilde (1860-1916) arbeitete bei einer Eisenbahngesellschaft, bevor er Berufsastrologe wurde. J. Dodson hatte eine Anwaltspraxis in Stainland bei Halifax und war prominenter Unterstützer der Occultists Defence League. Die Mitglieder dieser Organisation waren hauptsächlich professionelle Wahrsager, in der Mehrzahl Phrenologen, aber auch Handleser, Physiognomen, Psychometer, Trance-Medien sowie einige wenige Astrologen. Siehe auch das *Directory of Occult Practitioners* der League, zusammengestellt von J. Dodson und Ida Ellis, 1901 (Exemplar im British Museum).

der Astrologie: „Es ist... nötig, den rein empirischen Charakter der Astrologie zu betonen, weil sie meist für eine okkulte Wissenschaft gehalten wird. Man sieht im Astrologen eine Art Zauberer, und so bleibt nur die Alternative: Weissagung oder Betrug. Doch es ist eine Tatsache, daß außer der Astronomie, was die Gewißheit ihrer Daten angeht, die Astrologie die exakteste aller Wissenschaften ist... Die Berechnungen [des Astrologen] beruhen auf keinem anderen kabbalistischen Verfahren als dem der Arithmetik. Die Einflüsse, die er den Himmelskörpern zuschreibt, mögen imaginär sein, sie sind aber in keiner Weise okkult, außer *okkult* meint, *was nicht erlaubt ist!*"

Die Astrologie lag im England der 1880er Jahre zwar nicht gerade in den letzten Zügen, fand aber auch nicht sonderlich große Beachtung. Doch vor ihr lag eine Phase großer Expansion. Das verdankt sie hauptsächlich den theosophischen Lehren mit ihren esoterischen Spekulationen von etwa 1884 bis zum Ersten Weltkrieg. Diese dreißig Jahre sind von allergrößter Bedeutung für die Geschichte aller modernen „Untergrund"-Bewegungen.[63]

In den Vereinigten Staaten von Amerika waren die Anbindungen an die alten hermetischen Traditionen Europas nur noch schwach oder künstlich aufrecht erhalten, doch sie waren die Geburtsstätte der beiden bedeutendsten „okkulten" Bewegungen der Moderne: Spiritismus und Theosophie.

Die Theosophische Gesellschaft wurde 1875 in New York von Helena Petrovna Blavatsky, Colonel Henry S. Olcott, William Q. Judge und anderen Leuten gegründet, die sich hauptsächlich mit Spiritismus und verwandten Phänomenen befaßten. Madame Blavatsky und Olcott reisten 1879 nach Indien, und dort wurde 1882 das Hauptquartier der Gesellschaft in Adyar bei Madras errichtet. Ein Londoner Ableger formierte sich schon im Jahre 1878, stieß in Großbritannien jedoch kaum auf öffentliches Interesse, bis im Jahre 1884 einer der Konvertiten Madame Blavatskys in Indien, der Zeitungsredakteur A. P. Sinnett, *Occult World* herausbrachte, „mit bemerkenswerten Berichten über seltsame Phänomene und mit

---

[63] Etwa zur gleichen Zeit wurde in England der Orden des „Golden Dawn" gegründet, ein Ableger der „Rosenkreuzer", deren Anhänger, darunter A. E. Waite und Edward Aleister Crowley, sich mit Tarot, Kabbala und Magie beschäftigten. Cf. Ellic Howe: *Alchemists of the Golden Dawn: The Letters of the Revd. W.A. Ayton to F.L. Gardner and others*, und *The Magicians of the Golden Dawn*, Wellingborough 1985. (A.d.Ü.)

außerordentlichen Behauptungen über die russische Seherin."[64]
Anfangs war die theosophische Bewegung in gewisser Weise ein Nebenprodukt des Spiritismus. Als die 1831 in Jekaterioslav in der Ukraine geborene H. P. Blavatsky im Jahre 1873 nach New York kam, verdiente sie ihren Lebensunterhalt als Medium. „Die unbekannte Russin stürzte sich in die spiritistische Bewegung und hinterließ einen tiefen Eindruck in Amerika und, in etwas geringerem Ausmaß, in vielen anderen Ländern." Ihre selbst auferlegte Mission war es, einen Beweis zu erbringen für die Existenz „eines uralten Wissens von den tiefsten Gesetzen des Lebens, die von all jenen erlernt und gehütet werden, die sic sicher und nutzbringend anwenden können; Personen, die in ihren höheren Rängen ‚Meister' genannt werden, obwohl es auch andere Bezeichnungen für sie gibt – Adepten, Chohan, Ältere Brüder, die Okkulte Hierarchie, etc."[65]
Auch wenn viele in Madame Blavatsky eine gewöhnliche Betrügerin sahen, für ihre Anhänger war sie die inspirierte Lehrerin, ja sogar die sichtbare Verkörperung unsichtbarer Meister. Eine kleine Sensation war ihr Werk: *Isis Unveiled: A Master Key to the Mysteries of Ancient and Modern Science*, das erstmals 1877 in New York erschien (und später ins Französische, Deutsche und andere Sprachen übersetzt wurde). A. E. Waite (1857- ca. 1940), einer der anerkannteren britischen Okkultisten seiner Generation, las es als junger Mann und „verabscheute seine anti-christliche Tendenz", hielt es jedoch für „hilfreich als *omnium gatherum* [Sammelsurium] esoterischer Behauptungen und Ansprüche, ein Sammelwerk über Magie und ihre Zusammenhänge mit Ausnahme der Alchemie."[66]
Die Theosophie, Madame Blavatskys neue Ersatzreligion, übte eine große Anziehungskraft auf viele aus, die mit den üblichen christlichen Glaubensvorstellungen unzufrieden waren. Das Rezept war raffiniert: einer chaotischen Synthese aus dem reichen Vorrat der alten europäischen Hermetik fügte sie eine ordentliche Prise buddhistischer und hinduistischer Elemente hinzu und ließ so viele

---

[64] A. E. Waite: *Shadows of Light and Thougt*, 1938, S. 86.
[65] Biographische Skizze der H.P.B. in der 4. (Adyar) Ausgabe ihrer *Secret Doctrine*, 1938, S. 15. Dieses Kompendium östlichen und westlichen Okkultismus, erstmals 1888 in zwei Bänden veröffentlicht, hatte in den vergangenen acht Jahrzehnten eine enorm große Leserschaft. [Die beste moderne Blavatsky-Biographie ist wohl Marian Meades *Madame Blavatsky. The Woman behind the myth*. New York 1980. (A.d.Ü)]
[66] A. E. Waite: *Shadows of Light and Thougt*, 1938, S. 66 u. 68.

Europäer und Amerikaner oberflächlich an östlichen Religionen und mystischen Traditionen teilhaben – nicht zu vergessen noch jede Menge Unsinn, der auf ihrem eigenen Mist gewachsen war.[67] Die faszinierendsten Neuerungen waren jedoch die Lehren, die sie von diversen unsichtbaren „Mahatmas" in Tibet empfangen haben will, einem Land, das sie wahrscheinlich nie besucht hat, auch wenn sie bis an seine Grenzen gelangt sein mag.

Die Skandale, die die Theosophische Gesellschaft in den frühen 1880er Jahren erschütterten, drehten sich vor allem um die mediumistischen Aktivitäten Madame Blavatskys, besonders um die geheimnisvolle Herkunft – quasi aus der Luft – der sogenannten „Mahatma-Briefe", die angeblich Botschaften enthielten, die ihr von der „Okkulten Hierarchie" persönlich geschrieben worden waren und von unsichtbaren Boten überbracht wurden.

Da traf es sich gut, daß das Erscheinen von A. P. Sinnetts Bestseller *Occult World* 1884 mit Madame Blavatskys Rückkehr nach Europa zusammenfiel. Mit Ausnahme eines kurzen Besuchs 1884-85 in Indien blieb sie nun bis zu ihrem Tod im Jahre 1891 im Westen, zumeist in London. Die Gegenwart der mysteriösen H.P.B. war eine großartige Werbung für die Theosophische Gesellschaft, deren Mitgliederzahl nun sprunghaft anstieg. „Die Theosophie stand damals ganz vorn", berichtete A. E. Waite. „Ich erinnere mich noch gut an die seltsame Schar, die bei theosophischen Treffen Sinnetts Empfangsraum bevölkerte: Astrologen, Mesmeristen, Handleser und auch einige aus dem buntgemischten Völkchen der Spiritisten."[68]

Außer den Verrückten, die unvermeidlich um jeden neuen okkulten Honigtopf schwärmen, zog die Theosophische Gesellschaft auch viele respektable Leute aus der Bourgeoisie an, darunter auch eine lukrative Quote begüterter oder adeliger Ladies. Die Presse räumte der Gesellschaft immens großen publizistischen Raum ein, denn die theosophischen Persönlichkeiten, ihre Streitigkeiten und Skandale lieferten Nachrichten im Überfluß. Die historischen und sozialen Implikationen dieser seltsam einflußreichen „esoterischen" Bewe-

---

[67] Nach ihrem Tod wurde sie in dieser Hinsicht noch überboten von Annie Besant und Rev. C. W. Leadbeater. Ihre Spekulationen über „astrale Ebenen", „okkulte Chemie" und halbgeheiligte Wesenheiten wie Avatare, die in der spirituellen Hierachie noch höher standen als die hypothetischen Mahatmas H.P.B.'s, waren so absurd, daß sie so pathetisch wie komisch wirkten.
[68] A. E. Waite: *Shadows of Light and Thougt*, 1938, S. 87.

gung sind nicht zu unterschätzen.[69]
In den Werken Madame Blavatskys finden sich immer wieder Anspielungen auf eine theosophische Kosmologie mit einer vage astrologischen Grundlage. Die Theosophen wußten also, daß es die Astrologie gab, auch wenn nur wenige ihre Techniken erlernten. Doch das war ausreichend, um den Kristallisationskeim einer unverwechselbar neuen astrologischen Bewegung zu bilden.
Die viktorianischen Astrologen und ihre Vorgänger betrachteten die Astrologie meist als prognostische Wissenschaft. Ihr Ansatz war eher utilitaristisch als esoterisch oder mystisch. Doch fortan sollte die Astrologie letzteres sein. In einem 1903 erschienenen Artikel schrieb Alan Leo, der Hauptverantwortliche für die theosophische Version der Astrologie: „Es ist keine Übertreibung, wenn ich sage, daß alle Astrologen, denen ich zu Beginn meiner Karriere begegnete, sich *nur mit dem Horoskop* begnügten... Es war klar, daß sie die *Bedeutung der Symbole* eines Horoskops nicht richtig verstanden... bis die Religion der Weisheit [die Theosophie] die alte Symbolik in einem neuen Licht erstrahlen ließ, und einige Astrologen die Strahlen dieses lebendigen Lichts auf die astrologischen Symbole richteten und so hinter den Schleier des Horoskops blicken konnten."[70]
So erlangte die Astrologie eine zweifelhafte Achtbarkeit, da sie sich an den Rockzipfel der Theosophie gehängt hatte, jedenfalls soweit es die theosophischen Astrologen betraf. Daß sie traditionell mit Wahrsagerei zu tun hatte, wurde entsprechend rationalisiert oder ignoriert, da man nun das Horoskop als eine Art esoterisches Dokument und seine Deutung als eine okkulte Übung betrachten konnte. Das Gesetz des Karma erhellte die Finsternis der Astrologie, hatte doch Madame Blavatsky in ihrer *Geheimlehre* kristallklar erklärt: „Jene, die an das Karma glauben, müssen auch an das Schicksal glauben, welches von der Geburt bis zum Tode ein jeder Mensch um sich selbst webt wie die Spinne ihr Gewebe; und dieses Schicksal ist gelenkt entweder von der himmlischen Stimme des unsicht-

---

[69] Zur Analyse der intellektuellen und religiösen Implikationen siehe C. G. Jung: „Seelenprobleme der Gegenwart" in: *Zivilisation im Übergang*, Ges. Werke Bd. 10, 1974. Die zeitgenössische theosophische „Politik" schildert detailliert und lebendig A. H. Nethercotts Biographie der Annie Besant: *The First Five Lives of Annie Besant*, 1961; *The Last Four Lives of Annie Besant*, 1963.
[70] *Modern Astrology*, 1903, Nr. 4.

baren Vorbildes außerhalb von uns, oder von unserem mehr vertrauten astralen oder inneren Menschen, welcher nur zu oft der böse Genius der verkörperten Wesenheit, genannt Mensch, ist."

Die theosophische Astrologie entstand nicht über Nacht. Ihre Entwicklung war ein relativ langsamer Prozeß. Zunächst mußten einige Astrologen mit Sendungsbewußtsein den nötigen theosophischen Hintergrund erwerben. Der bedeutendste dieser Pioniere war Alan Leo, ein unbekannter Handlungsreisender. Er sollte der erste astrologische Publizist von Bedeutung in diesem Jahrhundert werden, der erste Astrologe überhaupt, der seine Kunst in großem Stil und gut organisiert auf professionellem Niveau ausüben sollte. Es ist nicht uninteressant, wie ein Mann wie Leo Karriere machen konnte.

Im Juni 1887, einige Monate, nachdem Madame Blavatsky sich in London niedergelassen hatte, veröffentlichte ein „Professor" P. Powley aus Hull die erste Ausgabe der Monatszeitschrift *The Astrologer*. Für einen Erfolg gab es keine ermutigenden Anzeichen, denn in den vergangenen fünfundzwanzig Jahren hatten in Großbritannien ganze drei astrologische Zeitschriften das Tageslicht erblickt und keine hatte länger als ein paar Monate überlebt. Es gab zwar einen Markt für prognostische Almanache, doch die astrologischen Adepten waren so vereinzelt, so daß sie kaum eine eigene Zeitschrift hätten halten können. Daß sich Powleys *The Astrologer* immerhin drei Jahre halten konnte, ist hauptsächlich den neuen Astrologen aus der Arbeiterklasse zu verdanken. Die Leserbriefseiten – eine Neuheit im astrologischen Journalismus – zeigen, wer die Zeitschrift las. So schrieb zum Beispiel eine Lady, die mit „eine Arbeiterfrau" unterzeichnete: „Ich kenne einige Frauen, die Astrologie studieren. Ich bekenne mit Stolz, daß ich Studentin und treue Anhängerin [der Astrologie] bin." Sie wünschte, Astrologen sollten ein Abzeichen tragen, um einander zu erkennen. Ein Herr aus Sheffield schrieb: „Eine Menge Arbeiter in diesem Lande würden die zwei Pence pro Monat [für *The Astrologer*] auf die Seite legen, aber keine SixPence auf einmal für einen Almanach... Ich selbst bin Abonnent von Raphael's Almanac. Dort steht, daß an meinem nächsten Geburtstag etwas Scheußliches passieren wird. Ich würde mir sehr ein Wort dazu in Ihrem unschätzbaren Monatsmagazin wünschen; das wäre auch für andere von Nutzen."

In Großbritannien existierte damals nichts, was einer organisierten astrologischen Bewegung ähnlich sah. (Das gilt auch heute noch, auch wenn in London drei astrologische Gesellschaften existieren.) Zunächst formierten sich kleine Ortsvereine, vor allem im Norden Englands. Powley veröffentlichte regelmäßig Briefe, wenn sich in der einen oder anderen Stadt eine Gruppe gebildet hatte. Anfang 1888 druckte er z. B. vier Leserbriefe von Leuten ab, die Kontakt zu Kollegen im astrologischen Vorgarten ihres jeweiligen Bezirks suchten. Ein Brief kam von F. W. Lacey aus der Londoner Vorstadt Brixton. Diesen Brief las der Handlungsreisende William Frederick Allen, der nicht weit entfernt in Peckham wohnte.

Alan Leo – die Astrologie kannte ihn nicht als W. F. Allen – wurde am 7. August 1860 in London geboren. Sein Vater war zur Zeit des (großindischen) Aufstandes Söldner in Indien in einem Highland-Regiment. Um 1858 wurde er entlassen und fand Arbeit in der Apotheke eines Londoner Hospitals. Er verließ seine Frau und verschwand spurlos, als Leo noch ein kleines Kind war. Mrs. Allen war ein fanatisches Mitglied in der Sekte der Plymouthbrüder. Ihr Ehemann hatte die Nase voll von ihrer Frömmelei.

Leo beschrieb die Umstände seines Vorlebens in einem Brief in *The Astrologer* (Februar 1890), wo er die widrigen Wirkungen des Planeten Uranus bespricht, ohne dabei zu erwähnen, daß sich die Informationen auf ihn selbst beziehen.

„Ich habe hier das Horoskop eines Mannes vorliegen, der seine Erfahrungen so schnell nicht vergessen wird, denn sie sind wirklich außergewöhnlich. Er wurde am 7. August 1860 um 6.10 h geboren, mit Uranus alleinstehend am *Medium Coeli* [d. h. im 10. Haus]... Das 10. Haus bedeutet die Ehren des Geborenen, Handel und Beruf sowie alles, was mit seiner Mutter zu tun hat; er hat sich nie mit seiner Mutter verstanden, ja es gab nicht eine Spur von Sympathie zwischen ihnen. Er wurde in drei verschiedene Lehren gegeben – Tuchhandel, Drogerie und Lebensmittelhandel. Bei der ersten Stelle blieb er drei Monate, bei der zweiten sechs Monate und bei letzterer nur zwei von sieben Jahren, bis der Vertrag in gegenseitigem Einvernehmen gekündigt wurde. Im Alter von 16 Jahren fand er sich ohne einen Penny in der Tasche auf den Straßen von Liverpool, ohne einen Freund, und mußte auf der Straße schlafen; 12 Monate später hatte er in dieser Stadt eine glänzende Position inne. Im Alter von 18 Jahren fand man ihn in einer anderen Stadt wiederum in größter Armut, doch plötzlich wechselte sein Glück, denn mit 20 Jahren war er sein eigener Herr und hatte mehrere Angestellte, nur

um wieder zu fallen, denn mit 22 wurde er durch den Betrug seines Geschäftsführers ruiniert, der ihn bis zum Äußersten ausgenommen hatte."
Als er bei einer Saatmaschinenfabrik Arbeit fand, war er etwa achtzehn Jahre alt. Nach einiger Zeit ging er für diese Firma auf Reisen. In *The Life and Work of Alan Leo*, einer Sammlung von Aufsätzen verschiedener Autoren zu seinem Gedenken, die von seiner Witwe nach Leos Tod 1917 herausgebracht wurde, hieß es: „Als er einundzwanzig war, starb sein Arbeitgeber, und Alan zog nach Manchester, wo ein Bruder seines früheren Arbeitgebers zwei Lebensmittelgeschäfte hatte. Dort wurde ihm die Stelle des Geschäftsführers im dem größeren Geschäft bei einem exzellentem Salär angeboten. In dieser Stadt hörte er drei oder vier Jahre später [ca. 1885] erstmals von der Astrologie."
Schließlich wurde Leo Leiter beider Läden, und wahrscheinlich wurde er von einem Angestellten betrogen, der für einen der Läden verantwortlich war. Mit Leos eigenen Worten: „Er kam nach London ohne Freunde und ohne Geld, nahezu am Verhungern. Und wieder zeigte sich der überraschende Einfluß des Uranus, denn mit 25 leitete er eine der größten Firmen in der Londoner City, allseits geliebt und respektiert; aber so ist nun einmal die täuschende Natur von Uranus, daß er wiederum von der Leiter abglitt und sich wieder zur Spitze hocharbeiten mußte."
„Eine der größten Firmen in der Londoner City" war wiederum eine Saatmaschinenfabrik. Als er im Frühjahr 1888 Lacey erstmals traf, war Leo arbeitslos, fand jedoch bald eine Stellung als Reisender für Konfekt. In Manchester hatte er die Grundlagen der Astrologie von einem „Doktor" Richardson gelernt, einem Kräuterkundigen in der Simmonite-Tradition, der ihn wegen kleinerer Beschwerden behandelt hatte. „Der alte und der junge Mann wurden bald Freunde, und nach kurzer Zeit erklärte Dr. Richardson, daß Alan mehr davon [von der Astrologie] verstehe als er... Und so verging die Zeit, Geschäfte am Tage, die Nacht war der Sternenkunde gewidmet. Denn bald sollte die Zeit kommen, wo es ihn wieder unter seine Leute ziehen sollte, unter Okkultisten, mit denen er bereits in früheren Leben zusammengearbeitet hatte."[71]
Leos Mitgliedschaft in Laceys kleiner Gruppe brachte ihn mit

---

[71] Bessie Leo in: *The Life and Work of Alan Leo*, 1919.

einem exzentrischen jungen Mann namens Walter Richard Old zusammen, der sich später Walter Gorn Old nannte, und dessen Pseudonym Sepharial bald allen englischsprachigen Studenten der Astrologie vertraut sein sollte. W. R. Old wurde am 20. März 1864 in Handsworth bei Birmingham geboren und etwa 24 Jahre alt, als er Leo erstmals begegnete. Er war an der King Edward's School in Birmingham unterrichtet worden und begann schon frühzeitig, Astrologie und Kabbala zu studieren. „Mit einundzwanzig brach er an Hyperästhesie zusammen.[72] Er hatte gleichsam die Kerze längere Zeit an beiden Enden brennen lassen, und die Dochte hatten sich schon fast berührt. Angewandter Okkultismus und Psychologie beanspruchten seine Aufmerksamkeit für mehrere Jahre. Er belegte auch medizinische Kurse und Arzneikunde. Er probierte viele Kleider, doch keines paßte ihm, und er warf sie eines nach dem anderen weg. Erst nahm ihn die Orientalistik gefangen, dann er ging vom Hebräischen zum Koptischen und den Hieroglyphen, dann zum Assyrischen, und schließlich zu Sanskrit und dem Chinesischen. Als Student war er nicht schlecht, er besaß auch eine Zulassung als Betriebswirtschaftler, war jedoch der Meinung, er werde auch das beste Geschäft innerhalb von zwölf Monaten zugrunde richten."[73] Man sollte das Niveau seiner sprachlichen Bemühungen jedoch nicht überschätzen.

Im Jahre 1989 zog Old von Birmingham nach London und befand sich bald im innersten Zentrum der theosophischen Aktivitäten. Trotz seiner Jugend gehörte er zu der sogenannten „Inner Group" von Madame Blavatsky, dem einen Dutzend besonders begünstigter „Eingeweihter", die bei ihr in 19 Avenue Road, St. Johns Wood wohnten, wohin sie im Oktober 1889 gezogen war.[74] Alice Leighton Cleather, die ebenfalls in dieser Gruppe war, schrieb 1923: „H.P.B. nannte ihn oft den ‚astralen Tramp' wegen seiner Gewohnheit, ‚sich

---

[72] Um 1880 meinte Hyperästhesie „excessive und krankhafte Sensitivität der nervösen Centren". Nach 1920 wurde der Ausdruck in der Parapsychologie verwandt. Siehe S. G. Soal: *Preliminary Studies of a Vaudeville Telepathist*, University of London Council for Psychical Investigation, 1937.

[73] C. Sherburn in: *Old Moore's Monthly Messenger*, November 1913.

[74] „Die ‚Inner Group' war so feierlich zur Geheimhaltung verschworen, daß selbst nach vierzig Jahren G. S. R. Mead, der sich schon längst von der Gesellschaft getrennt hatte, sich noch an seinen Schwur gebunden fühlte, nichts von ihren Riten oder okkulten Experimenten auszuplaudern." - A. H. Nethercott: *The First Five Lives of Annie Besant*, 1961, S. 347.

nachts mit seinem Astralleib herumzutreiben', wie sie es nannte."⁷⁵ Old nahm Leo mit zu den theosophischen Treffen, die in Madame Blavatskys Wohnung in der Lansdowne Road nahe Notting Hill Gate und später in der Avenue Road stattfanden. 1890 wurde Leo Mitglied der Gesellschaft – drei Monate, bevor W. B. Yeats sie verließ. Er blieb der theosophischen Sache sein ganzes Leben treu. Powleys Zeitschrift *The Astrologer* war Ende 1889 in finanziellen Schwierigkeiten, und Lacey und Leo wußten, daß es keine Hoffnung für ihr Überleben gab. Und obwohl nichts für einen möglichen Erfolg sprach, schlug Lacey vor, ein eigenes Magazin herauszubringen. Sie trafen sich am Donnerstag, dem 21. November 1889, um die Voraussetzungen zu besprechen und beschlossen, es zu wagen. Lacey: „„Ein ‚Elektions-Horoskop' wurde erstellt, und die Hinweise auf Erfolg waren außerordentlich gut." Das „Elektions-Horoskop" wurde benötigt, um für die Erstveröffentlichung einen günstigen Termin zu finden. Eine weitere Besprechung fand im Mai 1890 auf dem Dach eines Omnibus in der Londoner City statt.⁷⁶ Powley kündigte im Mai 1890 die Neuerscheinung in der vorletzten Ausgabe von *The Astrologer* an und nannte als Erscheinungstermin der ersten Nummer von *The Astrologer's Magazine* den 1. August.
Auch W. R. Old oder Sepharial war auf diesem Feld tätig geworden. Seine kleine Zeitschrift *Fate and Fortune* erschien im Juli, überlebte jedoch keine vier Ausgaben. Lacey und Leo kümmerten sich nicht um Konkurrenzprodukte, so daß es eine Zeitlang vier neue Zeitschriften auf dem Markt gab.⁷⁷
Weder Leo noch Lacey hatten journalistische Erfahrung, und astrologisch brachten sie auch nichts Neues oder besonders Interessantes. Der Anfangserfolg von *The Astrologer's Magazine* ist vor allem

---

[75] A. L. Cleather: *H. P. Blavatsky as I knew her*, Calcutta 1923, S. 23-24.
[76] *The Life and Work of Alan Leo*, ed. Bessie Leo, 1919, S. 30. Dort sind auch die planetaren Positionen für das „Elektionshoroskop" angegeben. Über die Besprechung im Omnibus berichtet *Modern Astrology*, Februar 1902.
[77] *The Future*, Feb. 1892-Jul. 1894, ed. A. J. Pearce (Zadkiel); *Coming Events*, Okt. 1896-1901, ed. J. W. Herschel aus Frome, Somerset bis ca. Juli 1897, danach von Sepharial (W. R. Old); *Star Lone and Future Events*, Jan. 1897 – März 1903, ed. Zadkiel (A. J. Pearce). Keine dieser Zeitschriften hatte eine größere Verbreitung. *The Horoscope*, Oktober 1902 – Juli 1904, eine Vierteljahresschrift, ed. Rollo Ireton (d. i. Hon. Ralph Shirley), war gut aufgemacht und enthielt gelegentlich Beiträge von A. G. Trent (Richard Garnett). Shirley war jahrelang der Herausgeber von *The Occult Review*, Nr. 1, Jan. 1905.

den Gratis-Horoskopen mit ihren überaus knappen Deutungen zuzuschreiben, die alle Abonnenten erhielten, die ihre Zahlung direkt an die Inhaber schickten. Vorauszahlungen für zwei Jahre wurden mit einer persönlichen astrologischen Jahresvorschau über den gleichen Zeitraum belohnt. Auch Powley hatte zuvor das Manöver „Super-Gratis-Angebot" versucht. Er bot allerdings nur die Antwort auf eine Frage (d. h. ein „Stunden"-Horoskop) und deren Abdruck in einer späteren Ausgabe von *The Astrologer*. Auf der Rückseite jeder Nummer befand sich ein „astrologischer Gutschein".

In den ersten vier Jahren ihrer Partnerschaft sicherte die „Gratis-Horoskop"-Idee Leo und Lacey viele neue Abonnenten, doch der finanzielle Profit war gering, und die Erstellung der Horoskope brachte viel Wochenendarbeit mit sich. In dieser Zeit (1890-94) verschickten sie mehr als 4000 Gratis-Horoskope.

Geschäftliche Verpflichtungen zwangen Lacey, im Juli 1894 nach Abschluß des vierten Jahrgangs aus der Partnerschaft auszusteigen, und so wurde Leo der alleinige Eigentümer der Zeitschrift. Im August 1895 änderte er den Titel in *Modern Astrology* und mietete ein kleines Büro. Da er weiterhin als Handlungsreisender tätig war, konnte er sich nicht regelmäßig darum kümmern.

Im September 1895 heiratete er Bessie Phillips, eine uneheliche Tochter von Michael Phillips, eines Juden aus Southampton. Ihre frühere Ehe mit einem Phrenologen war ein Jahr zuvor annulliert worden. Sie heiratete Leo nur unter der Bedingung, daß kein ehelicher Vollzug eingefordert werde. Bessie Leo (1858-1931) war eine enthusiastische Theosophin, die später in Southampton eine Praxis als professionelle Handleserin, Phrenologin und Physiognomikerin betrieb. Ab 1898 schrieb sie regelmäßig Beiträge für *Modern Astrology*. Ihre schwülstigen Artikel gaben der Zeitschrift den ausgeprägt theosophischen Charakter. C. E. O. Carter, der sie gut kannte, schrieb viele Jahre später, ohne ein Blatt vor den Mund zu nehmen: „Sie hatte Machtgelüste, war jedoch inkompetent und faul. Dies führte dazu, daß sie sich andauernd unnütz einmischte."[78] Sie scheint eine unangenehme Frau gewesen zu sein.

In der Novemberausgabe der *Modern Astrology* suchte Leo per Anzeige einen „Lehrling". Er brauchte einen Bürojungen, der umsonst

---

[78] C. E. O. Carter: „The Astrological Lodge of The Theosophical Society" in: *In Search*, Vol. 2, Nr. 1, New York 1959. Eine interessante autobiographische Skizze findet sich in Leos *Esoteric Astrology*, 1913, S. 207-26.

arbeiten oder auch noch für dieses Privileg zahlen sollte. „Er sollte über 14 und unter 21 Jahren alt sein, und, wenn nötig, im Verlagsbüro helfen. Als Gegenleistung für seine Dienste, die im weitesten Sinne mit der Astrologie zu tun haben, werde ich ihn in drei Jahren, vom Tage seines Dienstantritts an gerechnet, zu einem kompetenten Astrologen ausbilden. Dies ist ein einmaliges Angebot, und eine Gelegenheit, wie es sie seit Jahrhunderten nicht mehr gegeben hat... Das nötige Lehrgeld kann in besonderen Fällen erlassen werden." Es ist nicht bekannt, ob ein jugendlicher Dummkopf sich meldete.
1898 wurde Leo Vollzeit-Astrologe. Er war zuvor in 9 Lyncroft Garden in Hampstead in ein geräumiges Haus gezogen und hatte schon bald mehr astrologische Aufträge, als er bewältigen konnte. Viele seiner Klienten waren Mitglieder der Theosophischen Gesellschaft, die ihn ihren Freunden weiterempfahlen. Statt Aufträge abzulehnen beschloß er, Assistenten einzustellen und rekrutierte einen kleinen Mitarbeiterstab: zwei, drei Astrologen für die mathematischen Berechnungen und ebenso viele Sekretäre, um die Deutungen mitzuschreiben, die er meist selbst diktierte, und um die Büroarbeit zu erledigen, die mit seinen vielfältigen Aktivitäten verbunden war. 1903 hatte er bereits neun Angestellte, seine Ehefrau Bessie nicht mitgerechnet, die eine aktive Rolle im Geschäftsablauf spielte.
Die astrologische Firma Leos – nie zuvor hatte es etwas Vergleichbares gegeben – stand am Anfang des Jahrhunderts in voller Blüte. *The Modern Astrology Publishing Company* hatte Filialen in Paris und New York, auch wenn sie nicht sehr lange existierten.[79]
Der Erfolg von Leo & Co. beruhte hauptsächlich auf der Massenproduktion billiger Horoskope. Zunächst mußten der Vertrieb und die Herstellungstechniken entwickelt werden. Die Lösung fand Leos Chefsekretär. Er hatte sich angewöhnt, von allen Deutungen, die Leo ihm diktiert hatte, Kopien zu machen, und konnte so zeigen: „Jedesmal, wenn dasselbe aufsteigende Zeichen [Aszendent] oder dieselbe Mondposition etc. besprochen wurde, gab es Übereinstimmung in Stil und Inhalt – die Blätter waren virtuelle *fac-similes*."[80] Das war nicht weiter überraschend, da Leo dasselbe astrologische

---

[79] Leos Firma in Paris wurde von Leopold Mieville betrieben, der einige seiner frühen Werke ins Französische übersetzt hatte. Das „Büro" war vermutlich da, wo Mieville seinen Schreibtisch hatte. Daß das New Yorker Büro in 1 Madison Avenue von größerer Bedeutung war, ist unwahrscheinlich.
[80] „The History of the Test Horoscope" in: *Modern Astrology*, Dez. 1903.

„Muster" wieder und wieder diktiert hatte. Die sinnvollste Lösung war eine Duplizier-Maschine oder ein ähnlicher Apparat, um einen Vorrat vorfabrizierter Horoskope herzustellen. Angenommen, jemand schrieb, er sei am 1. Juli geboren, so konnten schnell ein paar Seiten mit „Sonne im Krebs" hervorgeholt und verschickt werden. Diese sogenannten „Test"-Horoskope, die einen Shilling kosteten, waren Köder, um herkömmliche und lohnendere astrologische Aufträge an Land zu ziehen. Drei Jahre nach Einführung des Testhoroskop-Schemas hatten Leo & Co. 20.000 dieser primitiven Horoskope verschickt. Die Idee wurde bald von konkurrierenden, aber nicht so erfolgreichen Astrologen kopiert.[81]

Eine amüsante Schilderung eines typischen Tagesablaufs von Leo findet sich in E. H. Baileys Zeitschrift *Destiny* (Juni 1904-Oktober 1905). Bailey war ein führender Mitarbeiter in Leos Stab. Er verabscheute seinen Chef und dessen Frau. Ein kurzes Zitat mag genügen: „Die morgendliche Post war gerade gekommen und Albanus Leon [d. i. Alan Leo] sortierte aus einem großen Stapel geschäftig Briefe in allen Formen und Größen... Die meisten Briefe enthielten Geldanweisungen, denn Leo verfügte über eine riesige Klientel. Das Einkommen aus seinem Geschäft hatte inzwischen das Vierfache des Vorjahres erreicht, und die Aussichten, daß es so weitergehen würde, waren gut. An diesem Morgen gab es außergewöhnlich viel Post, und bald türmte sich ein Berg postalischer Geldanweisungen. Gewiß, die meisten waren nur für einen Shilling [d. h. für Test-Horoskope], aber mit den Überweisungen über fünf oder zehn Shillinge, den drei oder vieren über ein Pfund sowie verschiedenen Schecks über unterschiedliche Beträge kam eine recht ansehnliche Summe zusammen." Die Daten für die Test-Horoskope gingen an „Harald Stratton, den Büroleiter und Albanus Leons Chefsekretär. Er trug eine Brille und hatte einen trägen, abwesenden Gesichtsausdruck, der auf betont lunaren Einfluß wies; und wirklich war er mit dem ersten Dekanat Krebs aufsteigend geboren." Wie hätte man es auch besser beschreiben können?

---

[81] Es gab einen nicht ganz so entwickelten Vorläufer für die Produktion vorgefertigter Horoskope. In den 1840er Jahren engagierte ein „Doctor" C. W. Roback aus Boston einen Lithographen, um Abzüge von Tausenden identischer Horoskope zu machen. Siehe R. J. Morrison in *Zadkiel's Almanac*, 1852. Eine höchst fragwürdige Schilderung seiner Karriere findet sich in seinem Buch *Mysteries of Astrology and Wonders of Magic*, Boston, Mass., 1854.

Leos Angestellte wurden immer ungehaltener über diese respektlose Prostituierung ihrer Kunst, und 1903 gab es eine Massenkündigung. Leo schrieb dieses Unglück seinen schlechten Konstellationen zu. „Das ganze Jahr stand ich unter dem Einfluß der Sonnenopposition zu Neptun und Merkur", schrieb er. „Das führte zum Zusammenbruch des Mitarbeiterstabes während der Sommermonate und zur Schließung des New Yorker Büros."[82] Ungünstige astrale Umstände und das Gesetz des Karma erklärten alles.

Leo hatte keine Schwierigkeiten, die Geschäftemacherei mit Test-Horoskopen mit seinen anspruchsvollen theosophischen Prinzipien zu vereinbaren. Schließlich war ein Horoskop für einen Shilling besser als gar keines, wenn es einen neuen Rekruten in die Reihen Astrologie-Gläubigen brachte.

Er fand nichts Unvereinbares in seiner Doppelexistenz: Leo, der Profiastrologe und Leo, der ernsthafte Esoteriker. Im Mai 1907 schrieb er in *Modern Astrology*: „Ich muß gestehen, daß ich sehr zur esoterischen Seite dieser Wissenschaft neige, und ehrlich gesagt ist das auch das Einzige daran, was mich wirklich interessiert." Sechs Jahre später, 1913, veröffentlichte er *Esoteric Astrology*[83]. Darin finden sich solche Perlen wie: „Der Planet Jupiter repräsentiert den Körper, wobei hier sein ätherisches Doppel ebenso gemeint ist wie der grob stoffliche... Das aurische Ei, als Medium betrachtet, steht unter dem dominanten Einfluß von Jupiter, wie auch alle feineren Substanzen, die die inneren Bestandteile des Bewußtseins bilden." Solch hochgestochener Jargon versah die Astrologie mit einer Aura ausreichender Respektabilität in den konfusen, aber enthusiastischen theosophischen Kreisen.

Die weitere Karriere Leos bis zu seinem Tod am 30. August 1917 kann in aller Kürze abgehandelt werden. Bis 1914 war er zweimal in Indien und machte pflichtgemäß seine Wallfahrten nach Adyar, dem Hauptquartier der Theosophischen Gesellschaft. Im Mai 1914 wurde er wegen Wahrsagerei angeklagt, wegen legalen technischen Vorgehens jedoch freigesprochen. Vor Gericht wurde festgestellt, daß seine Horoskop-Honorare von 5 Shillingen bis zu 5 Guineen reichten, letzteres für eine Vorschau über zehn Jahre. Im Juli 1917 wurde er erneut angeklagt. Diesmal standen die Sterne nicht so günstig, und er wurde zu einer Geldstrafe von 25 £ verurteilt.

---

[82] *Modern Astrology*, Oktober 1903.
[83] Alan Leo: *Esoterische Astrologie*, Hamburg 1989.

Ermittlungen gegen Astrologen waren damals selten, aber die Polizei der Londoner City hatte seit 1911 ein waches Auge auf ihn. Seine ambitionierte Lehrbuchreihe – die Sammlung wuchs schließlich auf sieben Bände im Quartformat – war zahllosen Anfängern von Nutzen, seit die ersten Bände zu Beginn des Jahrhunderts erschienen waren. In den zwanziger Jahren wurden sie allesamt ins Deutsche übersetzt, und die meisten Titel sind noch heute im Handel. Bezeichnenderweise war der Titel des ersten Bandes wie auch der ganzen Reihe *Astrology for All*. Seine viktorianischen Vorgänger wie W. J. Simmonite und A. J. Pearce hatten es nie für nötig erachtet, die Astrologie einfach darzustellen. Leo jedoch brachte beherzt sein Thema einer jeden Lady der unteren Mittelklasse nahe, die genügend Intelligenz besaß, um ein paar einfache Berechnungen vorzunehmen und dann die passenden „Kochbuch"-Deutungen aus seinen Büchern herauszusuchen. Tatsächlich glaubten viele, ein Horoskop zu deuten sei ebenso einfach wie einen Kuchen zu backen. Seine *Esoteric Astrology*, aus der ich oben zitiert habe, war als einziges seiner Bücher eher verwirrend als erhellend.

Leo veröffentlichte nie einen prognostischen Almanach. Deshalb kannte ihn der einfache Mann von der Straße wohl kaum, denn mit Astrologie assoziierte er die Herren Raphael oder Zadkiel, deren Almanache in jeder Buchhandlung auslagen. Leo war wesentlich ein „Untergrund"-Charakter, einflußreicher, als man erwarten mag, aber in der breiten Öffentlichkeit unbekannt. Doch wenn jemand einen ersten Schritt in Richtung Astrologie-Studium machte, so fiel ganz unvermeidlich sein Name. Er war, wie schon gesagt, der erste bedeutende astrologische Publizist dieses Jahrhunderts.

Leos Fähigkeit, Geld zu machen, ist wohl die Ausnahme unter den Berufsastrologen des zwanzigsten Jahrhunderts, in der Lage zu sein, seinen Lebensunterhalt einzig anhand von Horoskop-Honoraren bestreiten zu können. So war es wohl auch pure Notwendigkeit, die W. R. Old dazu brachte, ein schlechtes Buch nach dem anderen über eine Vielzahl okkulter Themen zu verfassen und daneben sein monatliches Quantum Lohnschreiberei für *Old Moore's Monthly Messenger* (Okt. 1907-Sep. 1914) und dessen Nachfolgeblatt *The British Journal of Astrology* abzuliefern.[84]

---

[84] Der Katalog des British Museum enthält 45 Bücher von Old, meist unter dem Pseudonym Sepharial, wie *Kabbalistic Astrology, New Manual of Astrology, Second Sight, The Kabbala of Numbers, Your Fortune in Your Name*.

Old hatte Leo bei den Theosophen eingeführt. Während Leos Treue zur theosophischen Lehre nie ins Wanken geriet, stellte Old seinen offiziellen Kontakt zur Theosophischen Gesellschaft ein, als nach dem Tod Madame Blavatskys Annie Besant ihren Führungsanspruch durchgesetzt hatte. Wie auch andere aus dem inneren Kreis um Helena Petrovna Blavatsky – er war bei ihrem Tode zugegen – empfand Old nur wenig Sympathie für die neue Präsidentin der europäischen Sektion.[85] Er hatte auch keinen Sinn für die mystische theosophische Astrologie Leos. In einer Vorankündigung seines Buchs *The Law of Values* (1914), einer „Darlegung der primären Ursachen der Schwankungen der Börsenkurse", forderte er: „Je eher wir die Wissenschaft aus den Wolken holen, wohin sie die Möchtegern-Esoteriker verbannt haben, desto eher wird sie in der praktischen Welt echte Anerkennung finden."[86]

Old glaubte ernsthaft, man könne die Astrologie für praktische Zwecke einsetzen, also Geld damit machen. Er war überzeugt, daß z. B. die Preise von Rohstoffen (wie Baumwolle und Weizen) und Aktien planetaren Einflüssen unterworfen seien und somit vorausberechnet werden könnten. K. E. Krafft, ein weitaus intelligenterer Mann als Old, vermutete zwanzig Jahre später dasselbe. In finanzieller Hinsicht war Old jedoch ein Einfaltspinsel. Bereits seit 1898 bot er vertraulich seine privaten Marktvorhersagen für 5 Guineen pro Rundschreiben im Abonnement an.[87]

Olds bzw. Sepharials Bestseller waren zweifelsohne seine astrologischen Pferdewett-Systeme, wie „Golden Key", „Apex" (50 £ im Jahre 1920) oder „Snapshot". Sein 1921 erstmals angekündigtes neues „Simplex"-System erübrigte die mühsame Arbeit der Horoskop-Berechnung, denn es arbeitete mit „qualitativer Gewichtung auf der Basis simpler Arithmetik und zeigt so den wundervollen Wert der Macht der Zahlen. Keine Karten oder Astrologie. Preis

---

[85] Annie Besant (1847-1933) war die prominenteste Konvertitin Madame Blavatskys. Zuvor war sie als Vizepräsidentin der *National Secolar Society* und enge Mitarbeiterin von Charles Bradlaugh eine wortgewaltige Anwältin des Freidenkertums und des Agnostizismus. Nach ihrer Begegnung mit H.P.B. im Jahre 1889 ließ sie den Rationalismus zugunsten der Esoterik fallen. Seit den frühen 1890er Jahren engagierte sie sich für den indischen Nationalismus.
[86] *Old Moore's Monthly Messenger*, November 1913.
[87] Anzeige in *Coming Events*, Dezember 1898. Ein ähnlicher Service wurde 1915 angeboten, der Preis für das monatliche Abonnement betrug 20 Shilling (*British Journal of Astrology*, November 1915).

20 £." Das „Simplex"-System basierte weitgehend auf den Theorien eines arabischen Gentleman, der sich Scheich Habeeb Ahmad nannte. *The Mysteries of Sound and Number*, das *opus magnum* des Scheichs, erschien erstmals 1902 und war noch 1930 im Handel. Ahmad war angeblich ein erfolgreicher Wettkönig.[88]

W. R. Old starb am 23. Dezember 1898, acht Monate, bevor der Herausgeber des Londoner *Sunday Express* wohl zu seinem eigenen Erstaunen entdeckte, daß es ein Massenpublikum für aktuelle Astrologie-Beiträge gab. Die Erfindung der populären Zeitungsastrologie scheint eine spezifisch britische Entwicklung zu sein. Die Briten hatten den Glauben an „die Sterne" über lange Zeit lebendig gehalten, während er im restlichen Europa nahezu eingeschlafen war, und brachten nun dieses Thema in großer Aufmachung heraus. Weder Lord Beaverbrook, der den *Sunday Express* kontrollierte, noch der damalige Chefredakteur John Gordon scherten sich auch nur einen Deut um die Astrologie. Der einzig ausschlaggebende Faktor hinsichtlich journalistischer Aufbereitung und redaktioneller Darstellung war die Steigerung der Auflage. Jetzt zeigte sich, daß die populäre Astrologie reif zu journalistischer Ausschlachtung war. Das ging auch aus den Leserbriefen hervor, die ein paar Tage nach dem erstem Artikel R. H. Naylors eintrafen.

Bevor ich weiter auf die Auswirkungen der Zeitungsastrologie eingehe, muß ich noch erwähnen, daß die Post-Leo-Ära für den Historiker dieses entlegenen Themas weniger interessant ist, soweit es

---

[88] Ein erster Beleg für astrologische Pferdewettsysteme findet sich in „Professor" John Ackroyds Broschüre *Astrology: Egyptian Astronomy*, Rochdale 1878, in einer Vorankündigung des Autors: *Treatise on Astrology applied to Speculation on the Turf*, „womit man in kürzester Zeit sein Glück machen kann." Es gibt keinen Anhaltspunkt dafür, daß es jemals erschienen ist. Powley nahm einige Artikel zu diesem Thema in *The Astrologer* auf. Ich besitze Typoskripte von dem meisten Systemen Sepharials, habe sie jedoch noch nie ausprobiert. [Im Jahre 1983 erreichte mich die Anfrage eines Investment-Fachmanns aus Boston, Mass., der bereit war, für Sepharials Papiere 20-25 £ zu zahlen. Unglücklicherweise waren diese Papiere schon seit einiger Zeit vernichtet. Mein Korrespondent hatte keine Ahnung von Astrologie. Er sandte mir eine Ausgabe von *The W. D. Gann Technical Review*. Gann (1878-1955) war ein offenbar erfolgreicher Spekulant an den Wertpapier- und Rohstoffbörsen, dessen Prognosen auf astrologischen Techniken beruhten. Nach seinem Tod erwarb ein Billy Jones, „eingetragener Anlageberater", das Copyright für den *Technical Review*, der 1983 im Jahresabonnement 200 $ kostete. (Nachtrag Ellic Howes aus der 2. engl. Auflage 1984.)]

Großbritannien betrifft. Denn das wichtigste Zentrum astrologischer Aktivitäten und Unternehmungen lag nach 1920 in Deutschland. Dort wurde die Auseinandersetzung mit der Astrologie auf einem Niveau geführt, das weder in Großbritannien noch sonstwo erreicht wurde. Die Briten hatten Alan Leo hervorgebracht, dessen Name in internationalen astrologischen Kreisen einen guten Klang hatte – gemessen daran war W. R. Olds Bedeutung gering – und nun ruhten sie sich auf ihren astralen Lorbeeren aus. Als die Deutschen sich nach ca. 1920 mit der Astrologie zu beschäftigen begannen, taten sie das mit der Gründlichkeit, die wohl für ihren Nationalcharakter typisch ist. Die vergleichsweise wenigen britischen Astrologen dagegen waren offenbar zufrieden mit der simplen traditionellen oder esoterischen Astrologie, die sie aus viktorianischer Zeit oder von Leos Generation geerbt hatten, und sie wußten offenbar auch nicht, was sich in Leipzig, München, Düsseldorf, Hamburg und anderen Zentren teutonisch astrologischen Strebens tat.

Bislang habe ich mich noch nicht zur Astrologie in den Vereinigten Staaten von Amerika geäußert. Es ist kaum vorstellbar, daß die frühen Siedler in der neuen Welt eintrafen, ohne ein Lehrbuch des 17. Jahrhunderts mit sich zu führen, und auch die jährlich bei der Stationers' Company erscheinenden Ephemeriden werden ihren Weg über den Atlantik gefunden haben. Doch bis in die 1840er Jahre scheint es keine genuin amerikanische Astrologie-Literatur gegeben zu haben, bis Thomas Hague aus Philadelphia die Zeitschrift *The Horoscope* herausbrachte (1840-44, mit verschiedenen Veränderungen des Titelblatts), gefolgt von *Hague's Horoscope and Scientific Prophetic Messenger*, Philadelphia 1845-58. Doch ihre Verbreitung kann nicht sonderlich groß gewesen sein.

Der energischste unter den amerikanischen Astrologie-Publizisten des 19. Jahrhunderts war zweifellos Luke Broughton (1828-99), der um 1855 von Leeds nach Philadelphia auswanderte. Sein Vater war als Mediziner und Astrologe in Leeds tätig wie zuvor sein Onkel Dr. Mark Broughton, der vermutlich den Almanach *The Sidereal Atlas, or Messenger of Astrology* für 1845 verfaßt hatte. Diese beiden Broughtons waren offenbar qualifizierte Mediziner. Die älteren Brüder von Luke Broughton, Mathew und Mark, waren schon vor ihm nach Philadelphia gezogen, wo sie Astrologie praktizierten. Um 1863 machte Luke dort einen medizinischen Abschluß. Er brachte *Broughton's Monthly Planet Reader and Astrological Journal*

(Nr. 1, April 1860) auch weiterhin heraus, als er 1863 nach New York gezogen war. Seine *Elements of Astrology* waren das erste anspruchsvolle Lehrbuch, das in den USA erschien. Einer seiner Schüler war der Astrologe „Professor" W. H. Chaney (* 1821). Dessen unehelicher Sohn mit der Spiritual-Sängerin Flora Wellman wurde als Schriftsteller unter dem Namen Jack London berühmt. Die amerikanischen Astrologen waren bis nach dem ersten Weltkrieg weitgehend von britischen Lehrbüchern abhängig, auch wenn in der Folgezeit eine umfangreiche eigene Literatur entstand. Ich habe die Werke der Herrschaften Max Heindel, Nicholas de Vore, Lewellyn George, Evangeline Adams, Manly Palmer Hall, Marc Edmund Jones und all der anderen amerikanischen *cognoscenti* schnell wieder abgegeben, ohne großes Bedauern über den Verlust zu empfinden. Wie alle anderen amerikanischen Astrologen des 20. Jahrhunderts sind sie ihren europäischen Gegenstücken vergleichbar, was faktisch bedeutet, daß sie das alte traditionelle Futter arglos wiederkäuen. Wie in Europa gehörten auch die führenden amerikanischen Publizisten zu einer „Untergrund"-Bewegung, die sich nur schwer fassen läßt. Sie sorgten erfolgreich dafür, daß astrologische Vorstellungen große Verbreitung fanden. 1941 gab es z. B. in den USA genügend Leser für nicht weniger als sieben monatlich erscheinende astrologische Massenblätter.[89]

---

[89] Siehe Marcia Moore: *Astrology Today, A Socio-Psychological Study*, New York 1960, als B. A.-Thesenpapier vorgelegt am Radcliffe College. Es enthält die Auswertung eines an 900 Astrologen versandten Fragebogens. Die Veröffentlichung wurde von Alice A. Baileys Lucis Trust gesponsort. Mrs. Bailey war die Autorin einer Reihe von schwülstigen „esoterischen" Werken, die ihr von dem „Tibeter", einem diskarnierten Gentleman, „diktiert" wurden. Neugierige verweise ich auf ihre Autobiographie *The Unfinished Memoirs of Alice A. Bailey*, Lucis Press 1951. Das Buch ihres Schützlings Dane Rudhyar: *Die Astrologie der Persönlichkeit*, 3. Aufl. München 1984, (Orig. Lucis Press, New York 1936), ist ein ernsthafter Versuch, moderne astrologische Konzepte zu definieren. Andererseits hat das Buch unleugbar einschläfernde Qualitäten. *In Search* (12 Ausgaben 1958-61), herausgebracht vom inzwischen eingegangenen Astrological Centre in New York City, ist eine der interessanteren englischsprachigen Zeitschriften. Ein nützlicher Führer durch die vielen astrologischen Anspielungen in Henry Millers Büchern ist Sydney Omarr: *Henry Miller: His World of Urania*, 1960. Siehe auch Henry Miller: *Big Sur und die Orangen des Hieronymos Bosch*, Hamburg 1963, wegen der unterhaltsamen Kapitel über den französischen Astrologen Conrad Moricand.

Zeitungsastrologie in Großbritannien

Die „Prognosen" in vielen europäischen und nordamerikanischen Massenblättern und Frauenzeitschriften sind heute so alltäglich, daß die Einzigartigkeit dieses Phänomens durch seine Gewöhnlichkeit in den Schatten gestellt wird. Es ist grotesk, daß diese so modern anmutenden Publikationen auf beharrlich überdauernden Glaubensvorstellungen beruhen, die ihren Ursprung im vorchristlichen Babylon und hellenistischen Griechenland haben. Das ist wohl am meisten befremdlich.

Wer diese Prognosen liest oder ab und zu einen Blick hinein wirft, betrachtet sie meist als eine harmlose Form der Unterhaltung. Dennoch hat diese tägliche oder wöchentliche Ration an astrologischer Spekulation Millionen zu der Annahme gebracht (wie vage auch immer), die Bahnen der Gestirne könnten das menschliche Geschick merklich beeinflussen. Der populäre astrologische Journalismus ist zweifelsohne auch dafür verantwortlich, daß ein überraschend großer Teil der Erwachsenen nicht nur sein Tierkreiszeichen (Sonnenstand) kennt, sondern auch einige der „astralen" Eigenschaften kennt, die ihm zugeschrieben werden. Zudem gibt es einen bemerkenswert großen Markt für Monatszeitschriften, deren Inhalt fast ausschließlich aus astrologischen Prognosen und Informationen besteht.[1]

Der Londoner *Sunday Express* war die erste Zeitung von einiger Bedeutung, die die Astrologie im großen Rahmen publik machte. Auf die damit verbundenen journalistischen Möglichkeiten wurde man nur durch einen Zufall aufmerksam. Am 21. August 1930 wurde in Glamis Castle in Schottland Prinzessin Margaret Rose geboren, die jüngere Tochter des Herzogs und der Herzogin von York und Schwester der jetzigen Queen Elizabeth II. Da die Nachricht schon zwei, drei Tage alt war, als die Sonntagsausgabe für den 24. August vorbereitet wurde, entschied der Redakteur, der Sache einen neuen Aufhänger zu geben und einen Kurzbeitrag über das Horoskop der Prinzessin zu veröffentlichen.

---

[1] Cf. *Prediction* (Großbritannien), *American Astrology* (USA), *Horoscope* und *Astres* (Frankreich), *Das neue Zeitalter* [*Astrologie heute*, *Venus* (A.d.Ü.)] (Deutschland) und viele andere mehr. Es gibt zwar keine Verkaufszahlen, aber diese Zeitschriften werden landesweit vertrieben und sind über jede Buchhandlung zu beziehen.

R. H. Naylor (1889-1952), ein Londoner Profiastrologe, erhielt den Auftrag für die Berechnung des Horoskops und den notwendigen Kommentar. Naylor fügte darüber hinaus noch einige kurze Hinweise auf die laufenden astrologischen Aussichten der Leute bei, deren Geburtstag in der kommenden Woche lag. Der Artikel hatte einem Umfang von einer halben Seite. Eine überraschende Flut dankbarer Leserbriefe überzeugte den Redakteur, es könne sich lohnen, die Astrologie mit in das traditionelle Rezept Sex, Crime, Sport und Skandale hinein zu nehmen, und am folgenden Sonntag folgte ein weiterer Artikel („Sind Sie im September geboren?"). Auch dieser fand Beifall, und so bat man Naylor um eine ganze Artikelserie. Der erste Teil war für Sonntag, den 5. Oktober, angekündigt.

An diesem Mittag hatten wohl schon Hunderttausende der einen Million Käufer des Blattes Naylors Vorhersage gelesen, die britische Luftfahrt sei in großer Gefahr. Und die Bestätigung kam bald, denn BBC meldete, das Luftschiff R-101 sei auf seinem Jungfernflug von Cardington nach Indien in Nordfrankreich abgestürzt. In der folgenden Woche machte der *Sunday Express* großes Aufheben von der Vorhersage und Naylor bekam fortan eine ganze Seite für seinen wöchentlichen Beitrag, der zur ständigen Einrichtung wurde. Naylor wurde über Nacht berühmt und schrieb für den *Sunday Express*, bis im Krieg das Zeitungspapier rationiert wurde.

Es dauerte nicht lange, bis auch *The People*, das wichtigste Konkurrenzblatt des *Sunday Express*, mit einem wöchentlichen Beitrag von Edward Lyndoe auf den astrologischen Zug aufsprang.

Ein astrologisches Publicity-Kunststück, das der *Sunday Dispatch* 1936 zu Werbezwecken aufführte, verdient, in Erinnerung gerufen zu werden, auch wenn es nur eine Farce war. W. J. Tucker beschrieb diese Geschichte in *Autobiography of an Astrologer* (1960). Im Jahre 1936 war Tucker ein vergleichsweise neuer Rekrut in den Reihen der professionellen Astropublizisten, sollte es aber zu einiger Prominenz bringen.

William Joseph Tucker, der Sohn eines Londoner Polizisten, wurde am 19. November 1896 geboren. Er verließ die Schule mit vierzehn Jahren. Nach seinem Ausscheiden aus der Armee im Jahre 1919 arbeitete er bis 1931 im Pelzhandel und belegte in seiner Freizeit Fernkurse im Ingenieurwesen und Chemie. Tucker war ein verhinderter Wissenschaftler. Er versuchte sich auch journalistisch und schrieb Filmkritiken für Kinozeitschriften und Lokalzeitungen.

1930, als er sein erstes Buch schrieb, *The „How" of the Human Mind*, begann er sich mit Astrologie zu beschäftigen und beklagte den augenscheinlich unwissenschaftlichen Ansatz der bekannten astrologischen Gelehrten. Er sah seine Aufgabe darin, den Augiasstall der Astrologie zu säubern: „Meine wissenschaftliche Ausbildung veranlaßte mich, im diesem Chaos die Ordnung wieder herzustellen, und so war mein Ziel die Rekonstruktion der Chaldäischen Astrologie unter wissenschaftlichen Rahmenbedingungen." Dieses lobenswerte Ziel war schnell erreicht, und so gründete er 1933 die Scientific (Anti-Occult) Astrological Company. Er und sein Partner in diesem fortschrittlichen Unternehmen stellten eine Reihe von Propagandisten ein, um astrologische Aufträge an Land zu ziehen. Dieser neue Ansatz führte bald zu einem Besuch der Polizei, aber Tucker konnte die Herrschaften von der wissenschaftlichen Natur seiner Methoden überzeugen und wurde fortan in Ruhe gelassen.

Im April 1935 brachte er die erste Ausgabe einer neuen Zeitschrift heraus, *Science and Astrology*. Innerhalb weniger Monate stieg die Auflage auf etwa 36.000 Exemplare, wovon nicht weniger als 30.000 in die USA exportiert wurden. In der Zwischenzeit hatte sein neugegründeter Verlag ein halbes Dutzend seiner Bücher herausgebracht, inklusive *The „How" of the Human Mind*. Unglücklicherweise kam *Science and Astrology* im November 1936 zu einem abrupten Ende, denn die amerikanischen Distributoren verweigerten die Zahlung für die August- und Septemberausgabe, weil die Papiereinbände beschädigt und zerrissen waren. Dieses Desaster, das anscheinend nicht in Tuckers Horoskop vorgesehen war, geschah genau zu dem Zeitpunkt, als er mitten in der Arbeit für den *Sunday Dispatch* steckte.

Sein Kontakt zum *Sunday Dispatch* begann am Mittwoch, dem 23. September 1936, mit einem dringenden Telephonanruf seitens der Redaktion. Auf einem Treffen am nächsten Tag wurde mit Tucker die Lieferung eines wöchentlichen Beitrags vereinbart, der unter dem Titel „Ihre Zukunft in den Sternen" mit dem Pseudonym „Scorpio" erscheinen sollte. Außerdem wollte man den Lesern des *Sunday Dispatch* persönliche Horoskope zum ungewöhnlich niedrigen Preis von 1 Shilling 6 Pence anzubieten, wobei 6 Pence an die Zeitung gehen sollten. Die Vorankündigung erschien bereits drei Tage später in der Sonntagsausgabe für den 27. September, so daß für die nötigen Vorbereitungen nur wenig Zeit blieb.

Weder Tucker noch die Redaktion wußten, wie viele Leser eiligst eine Bestellung über 1 Shilling und 6 Pence aufgeben würden, doch man rechnete für die nächsten Wochen mit einer wöchentlichen Nachfrage von 5000 Horoskopen. Die meisten Astrologen wären entsetzt gewesen, auch nur fünfzig Horoskope in solch kurzer Zeit berechnen zu müssen, aber Tucker zeigte sich unerschrocken.

„Es war nötig, schnell genügend großen Büroraum zu finden, um mehrere hundert Arbeitskräfte unterzubringen", schrieb er. „Und da für jeden Kunden ein persönliches Horoskop mit allen Aspekten erstellt werden sollte, mußte ich kompetente Astrologen für diese Arbeit finden." Er schaffte es schließlich, sechs Astrologen zu finden, die er „einigermaßen qualifiziert" nannte, er brauchte aber sechzig. So mußte er Leute einarbeiten, die die Arbeit völlig mechanisch „am Fließband" erledigen sollten.

Bald war Tuckers Horoskop-Fabrik in vollem Schwung. Zunächst „kompilierte er die Codebücher für die Horoskop-Montage"[2], wie er es nannte. Gleichzeitig begann er mit der Schulung des Personals. Es bestand aus drei Gruppen: die einen berechneten Horoskope, andere „codierten" sie und eine dritte Gruppe „montierte die vollständigen Horoskope mit Hilfe der Codes". Die Operation war sehr erfolgreich. Es gab eine „reißende Flut von Anfragen", und für kurze Zeit waren Tucker und seine Helfer mit Arbeit überhäuft. Das Sonderangebot des *Sunday Dispatch* für 1 Shilling 6 Pence lief einige Wochen und wurde dann stillschweigend wieder eingestellt.

Vor mir liegt die Vorankündigung der zweiten Auflage (1962) von The „How" of the Human Mind von Wm. Tucker, D. Sc., Ph. D., „das dem Autor einen Doktorgrad zweier Universitäten einbrachte". Diese akademischen Auszeichnungen wurden Tucker im Jahre 1937 verliehen. Mit seinen Worten: „Anfang 1936 machte ich die Bekanntschaft von Dr. Henry Chellew, damals Psychologiedozent an der Universität London... Mein Buch The „How" of the Human Mind hatte die besondere Aufmerksamkeit des Doktors erregt. Er erklärte, das Buch habe nicht die Beachtung gefunden, die ihm zukomme, und er bekräftigte seinen Entschluß, dafür Sorge zu tragen,

---

[2] engl.: *compiled code-books controlling the horoscope assembly.* – Die Verwendung dieses technischen Vokabulars und seine Nähe zur modernen Programmiersprache ist nicht zufällig – tatsächlich beruhen all die modernen Computerhoroskope (z. B. Astrodata, Astrodienst Zürich etc.) auf denselben Prinzipien, wie sie Alan Leo und W. Tucker entwickelten. [A.d.Ü.]

daß es entsprechende Auszeichnungen erhalte. So geschah es durch die Vermittlung von Dr. H. Chellew und mit Unterstützung des bekannten Wissenschaftlers Professor A. M. Low, daß mein Buch zwei amerikanischen Universitäten mit Empfehlung dieser beiden Herrn zugetragen wurde. Schließlich akzeptierten sowohl das American Institute of Applied Psychology als auch The Temple Bar College The „How" of the Human Mind als Dissertation, und beide verliehen mir dafür einen wissenschaftlichen Doktorgrad."[3]
Innerhalb von wenigen Monaten wurde Tucker zum dritten Mal Doktor. Den Grad des Temple Bar College erhielt er am 15. November 1937, den des American Institute of Applied Psychology zwei Tage später. Die letztgenannte Lehranstalt machte ihn Anfang 1938 auch noch zum Doktor der Philosophie und wies ihn gleichzeitig als Mitglied der European Board of Regents aus. Tucker ist also einer der wenigen heute noch lebenden Menschen, der drei Doktorate innerhalb ebensovieler Monate erhielt.[4]
Die ganzseitigen Artikel R. H. Naylors aus den 30er Jahren unterscheiden sich deutlich von der Dutzendware astrologischer Banalitäten in heutigen britischen Zeitungen und anderswo. Entgegen der landläufigen Überzeugung, die „Prognosen" würden von einem x-beliebigen Redakteur erfunden, der eher fliegen als ein Horoskop rechnen könne, werden sie tatsächlich meist von professionellen Astrologen geliefert, jedenfalls in Großbritannien. Anfang der 60er Jahre bekam „Lord Luck" vom *Daily Express* etwa 15 £ pro Woche für seine Mühe. Das Engagement seines Vorgängers war ziemlich plötzlich beendet worden, weil er voreilig prophezeit hatte: „Heute sind besonders gute Aussichten für Börsenspekulationen", und dies für einen öffentlichen Feiertag, an dem die Börse geschlossen war. Man hatte es zunächst nicht bemerkt, doch dann machte eine ganze Reihe von Leserbriefen auf den Unsinn aufmerksam.

---

[3] W. J. Tucker: *Autobiography of an Astrologer* 1960, S. 305-6.
[4] Tucker schien nicht zu wissen, daß sein Freund Chellew nie etwas mit der Universität London zu tun hatte. Henry Chellew mußte dies in einem Schreiben vom 28. Juni 1954 bestätigen. (Diese Information erhielt ich vom Sekretäriat des Senats.) A. M. Lows Berechtigung, einen Professorentitel zu tragen, ist, um es gelinde zu sagen, unzureichend. Siehe Lord Brabazon of Taras Einleitung zu Ursula Bloom: *He lit the lamp*, 1958. Das American Institute of Applied Psychologie hörte in den frühen 1940er Jahren auf zu existieren, und das Temple Bar College (Seattle) wurde auf Anordnung der Federal Trade Commission im Juli 1947 geschlossen.

Das Wiederaufleben der Astrologie in Frankreich

Vergebens sucht man nach einem französischen Äquivalent zu einem R. J. Morrison, W. J. Simmonite, A. J. Pearce und anderen, wie sie im Großbritannien des 19. Jahrhunderts die Astrologie am Leben hielten. In Frankreich war sie gänzlich in Vergessenheit geraten. Noch im Jahre 1891 versicherte Papus, „die Astrologie ist eine der antiken divinatorischen Wissenschaften, deren Regeln heute vollkommen verloren sind."[1] Papus war das Pseudonym von Dr. Gérard Encausse (1865-1916), dessen monumentaler *Traité méthodique de la science occulte* im Jahre 1891 erschien, als er gerade 26 Jahre alt war. Bald nach der Veröffentlichung dieses Buches begann die Astrologie in Frankreich wiederaufzuleben. Dies war auch ein Nebenprodukt verbreiteten Interesses am Okkultismus in Frankreich, den Encausse sehr förderte.

Frankreich war das Zentrum einer gewissen romantischer Hermetik. Untersucht man deren Ursprünge, so landet man unvermeidlich bei den französischen Illuminaten der Zeit kurz vor Ausbruch der französischen Revolution, d. h. bei Martines de Pasqually, Louis-Claude de Saint Martin („*le philosophe inconnu*"), J.-B. Willermoz und anderen, die meist mit der zeitgenössischen Freimaurerei in Verbindung standen. Hier liefen alle Fäden zusammen.[2]

Die späte okkultistische Bewegung in Frankreich erreichte ihren Höhepunkt in den 1890er Jahren. Sie führte zu einer Renaissance der Astrologie, zu der eine erlesenen Schar von Anhängern der Magie, der Alchemie, der Kabbala und angeblich rosenkreuzerischer Traditionen beitrug. Für die letzten authentischen Quellen verborgenen Wissens hielt man die Schriften von Fabre d'Olivet (1767-1825), Hoëne Wronski (1778-1843) und Eliphas Lévi (d. i. Abbé Louis Constant, 1810-1878). Man betrachtete die Kabbala als

---

[1] Papus: *Traité méthodique de la science occulte*, 1891, S. 1043 [dt. Teilausgabe: *Die Kabbala*. Von Papus, 9. Aufl., Wiesbaden 1991].
[2] Siehe die wichtige Studie von A. Viatte: *Les sources occultes de romantisme*, 2 Bde., 1770-1820. Von den aktuelleren Veröffentlichungen *Aspects de l'illuminisme au 18me. siècle*, ed. R. Amadou, Les Cahiers de la Tour Saint-Jaques, 1960; ebenso Serge Hutin: *Les sociétés secrètes*, 1960, mit einer guten Bibliographie der Geschichte der Freimaurerei. Details aus Veröffentlichungen vieler obskurer französischer Autoren über unterschiedliche Bereiche des Okkultismus finden sich in Papus: *Traité*, 1891. Cf. auch A. L. Caillet: *Manual bibliographique des sciences psychiques ou occultes*, 3 Bde., 1912.

wichtigste Quelle arkaner Weisheit. Papus schrieb: „Alle Alchemisten sind Kabbalisten, alle geheimen Gesellschaften oder Sekten, die jemals im Abendland aufgetreten sind, Gnostiker, Templer, Rosenkreuzer, Martinisten und Freimaurer, lehnen sich an die Kabbala an und lehren mehr oder weniger ihre Theorien... So wie wir die Kabbala auffassen, ist sie die vollständigste Zusammenfassung dessen, was von der Lehre der ägyptischen Mysterien auf uns gekommen ist."[3]

Die kabbalistischen Texte, Kommentare und Theorien, von denen die französischen Okkultisten fasziniert waren, hatten nur wenig mit den Lehren der esoterischen jüdischen Schulen gemein, die im 13. Jahrhundert im Süden Spaniens und in der Provence erblühten. Die Humanisten der Renaissance wie Pico della Mirandola und Johannes Reuchlin beschäftigten sich mit der Kabbala, weil sie vertraute pythagoreische und neuplatonische Ideen enthielt. Wie die Astrologie und alle anderen Sparten der Hermetik beruht sie auf dem Konzept eines universellen Korrespondenz-Gesetzes und ist somit Basis eines Systems, das die Natur des Menschen in Beziehung zum Kosmos setzt und deutet. Eine spätere und weniger bedeutsame Entwicklung war die von nicht-jüdischen Humanisten geschaffene „Christliche Kabbala", angeblich das Bindeglied zwischen Kabbala und der Magie, üblicherweise in Form der Gematrie. Diese überlebte als Numerologie, eine Divinationsmethode, bei der den Buchstaben des Alphabets Zahlen zugeordnet sind. Die kabbalistische Symbolik durchdrang jeden Bereich der Hermetik und der magischen Theorie der späten Renaissance, sie wurde ein wesentlicher Bestandteil des theoretischen Apparats der Alchemie, und ihre Spuren lassen sich auch in der Literatur der Freimaurer finden.[4]

---

[3] Papus, *Traité*, S. 480-2 (*Die Kabbala*, S. 62-64). Der Mythos, die westliche Hermetik habe ihren Ursprung im alten Ägypten, wird widerlegt von Frances A. Yates: *Giordano Bruno in der englischen Renaissance*, Berlin 1989.

[4] Die Werke moderner Kabbalisten wie der Okkultisten Dion Fortune: *Die mystische Kabbala*, Freiburg 1993 und Israel Regardie: *The Tree of Life*, 1932, kann man getrost ignorieren. Will-Erich Peuckert: *Pansophie: Ein Versuch zur Geschichte der weissen und scharzen Magie*, 2. Aufl. Berlin 1956, bringt eine kompetente Beschreibung der magischen Kabbalistik des 16. und 17. Jahrhunderts. Siehe auch G. Scholem: *Major Trends in Jewish Mysticism*, 1941, und sein Meisterwerk: *Ursprünge und Anfänge der Kabbala*, Studia Judaica Bd. 3, Berlin 1962 [sowie „Alchemie und Kabbala" in: *Judaica 4*, Frankfurt 1984. (A.d.Ü.)]

Im Frankreich der 1880er Jahre war das Interesse an den Schriften der frühen Kabbalisten noch gering. Die Autorität, die den größten Einfluß auf Papus und seine Generation ausübte, war Eliphas Lévi, der in den 1850er Jahren plötzlich als okkulter Schriftsteller ersten Ranges aufgetaucht war. Sein *Dogme et rituel de haute magie* (1856) wurde bis 1903 dreimal wieder aufgelegt und ist auch heute noch in französischer, deutscher[5] und englischer Sprache erhältlich. Es ist eines jener Bücher, das der Unbedarfte in der trügerischen Hoffnung erwirbt, darin arkanes Wissen von höchster Qualität zu finden. Das ist jedoch nicht der Fall.

Nach Jules Bois, der in seinem amüsanten Buch Le *monde invisible* (1902) ihre Haupt- und Nebenströmungen in elegant-zynischer Weise untersuchte, begann die moderne französische Okkultisten-Bewegung um 1884 Form anzunehmen. Zugleich weilte Madame Blavatsky eine Zeitlang in Frankreich. Sie rekrutierte eine zwar zahlenmäßig geringe, aber enthusiastische Anhängerschaft, doch im Vergleich zu ihrem britischen Gegenstück war der französische Zweig der Theosophischen Gesellschaft weder einflußreich noch bedeutsam, denn Madame Blavatskys „message" hatte nur sehr geringe Anziehungskraft auf die jungen intellektuellen Okkultisten wie Encausse und seine Freunde Stanislas de Guaita (1861-1897) und Josephin Péladan (1859-1918). Als Eliphas Lévi 1875 starb, waren sie noch Schuljungen. Fünfzehn Jahre später waren sie die führenden Exponenten des französischen Okkultismus. Sie alle waren Kabbalisten und Neo-Rosenkreuzer.[6] In den 1880er Jahren war es jedenfalls noch sehr unwahrscheinlich, daß sie etwas über Astrologie wußten, aus dem ganz einfachen Grund, weil die Astrologie, wie Encausse 1891 berichtete, in Frankreich vollständig in Vergessenheit geraten war.

Bis 1890 war seit mehr als zwei Jahrhunderten in Frankreich zu diesem Thema kaum etwas veröffentlicht worden. Das letzte große französische Lehrbuch, J. B. Morin de Villefranches monumentale *Astrologia Gallica* von 1661 war in den 1890er Jahren zwar noch nicht so selten wie heutzutage, aber Möchtegern-Astrologen, die

---

[5] *Transzendentale Magie. Dogma und Ritual.* 5. Aufl., Basel 1992.
[6] Siehe Oswald Wirth: *Stanislas de Guaita; Souvenirs de son secrétaire*, Paris 1935; Philippe Encausse: *Papus (Dr. Gerard Encausse), sa vie, son œuvre*, Paris 1932; R. G. Abrun: *Pelagan*, 2. Ausg. Paris 1904, und ebenso die Artikel über ihn in: *Nouvelle Revue du Midi*, Nimes, Dezember 1924.

Latein lesen konnten, waren „rarae aves". Doch es gab einige wenige Vertreter einer seltsamen Form kabbalistischer Astrologie, wie man sie nirgendwo außerhalb Frankreichs findet. Ihr Hauptvertreter war Paul Christian (d. i. J.-B. Pitois, 1811-1877), ein bekannter Okkultist und Zeitgenosse von Eliphas Lévi.[7]
Die erste moderne astrologische Abhandlung in Frankreich war *Les mystères de l'horoscope* (1887) von Ely Star, eine onomantische oder kabbalistische Astrologie, vergleichbar der Kabbala Christians. „Doktor" Ely Star (d. i. Eugène Jacob, 1847-1942) war eine der seltsamen Figuren, wie sie oft in okkultistischen Zirkeln zu finden sind. Er war ein Bauernsohn aus Neufchâteau in den Vogesen, kam in den späten 1870er Jahren nach Paris, ließ sich von den magischen Werken Lévis und Christians begeistern und wurde folgerichtig Sekretär des *Cercle des Études Psychologiques*, dessen Mitglieder sich hauptsächlich mit Spiritismus und animalischem Magnetismus beschäftigten. Er scheint seinen Lebensunterhalt durch den Verkauf magischer Amulette und dubiose medizinische Praktiken bestritten zu haben. 1914 wurde er wegen Betrugs angeklagt und zu einer kurzen Gefängnisstrafe verurteilt.[8]
Les mystères de l'horoscope von Star ist besonders interessant, da es die ersten modernen Abbildungen der zweiundzwanzig Trümpfe des Tarots enthält, die sogenannten großen Arkana, die er den Kupferstichen des achten Bandes von Court de Gebelins *Le monde primitif* von 1771 entnahm. De Gebelin war der erste, der diesen Karten okkulte oder mantische Bedeutung zugeschrieben hatte. Das Thema wurde zwar von Eliphas Lévi und Paul Christian weiterentwickelt, doch ganz offensichtlich sind Papus und sein Freund Oswald Wirth für den vielen Unsinn verantwortlich, der heutzutage

---

[7] Dieses „System" unterscheidet sich sehr von der konventionellen Astrologie. Es wird beschrieben in: P. Christian: *L'homme rouge des Tuileries*, Paris 1863 (2. Aufl. 1937); ebenso in seiner *Histoire de la Magie* von 1870 (Engl. Ausg. *The History and Practice of Magic*, ed. & rev. by Ross Nichols, 2. vols. London 1952). Paul Chacornac: *Eliphas Lévi*, 1926, behandelt kurz Christians *Carmen Sybillum; Prédiction de la naissance du fils de Napoleon III par les Arcanes du Magisme égyptien consulté le 3 avril 1850*, Paris 1854. Chacornac erwähnt zwei weitere Franzosen, die sich vor 1890 mit Astrologie befaßten: Dr. Henri Favre (1827-1916), Herausgeber von *France Médicale*, 1863, und Eugène Ladois (1822-1904), Verfasser physiognomischer Werke.
[8] Siehe Jules Bois: *Le monde invisible*, 1902, S. 291; und *Zentralblatt für Okkultismus*, Leipzig 1914-15, Bd. VIII, S. 150-52.

der Symbolik des Tarot nachgesagt wird. Ich kann hier gar nicht genug betonen, wie konstruiert die angeblichen Verbindungen des Tarots mit der traditionellen Hermetik sind.[9] Es gibt keinerlei Hinweise darauf, daß außerhalb Frankreichs irgendwer mit den Prinzipien der onomantischen Astrologie vertraut war, wie Christian und Star sie vertraten. Doch bald sollten auch die Franzosen die traditionelle Astrologie mit ihrem „klassischen" Regelwerk wieder entdecken. Der Vater der neuen französischen Astrologie-Bewegung war der in okkultistischen Kreisen bekannte F. Ch. Barlet (d. i. Albert Faucheux, 1838-1921), prominentes Mitglied von Stanislas de Guaitas Ordre Kabbalistique de la Rose-Croix. Barlet hatte sich schon um 1886 ein Arbeitswissen der traditionellen Astrologie angeeignet – er scheint mit der zeitgenössischen britischen Literatur vertraut gewesen zu sein. Er gab sein Wissen an den Apotheker Abel Haatan (d. i. Abel Thomas) weiter, der sein Geschäft in der Rue d'Aboukir hatte. Haatan war ein begeisterter Alchemist.[10] Er verfaßte die kleine Schrift *Traité*

---

[9] Das erste auschließlich dem Tarot gewidmete Handbuch war Papus' *Le Tarot des Bohémiens* von 1889, wo er den zweiundwanzig großen Trümpfen kabbalistische Bedeutung zuschrieb. A. P. Mortons englische Übersetzung erschien 1892 in London, gefolgt von A. E. Waite: *Pictorial Key to the Tarot*, 1911 (*Der Bilderschlüssel zum Tarot*, 9. Aufl. Neuhausen 1991). Erst 1920 erschien das erste deutsche Handbuch, E. Kurtzahn: *Der Tarot*. Die einzige annähernd befriedigende Darstellung der Geschichte des Tarot findet sich in G. van Rijnberk: *Le Tarot*, Lyon 1947.
[Cf. auch Stuart R. Kaplan: *The Encyclopedia of Tarot*, New York 1978, 3 Bde. mit Abb. von über 1000 Tarot-Decks; sowie Uwe Westfehling (Hrsg.): *„Tarocchi."* *Menschenwelt und Kosmos*, Katalog zur Ausstellung im Wallraf-Richartz-Museum Köln (9. Nov. 1988-22. Jan. 1989), Köln 1988. (A.d.Ü.)]
[10] In Großbritannien gibt es kein vergleichbares Interesse an der Alchemie wie in Frankreich. Zu den führenden französischen *amateurs* gehörten Louis Lucas (1815-1863), Schüler von Hoëne Wronski und Autor von *La médicine nouvelle*, 2 Bde. Paris 1861-62, und Saint-Yves d'Alveydre (i. e. Joseph-Alexander Saint Yves, 1842-1910). Jules Bois schrieb einen witzigen Bericht über seine einzige Begegnung mit Saint-Yves. Der erzählte ihm, er habe in drei Tagen 1.400 Seiten geschrieben, die ihm der Groß-Lama von Tibet telepathisch diktiert habe. Zu seinen ungewöhnlichen soziologischen Theorien, offenbar inspiriert oder auch plagiiert aus Fabre d'Olivets *Histoire philosophique du genre humain* von 1824, siehe Barlets *Saint-Yves d'Alveydre*, Paris 1910. In Frankreich dauert die Faszination an der Alchemie noch immer an. Siehe den Bestseller von L. Pauwels und J. Bergiers *Le Matin des magiciens*, Paris 1960 [dt. Ausg.: *Aufbruch ins dritte Jahrtausend. Von der Zukunft der phantastischen Vernunft*, Bern und München 1962], sowie das faszinierende „Dossier

d'astrologie judiciaire von 1895. Zwei Jahre später folgte Fomalhauts *Manuel d'astrologie sphérique et judiciaire*, Paris 1897, mit äußerst präzisen Beschreibungen der mathematischen Methoden der Astrologie. Darin findet sich auch ein Abschnitt über die angeblichen Analogien zwischen den Tarot-Trümpfen, den Planeten und Tierkreiszeichen. Mehr als dreißig Jahre vor der Entdeckung des Planeten Pluto versicherte Fomalhaut dort auf Seite 316: „Es gibt einen Planeten jenseits der Neptunbahn, und sein Name ist Pluto." Fomalhaut war niemand anders als Abbé Charles Nicoullaud (1854-1925), Priester und Curé einer großen Pariser Gemeinde. Sein Buch ist noch heute erhältlich.[11]

In den 1890er Jahren stießen Haatans und Fomalhauts Lehrbücher auf kein besonders großes Interesse in okkultistischen Kreisen, und außerhalb dieses speziellen Milieus blieb die Astrologie weiterhin unbekannt. Jules Bois z. B. war völlig überrascht, als er über dem Café Voltaire am Place de l'Odeon einen Astrologen, einen gewissen Gévingey, entdeckte. „Wer hätte je gedacht, daß man in Paris einen Astrologen findet?" fragte er 1902.[12]

Doch nun nahm das Interesse an der Astrologie beständig zu. Anfang des 20. Jahrhunderts erschienen *La théorie des déterminations astrologiques de Morin de Villefranche* (1902) von Henri Selva und das erste Buch von Paul Choisnard. Da es in Großbritannien eine große Auswahl von nach 1850 erschienenen Lehrbüchern gab, hatten Alan Leo und seine Zeitgenossen die Lehrbücher des 17. Jahrhunderts ignoriert, die sie als überholt ansahen. Unkritisch akzeptierten sie die Tradition in der Form, wie sie auf sie gekommen war. In Frankreich jedoch hielt man es zunächst für notwendig, die klassische Überlieferung so rein und authentisch wie nur möglich herauszuarbeiten.

Dieses Ziel glaubte Henri Selva (* 1861) erreicht zu haben. Er hatte eine ganze Reihe von Kapiteln aus der *Astrologia Gallica* (1661) des Morin de Villefranche übersetzt und herausgegeben, aus einem

---

Fulcanelli" von R. Ambelain und E. Canseliet in: *Parapsychologie*, Les Cahiers de la Tour Saint-Jaques, ix (1962).

[11] Nicoullaud begründete die anti-freimaurerischen Zeitschrift *Revue internationale des sociétes secrètes*. Er war außerdem Nostradamus-Experte (siehe Kapitel 11). Ein weiterer römisch-katholischer Priester, der sich mit Astrologie befaßte, war Abbé Eugène Vignon (1864-1936), dessen *Petit manuel pratique de l'astrologie* um 1908 unter dem Pseudonym A. de Thyane erschien.

[12] Jules Bois: *Le monde invisible*, Paris 1902, S. 281.

riesigen Opus, das die dichtesten und verwickeltesten Instruktionen zur Horoskop-Deutung enthielt, wie sie bis dahin kein anderer der alten Autoren erreicht hatte. Dieses Werk, das Verdienst eines Landsmannes, so Selva, war noch bis zum Ende des 17. Jahrhunderts in England bekannt, doch in der Zwischenzeit war es völlig der Vergessenheit anheim gefallen. Das „System" Morin, so wie Selva es präsentierte, hatte merklichen Einfluß auf den modernen französischen Zugang zur Astrologie.[13] Es wurde nach 1920 von vielen deutschen Astrologen übernommen, blieb in Großbritannien aber praktisch unbekannt.

Die meisten britischen Astrologie-Autoren des 19. Jahrhunderts waren zugleich auch professionelle Berater. In Frankreich hingegen blieben nahezu alle Autoren, die in der Zeit von 1890-1920 publizierten, mehr oder weniger Amateure. Selva arbeitete an der Pariser Börse. Paul Choisnard (1867-1930), dessen erste Bücher unter dem Pseudonym Paul Flambart erschienen, war Absolvent der berühmten École Polytechnique und Artillerie-Offizier. Choisnard verdient eine besondere Erwähnung, weil er als erster den ernsthaften Versuch wagte, die Existenz astraler Einflüsse auf menschliche Individuen mittels Statistik nachzuweisen. Auch die Tradition sprach davon, daß gewisse Faktoren in den Horoskopen bei Mitgliedern derselben Familie „vererbt" werden (z. B. ein Elternteil mit Sonne im Löwen und ein Kind mit Aszendent Löwe). Doch niemand hatte jemals Horoskop-Sammlungen einer statistischen Analyse unterworfen, auch wenn A. J. Pearce im Jahre 1880 etwas derartiges überlegt hatte.[14]

Deshalb ist Choisnards *Preuves et bases de l'astrologie scientifique*, Paris 1908, das auf zwei früheren Werken aufsetzt (*Influence astrale*, 1900, und *Étude nouvelle sur l'hérédité*, 1903), ein Meilenstein dieser speziellen Literatur. Choisnard glaubte, bereits den Nachweis für seine These erbracht zu haben. Er arbeitete jedoch mit einer zu kleinen Datenbasis, und seine statistischen Techniken waren zweifelsohne primitiv. Die offizielle Wissenschaft ignorierte seine vermeintlichen Ergebnisse, wie nicht anders zu erwarten war. Seine astrologischen *confrères* in Frankreich erkannten seine Verdienste an, während man in Großbritannien offenbar

---

[13] Siehe J. Hiéroz: *L'astrologie selon Morin de Villefranche*, 2. Aufl., Paris 1962, sowie andere Bücher desselben Autors.
[14] Siehe „Vital Statistics and Astrology" in *Urania*, März 1880.

nicht einmal von seiner Existenz wußte. Um diese Zeit (ca. 1908) hatten die Deutschen die Astrologie erst noch wieder zu entdecken. Das historische Muster des Wiederauflebens der Astrologie in Frankreich nach 1900 entspricht in etwa dem in Großbritannien, außer daß kein professioneller Praktiker oder Publizist vom Schlage eines Alan Leo auftrat. Ebenso nahm das Interesse an diesem Thema nur langsam zu, und erst nach dem ersten Weltkrieg wurde eine umfangreiche einheimische Literatur produziert. Die breite Öffentlichkeit begann erst nach 1930, die Astrologie durch die Tagespresse und populäre Zeitschriften wie *Votre Destin* und *Sous le Ciel* wahrzunehmen.

Anders als ihre deutschen Zeitgenossen interessierten sich die französischen Astrologen nicht besonders dafür, ihre Bewegung zu „organisieren". Es gab auch keine mörderischen Konflikte, auch wenn man sich über bestimmte Lehrmeinungen lautstark zankte. Die Franzosen waren offenbar völlig ignorant gegenüber allem Geschehen auf der astrologischen Bühne anderer Länder, doch diese insulare Attitüde fand man auch in Großbritannien und Deutschland. Eine europäische Astrologie-Bewegung gab es nie, von einer weltweiten ganz zu schweigen.

Im Jahre 1944 veröffentlichte der belgische Astrologe Vicomte Charles de Herbais de Thun (* 1862) eine umfangreiche *Encyclopédie du mouvement astrologique de langue française* (465 Seiten), mit biographischen Details über Karriere, Buch- und Zeitschriftenveröffentlichungen von ca. 170 französischsprachigen Astrologen seit etwa 1890. Unter der Masse an Daten über größtenteils unbedeutende oder obskure Leute liegt jedoch eine Menge interessantes, wenn auch nicht ausgearbeitetes Material vergraben. Die *Encyclopédie* ist ein bemerkenswertes Werk in einem bibliographischen Kontext, auch wenn wohl noch Jahrzehnte vergehen werden, bis ein Kandidat für einen Doktortitel sich in seiner Arbeit um die Hinterlassenschaft des Vicomtes kümmern wird.

Das Wiederaufleben der Astrologie in Deutschland

Im 18. und 19. Jahrhundert befand sich die Astrologie in den deutschsprachigen Ländern ebenso im Untergrund wie im restlichen Europa. Daß Julius Pfaff (* 1774), Professor der Mathematik in Erlangen von 1818 bis zu seinem Tode 1835, sich mit Astrologie beschäftigte, hat man falsch gedeutet. Heutige deutsche Astrologen behaupten, Pfaff habe in Erlangen Astrologie gelehrt, wohl in der irrigen Annahme, ein Universitätsprofessor mit einem astrologischen Arbeitswissen habe nicht umhin gekonnt, auch Vorlesungen darüber zu halten. Das ist jedoch recht unwahrscheinlich. Die Astrologie war nur eines der vielen außeruniversitären Steckenpferde Pfaffs wie z. B. Geschichte der antiken Religionen, Ägyptologie und Philologie. Zu seinen Veröffentlichungen zählt *Astrologie*, Nürnberg 1816, eine Auswahl von Aphorismen aus den Werken alter Autoren, sowie die erste vollständige deutsche Übersetzung des *Tetrabiblos* von Claudius Ptolemäus.[1]

Eine Handvoll Broschüren ist alles, was im nächsten halben Jahrhundert nach Pfaffs Tod an astrologischer Literatur in Deutschland erschien. So beschäftigten sich vermutlich nur einige Exzentriker, die Zugang zu älterer Literatur hatten, mit diesem Thema.[2]

Die Ursprünge der modernen deutschen Astrologie-Bewegung liegen im Dunstkreis der Theosophischen Gesellschaft der 1880er Jahre. Im Frühjahr 1884 kam Madame Blavatsky aus Indien nach Europa und verbrachte einige Monate in Paris und London. Dort traf sie Frau Gebhard zum ersten Mal. Marie Gebhard (1832-1892), eine Tochter von Major Thomas L'Estrange aus Dublin, war mit Gustav Gebhard verheiratet, einem wohlhabenden Fabrikanten aus Elberfeld. Voller Hingabe studierte sie die Kabbala und die „Haute Magie". Als Schülerin von Eliphas Lévi (hauptsächlich via Korrespondenz) reiste sie fast jedes Jahr zu des Meisters Unterweisungen

---

[1] Diese Übersetzung wurde in seinem *Astrologisches Taschenbuch für das Jahr 1822* publiziert und in der 1823er Ausgabe fortgesetzt. Mitherausgeber der *Taschenbücher* war sein Kollege G. H. Schubert (1780-1860), ein Pionier der Parapsychologie in den Bereichen animalischer Magnetismus, Hellseherei und Traum. Seine *Nachtseite der Naturwissenschaften*, 1808, 4. Aufl. 1840, wurde zu seiner Zeit viel gelesen.
[2] Siehe Dr. Adolph Drechsler: *Astrologische Vorträge gehalten zu Dresden im Winter 1854-55*, 80 S., Freiburg i. Br. 1855, und J. A. Mensinga: *Über alte und neuere Astrologie*, 40 S., Berlin 1871.

nach Paris, bis dieser ein Jahrzehnt später starb. Nach dem Krieg zwischen Frankreich und Preußen weilte Lévi für einige Wochen in Elberfeld und bewunderte sicherlich auch den „okkulten Raum", den sie in ihrer stattlichen Residenz am Platzhof 12 eigens ausgestattet hatte. Am 22. Juli 1884 wurde in diesem „okkulten Raum" die Deutsche Sektion der Theosophischen Gesellschaft gegründet, mit Dr. Wilhelm Hübbe-Schleiden als Vorsitzendem. Zwei Wochen später kam Madame Blavatsky nach Elberfeld und war Frau Gebhards Gast, bis sie Ende Oktober nach Indien zurückkehrte.

Dr. Hübbe-Schleiden (1864-1916) war ein bekannter Verfechter der kolonialen Expansion Deutschlands. Fortan sollte er eine bedeutende Rolle bei der Entwicklung der deutschen theosophischen Bewegung spielen, die bald viele neue Rekruten anzog. Seit 1885 war er Herausgeber der Monatsschrift *Die Sphinx*, die sich den Themen Theosophie und Okkultismus widmete. Einer ihrer Mitarbeiter war Karl Kiesewetter. Er verfaßte als erster in einer modernen deutschen Zeitschrift Artikel über Astrologie.[3]

Im Frühjahr 1885 war Madame Blavatsky wieder in Europa. Sie sollte nie wieder nach Indien zurückkehren. Einer ihrer Reisebegleiter auf dem Rückweg war Dr. Franz Hartmann, ein Deutscher, der einen längeren Aufenthalt im Hauptquartier der Gesellschaft in Adyar hinter sich hatte. Franz Hartmann (* 1838 in Donauwörth, † 1912) studierte Anfang der 1860er Jahren in München Pharmazie und Medizin. Er hatte sein Studium noch nicht abgeschlossen, als er 1865 seine Sommerferien in Paris verbrachte. Er machte einen Ausflug nach Le Havre und bewarb sich, einer plötzlichen Eingebung folgend, um den Posten eines Schiffsarztes auf einem Schiff, das Emigranten in die USA brachte. Zweiundvierzig Tage später ging er in Nordamerika von Bord und blieb dort für die nächsten siebzehn Jahre. An dieser Stelle will ich es damit bewenden lassen, zu berichten, daß er in St. Louis einen medizinischen Doktorgrad erwarb, amerikanischer Bürger wurde und in vielen unterschiedlichen Landesteilen als Mediziner praktizierte. Er beschäftigte sich

---

[3] Karl Kiesewetter (1854-1895) war der Autor des Standardwerks *Geschichte des neueren Okkultismus*, 1891 [Reprint Hildesheim, New York 1977], das im selben Jahr wie Papus' *Traité* erschien. Beide Bücher beackern ähnliches Terrain. Der frühe Tod Kiesewetters in Meiningen ist auf eine Vergiftung mit Drogen zurückzuführen, die er eingenommen hatte, um hellseherische Fähigkeiten zu erreichen.

mit dem Spiritismus und schloß sich der Theosophischen Gesellschaft an, nachdem er um 1877 H. P. Blavatskys *Isis Unveiled* gelesen hatte. 1883 reiste er über Japan in das Hauptquartier der Gesellschaft nach Adyar, wo er Madame Blavatsky begegnete. Er war tief in die Affären und die Politik der Theosophischen Gesellschaft verstrickt, zuerst in Indien und nach 1885 in Europa, bis er 1912 in Deutschland starb.[4]

Hartmann war einer der produktivsten Autoren seiner Zeit. Er schrieb über Theosophie, Magie und Okkultismus und war mit hinduistischer und buddhistischer Literatur vertraut. Die Theosophen respektierten ihn als Autorität in diesen Dingen. Madame Blavatskys Haltung ihm gegenüber war ambivalent. In einem Brief an A. P. Sinnett (September 1885) schrieb sie: „Armer Hartmann. Er ist ein schlechter Kerl, aber er würde sein Leben für die Meister [d. i. die unsichtbaren ‚Mahatmas'] und den Okkultismus geben... aber *ich* kann ihm nicht trauen." Kurz, Hartmann war einer von den vielen außergewöhnlichen, aber, man muß es leider sagen, nicht ganz einwandfreien Leuten, von denen es im theosphischen Milieu während seiner Blütezeit vor 1914 nur so wimmelte.

Um 1899 rekrutierte Hartmann einen Schüler und Sekretär, den Studenten Hugo Vollrath (* 11. April 1877). Sie waren ein seltsames Paar: Hartmann, den die britischen Theosophen wegen seines ungewaschenen Äußeren mit dem Spitznamen „Dirty Franz" bedachten, und der vierzig Jahre jüngere Hugo Vollrath, ein geistreicher Schurke mit einem Hang zum Okkultismus. Vollrath hatte sein Studium aufgegeben, um Hartmann auf seinen ständigen Vortragsreisen begleiten zu können, und er entdeckte schnell, daß es einen Markt für okkultes „Wissen" gab, auch wenn es noch Jahre dauern sollte, bis er als eigenständiger Unternehmer auf den Plan trat. Wenn ich schon an dieser Stelle Vollrath, eine Schlüsselfigur in der nun folgenden Entwicklung der neuen deutschen Astrologie-Bewegung, via Madame Blavatsky, Dr. Hübbe-Schleiden und Dr. Hartmann vorgestellt habe, so deshalb, um zu zeigen, daß das Wiederaufleben des Interesses an Astrologie nach 1910 in Deutschland wie in den 1890er Jahren in Großbritannien einen spezifisch theosophischen Hintergrund hatte.

Im Jahre 1907 war Hugo Vollrath 30 Jahre alt und ohne einen festen

---

[4] Siehe F. Hartmanns Autobiographie: *Denkwürdige Erinnerungen*, 1898. [Neuausgabe in: *Ausgewählte theosophische Werke Bd. 5*, Calw 1972.]

Beruf. Seine Universitätskarriere hatte er abgebrochen, um Hartmanns *chela* zu werden. Dies hielt ihn jedoch nicht davon ab, sich Dr. Vollrath zu nennen.[5] Die Leipziger Theosophen hatten ihm gerade erst die Aufsicht über ihre Bibliothek übertragen, um dann festzustellen, daß er eine sogenannte „literarische Abteilung" der Deutschen Sektion der Theosophischen Gesellschaft aus dem Ärmel geschüttelt hatte, mit einer ganzen Reihe von Ehrenmitgliedern und Schirmherren, ohne je deren Wissen oder Zustimmung eingeholt zu haben. Die „literarische Abteilung" wurde bald darauf zum Theosophischen Verlagshaus in Leipzig mit Vollrath als alleinigem Eigentümer. Die lokalen Theosophen, die ihm und seinen Motiven gegenüber mißtrauisch geworden waren, beschwerten sich bei Dr. Rudolf Steiner, dem Generalsekretär der Deutschen Sektion. Die „Affäre Vollrath" mit all ihren wechselseitigen Anschuldigungen und Polemiken war nicht zuletzt einer der Gründe, die schließlich zum Austritt Steiners und vieler seiner Anhänger und 1912 zur Gründung einer Gegenorganisation führte, der später weit einflußreicheren Anthroposophischen Gesellschaft.

Steiner warf Vollrath im Jahre 1908 aus der Deutschen Sektion hinaus. Aufgebracht wandte sich Vollrath, der gerade seinen theosophischen Verlag gestartet und gemerkt hatte, daß sein Ausschluß schlecht fürs Geschäft wäre, über Steiners Kopf hinweg an Annie Besant in London. Sie akzeptierte Steiners Entscheidung, soweit es Deutschland betraf, bestätigte jedoch die Fortdauer von Vollraths Mitgliedschaft in der internationalen theosophischen Organisation und ernannte ihn sogar zum deutschen Repräsentanten ihres Ordens vom Stern im Osten, einer grotesken „Gesellschaft", die die Ankunft eines lang erwarteten „Weltenlehrers" in Gestalt des jungen Hindu Krishnamurti verkündete. Das war zuviel für Steiner, der nie ein Theosoph der klassischen Adyar-Linie gewesen war, und ein weiterer Faktor, der zu seinem Austritt aus der Gesellschaft führte. Zum Bruch wäre es früher oder später auf jeden Fall gekommen.

Als sich die Dinge im Jahre 1912 zuspitzten, war Vollrath in Leipzig als theosophischer und okkulter Verleger schon ziemlich etabliert. Er war nicht der einzige Unternehmer in diesem hoch spezialisierten Bereich, denn in Leipzig war schon Max Altmann aktiv, bevor Vollrath auf der Szene erschien. Im Juli 1908 veröffentlichte

---

[5] Anscheinend mußte er seinen falschen Titel im August 1914 ablegen. Siehe *Nachrichtenblatt der astrologischen Zentralstelle*, September 1933, S. 9.

Altmann die erste Ausgabe einer neuen Monatszeitschrift, das *Zentralblatt für Okkultismus*. Vollrath entschloß sich, ein Konkurrenzblatt zu starten. Im Oktober 1909 erschien die erste Ausgabe von *Prana* mit dem Untertitel „Journal für experimentelle Geheimwissenschaften". Die Namen und Adressen möglicher Abonnenten beschaffte er ganz einfach: Er engagierte einen ehemaligen Angestellten Altmanns, der die Versandliste des *Zentralblatts* mitbrachte. Auf den Schaden setzte er noch Spott, denn er imitierte den typographischen Stil des *Zentralblatts* so sehr, daß sich die Zeitschriften zum Verwechseln ähnlich sahen. Außerdem war sein Redakteur Brandler-Pracht der frühere Redaktcur von Altmanns *Zentralblatt*. Damals (1908-09) war Karl Brandler-Pracht einer der ganz wenigen Menschen in Deutschland, der sich mit Astrologie auskannte. In gewisser Hinsicht war er der Begründer der modernen deutschen Astrologie-Bewegung. Und Vollrath war der erste Verleger, der ein bedeutendes astrologisches Verlagsprogramm entwickelte. Ihre Zusammenarbeit vor 1914 ist nicht ohne eine gewisse historische Bedeutung. Denn fraglos hätte es kein Wiederaufleben der Astrologie in Deutschland ohne die nötige technische Literatur geben können, für die man einen Autor und einen Verleger brauchte.

Die ersten Akteure auf der deutschen astrologischen Bühne versammeln sich nun hinter den Kulissen. Außer Brandler-Pracht sind das Alexander Bethor, Otto Pöllner, Albert Kniepf, Ernst Tiede und Wilhelm Becker. Sie alle sollten eine wichtige Rolle beim Wiederaufleben der Astrologie in Deutschland vor 1914 spielen.

Karl Brandler-Pracht, der aktivste Publizist dieser kleinen Gruppe, wurde am 11. Februar 1864 in Wien um 5.31 h geboren, genauer gesagt 31 Sekunden später.[6] Seine Eltern hätten eine geschäftliche Laufbahn lieber gesehen, doch er wurde Schauspieler, ging in die USA, wo er in seiner Muttersprache vor deutschen Emigranten

---

[6] Man darf daraus nicht schließen, daß die Geburtszeit mit solch beeindruckender Genauigkeit aufgezeichnet wurde. Die Aufzeichnung über eine Geburt oder die Erinnerung daran ist meistens auf eine Viertelstunde genau oder eine Annäherung wie „morgens um zwanzig nach vier". Wenn Astrologen Daten minutengenau angeben, ist das Horoskop unweigerlich „rektifiziert" oder „korrigiert", besonders, wenn Sekunden angegeben sind. Die „Rektifikation" eines Horoskops basiert auf Daten wichtiger Ereignisse im Leben eines Nativen und dient dazu, den genauen Aszendenten zu ermitteln. Die Berechnungen sind mühevoll, die mathematischen Verfahrensweisen bestenfalls empirisch, und die ganze zeitaufwendige Übung ist völlig unwissenschaftlich.

spielte. Um 1900 war er wieder in Europa. Er hätte wohl weiterhin auf deutschen oder österreichischen Provinzbühnen agiert, wäre er nicht Teilnehmer einer spiritistischen Séance in Basel gewesen. Bei dieser Gelegenheit verkündete ein „Geist", seine Mission sei die Verbreitung des astrologischen Evangeliums. Die Grundzüge dieser Wissenschaft hatte er wahrscheinlich schon in Amerika erlernt, und seine Kenntnis der englischen Sprache ermöglichte es ihm, dieses Material zu übersetzen und für Deutschland zu modifizieren. Sein erstes Buch war ein einfaches Lehrbuch, das 1905 bei Max Altmann erschien.[7]

Da vor 1914 der Markt für professionelle Astrologie nur sehr klein war, warf Brandler-Pracht sich auf okkulten Journalismus. So kam er mit Altmann in Kontakt, später auch mit Vollrath. Er überredete Altmann, die einzige organisierte Astrologie-Gruppe in Deutschland zu unterstützen, die *Cosmos-Gesellschaft deutscher Astrologen*, die aber nicht besonders viele Mitglieder gehabt haben kann. Ihr Vorsitzender war ein P. Reinhart aus Bremen, der offenbar eine medizinische Qualifikation hatte.[8] Das *Zentralblatt für Okkultismus* wurde das offizielle Organ der Gesellschaft.

Reinharts Bremer Verein war nicht nur eine lokale Gruppe, sondern hatte Mitglieder in ganz Deutschland, besonders in München, wo sich ein kleiner Kern von Enthusiasten herausgebildet hatte. Die wichtigsten davon waren Alexander Bethor (d. i. Aquilin Backmund, 1876-1938) und Otto Pöllner (* 1864). Bethor war damals etwa 30 Jahre alt, gebildet und finanziell unabhängig. „Er war der einzige zeitgenössische deutsche Astrologe, der das Zeug zu einem Gentleman hatte."[9] Sein Freund Otto Pöllner, Graveur von Beruf und eingeschworener Theosoph, lernte genügend Englisch, um die

---

[7] In den fünfzehn Jahren zuvor waren nur zwei unbedeutende Lehrbücher erschienen, die kaum Beachtung gefunden hatten: Ernst Mayer: *Handbuch der Astrologie*, 1891; Gustav Gessmann: *Katechismus der Sterndeutkunst*, 1896. Gessmann war Lohnschreiber und verfaßte viele Bücher über Chiromantie, Hypnose, Magnetismus und Graphologie.
[8] In der ersten Ausgabe von Bethors *Zodiakus* (1909) warb Reinhart für „vergleichende physiognomische Studien", die auf der Untersuchung der Photographie, einer Handschriftenprobe, eines Handabdrucks mit Druckfarbe (für chiromantische Zwecke) und des Horoskops beruhten. Diese Kombination divinatorischer Techniken war schon damals ziemlich ungewöhnlich und ist auch heute ungebräuchlich.
[9] Dr. Walter Koch aus Göppingen in einem Brief an den Autor.

Bücher in Bethors Bibliothek studieren zu können. 1909 begann Bethor mit der Herausgabe des monatlich erscheinenden *Zodiakus*, der ersten deutschen Zeitschrift, die sich ausschließlich der Astrologie widmete. Er hatte nur wenige Mitarbeiter, und fast alle Artikel wurden von dem oben erwähnten halben Dutzend Leute geschrieben. Bethor schaffte es, den *Zodiakus* drei Jahre lang am Leben zu erhalten, bis er mangels Unterstützung einging.

Effektiver waren die Propaganda-Aktivitäten Brandler-Prachts, weil er ständig unterwegs war und sich in der Regel mit den örtlichen Theosophengruppen in Verbindung setzte, einer aufmerksamen und aufgeschlossenen Zuhörerschaft. (So war auch Alan Leo auf seinen Geschäftsreisen in den 1890er Jahren in Großbritannien verfahren.) 1907 weilte er in Wien, wo er die erste *Astrologische Gesellschaft* Wiens gründete, dann in München, wo er eine weitere Gesellschaft mit Hilfe von Bethor und Pöllner organisierte. Während seiner Münchener Zeit geriet er mit Rudolf Steiner und der Gräfin Pauline von Kalkreuth in Konflikt, die gerade ein theosophisches Zentrum, einen „Saal für Kunst und Musik" eröffnet hatten. Sie mißbilligten vehement den primitiven Okkultismus, mit dem Brandler-Pracht nebst seiner Astrologie hausieren ging. So wurde er unweigerlich in Richtung Vollrath getrieben, der Steiner auch nicht gerade liebte. Vollrath brauchte einen Redakteur für seine neue Zeitschrift *Prana* und warb Brandler-Pracht von Altmann ab. So zog Brandler-Pracht nach Leipzig und gründete dort die Deutsche Astrologische Gesellschaft. Vollrath gestattete ihm, der *Prana* monatlich einen Anhang beizulegen, die *Astrologische Rundschau*. Sie wurde schließlich eigenständig und die bedeutendste Astrologiezeitschrift Deutschlands, bis sie 1938 von den Nazis verboten wurde. Im April 1910 lancierte Vollrath eine weitere Zeitschrift, die *Theosophie* mit einem von Ernst Tiede herausgegebenem astrologischen Supplement.

Brandler-Pracht blieb nicht in Leipzig und erledigte die Redaktionsgeschäfte in der Folge von Hamburg-Altona (Januar-August 1911), London (September-Dezember 1911) und Berlin-Charlottenburg (Januar 1912-März 1914) aus. Er und Vollrath trennten sich im Frühjahr 1914 – natürlich hatte es Streit gegeben – und so wurde Ernst Tiede der Redakteur der *Astrologischen Rundschau*. Zu dieser Zeit hatte Brandler-Pracht schon die ersten vier oder fünf Bände für Vollraths Buchreihe „Astrologische Bibliothek" geschrieben, die später ein ambitioniertes Projekt werden sollte.

Der letzte bemerkenswerte deutsche Astrologie-Pionier vor 1914 war Wilhelm Becker, der seine Praxis als Berufsastrologe 1910 in Berlin eröffnete. Er kam gerade von einem längeren Aufenthalt aus London zurück, wo er Schüler Alan Leos gewesen war. Er hatte die deutschen Rechte für ein halbes Dutzend der kleineren Werke Leos erworben – die bedeutenderen Bücher gingen an Vollrath, sehr zu Beckers Mißfallen – und so war er dafür verantwortlich, daß Alan Leo in deutschen Astrologie-Kreisen bekannt wurde und man seinen Namen mit Bewunderung nannte.

Es wäre falsch, zu behaupteten, vor 1914 habe es eine identifizierbare deutsche Astrologie-Bewegung gegeben. Außerhalb des theosophischen oder okkulten Milieus hatten die Deutschen kaum mehr als eine vage Ahnung davon. Die wenigen, die davon wußten, hielten die Briten für die großen Experten. In den Zeitungen erschienen keine Artikel über Astrologie, und es darf bezweifelt werden, daß auch nur einer von fünfzigtausend Deutschen sein Tierkreis- (oder Sonnen-) Zeichen kannte.

Der Krieg 1914-18 unterbrach jegliche weitere Entwicklung an der astrologischen Front. Brandler-Pracht ging in die Schweiz und gründete astrologische Gesellschaften in Zürich und St. Gallen. Vollrath versteckte sich in Leipzig, bis er von der Militärpolizei aufgegriffen, vor ein Kriegsgericht gestellt und wegen Fahnenflucht kurze Zeit eingesperrt wurde. 1914 hatte es noch keine Anzeichen für ein größeres Interesse an der Astrologie gegeben, wie es nur ein Jahrzehnt später in Deutschland offensichtlich war. Doch wenn die Deutschen etwas einmal in die Hand genommen haben, so tun sie das mit all ihrer traditionellen Gründlichkeit.

In den zwanziger Jahren begannen ungewöhnlich viele Deutsche mit dem Studium der Astrologie, darunter auch viele gebildete Männer und Frauen. Die Ursache für diese überraschende Auseinandersetzung mit einem bis dato unüblichen und auch anstößigen Thema ist nicht schwer zu erraten. Die Folgen der militärischen Niederlage sowie die galoppierende Inflation, die erst Ende 1923 unter Kontrolle gebracht werden konnte, veranlaßten viele, in die Sterne zu schauen, um nach Anzeichen für eine bessere Zeit zu suchen. Vor 1914 waren die wenigen deutschen Astrologen entweder Theosophen oder Okkultisten oder beides. Sie betrachteten die Astrologie als eine essentiell hermetische Wissenschaft. Doch die meisten Newcomer interessierten sich weder für Theosophie und deren Sproß Anthroposophie noch für Okkultismus, sondern sahen in der Astrologie eine Wissenschaft, die, wenn die Zeit reif und überlieferte Vorurteile zusammengebrochen seien, auch als solche anerkannt werden würde.

Ich komme nun zu Hugo Vollrath zurück, der als astrologischer Verleger schon wieder in den Startlöchern saß. 1923 hatte seine „astrologische Bibliothek" ihr Maximum an Titeln erreicht. Sein Monopol in diesem Bereich ging jedoch zu Ende, denn nun tummelten sich viele, meist recht obskure Verlage auf dem neuen profitablen Feld. Um 1923-24 gab es einen echten Markt für astrologische Literatur, und der deutsche Ausstoß an Handbüchern, Tabellen, prognostischen Jahrbüchern und anderen Astrologica übertraf bei weitem den anderer europäischer Länder.

Einige amüsante Enthüllungen zur Person Hugo Vollraths finden sich 1920-21 im *Zentralblatt für Okkultismus*, geschrieben von dem Mediziner Dr. Johannes Balzli. Vollrath hatte zuvor Balzlis Vorträge über Okkultismus in seiner „Sammlung Prana" veröffentlicht, doch sie hatten sich verkracht, und Balzli beglich nun alte Rechnungen. Offenbar hatte Vollrath schon um 1913 ein alter ego erfunden, das er Walter Heilmann nannte. Kurz nach dem Krieg tauchte Heilmann als Sekretär einer fiktiven deutschen Rosenkreuzer-Gesellschaft auf und sammelte Subskriptionen leichtgläubiger Leute, meistenteils Frauen, die dann eindrucksvolle Diplome und „esoterische Weisungen" in Form von „Meisterbriefen" erhielten. Viele versuchten, den mysteriösen Heilmann zu treffen, jedoch ohne Erfolg. Heilmann-Vollrath rief noch eine weitere mythische Figur namens Dr. Johannes Walter mit einer Deckadresse in Berlin-Friedenau ins Leben.

Die rosenkreuzerischen „Meisterbriefe" stammten nicht von Vollrath, sondern waren Übersetzungen pseudo-rosenkreuzerischer Albernheiten, die ein kalifornischer „Eingeweihter" namens Max Heindel herausgab. Auch er war eine zwielichtige Gestalt. Als Max Grashof, so sein echter Name, hatte er die Vorträge Rudolf Steiners im Berlin der Jahrhundertwende gehört. Er wanderte in die USA aus, wo er zu Kathleen Tingleys „Universal Brotherhood" stieß, einer Abspaltung der theosophischen Sekte. Sein nächster Zug war die Gründung einer „Rosicrucian Fellowship". Ihre Mitglieder mußten „Lehrbriefe für Rosenkreuzer" erwerben, die auf Material basierten, das er bei Rudolf Steiner geklaut hatte. So wurden dessen arkane Verkündigungen nach Deutschland „zurückgespielt" – via

der deutschen Version Vollraths der englischen Texte Heindels, die auf in deutscher Sprache gehaltenen Reden Steiners beruhten.[10] Heilmann-Vollrath respektierte geistiges Eigentum jedenfalls nicht im geringsten. Für seinen persönlichen Gebrauch hatte er handschriftliche Unterweisungen zu „okkulten Übungen" von einem Herrn erhalten, der sich Bô Yin Râ nannte. Er gab Kopien davon an seine eigenen Schüler (gegen Bezahlung, versteht sich).[11]
Vollrath ließ Einzelheiten über seine vielfältigen Verbindungen in das astrologische Jahrbuch seines Theosophischen Verlagshauses für 1925 einfließen: „In der Gnostischen Bewegung war er Freund und Kollege von Abdul Bahai, während Bô Yin Râ ihn in die Bruderschaft des Lichts einführte. Er war viele Jahre lang mit Dr. Hanisch befreundet und Mitglied der Mazdaznan-Bewegung."
Es ist unwahrscheinlich, daß Abdul Bahai in Verbindung mit der bekannten Bahai-Sekte stand, die 1835 in Persien gegründet wurde und heute in Europa und den USA viele Anhänger hat. Vollraths Freund war der Metropolit Abdul Bahai, Kopf der „Gnostischen Kirche" (mit Hauptquartier in Haifa). Er ernannte ihn zum Bischof von Erfurt und „überreichte ihm ein geweihtes Kreuz aus Zedernholz".[12] Die Mazdaznan-Bewegung gründete um 1900 der angeblich 1844 in Teheran geborene Otoman Zar-Adusht Ha'nish. Der richtige Name des Meisters war Otto Hanisch. Er wurde 1854 in Posen geboren, war Komponist in Leipzig, wanderte in die USA aus und gründete dort die Mazdaznan-Bewegung, die strikten Vegetarismus und „esoterische" Atemübungen predigte. Hanisch starb 1936 in Los Angeles, seine Bewegung existiert noch immer.
Der Bischof von Erfurt war nicht ohne Humor. Theobald Becher, der jahrelang für die astrologischen Verlagsgeschäfte verantwortlich

---

[10] Siehe G. Wachsmuth: *The Life and Work of Rudolf Steiner*, New York 1955, S. 190. Dr. Wachsmuth verfaßte *Kosmologische Aspekte von Geburt und Tod*, Dornach 1956. Diese anthroposophisch-astrologische Abhandlung läuft unter dem Titel: „Ergebnisse der Karmaforschung". [„The Rosicrucian Fellowship" floriert noch immer mit Hauptsitz in Oceanside, CA, USA, und Filialen in Deutschland und Frankreich. Sie vertreibt auf der Basis „freiwilliger Spenden" Fernlehrgänge, Bücher von Max Heindel sowie astrologische Ephemeriden und Häusertabellen. (A.d.Ü.)]
[11] Bô Yin Râ, nach eigener Angabe Mitglied einer mysteriösen „Weißen Loge", war Joseph Schneiderfranken (1876-1943), Maler und Autor einer Reihe überfrachteter Bücher über „Selbstverwirklichung". Einige davon erschienen bei Vollrath und wurden im Deutschland der zwanziger Jahre viel gelesen.
[12] Siehe *Nachrichtenblatt der Astrologischen Zentralstelle*, Sep. 1933, S. 9.

war, erzählte meinem Freund Dr. Otto Kellner, daß Vollrath im Büro gewöhnlich einen Fez getragen habe. „Das hält meine Aura fest", meinte er.

Ernst Tiede, der Nachfolger von Karl Brandler-Pracht, legte im Herbst 1920 seine Redakteurstätigkeit für die *Astrologische Rundschau* Vollraths nieder, wohl aufgrund von Balzlis Enthüllungen. Sein Nachfolger war eine der illustren Persönlichkeiten, wie sie hier reihenweise auftreten. Der neue Chefredakteur war niemand anders als Rudolf Freiherr von Sebottendorff, der in gewisser Weise berühmt-berüchtigt wurde – als Prototyp des Nazi, noch bevor Hitler in München seinen ersten öffentlichen Auftritt hatte.

Der richtige Name des Freiherrn war Adam Alfred Rudolf Glauer. Als Sohn eines Lokomotivführers wurde er am 9. November 1875 in Hoyerswerda zwischen Dresden und Cottbus geboren. Er war wahrscheinlich Lehrling in einer Maschinenfabrik bei Görlitz, bevor er 1898 als Heizer zur See fuhr. In Australien ließ er sein Schiff im Stich, um (erfolglos) Gold zu schürfen. Schließlich gelangte er um 1900 in die Türkei. Er blieb dort bis 1913 und arbeitete offenbar als Gutsverwalter oder Ingenieur in der Gegend von Bursa. 1911 wurde er türkischer Staatsbürger. Schon in der Türkei interessierte er sich für Okkultismus und Esoterik und machte sich wahrscheinlich mit der entsprechenden Sufi- oder islamischen Literatur vertraut. Astrologie soll er aus englischen Lehrbüchern autodidaktisch erlernt haben. Nach eigenen Angaben wurde er von Baron Heinrich von Sebottendorff nach türkischem Recht adoptiert, was erklärt, wie aus Adam Glauer ein „Edelmann" wurde. Bei seiner Rückkehr nach Deutschland war er in die vergeblichen Versuche verwickelt, den Generalstab für den Prototypen eines gepanzerten Fahrzeugs zu interessieren, anscheinend eine Art Panzer, den ein Friedrich Göbel aus Breslau erfunden hatte.

Von Sebottendorff wurde bald prominentes Mitglied des Germanen-Ordens (gegründet 1912), einer rechten Gruppierung mit einer antisemitischen „Geheim-Loge".[13] Als er Ende 1917 als Chef der

---

[13] Die große Studie von James Webb über den „Untergrund" im 19. und 20. Jahrhundert sowie die okkulten Wegbereiter der Nazipartei (Bd. 1: *The Flight from Reason*, London 1971, und Bd. 2: *The Occult Establishment*, La Salle 1976) setzt auf Forschungen von Ellic Howe auf, ebenso Nicholas Goodrick-Clarke: *The Occult Roots of Nazism. Secret Aryan Cults and their Influence on Nazi Ideology*, London 1992. Cf. Helmut Möller / Ellic Howe: *Merlinus Peregrinus: Vom Untergrund des Abendlandes*, Würzburg 1986. (A.d.Ü.)

bayerischen Sektion des Ordens nach München zog und eine geeignete Tarnung für die Ordens-Aktivitäten brauchte, gründete er die Thule-Gesellschaft, die bald über zweihundert aktive Mitglieder zählte. Im Juli 1918 erwarb er im Auftrag des Germanen-Ordens den *Münchener Beobachter*, eine heruntergewirtschaftete Wochenzeitung. Der *MB* wurde fortan ein antisemitisches Hetzblatt und offizielles Organ der Thule-Gesellschaft.

Der Freiherr und seine Thule-Gefolgsleute steckten bis zum Hals in den Wirren und Gewalttätigkeiten der bayerischen Politik der ersten fünf Monate des Jahres 1919, dem Jahr des Aufstiegs und des Falls der bayerischen Räterepublik (7. April-2. Mai) und der Gründung (5. Januar) einer obskuren völkischen Gruppierung, die sich Deutsche Arbeiterpartei nannte. Von Sebottendorff mußte im Juli 1919 eilig aus Bayern verschwinden und sollte in der Politik fortan keine größere Rolle mehr spielen. Am 9. August wurde der *Münchener Beobachter* zum *Völkischen Beobachter*, und einen Monat später wurde der Gefreite Adolf Hitler Mitglied der Deutschen Arbeiterpartei und ihres Vorstands. Hitler war damals als Agent der Reichswehr in München tätig, um über die Aktivitäten der lokalen politischen Gruppierungen Bericht zu erstatten. Auch wenn die Deutsche Arbeiterpartei eng mit der Thule-Gesellschaft verzahnt war, gibt es keinen Hinweis darauf, daß Hitler und von Sebottendorff sich je persönlich begegnet sind, doch Hitler war sicherlich gut über die Verbindungen des Freiherrn unterrichtet.

Im Sommer 1920 kehrte Hitler ins Zivilleben zurück. Er war nun unumstrittener Führer der Deutschen Arbeiterpartei, die inzwischen Nationalsozialistische Deutsche Arbeiterpartei hieß. Im Dezember 1920 erwarb die Partei den *Völkischen Beobachter* von einer Gruppe aus dem Dunstkreis von Sebottendorffs. Wenige Wochen vor Abschluß der Verhandlungen über den Transfer des *VB* taucht von Sebottendorff als Redakteur der *Astrologischen Rundschau* auf. Er war in den kleinen Kurort Bad Sachsa im Harz gezogen. Für kurze Zeit wird er einer der produktivsten und meistgelesenen astrologischen Autoren Deutschlands. In den nächsten Jahren schrieb und edierte er ein halbes Dutzend Bücher für die „Astrologische Bibliothek" Vollraths sowie eine deutsche Übersetzung von Max Heindels *The Message of the Stars*, die in den USA beachtlichen Erfolg hatte. Seine *Geschichte der Astrologie* von 1923 zeigt seine Bewunderung für Guido von List (1848-1919) und G. Lanz von Liebenfels

(1874-1954), die deutlichen Einfluß auf gewisse Aspekte der nationalsozialistischen Rassenideologie hatten. Während der Name des Freiherrn sich in deutschen Astrologie-Kreisen herumsprach, lebte und arbeitete er in strikter Abgeschiedenheit und ging allen persönlichen Kontakten aus dem Weg. So berichteten mir Veteranen der deutschen Astrologie-Bewegung wie Dr. Mrsic und Wilhelm Wulff, daß sie ihn nie zu Gesicht bekommen hätten. 1923 kehrte er in die Türkei zurück, um dort für immer zu bleiben.[14]

Als der *Völkische Beobachter* im Dezember 1920 an die NSDAP verkauft wurde, war von Sebottendorff kein Teilhaber des Franz Eher Verlags mehr. Seine Schwester hielt noch einen kleineren Anteil, ebenso wie der Münchener Arzt Dr. Wilhelm Gutberlet (1870-1933), ein Mitglied der Thule-Gesellschaft. Gutberlet war schon beim ersten Auftritt Adolf Hitlers bei der Deutschen Arbeiterpartei am 12. September 1919 zugegen. Walter Schellenberg, im Kriege einer der führenden Leute aus dem Kreis um Himmler, begegnete Gutberlet gegen Ende seines Lebens. Er erinnerte sich an Gespräche mit ihm über Hitlers pathologischen Rassenwahn. „Ich diskutierte dies verschiedentlich mit Dr. Gutbarlett [sic]... der zu Hitlers engstem Kreis gehörte... Dr. G. war ein Anhänger des sogenannten ‚siderischen' Pendels, einer Kunst, die ihn angeblich auch befähigte, aus einer Anzahl Personen Juden und jüdische Mischlinge mühelos herauspendeln zu können. Hitler, so sagte er, habe ihm bereits zahlreiche solcher Aufträge erteilt."[15]

---

[14] Ich wollte schon immer eine eigene Studie über von Sebottendorff veröffentlichen. In der Zwischenzeit verweise ich den Leser auf sein Buch *Bevor Hitler kam*, 1933, das auf Anweisung von Hitler oder der Partei unterdrückt wurde. 1933 weilte er für kurze Zeit in München und wurde Anfang 1934 verhaftet (Dokument im Bayer. Staatsarchiv Abt. IV.). Nach seiner Entlassung kehrte er in die Türkei zurück, wo er 1945 durch Ertrinken starb (Information von Dr. G. Franz-Willing). Seine autobiographische Novelle *Der Talisman des Rosenkreuzers* (1925) ist bemerkenswert. Siehe auch G. Franz-Willing: *Die Hitler-Bewegung*, 1962, Bd. 1, und Werner Maser: *Die Frühgeschichte der NSDAP*, 1965. D. Bronder: *Bevor Hitler kam*, 1964, ist unzuverlässig, soweit es von Sebottendorff, die Thule-Gesellschaft und die angeblichen okkulten Verbindungen der Nationalsozialisten betrifft. [Inzwischen ist Ellic Howes Studie über Sebottendorff erschienen: *Rudolph Freiherr von Sebottendorff* (unveröff. Manuskript, 1968), hrsg. und mit einer Zeittafel zur Biographie Sebottendorffs und einer vorläufigen Bibliographie seiner sonstigen Schriften versehen von Albrecht Götz von Olenhusen, Freiburg 1989. (A.d.Ü.)]
[15] *The Schellenberg Memoirs*, London 1956, S. 113 [dt. Ausg.: *Memoiren*, Lengerich 1959, S. 97]. Die englische und die deutsche Ausgabe sind nicht

Gutberlet war ein begeisterter Astrologe. Sein Name steht auf einer Liste astrologisch versierter Mediziner, die Dr. Korsch im Mai 1931 im *Zenit* veröffentlichte. So finden wir in den frühen zwanziger Jahren nur einen und nicht mehrere Astrologen in Hitlers Umgebung.

Elsbeth Ebertin, die Urheberin einer astrologischen „Prophezeiung" über Hitler, die 1923-24 in München allgemeiner Gesprächsstoff war, begegnete dem Führer nach einer gut besuchten politischen Versammlung im Herbst 1923, es ist jedoch unwahrscheinlich, daß er wußte, wer sie war. Sie war die wohl erfolgreichste astrologische Publizistin ihrer Generation in Deutschland. Wohl keiner (vielleicht mit Ausnahme von R. H. Naylor) erreichte je ihr Geschick, einer breiten Öffentlichkeit Astrologie zu vermitteln. Noch um 1914 war sie in deutschen Astrologie-Kreisen völlig unbekannt, aber bereits ein Jahrzehnt später erfreute sie sich eines beachtlichen Ansehens als Sibylle. Außerdem war sie die erste Frau in Deutschland, die sich als professionelle Astrologin einen Namen machte.

Frau Ebertin, geboren am 14. Mai 1880 in Görlitz, war in jüngeren Jahren professionelle Graphologin. Zu Anfang des Jahrhunderts gab es ein großes öffentliches Interesse an der Graphologie in Deutschland (nicht jedoch in Großbritannien) und somit auch einen enormen Bedarf – wenn auch schlecht honoriert – für Artikel über Graphologie, die sie für Tageszeitungen und Zeitschriften schrieb. Für je vier Pfennig verfaßte sie zahllose Vierzeiler als Erläuterung zu Handschriftenproben, die ihre Leser an „Unsere graphologische Ecke" und ähnliche Rubriken schickten.[16] All ihre frühen Bücher – schon damals war sie eine ungewöhnlich produktive Autorin – zielten auf den populären graphologischen Markt. Als Graphologin

---

völlig identisch; der Name Dr. Gutberlet steht nur in der englischen Version.
[16] Der Begriff „Graphologie" wurde (nach R. Saudek: *The Psychology of Handwriting*, 1925) erst 1871 von Abbé H. Michon dem Begründer der modernen französischen Graphologie, geprägt (cf. sein Buch *Le mystère de l'écriture*, 1872, mit einem Vorwort des berühmten Handlesers A. Desbarolles, einem Freund von Eliphas Lévi). Bis etwa 1895 standen die Deutschen völlig unter dem Einfluß der französischen Schule, wie sie Michon sowie sein berühmterer Schüler J. Crépieux-Jamin († 1940) repräsentierte; siehe auch den erläuternden Nachruf Hermann Graf Keyserlings in *Der Weg zur Vollendung*, Juni 1941. Die wissenschaftliche Graphologie in Deutschland wurde von W. T. Preyer (1841-1897), einem Pionier der Kinderpsychologie, H. Busse, einem Kriminologen und Begründer der Deutschen Graphologischen Gesellschaft (1896), und Ludwig Klages (1872-1956) entwickelt. Dessen *Handschrift und Charakter*, 1917, erschien 1949 bereits in der 23. Auflage.

hätte sie glücklich werden können, wäre sie nicht an die Astrologie geraten und zu dem Schluß gelangt, die Astrologie biete spannendere und vor allem lohnendere Möglichkeiten. Zunächst begann alles mit einem Fehlstart. Schon 1907 hatte sie einen Brief aus Rußland erhalten. Ihr Korrespondent meinte, sie wäre gut beraten, wenn sie Astrologie studieren würde. Er habe Vollraths Versandabteilung angewiesen, ihr ein Lehrbuch Brandler-Prachts zu schicken. Als das Buch kam, warf sie einen kurzen Blick hinein, konnte sich aber keinen Reim darauf machen, legte es auf die Seite und vergaß es.
Drei Jahre später hatte sie in Görlitz eine irritierende Begegnung mit einer Frau, die sich als Graphologin ausgab, jedoch offenkundig keine Ahnung von Graphologie hatte. Frau Ebertin war überrascht, als sie nach einer Handschriftenprobe *und* ihrem Geburtsdatum gefragt wurde. Trotz ihres Mangels an graphologischem Wissen war die Frau in der Lage, aus dem Stegreif eine beeindruckende Charakterschilderung zu liefern. Dann kam die Wahrheit ans Licht: Sie war Astrologin, die sich als Graphologin ausgab, um unwillkommene Besuche der Polizei zu vermeiden. Frau Ebertin war von den vermeintlichen Möglichkeiten der Astrologie beeindruckt und wollte mehr darüber wissen. Die Frau bot ihr für 120 RM handschriftliche Erläuterungen über den „Einfluß" der Sonne in den Tierkreiszeichen an. Frau Ebertin willigte ein, obwohl das mehr war, als sie aufbringen konnte. Sie suchte in Buchläden astrologische Lehrbücher – vergebens. Das Buch ihres russischen Briefpartners hatte sie völlig vergessen. Schließlich konnte sie den ersten Band der „Astrologischen Bibliothek" Brandler-Prachts ergattern, die gerade bei Vollrath in Leipzig angelaufen war. Dann erst entdeckte sie, daß sie viel Geld für die exakte Kopie von einigen Paragraphen aus Brandler-Prachts Buch gezahlt hatte.
Zur gleichen Zeit erfuhr sie, daß Albert Kniepf in Hamburg eine astrologische Praxis hatte. Sie schrieb ihn an und erfuhr zu ihrer Überraschung, daß er 50-100 RM Honorar für eine „Lebenszeit"-Prognose forderte. Es mußte ihr so vorkommen, als sei die Astrologie im Vergleich zur Graphologie sehr gut bezahlt. Eine Passage in Kniepfs Brief ließ sie besonders aufhorchen. „Momentan sind Sie schwer selbstmordgefährdet und haben mit ungewöhnlich schwierigen Lebensumständen zu kämpfen", schrieb er. Das paßte auf ihre gegenwärtige Situation und war weit mehr, als sich aus einer konventionellen graphologischen Analyse folgern ließ. So begann sie,

Astrologie zu studieren, um sich auf eine neue Karriere als professionelle Astrologin vorzubereiten.
Die ersten ihrer vielen Bücher und *opuscula* kamen noch während des Krieges 1914-18 heraus.[17] Publizistisch bedeutsam war die erste Ausgabe ihres später vielgelesenen prophetischen Almanachs *Ein Blick in die Zukunft*, Nr. 1, 1917. Er wurde zum Vorbild für viele ähnliche Publikationen, die meist unter dem Namen bekannter deutscher Astrologen erschienen. In den ersten beiden Ausgaben mußte sie noch Kürzungen und Streichungen hinnehmen, da die Militärzensur erkannt hatte, daß astrologische Vorhersagen leicht Ursache unerwünschter Unruhe werden konnten.
Bislang hatte keiner ihrer deutschen Zeitgenossen die Astrologie in einfacher Sprache und doch interessant darstellen können. In dieser Hinsicht waren ihre Fähigkeiten einzigartig, denn sie war eine geborene Journalistin. Wenn man ihre Arbeiten liest, hat man den Eindruck, einer verantwortungsvollen, freundlichen und ständig überarbeiteten Frau über die Schulter zu schauen, die unablässig von Prominenten belästigt wird, die in persönlichen Fragen ihren Rat suchen oder sie besorgt über ihr Schicksal befragen. Nichts haßte sie mehr als die Gleichsetzung der Astrologie mit gewöhnlicher Wahrsagerei. Sie betrachtete ihre „Kunst" als eine höchst seriöse Angelegenheit. Ihr Stil war von behaglicher Belanglosigkeit, machte aber von sich reden. Um 1920 hatte sie schon einen beachtlichen Ruf. Der im deutschen Exil lebende Ex-König von Bulgarien war einer ihrer ergebensten und freigiebigsten Klienten.
Als sie im Frühjahr 1923 in Görlitz noch an der 1924er Ausgabe von *Ein Blick in die Zukunft* schrieb, betrat Hitler mit seiner nationalsozialistischen Arbeiterpartei die politische Bühne Bayerns. Seine rednerische Begabung zog große Zuhörermassen an, und seine braunen Sturmtruppen hatten bei gewalttätigen Demonstrationen oder Schlägereien in Bierkellern, wo Hitlers Versammlungen meist stattfanden, schon manchen Schädel eingeschlagen. Frau Ebertin verfaßte gerade einer Serie allgemeiner Prognosen für Leute mit dem Sonnenzeichen Widder, als ein Brief einer fanatischen Hitler-Anhängerin aus München kam. Sie schickte das Geburtsdatum

---

[17] *Sternblätter*, Nr. 1-10, Leipzig ca. 1915; *Königliche Nativitäten*, 1916 (eine Studie über die astrologischen Aussichten von Wilhelm II. von Deutschland, Georg V. von Großbritannien und Nikolaus II. von Rußland); *Die Nativität Hindenburgs*, 1917.

Hitlers (nicht die Geburtszeit), und fragte, was von diesem Horoskop zu halten sei.
Frau Ebertin veröffentlichte ihre Antwort ohne Namensnennung im Almanach für 1924, der Ende Juli 1923 in den Handel kam: „Ein am 20. April 1889 geborener Kämpfer, bei dessen Geburt die Sonne auf 29 Grad im Widder stand, kann durch allzukühnes Vorgehen in persönliche Gefahr geraten und möglicherweise bald dazu beitragen, den Stein ins Rollen zu bringen! Nach der Gestirnskonstellation ist der Mann durchaus ernst zu nehmen und zu einer bedeutenden Führerrolle in zukünftigen Kämpfen bestimmt. Es scheint fast so, als ob der, den ich meine, unter diesem starken Widder-Einfluß vom Schicksal dazu ausersehen ist, sich für das deutsche Volk zu opfern und tapfer alles zu ertragen; auch wenn es um Leben oder Tod gehen sollte, zum mindesten aber den Anstoß zu einer deutschen Freiheitsbewegung zu geben, die dann ganz plötzlich elementar hervorbrechen wird. Doch ich will dem Schicksal nicht vorgreifen, kommt Zeit, kommt Rat, aber so wie jetzt zur Zeit, da ich das alles schreibe, kann es natürlich nicht weiter gehen!"
Das war kein völliger Unsinn. Man sollte jedoch beachten, daß Frau Ebertin keinen bestimmten Termin in ihrer Warnung nannte. Da das Jahrbuch meist kurzfristige Prognosen brachte, lag der Schluß nahe, daß es für diesen Mann mit dem Sonnenzeichen Widder, wer auch immer er sein mochte, unklug wäre, in naher Zukunft eine unbedachte Handlung zu unternehmen. Jeder Münchener Nationalsozialist, der zufällig *Ein Blick in die Zukunft* las, hätte ohne größere Schwierigkeit Hitler erkannt, besonders in Hinblick auf Frau Ebertins Wahl des Ausdrucks „Führerrolle". Es gab nur einen sogenannten „Führer" in Deutschland und das war Hitler. Abgesehen davon, daß Frau Ebertins Briefpartnerin diese Passage sicherlich in München publik machte, sandte die Autorin ein Exemplar ihres gerade erschienenen Almanachs an den *Völkischen Beobachter*, und, wie wir sehen werden, zeigte man ihn Hitler.
Die Prophezeiung, wenn es überhaupt eine war, ging in Erfüllung. Am 8. November 1923 inszenierten Hitler und seine Gefolgsleute während einer politischen Versammlung im Bürgerbräukeller einen schlecht organisierten Putsch, und am nächsten Morgen fand im Münchener Zentrum der berühmte Marsch nach Berlin statt, angeführt von Hitler und Ludendorff in Begleitung von Hermann Göring, Julius Streicher und anderen berüchtigten Nazis. Die Polizei

feuerte Schüsse ab und einige Nationalsozialisten wurden getötet. Hitler stürzte, brach sich die Schulter und machte sich davon, wurde jedoch wenige Tage später festgenommen. Er wurde mit Ludendorff und anderen im Februar 1924 vor Gericht gestellt. Ludendorff wurde freigesprochen, Hitler und ein Dutzend andere jedoch der Verschwörung gegen die Reichsregierung für schuldig befunden. Die Urteile wurden am 1. April 1924 verkündet. Nach weniger als neun Monaten wurde Hitler, der zu fünf Jahren Festungshaft verurteilt worden war, aus dem Landsberger Gefängnis entlassen, wo er inzwischen den ersten Band von *Mein Kampf* geschrieben hatte.

Diese aufrüttelnden Ereignisse verhalfen Frau Ebertin zu willkommener Publizität. Sie war seit September in München, d. h. also etwa zwei Monate vor dem Bierkeller-Putsch. Im Almanach für 1925 vermerkt sie, sie sei nach München gegangen, weil sie spürte, daß dort erregende Geschehnisse stattfinden würden, die sie vor Ort erleben wollte. Es liegt nahe, daß sie als Berufsastrologin sich für Hitler interessierte. Sie habe, schrieb sie in der gleichen Ausgabe von *Ein Blick in die Zukunft*, als sie ein Jahr zuvor im Frühjahr ihre Hitler-Prophezeiung verfaßt habe, nur wenig von „den Nationalsozialisten und der völkischen Bewegung in Süddeutschland" gewußt. „Wenn ich an meinem Almanach schreibe, habe ich es mir zur Regel gemacht, keine Tageszeitung zu lesen, um mich nicht beeinflussen zu lassen. Deshalb untersuchte ich seine [Hitlers] Konstellationen unvoreingenommen, um ein paar Zeilen darüber zu verfassen. Ich hatte keine Zeit, ihn wegen seiner Geburtszeit anzuschreiben. So erstellte ich ein vorläufiges Horoskop für den Tag seiner Geburt, untersuchte dessen wichtigste Merkmale und stellte fest, daß es sich, ganz gleich ob nun morgens oder abends geboren, um einen ungewöhnlichen Charakter handelt, dem – wegen der kommenden Opposition Saturn-Sonne – das Glück nicht hold ist, wenn er etwas Wichtiges plant oder sich in etwas hineinziehen läßt."

Frau Ebertin betonte, sie habe das Horoskop auf den Mittag des 20. April 1889 erstellt. Mittags jedoch hat die Sonne schon den Widder verlassen und steht in Stier (0° 34' 40" Stier). Warum bestand sie so sehr darauf, Hitlers Sonne stehe im letzten Grad Widder? Die Antwort ist, wie ich glaube, darin zu suchen, daß sie seine politische Bedeutung richtig einschätzte und zu dem Schluß gelangt war, dieser ungestüme, aggressive Charakter müsse seine Sonne eher im feurigen Zeichen Widder haben als im friedlichen Zeichen Stier.

Vor dem Prozeß gegen Hitler und Ludendorff verfaßte sie mit dem astrologisch versierten bayerischen Journalisten L. Hoffmann *Sternenwandel und Weltgeschehen*, eine der faszinierendsten astrologischen Abhandlungen dieses Jahrhunderts. In wenigen Wochen wurden 20.000 Exemplare verkauft und verhalfen Frau Ebertin und der Astrologie zu großer Publizität.[18] Der von Hoffmann verfaßte erste Teil der Broschüre brachte Interviews, die er vom 21.-24. Januar 1924 mit Frau Ebertin in München geführt hatte. Er suchte sie in einem Diakonissenheim, wo sie sich einquartiert haben sollte, und erfuhr, daß sie in eine nahegelegene Pension gezogen sei. Dort konnte er sie aufstöbern. Sie klagte, eine Sibylle habe kein leichtes Leben.

„Mein Aufenthalt wurde bald bekannt", sagte sie. „Und da die Wellen der Politik hochschlugen, gab es natürlich viel Leute, die gern von mir wissen wollten, was die Sterne zu den Ereignissen sagen. Es wurde andauernd bei der Pförtnerin nach mir gefragt, ob und wann ich zu sprechen sei, auch telephonisch, was natürlich den stillen Frieden des Hauses störte... Im übrigen war der ganze Herbst für mich eine schreckliche Zeit voller Aufregungen und Unruhe. Das verursachte alles der Saturn, der auch in meinem Horoskop mehr als unheildrohend stand und schweres seelisches Leid, Geldverluste, unter Umständen sogar Aufenthalt in einem Krankenhaus, Sanatorium, Gefahr der Gefangenschaft, Kriminal-Prozesse und Schaden durch geheime Feinde anzeigte... Bereits seit Anfang 1923 sah ich die Gefahren für mich voraus. Ich sann natürlich darüber nach, wie ich den unheilvollen Saturn-Einfluß auf mein Schicksal mildern könnte. Ich hielt es für das Beste, mich in die Einsamkeit zurückzuziehen, um still meinen schriftstellerischen Arbeiten nachzugehen. Nach langem Suchen fand ich schließlich das ersehnte klösterliche Stübchen im Diakonissenhaus."

Nach dem 8. November habe sie keine Ruhe mehr gefunden, sie sei regelrecht belagert worden von Mitgliedern aller politischen Parteien aus München, rechten wie linken, die alle „die Zukunft" wissen wollten. Hoffmann fragte, ob Hitler von ihrer Warnung aus *Ein Blick in die Zukunft* gewußt habe.

„Doch," antwortete sie, „ich hab ihm im Sommer schon mein Buch in die Redaktion des ‚Völkischen Beobachters' geschickt; auch mehrere gute Freunde haben Hitler die Stelle gezeigt, – aber, mir

---

[18] Ihr Sohn Reinhold Ebertin sagte mir 1962, seines Wissens hätten die nachfolgenden Reprints eine Auflage von etwa 70.000 Exemplaren erreicht.

wurde dann erzählt, daß er auf solche Warnungen gesagt habe: ‚*Was gehen mich die Frauen und die Sterne an?*'... Ich habe mich auch noch weiter bemüht, einige Hitlerianer, die mir persönlich bekannt sind, darüber aufzuklären, daß ihr *Führer* im November unter sehr kritischen Aspekten stehe, und wissen Sie, was man mir geantwortet hat? ‚*Gut können die Aspekte jetzt für ihn doch überhaupt nicht sein, wenn er etwas so Wichtiges vor hat.*'"
Frau Ebertin berichtete, sie habe mittlerweile Hitlers Geburtszeit herausgefunden, 6.30 h in Braunau am Inn. Das entspricht der im Taufregister verzeichneten Zeit. So wurde hier diese Information, für die sich später so viele deutsche Astrologen interessieren sollten, zum ersten Mal veröffentlicht.
Sie besuchte eine seiner Versammlungen und hatte sogar Gelegenheit, danach ein paar Worte mit ihm zu wechseln. Hoffmann vermutete, dabei sei nicht viel herausgekommen, doch das bestritt sie. „Nein, Hitler besitzt meines Erachtens nichts von der Primadonnen-Eitelkeit, die ihm in den gegnerischen Zeitungen nachgesagt wird. Mir kam er sogar etwas schüchtern vor, als ich nach der Roßbach-Feier, als ihn so viele noch umringten, einige Worte mit ihm wechselte. Er ist anscheinend nur dann in seinem Element, wenn er Massen vor sich hat, die darauf brennen, seinen Worten zu lauschen. Am Rednerpult geht er ganz aus sich heraus und scheint dann mehr Medium, das unbewußte Werkzeug höherer Mächte zu sein." Und prophetisch fügte sie hinzu: „Aber es wird sich zeigen, daß gerade dadurch diese [Hitlers] Bewegung sich nicht nur innerlich vertiefen, sondern sich auch äußerlich so verstärken wird, daß sie ein mächtiger Antrieb auf das Schwungrad der Weltgeschichte werden wird!"
Frau Ebertin war nicht die einzige Deutsche, die im Sommer 1923 Hitler auf die Astrologie aufmerksam machen wollte. Ein Parteigenosse namens Georg Kopper aus Landshut schickte am 15. Juni eine handschriftliche Mitteilung „an Adolf Hitler, den Führer der Deutschen Freiheitsbewegung". Dieses Dokument bringt eine Auflistung wichtiger Daten der deutschen Geschichte mit einem astrologischen Kommentar. Aus ungeklärten Gründen landete das Papier nicht im Papierkorb, sondern blieb im Parteiarchiv erhalten. Es überlebte den Krieg und kann im Bundesarchiv in Koblenz eingesehen werden.[19]

---

[19] Ref. NS/Vorl. 17a. Diesen Hinweis verdanke ich Dr. Werner Maser.

Als im Jahre 1922 *Der Geist der Astrologie* von O. A. H. Schmitz erschien, fand das Buch großen Anklang auch bei Leuten, die sich wohl kaum von den literarischen Leistungen eines Karl Brandler-Pracht oder Rudolf von Sebottendorff hätten beeindrucken lassen, und die auch den prognostischen Almanach Elsbeth Ebertins nie bestellt hätten. Das Buch erschien bei einem bekannten Münchner Verlag und richtete sich an ein gebildetes Mittelklasse-Publikum, das sich zunehmend für Astrologie zu interessieren begann.

Oskar A. H. Schmitz (1873-1931) war ein Literat, zwar nicht von allererster Güte, doch sicherlich recht gut bekannt. Als erfolgreicher Romanschriftsteller, Dramatiker und Feuilletonist vieler renommierter Zeitschriften war er der literarischen Öffentlichkeit ein Begriff. 1917 begegnete er in Salzburg zufällig der Baronin P., die ihm, ohne zu wissen, wer er war, auf bloßen Augenschein auf den Kopf zusagte, er sei unter dem Zeichen Widder geboren, was auch stimmte. Am selben Tag erstellte sie sein Horoskop, erläuterte es ihm, und beeindruckte ihn außerordentlich mit ihrer zutreffenden Deutung. Kurze Zeit später traf er in Wien Friedrich Schwickert, einen ehemaligen Offizier der österreich-ungarischen Marine, den führenden Astrologie-Experten vor Ort.[20] Schwickert lieh Schmitz Bücher von Alan Leo und Henri Selva. Schmitz zog sich in ein abgelegenes steirisches Dorf zurück und studierte eifrig. Als er nach Wien zurückkehrte, gab Schwickert ihm einen vierzehntägigen Intensivkurs. Sobald die Deutschen wieder reisen durften, ging Schmitz nach Zürich. Dort lernte er C. G. Jung kennen. Er war fasziniert von seiner Analytischen Psychologie (ob er die Werke Freuds kannte, weiß ich nicht). Jung gab ihm eine Einführung in die Analyse. Dann wandte Schmitz sich nach Darmstadt, wo Hermann Graf Keyserling gerade (1920) seine später berühmt gewordene „Schule der Weisheit" eröffnet hatte und Vorträge vor einer vornehmen und gebildeten Zuhörerschaft hielt. Keyserlings *Reisetagebuch eines Philosophen* (1919) war ungewöhnlich erfolgreich und machte ihn auf einen Schlag berühmt. Die Mehrzahl der akademischen Philosophen mißtraute dem Grafen (das war unvermeidlich), doch er war eine bedeutende intellektuelle Figur im Deutschland der Nachkriegszeit.

---

[20] F. Schwickert (1857-1930), war „supérieur inconnu" des Martinisten-Ordens und Mitglied von Lanz von Liebenfels' Neutempler-Orden. Er war ein bekannter Berufsastrologe und hauptsächlich verantwortlich für die Einführung des klassischen französischen „Morin"-Systems in Deutschland.

Schmitz war ein enthusiastischer und gewandter Propagandist für all das, womit er sich gerade beschäftigte. Er sprach mit Keyserling über Jungs Werk und natürlich über die Astrologie. Im Herbst unterzog sich der Graf einigen analytischen Sitzungen, ließ sich dann aber nicht tiefer darauf ein. Schmitz hätte sich gern an prominenter Stelle Keyserling und der „Schule der Weisheit" angeschlossen, doch der Graf mochte keine Apostel und schickte ihn taktvoll zu Jung zurück nach Zürich.[21] Schmitz wurde zum wirkungsvollsten literarischen Propagandisten Jungs zu einer Zeit, als Jung in Laienkreisen noch vergleichsweise unbekannt war.[22]

Außer mit Schmitz hatte Keyserling mit vielen Leuten zu tun, die in den hektischen Nachkriegsjahren Astrologie zu studieren begannen. Das Thema stand nie bevorzugt auf der Tagesordnung der „Schule der Weisheit", wurde aber auch nicht mit Stirnrunzeln bedacht. Die Haltung des Grafen war objektiv und eklektisch zugleich. Wenn Keyserling die Astrologie öffentlich verdammt hätte, hätte dies sicher viele davon abgehalten, sich damit auseinanderzusetzen.

Im Kriege hörten die meisten astrologischen Gesellschaften der Vorkriegszeit auf zu existieren. Auch wenn sich nach 1918 einige lokale Gruppierungen bildeten, bis Ende 1921 gab es keine deutsche Astrologie-Bewegung. Die Saat wurde ausgestreut, als im Sommer 1923 der erste bedeutende deutsche Astrologie-Kongress stattfand. Daß sich eine große Zahl von Astrologen in Leipzig versammelte, war hauptsächlich den Bemühungen A. M. Grimms in den letzten beiden Jahren in München zu verdanken. Auch wenn Grimm (zu Recht) behauptete, der Urheber der Kongress-Idee zu sein, war letztlich doch alles eher Zufall als Planung.

A. M. Grimm (1892-1962) stammte aus Dresden. Er erlernte um 1910 autodidaktisch Astrologie und gründete 1914 die Zentralstelle

---

[21] Zu Keyserlings Anmerkungen über Schmitz' „Apostelnatur" siehe das wichtige Kapitel über C. G. Jung in seiner Autobiographie *Reise durch die Zeit*, Bd. 2, 1958.
[22] Ich weiß nicht, wann Jung sich mit Astrologie zu beschäftigen begann. Er trennte sich im September 1913 von Freud und die beiden begegneten sich nie wieder. Ernest Jones: „In den vergangenen paar Jahren hatte Jung tief in der Mythologie und vergleichenden Religion geschürft... Und schon damals war er [Freud] über die Richtung, die Jungs Untersuchungen nahmen, unglücklich." (*Das Leben und Werk von Sigmund Freud*, Bern, Stuttgart, Wien 1983; 3. Aufl., Bd. II, S. 414.) Um 1913 wußte Jung schon von der Astrologie, doch seine „Bekehrung" geschah wohl Anfang der zwanziger Jahren durch Schmitz.

für astrologische Wetterinformationen. Es war natürlich keine „Zentralstelle" im strengen Sinne des Wortes und wahrscheinlich abonnierten auch nur wenige Leichtgläubige seine sogenannten Wettervorhersagen. Nach dem Waffenstillstand entpuppte sich Grimm als außerordentlich produktiver astrologischer Schriftsteller und Publizist, der in München eine Reihe von Lehrbüchern verfaßte und sie sie im Selbstverlag herausbrachte. Er war ein typischer Vertreter des *astrologue enragé*, einer, der nie wußte, wann er aufzuhören hatte. Kurz vor dem Krieg war die Münchener Polizei erstmals auf die Astrologie aufmerksam geworden, als sie wegen Wahrsagerei gegen Otto Pöllner ermittelte. Im April 1921 unternahm sie verstärkte Anstrengungen, die lokalen astrologischen Aktivitäten einzudämmen. Die Polizei unterschied erwartungsgemäß nicht zwischen „wissenschaftlichen" Astrologen – dafür hielt sich Grimm – und billigen Wahrsagerinnen, die Grimm verächtlich „Planetenhexen" nannte. Am 18. April 1921 durchsuchte die Polizei seine Wohnung, beschlagnahmte seine astrologischen Bücher und Aufzeichnungen und klagte ihn wegen Wahrsagerei an. Grimm zog den Fall unnötig in die Länge. Berufung folgte auf Berufung, bis das Gericht in letzter Instanz gegen ihn entschied. Auch wenn er seine Rolle als „Märtyrer" und die daraus resultierende Publizität genoß, bezahlte er lieber eine kleine Geldbuße, um nicht ins Gefängnis gehen zu müssen. Er glaubte, die öffentliche Meinung auf seiner Seite zu haben und beschloß, einen europäischen Astrologie-Kongress zu organisieren. Diese dreitägige Veranstaltung, die im September 1922 in München stattfand, war die erste ihrer Art überhaupt. Der Kongreß war nur dem Namen nach europäisch, denn mit Ausnahme von Frau Dr. Martens aus der Schweiz kamen die meisten Teilnehmer aus dem Münchener Raum. Grimm selbst übernahm den Vorsitz und hielt einen Vortrag mit wundervoll unausgegorenen Unsinn über „Astrologie und Einsteins Relativitätstheorie". Brandler-Pracht und Otto Pöllner waren zugegen, schwiegen jedoch. Dies taten auch die „Beobachter" der Münchener Polizei. Ihre Identität wurde wenige Tage später offenkundig, als sie die Wohnung von Ludwig Stenger durchsuchten und dabei den Entwurf des offiziellen Kongress-Berichts beschlagnahmten. In der Zwischenzeit hatte Hugo Vollrath sich über Grimms Kongreß informiert und hielt die Zeit für gekommen, selbst auf den Plan zu treten.

Die Idee eines Astrologie-Kongresses gefiel Vollrath auf Grund rein praktischer Erwägungen. Er war trotz wachsender Konkurrenz der wichtigste astrologische Verleger und Eigentümer der meistgelesenen Astrologiezeitschrift. Die Erwartung finanziellen Gewinns ließ ihm eine Zusammenarbeit mit Grimm nützlich erschienen. Es gab damals erste Anzeichen für ein deutlich steigendes öffentliches Interesse an der Astrologie, und er hoffte, Einfluß auf den Gang der Dinge nehmen zu können. Die gewöhnlichen Amateurastrologen – die anonymen Jünger Uranias – wußten nicht, in welchem Ausmaß sie Bauern im Spiel derer waren, die die Astrologie für ihre Zwecke einspannen wollten. So erhielt Grimm einen Brief mit dem Vorschlag, den nächsten Kongreß in Leipzig abzuhalten.

Im Juni 1923 versammelten sich über sechzig Personen, darunter viele der führenden Profis, in den Räumen der Theosophischen Gesellschaft in Leipzig. Es war der erste einer ganzen Reihe von Kongressen, die ohne Unterbrechung jedes Jahr bis 1936 stattfinden sollten. Es gab nichts Vergleichbares in einem anderen europäischen Land und zeigt den Hang der Deutschen zum Organisieren. Der Leipziger Kongreß von 1923, wiederum mit A. M. Grimm als Vorsitzendem, zeichnete sich durch ehrgeizige Projekte und den Streit der Lehrmeinungen aus. Den größten Krach gab es über die revolutionären Theorien der sogenannten Hamburger Schule, die ich weiter unten besprechen werde. Ehrgeizige Projekte insofern, als es erste Schritte einzuleiten galt, um der Astrologie als Wissenschaft Anerkennung zu verschaffen. Der Berliner Patentanwalt Dr. Fritz Quade, bekannt als Erforscher parapsychischer Phänomene, schlug die Einrichtung einer „Astrologischen Zentralstelle" vor, die alle künftigen Kongresse organisieren und als übergreifende Organisation der ganzen astrologischen Bewegung fungieren sollte. Außerdem regte er die Schaffung einer „Statistischen Zentralstelle" zur Sammlung und Auswertung aller Daten an, die den Anspruch der Astrologie untermauern konnten, genuine Wissenschaft und nicht nur ein abergläubisches Relikt zu sein. Man kam überein, die Astrologische Zentralstelle in München einzurichten, unter der Leitung von A. M. Grimm und Dr. Wilhelm Mrsic (* 1897), einem jungen Biologiedozenten der Universität Zagreb. Die Statistische Zentralstelle sollte ihren Sitz in Leipzig unter Leitung Theobald Bechers und zweier weiterer Astrologen haben. Da Becher Vollraths rechte Hand war, glaubte er, seine Finger mit im Spiel zu haben. Im Herbst stand das Programm für die Arbeit der Statistiker, und man entschied sich für folgende Forschungsschwerpunkte: Theorie des Aszendenten, „sensitive Punkte" im Horoskop, pränatale Astrologie (eine heutzutage völlig vergessene Exzentrizität der Briten, besonders von Sepharial und von E. H. Bailey)[23], transneptunische Planeten (d. h. Planeten jenseits der Neptunbahn, von den Astronomen noch nicht entdeckt, aber sehr real für die Anhänger der Hamburger Schule), und schließlich Wetter-Astrologie.

Die Zweckgemeinschaft hielt nur zwei Monate, dann kam es zum unvermeidlichen Bruch. Grimm, eine Fehlbesetzung als Vorsitzender, zerstritt sich mit Vollrath, der sich geweigert hatte, die Kongreßprotokolle vorzulegen, da die Theosophische Gesellschaft schon die Verantwortung für die Organisation übernommen hatte. Beleidigt legte Grimm den Vorsitz der Astrologischen Zentralstelle nieder und wurde von Dr. Mrsic abgelöst. Er hatte die Führung der Bewegung übernehmen wollen und sein Ziel verfehlt. So hielt er sich fortan schmollend im Hintergrund, auch wenn er sich, wie wir noch sehen werden, gelegentlich durch peinliche Auftritte hervortat. 1924 kam auch das Statistikbüro unter Dr. Mrsics Fittiche. Viele sahen mit Erleichterung, daß es Vollraths Zugriff entglitt. So wurde dessen Absicht durchkreuzt, die Kontrolle über die Bewegung zu übernehmen. Dr. Mrsic organisierte ruhig und effizient fünf Jahreskongresse, bis er 1928 vom Vorsitz der Astrologischen Zentralstelle zurücktrat.[24] Das ehrgeizige Statistik-Projekt machte wegen Zeit- und Geldmangel keine wesentlichen Fortschritte.

Die meisten lokalen Astrologie-Gesellschaften, die nach 1923 aus dem Boden schossen, waren der Astrologischen Zentralstelle angeschlossen. An dieser Stelle muß ich kurz auf die *Astrologische Gesellschaft in Deutschland* eingehen, die im Mai 1924 gegründet wurde. Die AGiD wurde von Vollrath kontrolliert und sollte an die Stelle der Astrologischen Zentralstelle treten, die seiner Kontrolle entglitten war. Die AGiD spielte kaum eine Rolle, bis Vollrath und seine Clique 1933 im Zuge der nationalsozialistischen Gleichschaltung versuchten, eine Nazi-Astrologie-Bewegung zu schaffen.

---

[23] Der in Deutschland führende Vertreter dieser Richtung war A. Frank Glahn (* 1865). Herr Wolf, der ihn gut kannte, beschrieb ihn mir als „schielenden Koot Hoomi mit sechs Zehen an jedem Fuß" (Koot Hoomi war einer der „Mahatmas" Madame Blavatskys).
[24] Die in Zusammenarbeit mit lokalen astrologischen Gesellschaften von Dr. Mrsic veranstalteten Kongresse fanden in Berlin (1924), Wien (1925), Hamburg (1926), Magdeburg (1927) und Kassel (1928) statt.

5. Hugo Vollrath und andere beim Leipziger Astrologenkongress 1923.
Von links nach rechts: Theobald Becher, A. M. Grimm, A. Ulkan, Hugo Vollrath und M. E. Winkel.

Interessanter als Vollraths AGiD war die *Akademische Gesellschaft für astrologische Forschung*, die im Juni 1924 von Dr. Quade und Dr. F. Schwab gegründet wurde.[25] Das ganzes Jahrzehnt lang war die Mitgliedschaft in dieser Gesellschaft, die es in dieser Form nur in Deutschland geben konnte, ausschließlich den *Herren Doktoren*[26] vorbehalten. Eine weiterer „akademischer" Verein, die *Deutsche Kulturgemeinschaft zur Pflege der Astrologie*, wurde im März 1927 gegründet, schlief jedoch nach ein zwei Jahren wieder ein oder wurde aufgelöst. Zu ihren Mitgliedern zählten so illustre Personen wie der Bonner Philosoph J. Verweyen, der Münchener Paläontologe Professor E. Dacqué und der Philosoph Dr. Theodor Lessing, der an der Technischen Hochschule Hannover lehrte und im August 1933 von deutschen oder sudetischen Nazis in Marienbad in der Tschechoslowakei ermordet wurde.

Die „akademischen" Astrologen verfaßten keine Lehrbücher und veröffentlichten außer gelegentlichen Artikeln und einigen Monographien nur wenig. Dennoch kann die Tatsache, daß annähernd hundert Akademiker ihren Glauben an die Astrologie öffentlich bekundeten, nicht ohne Wirkung geblieben sein.

Die Einstellung eines Deutschen zur Astrologie war abhängig von seinem sozialen Milieu, seiner Erziehung, seiner Mitgliedschaft in dieser oder jener lokalen Gruppe, davon, ob er Anhänger der Theosophie, der Anthroposophie oder des Okkultismus war oder das eine oder andere der zahlreichen astrologischen Systeme bevorzugte. Es gab keinen typischen deutschen Astrologen und auch keine Technik, die Standard geworden oder gemeinhin akzeptiert war. Das einzig Gemeinsame war der verbreitete Glaube, daß man aus einem Horoskop gültige Schlüsse ziehen könne.

Die Deutschen waren die ersten, die die Idee einer „Psychologischen Astrologie", wie sie es nannten, diskutierten. O. A. H. Schmitz, der enthusiastische Schüler C. G. Jungs, meinte 1922, die Astrologie sei das, worauf die Psychologie nur gewartet habe. Das war übertrieben, und der Wunsch war hier der Vater des Gedankens. Es ist leicht zu verstehen, warum Schmitz und andere Astrologie und Psychologie zusammenbringen wollten. Sie spürten genau die

---

[25] Dr. F. Schwab war Arzt. Sein Werk *Sternmächte und Mensch*, 1923, 2. verbess. Aufl. 1933, enthält eine interessante Theorie der astrologischen Typologie.
[26] Dt. i. Orig.

intellektuelle Sterilität der traditionellen Überlieferung. Das zeitlose Faszinosum Astrologie versprach so viel und hielt in der Realität so wenig. Sie lieferte keine zuverlässigen Prognosen und war ein einziges Wirrwarr. Sie wurde mit Wahrsagerei in einen Topf geworfen, hatte mit der dunklen Seite des Okkultismus zu tun, und ihre Anhänger benutzten sie, um ihren persönlichen Überzeugungen einen wissenschaftlichen Anstrich zu verleihen.

Die Frage war also, ob die Astrologie im zeitgenössischen Kontext einen nützlichen Zweck erfüllen konnte. Die fruchtbarsten Möglichkeiten schien die Charakteranalyse zu bieten. Diese betrieben die Astrologen schon seit undenklichen Zeiten, allerdings ohne durchdachtes System. Auch praktische Anwendungen existierten, wie Partnerschaftsberatung für Ehe und Geschäft, die Einschätzung der Berufseignung einer Person oder, etwas ambitionierter, die Diagnose einer latenten Disposition zu bestimmten Neurosen. Um das Bedürfnis nach einer neuen, ausgefeilteren, wissenschaftlicheren Astrologie zu befriedigen, mußten die Astrologen etwas Eindrucksvolleres als ihre üblichen „Kochbuch"-Deutungen vorweisen. Doch die wenigsten konnten mehr als eine traditionelle Deutung mit den üblichen Resultaten liefern. Und von diesen Möchtegern-Psychologen verstanden nur die wenigsten etwas von Psychologie.

Schmitz war mit den Prinzipien der Analytischen Psychologie Jungs vertraut. Es ist unwahrscheinlich, daß auch nur eine Handvoll seiner astrologischen Kollegen dieses Wissen teilte, auch wenn die Baronin Olga von Ungern-Sternberg, Astrologin und klinische Psychologin, mit dem Korpus der psychoanalytischen Literatur vertraut gewesen sein mag. Man muß daran erinnern, daß die Theorien der verschiedenen psychoanalytischen Schulen damals keineswegs allgemeiner Gesprächsstoff waren wie heute. Wenn die Deutschen von „Psychologischer Astrologie" sprachen, meinten sie Charakterologie, d. h. das Studium der sogenannten psychologischen Typen. Die Charakterologie existierte bereits als spekulativer Bereich der akademischen Psychologie oder Psychiatrie, hatte jedoch nichts mit der Psychoanalyse Jung'scher oder Freud'scher Prägung zu tun.

Die wichtigsten Quellen, aus denen die Astrologen ihre Anregungen bezogen, lassen sich benennen. C. G. Jungs *Psychologische Typen* und E. Kretschmers *Körperbau und Charakter* erschienen 1921 in der ersten Auflage. Beide Bücher waren belesenen Laien geläufig. Viele kannten die Theorien Ludwig Klages' (*Ausdrucksdeutung*);

vor allem seine graphologischen Werke waren sehr beliebt.
Der bedeutendste Pionier der „Psychologischen Astrologie" war zweifellos Herbert Freiherr von Klöckler (1896-1950). Der adlige Offizier studierte nach seiner Entlassung aus der Armee eine Zeitlang Medizin, gab jedoch seine Absicht, Arzt zu werden, auf, als die Inflation 1922-23 ihm keinen Pfennig mehr ließ. Er wurde astrologischer Autor und Berater in Leipzig. Unbeeindruckt von den ständigen Querelen und der Kleingeisterei der astrologischen Bewegung und gleichgültig gegen ihre theosophischen und okkulten Bestrebungen, warf er einen großen Teil des mittelalterlichen Ballasts der Astrologie über Bord und versuchte, eine den Bedürfnissen des zwanzigsten Jahrhunderts entsprechende Astrologie zu formulieren. Sein Werk *Grundlagen für die astrologische Deutung* (1926) ist eines der besten Lehrbücher und setzte im astrologischen Schrifttum zum Zeitpunkt seiner Veröffentlichung einen neuen Standard.
In von Klöcklers Leipziger Gruppe trafen sich viele ortsansässige Intellektuelle, die sich mit Astrologie beschäftigten. Einer davon war mein Freund Dr. Otto Kellner, damals noch jugendlicher Mitarbeiter bei der Neuausgabe des *Künstlerlexikons* von Thieme-Bekker. In *Charakterkunde und Astrologie* zeigte er 1927 erstmals, daß eine Kombination von Graphologie und Astrologie für „charakterologische" Studien von Nutzen sei.
Ich erwähnte schon, daß von Klöckler die Astrologie von manchem Ballast befreite. In Hamburg warf Alfred Witte fast alles über Bord und erfand eine neue Astrologie, so revolutionär und doch in vielfacher Hinsicht so komplex, daß sie ihre Wirkung auf eine Reihe von Anhängern nicht verfehlen konnte. Damals gab es viel Raum für einen von Klöckler, vorsichtig und konservativ, einen Witte, in allem sein Gegenstück, und andere astrologische Theoretiker und Neuerer. Es führen eben viele Wege zum Wissen von den Sternen.
Alfred Witte (1878-1941) war ein kleiner Angestellter im Stadtvermessungsamt Hamburg. Er befaßte sich seit 1910 mit Astrologie, seit Brandler-Pracht seine frohe Botschaft in Hamburg gepredigt hatte. Als Witte im Krieg 1914-18 an der russischen Front war, versuchte er, den Zeitpunkt russischen Artilleriefeuers auf Grund sorgfältiger astrologischer Analysen vorheriger Angriffe vorherzusagen. Bei einer gegebenen Kombination kosmischer Faktoren war zu erwarten, daß die Russen das Feuer im entsprechenden Moment eröff-

Tatsache, daß andauernd Granaten aus den russischen Linien abgefeuert wurden, wo sie doch den Sternen nach hätten schweigen sollen. Verblüfft über diese Abläufe, die seiner Logik widersprachen, sann er nach einer Lösung. Und – Heureka! – schon war sie gefunden. Die unerklärlichen Ereignisse konnten nur durch den Einfluß eines oder mehrerer noch unentdeckter Planeten jenseits der Neptunbahn verursacht worden sein. Dieser Schluß führte zur „Entdeckung" eines später Cupido genannten hypothetischen Planeten. Später fanden er und sein Freund Friedrich Sieggrün sieben weitere Transneptunier, die sie in der Reihenfolge ihrer Entfernung von der Sonne Hades, Zeus, Apollon, Admetos, Vulkanus und Poseidon nannten. Die nächste Aufgabe war die Berechnung von Ephemeriden, damit die Astrologen diese hypothetischen Planeten in ihre Horoskope einsetzen konnten. Ich habe keine Ahnung, wie man das machte, aber nach einer Ephemeride der Hamburger Schule befindet sich, während ich dies schreibe, Cupido auf 18°15' Waage, Hades retrograd auf 14°46' Stier und Kronos auf 4°46' Zwillinge. So schafften es Witte und seine Anhänger, Horoskope mit acht Planeten zu erstellen, deren Existenz den Astronomen unbekannt war (und weiterhin ist). Darüber hinaus wurde die Natur des Einflusses dieser Planeten definiert und im *Regelwerk für Planetenbilder* veröffentlicht, einem fabelhaften astrologischen Kochbuch, das seit der ersten Auflage 1928 die Bibel der Hamburger Schule ist.[27]
Ich muß gestehen, daß ich nicht in der Lage bin, in wenigen Sätzen auch nur die Grundzüge des Systems der Hamburger Schule von Witte zu beschreiben. Vielleicht reichen einige Hinweise. Zunächst bereitet man die Daten wie mathematische Gleichungen auf, wobei die Planeten nach bestimmten Winkelbeziehungen und oftmals eine Kombination von einem Dutzend oder mehr Planeten in einer einzigen Gleichung gruppiert werden. Dann greift man zum unvermeidlichen *Regelwerk* und versucht eine Synthese der Bedeutungen. Eine ganze Reihe mühsamer Berechnungen ist erforderlich; man muß mit einem Instrument, das einer Rechenscheibe ähnlich sieht, umgehen können, und die Stunden vergehen wie im Fluge. Wenn man nach der Methode der Hamburger Schule arbeitet, stellt sich unweigerlich das Gefühl ein, sich einer anspruchsvollen wissenschaftlichen Übung zu unterziehen, man gerät geradezu in Trance,

---

[27] Die fünfte verbesserte und erweiterte Auflage gab Ludwig Rudolph heraus, Hamburg 1959.

schaftlichen Übung zu unterziehen, man gerät geradezu in Trance, wenn man Zeile für Zeile, ja manchmal Seite für Seite Planeten-Gleichungen abarbeitet. Dennoch kann dieses außergewöhnliche System, zu dem es kein traditionelles Gegenstück gibt, verblüffende Resultate erbringen. Ich arbeitete damit, als ich im Jahre 1961 die Ereignisse aus Gauntletts Vergangenheit identifizierte (siehe S. 13).

Als Folge des Gauntlett-Experiments vertiefte ich mich in Ludwig Stuibers *Überzeugende astrologische Experimente* (1955). Stuiber (1888-1963) war ein Wiener Ingenieur. Er behauptete, er könne vergangene Ereignisse mit äußerster Genauigkeit aus Horoskopen ablesen. Er arbeitete nach der Methode der Hamburger Schule.

Am 5. Januar 1952, so sein Bericht, besuchte er Bekannte, die ihm folgende Frage vorlegten: „Was geschah einer Person, die am 18. August 1901 in Wien geboren wurde, am 16. Juli 1927 auf der Straße?" Die Geburts-Zeit war nicht bekannt. Gleich am nächsten Morgen machte sich Stuiber an die Arbeit und teilte noch am selben Abend seinen Freunden mit, bei dem Ereignis handele es sich um „Tod durch Erschießen – Mord". Das war richtig. Der Mann war von der Polizei erschossen worden, offenbar ein Unfall. Stuiber war durch „Rektifikation" zu einer wahrscheinlichen Geburtszeit gelangt, durch Schlüsse auf Grund spezifischer Ereignisse im Leben des Nativen, die man ihm wohl mitgeteilt hatte.

Inzwischen hatte ein Familienmitglied sich daran erinnert, daß ihr Bruder (um den es sich handelte) gegen acht Uhr abends geboren wurde. Stuiber hatte 7.52 Uhr abends geschätzt. Das war zwar alles schön und gut, aber ich konnte seinem Text nicht entnehmen, wie er zu dem richtigen Ergebnis gelangt war. Natürlich hätte er die Wiener Tageszeitungen des 17. Juli 1927 in einer öffentlichen Bibliothek nach möglichen Ereignissen durchsuchen können. Er erwähnt jedoch beiläufig, die Frage sei ihm an einem Samstag gestellt worden und er habe das Problem an einem Sonntag gelöst, wo die Bibliotheken geschlossen seien. Wie dem auch sei, man kann dieses und die anderen Beispiele aus Herrn Stuibers Broschüre akzeptieren oder auch nicht.

Witte schrieb eine lange Artikelserie über sein System. Sie erschien in den frühen zwanziger Jahren in der *Astrologischer Rundschau*. Kaum jemand konnte sich einen Reim darauf machen. Das System erregte auch keine Aufmerksamkeit, bis Friedrich Sieggrün auf dem Leipziger Kongreß 1923 einen Vortrag darüber hielt. Es gab einen heftigen Tumult, hauptsächlich von Seiten Grimms, dessen Neutralität als Vorsitzender zu wünschen übrig ließ, und von Alan Leos ehemaligem Schüler Wilhelm Becker, der wütend die häretischen Theorien Wittes attackierte. Becker glaubte, es sei schwarze Magie im Spiele. Er hatte wohl noch nie darüber nachgedacht, daß das Geschäft des Erstellens und der Deutung eines Horoskops selbst so etwas wie eine magische Operation ist.

Für all die, denen von Klöcklers und Wittes Methoden nicht paßten, gab es eine Vielzahl alternativer Ansätze. Friedrich Schwickert und Dr. Adolf Weiss verfaßten eine moderne Version des Morin-Systems aus dem 17. Jahrhundert in vier Bänden.[28] In Frankreich hatte Henri Selva die *Astrologia Gallica* des Morin de Villefranche bereits fünfundzwanzig Jahre zuvor wiederentdeckt. Vollrath folgte mit Übersetzungen der wichtigsten Werke Alan Leos in sieben handlichen Bänden. In schneller Folge erschienen neue astrologische Werke.

Eine grobe Schätzung zeigt, daß in den zwei Jahrzehnten nach 1921 in Deutschland fast vierhundert astrologische Bücher und Broschüren produziert wurden, die meisten vor 1935. In einem Zeitraum von fünf Jahren (1926-31) erschienen nicht weniger als sechsundzwanzig verschiedene Jahrbücher oder prognostische Almanache, meist von astrologischen Profis, die damit ihre Publizität vergrößern wollten. 1928 waren ein halbes Dutzend monatlich oder zweimonatlich erscheinender Zeitschriften auf dem Markt, die sich an all jene richteten, die praktische Astrologie betreiben. Die Beiträge dazu lieferten ganze Scharen von Autoren.

Besonders prägnant war der Anstieg des Interesses an Astrologie nach dem Krieg in den Jahren 1923-28. Damals stießen besonders viele neue Rekruten dazu. Für jeden Astrologen, der sich daran freute, seinen Namen gedruckt zu sehen, gab es Hunderte, die in aller Ruhe zu Hause studierten und nie in eine Gruppe oder einen Verein gingen. Für sie lieferte der Markt Bücher und Broschüren, ganz zu schweigen von Ephemeriden, Tabellen, Horoskop-Formularen und so weiter. Dr. Otto Kellner sagte mir, daß allein die *Astrologische Rundschau*, die nicht für ein breites Publikum gedacht war, eine monatliche Auflage von 6.000 Exemplaren hatte.

Ein weiterer bemerkenswerter Zug der Zeit war die Geschwindigkeit, mit der neue Experten, anerkannte oder selbst ernannte, auf der Szene auftauchten. Um 1927 galten die Ansichten der bekannten und etablierten Berufsastrologen nicht mehr länger als maßgeblich. Die gebildeten Amateure, insbesondere die *Herren Doktoren* gaben den Ton an. Die Profis „alter Schule", die Pioniere der Astrologie in Deutschland, fühlten sich angesichts dieser gebildeten und manchmal arroganten Leute im Nachteil, und ihr Zorn kochte schließlich über, wie das nächste Kapitel zeigen wird.

---

[28] Friedrich Schwickert (Sindbad) und Dr. Adolf Weiß: *Bausteine der Astrologie*. 4 Bde., München 1926-27.

An dieser Stelle ist die Frage angebracht, ob die Astrologie in Deutschland wenigstens einen Hauch von Respektabilität erreicht hatte. Die Antwort ist nein. Das Bündnis von ein paar Universitätsprofessoren und einigen hundert Akademikern reichte nicht hin, die notorisch schlechte Reputation der Madame Urania aufzupolieren. Doch die Astrologie stieß weithin auf großes Interesse, und die *Süddeutschen Monatshefte*, ein anerkanntes literarisch-kulturelles Monatsmagazin, widmete ihrem Pro und Kontra im Mai 1927 eine Extraausgabe.[29]

---

[29] Dr. Karl Bayer: *Die Grundprobleme der Astrologie*, Leipzig 1927, verfaßt von einem „akademischen" Astrologen, enthält eine gut dokumentierte Abhandlung über den Stand der zeitgenössischen intellektuellen Debatte in der deutschen Astrologiebewegung und ihrer Literatur.

Die deutschen Astrologen im Dritten Reich

Dr. Hubert Korsch (1883-1942) war ein Düsseldorfer Anwalt, der sich wegen seines Expertenwissens in Verwaltungs- und Versammlungsfragen auf Vereinsrecht spezialisiert hatte, auf Beschlußfassung, Protokollführung und Durchführung von Versammlungen. Auf dem Hamburger Kongreß 1926 erschien er erstmals auf der astrologischen Bühne. Er schlug vor, daß die Astrologische Zentralstelle Überprüfungen astrologischer Fähigkeiten vornehmen solle, und manövrierte sich direkt in die Kommission, die zu diesem Zweck eingerichtet wurde. Er war außerdem aktives Mitglied von Vollraths AGiD. Mein Freund Dr. Otto Kellner beschrieb in einem Brief, wie Korsch auf dem Leipziger AGiD-Kongreß 1927 dazwischenfuhr: „Vollrath eröffnete die Versammlung mit einer weitschweifigen Ansprache voller theosophischer Platitüden. Dr. Korsch sprang auf wie ein Kampfhahn und schnauzte Vollrath an, doch in der Tagesordnung fortzufahren. So war das esoterische Gewäsch schnell beendet."

Korsch machte auf dem Magdeburger Kongreß der Astrologischen Zentralstelle im Jahre 1928 von sich reden. Er wirkte so störend, daß der neue Vorsitzende W. Feuerstake verärgert seinen Rücktritt erklärte und Dr. Mrsic den Vorsitz übernehmen mußte. Die Astrologische Zentralstelle war nun führungslos, und Mrsic fragte Korsch ironisch, ob er den Job nicht übernehmen wolle. Das führte ein Jahr später beim Nürnberger Kongreß 1929 zu seiner Wahl. Mrsic stellte den Antrag, und Wilhelm Becker unterstützte ihn, was er später sehr bedauern sollte. Nun schwamm zufrieden ein Hecht in einem Teich voller astrologischer Karpfen.

Dr. Korsch war damals 46 Jahre alt. Er war weder Esoteriker noch Okkultist. Für ihn war die Astrologie eine Wissenschaft und seine selbstgesetzte Aufgabe war es, die Öffentlichkeit und womöglich auch die Wissenschaftler davon zu überzeugen. Dieses Ziel war jedoch nicht zu erreichen, ohne vorher den astrologischen Augiasstall zu säubern. Die Berufsastrologen, unter ihnen viele unqualifizierte Leute, sollten nach Korschs Pfeife tanzen. So war im Gespräch, offizielle Diplome an diejenigen auszugeben, die ihrer für wert befunden worden waren, und strikte Maßnahmen gegen Scharlatane zu ergreifen, die vorgefertigte Horoskope verkauften. Während einige der gebildeteren Profis gewillt waren, Korsch zu unterstützen, sahen andere seine Bemühungen mit Mißtrauen. Seine Gegner waren in

der Hauptsache etablierte Praktiker, die schon dabeigewesen waren, bevor irgendjemand etwas von Korsch gehört hatte.
Bislang war die Mitgliedschaft in der Astrologischen Zentralstelle (AZ) nur den angeschlossenen Ortsvereinen vorbehalten. Die Regeln wurden nun geändert, damit auch Einzelpersonen Mitglieder werden konnten. Diese Politik richtete sich gegen Vollraths AGiD in Leipzig, die keine ausschließlich lokale Gruppierung war und bald Mitglieder verlor, die mehr Vertrauen zu Dr. Korsch als zu Vollrath & Co. hatten. Vollraths Absicht, die Kontrolle über die deutsche Astrologie-Bewegung zu übernehmen, war schon 1923 gescheitert, er hoffte jedoch, daß die AGiD die AZ unterwandern würde. Mit dem Auftauchen von Dr. Korsch wurde dies immer unwahrscheinlicher.
Korschs nächster Schritt war die Herausgabe einer monatlich erscheinenden Astrologiezeitschrift, des *Zenit* (Jan. 1930-Dez. 1938). Auch wenn sie als offizielles Organ der AZ fungierte, war sie doch Dr. Korschs Eigentum und wurde von einem reichen Düsseldorfer Geschäftsmann unterstützt, dessen Identität noch nicht gelüftet ist. Der *Zenit* bedrohte unmittelbar die Gewinnträchtigkeit aller anderen astrologischen Journale wie der etablierten *Astrologischen Rundschau* Vollraths und Wilhelm Beckers *Die Astrologie*. Der *Zenit* war sicherlich die beste Astrologiezeitschrift, die jemals in irgendeinem Land erschienen war, und Dr. Korsch gewann alsbald die Mitarbeit aller führenden Amateure, besonders der „Akademiker". Auch waren es eher die Amateure als die Profis, die jeden nur erdenklichen Aspekt der astrologischen Theorie mit äußerster Gewissenhaftigkeit untersuchten. Bald begann sich eine Anti-Korsch-Bewegung der Profis alter Schule mit A. M. Grimm und Wilhelm Becker an der Spitze zu formieren.
Ein erster öffentlicher Protest regte sich im Juni 1932, als ein Kongreß astrologischer Pioniere in Erfurt stattfand. Er wurde von Reinhold Ebertin, dem Sohn von Elsbeth Ebertin, organisiert. Brandler-Pracht, Becker und Grimm hielten öffentliche Vorträge, doch der spannendste Beitrag kam von Christian Meier-Parm, einem jungen Mann aus Hamburg, der erst kurz zuvor in Astrologie-Kreisen einen gewissen Ruf erlangt hatte.[1] Es sei sinnlos, sagte er, wenn sich die

---

[1] Siehe sein autobiographisches Fragment in Reinhold Ebertins *Kosmobiologie*, Februar 1967. Als er 1931 den Wiesbadener Kongress Dr. Korschs besuchte, mißfiel ihm die snobistische und verstaubte „Plüschsofa-Atmosphäre". Sein

Astrologen Wohlwollen von Seiten der offiziellen Wissenschaft erhofften. „Rationalisten" wie Dr. Korsch sollten ihre Interessen nicht vertreten. Was man brauche, sei eine autonome astrologische Universität, die ihre eigenen Titel und Doktorate vergebe. Diese Anregung fand großen Beifall. Der Erfurter Kongreß wurde mit der Gründung eines Astrologischen Zentralverbandes beschlossen, der die Organisation Korschs ablösen sollte. Das Projekt scheiterte, kaum daß es ins Leben gerufen war.

Die Angriffe auf Dr. Korsch setzten sich fort. Unter dem Vorsitz von Mrsic hatte die Astrologische Zentralstelle alle astrologischen Auftragsarbeiten abgelehnt, und sie hatte auch keine bestimmten Astrologen empfohlen. Das hatte sich geändert. In der Septemberausgabe 1932 von *Die Astrologie* brachte Wilhelm Becker einen Artikel über ein Horoskop, das Korsch angeblich für eine Klientin erstellt haben sollte. Korsch (oder die AZ) habe sich ein falsch gerechnetes Horoskop mit 110 RM honorieren lassen. Zudem seien die zweiundzwanzig Schreibmaschinenseiten Deutungstext völlig wertlos.

Wenige Monate später veröffentlichte Becker einen anonymen Brief, den er zweifelsohne selbst geschrieben hatte. Darin hieß es, Korsch sei ein jesuitischer Spion mit guten Verbindungen zur Kriminalpolizei, und eines schönen Tages werde sich herausstellen, daß es seine Aufgabe sei, die astrologische Bewegung irrezuleiten, um sie schließlich ihren Henkern in die Hände zu spielen. Auf dem Erfurter Kongreß hätten auch verschiedene Leute die Vermutung geäußert, Korsch sei ein *agent provocateur*.

Dr. Korschs Gegenangriff erschien im *Zenit* (Februar 1933). Dort erschien ein Artikel eines gewissen Dr. Fleck (Becker vermutete, wahrscheinlich zu Recht, daß Korsch ihn selbst geschrieben habe). Dieser Dr. Fleck behauptete, in seinem Besitz befinde sich eine Horoskop-Deutung, die einen Umfang von fünfundsechzig Schreibmaschinenseiten habe. Auf dem ersten Blatt sei ein Horoskop, der Name des Klienten, das Geburtsdatum und die Unterschrift des Astrologen. Die verbleibenden vierundsechzig Seiten seien mit

kurz zuvor erschienener Aufsatz „Die Horoskope von fünfunddreißig Mädchen in Bordellen", veröffentlicht in von Klöcklers *Sterne und Mensch*, hatte in diesem konservativen *Milieu* zu Stirnrunzeln geführt. Diese Leute, so Meier-Parm, hätten sich niemals dazu herabgelassen, das Horoskop eines Proletariers zu erstellen.

einer Hektographier-Maschine abgezogen worden. Dann folgte der eigentliche Vorwurf: das Horoskop sei von Becker angefertigt worden. Für Korsch und alle seriösen Astrologen gab es nichts verwerflicheres als fabrikmäßig vorgefertigte Horoskope.
Becker schlug in einem „Offenen Brief an Dr. Korsch" zurück, der der Märzausgabe 1933 der Zeitschrift *Die Astrologie* als vierseitiges Supplement beigelegt war. Er erschien danach auch in der *Astrologischen Rundschau* Vollraths und erreichte so einen großen Leserkreis. In diesem skurrilen und unfreiwillig komischen Schreiben behauptete Becker, Korsch nutze mangels einträglicher Arbeit die AZ als Schaufenster für den Verkauf überteuerter und zweitklassiger Horoskop-Deutungen. Korschs Haltung gegenüber den Berufsastrologen sei bekannt: Korsch halte sie für Idioten und glaube, er und die anderen Akademiker seien ihnen überlegen. Er hatte auch eine einleuchtende Erklärung für das Horoskop, das in Dr. Korschs Besitz geraten war. Bis 1916, so Becker, sei die Astrologie kein ordentlicher Beruf gewesen. Dann sei das öffentliche Interesse gestiegen und die Nachfrage so sehr in die Höhe geschossen, daß er damit nicht mehr Schritt halten konnte. So habe er nach dem System gearbeitet, das er bei Alan Leo kennengelernt hatte, und habe eine Vervielfältigungsmaschine zur Herstellung vorfabrizierter Blätter genutzt, bis er 1924 wieder zu individuellen Horoskopen zurückgekehrt sei. Er sei überzeugt, fügte er hinzu, daß seine vorfabrizierten Deutungen allem überlegen seien, was Dr. Korsch anzubieten habe.
Becker schrieb seinen „Offenen Brief" im Februar 1933. Zu diesem Zeitpunkt konnten in Deutschland nur wenige, geschweige denn die Astrologen, die volle Tragweite eines Ereignisses einschätzen, das sich am 30. Januar ereignet hatte. Adolf Hitler war Kanzler des Deutschen Reichs geworden.
Einen Monat später, am 27. Februar 1933, brannte der Reichstag. Am nächsten Tag veranlaßte Hitler den Reichspräsidenten Hindenburg, eine Notverordnung „zum Schutze von Volk und Staat" zu unterzeichnen, das sieben Gesetze der Verfassung außer Kraft setzte, die die individuellen und bürgerlichen Freiheitsrechte garantierten. Von nun an sollte es zu jeder erdenklichen Tätigkeit eine vorgeschriebene nationalsozialistische Haltung geben. Fast jeder erwachsene Deutsche war emotional beteiligt, denn ganz gleich, ob für oder gegen Hitler und seine Nationalsozialistische Deutsche

Arbeiterpartei, niemand konnte sich der Wucht der nationalsozialistischen Ideologie und ihrer Propaganda entziehen.
Die Astrologen und die Publizisten, die als ihre Interessenvertreter auftraten, waren in einer schwierigen Lage. Es war zu erwarten, daß der Staat oder die Partei – bald sollte man beide kaum mehr unterscheiden können – die Überwachung der Astrologie und ihrer Praktiker übernehmen werde, denn überall mehrten sich die Anzeichen, daß sie buchstäblich alles unter ihre Kontrolle bringen wollten. Wie diese Kontrolle im Interesse der sogenannten nationalsozialistischen Weltanschauung aussehen sollte, war allerdings noch nicht klar.
Die Astrologen bzw. ihre Führer warteten nicht, bis sich die Partei oder der Staat für ihre Angelegenheiten interessierte. Sie suchten ein Deckmäntelchen in der Hoffnung, darunter ohne größere Beeinträchtigungen weiterarbeiten zu können. Sie bildeten keine Einheitsfront, und die nachfolgenden individuellen „Verhandlungen" waren ein wichtiger Bestandteil eines Grabenkrieges unter den Astrologen, der von jeder Seite mit gnadenloser Härte geführt wurde. Die Geschichte dieses Astrologenkriegs erweitert nicht unser Wissen über die Astrologie, zeigt jedoch, wie eine kleine Gruppe von Deutschen auf eine unvorhersehbar neue politische und soziale Situation reagierte.
Eine detaillierte Darstellung jeder Phase der Auseinandersetzungen zwischen Dr. Korsch und Vollrath & Co. um die Führung der deutschen Astrologie-Bewegung benötigte mehr Raum, als in diesem Buch dafür vorgesehen ist. Der Leser wird hier nur die groben Züge einer Saga finden, die in ermüdender Länge in der zeitgenössischen Zeitschriftenliteratur ausgebreitet ist.[2] Ungewöhnlich war vor allem die Hartnäckigkeit, mit der alle führenden Protagonisten einen aussichtslosen Kampf führten.
Ich beginne damit, daß ich den Ingenieur Martin Pfefferkorn vorstelle, den Möchtegern-„Führer" einer nationalsozialistischen Astrologie-Bewegung. Er wurde am 14. Juli 1904 in Leipzig geboren und war neunundzwanzig Jahre alt, als Hitler Kanzler wurde. Er war aktives Mitglied in Vollraths AGiD, aber außerhalb der Leipziger Astrologen-Kreise kaum bekannt. Im Herbst 1932 machte er den Versuch, eine *Arbeitsgemeinschaft Deutscher Astrologen* (ADA) zu gründen und ersuchte um die Aufnahme in die AGiD. Ich weiß

---

[2] Siehe die *Nachrichtenblätter*, die von Korschs AZ und Vollraths AGiD herausgebracht wurden, sowie viele Artikel, die 1933-34 im *Zenit* erschienen.

nicht, warum Pfefferkorn es für nötig hielt, einen weiteren astrologischen Verein zu gründen. Später behauptete er, die ADA habe eine spezifisch nationalsozialistische Einstellung ausdrücken sollen, und zwar *bevor* die Nazis an die Macht gekommen seien, die Tatsachen sprechen jedoch nicht für diese Version. Pfefferkorn scheint aber schon vor dem 30. Januar 1933 begeisterter Parteigenosse gewesen zu sein. Sein Antrag, die ADA offiziell in die AGiD aufzunehmen, wurde vom Vorstand der AGiD, in dem Vollrath und der ihm ergebene Theobald Becher saßen, deshalb abgewiesen, weil sie weder Mitglieder noch eine Satzung hatte. Die ADA wäre eine Totgeburt gewesen, hätten nicht Hitler und seine Spießgesellen die Situation Anfang 1933 radikal verändert.

Der Vorsitzende der AGiD war Dr. Gerhard Naumann, ein Lehrer aus Wurzen, einer Kleinstadt östlich von Leipzig. Er war mit Theobald Becher Redakteur der *Astrologischen Rundschau* Vollraths und hatte für dessen theosophisches Verlagshaus sieben umfangreichere Werke Alan Leos übersetzt. Auch seine Frau Irma saß im Vorstand der AGiD und war in ortsansässigen Astrologie-Kreisen bekannt. Daß die Naumanns ihr Mißfallen an Hitler und seinen Nazis nie verhehlt hatten, geriet ihnen nun zum großen Nachteil. Parteigenosse Pfefferkorn verlor keine Zeit und erneuerte das Aufnahmebegehren der ADA in die AGiD. Die Naumanns widersetzten sich und ebenso mein Freund Dr. Otto Kellner, doch jetzt befürworteten es Vollrath und Becher, denn sie merkten, aus welcher Richtung der Wind politisch blies. Sie waren zwar keine überzeugten Nazis, wollten aber ihr kommerzielles Interesse sichern, denn die AGiD war ein nützliches Anhängsel des Theosophischen Verlagshauses. Da war es geboten, Pfefferkorn entgegenzukommen.

Es ist ungewiß, ob die Naumanns die AGiD freiwillig verließen oder hinausgeworfen wurden. Jedenfalls endete ihre langjährige Zusammenarbeit mit der AGiD abrupt Mitte März 1933, nur vierzehn Tage, nachdem die Nazis Deutschland an die Kehle gegangen waren. Naumann machte einen halbherzigen Versuch, einen Konkurrenzverein zu gründen, doch daraus wurde nichts, und so blieb das Feld Vollrath und Pfefferkorn überlassen. Dr. Kellner trat mit den Naumanns aus. Pfefferkorn war zwar noch nicht an der Spitze der AGiD, aber seine Ambitionen in dieser Hinsicht sollten sich bald erfüllen. Inzwischen begann er von sich reden zu machen und schrieb weitschweifige Artikel für die Rundschreiben der AGiD.

Sein erster Artikel trug den Titel „Bekämpft astrologische Scharlatanerie!" und ist hier von Interesse, weil er auf Diskussionen über Hitlers Horoskop in Zeitschriften anspielt, die eher von einem allgemeinen Publikum als von ernsthaften Astrologie-Studenten gelesen wurden. Das Horoskop des Führers wurde in Astrologie-Zeitschriften und prognostischen Almanachen zwischen 1924 und 1931 kaum abgehandelt, weil es ziemlich unwahrscheinlich erschien, daß Hitler und seine Gefolgsleute mehr als nur ein lärmendes Ärgernis waren. Erst ab 1931 fand sein Horoskop wieder Beachtung.
Karl Frankenbach, ein österreichischer Nazi, veröffentlichte eine optimistische Deutung im *Zenit* (April 1931). Dem widersprach in der nächsten Ausgabe ein Autor, der aus Vorsicht das Pseudonym „Spectator" benutzte. Er war davon überzeugt, daß Hitler letztendlich scheitern werde, hatte aber keine Ahnung, wann das geschehen werde. In der Tat war es gut, daß „Spectator", Korschs Freund Josef Schultz aus Düsseldorf, seine Identität geheim hielt, denn zehn Jahre später wollte die Gestapo sie unbedingt herausfinden.
Die Astrologen nahmen gemeinhin an, Hitlers Horoskop sei für 18.30 Uhr am 20. April 1889 in Braunau zu berechnen. Als er Reichskanzler geworden war, erschienen Horoskope, die auf den unterschiedlichsten Zeiten beruhten und verschiedene Aszendenten aufwiesen, um so die eine oder andere Vorstellung vom „Führer" und seiner Möglichkeiten zu belegen. In einem billigen pseudo-okkulten Sensationsblatt wurde z. B. ein Horoskop vorgestellt, das um ganze zwölf Stunden „berichtigt" worden war. Pfefferkorn beklagte: „Die ‚neuen' Horoskope zeigen destruktive und räuberische Tendenzen... was seine [Hitlers] Anhänger nicht hinnehmen werden".
Im Februar 1932 veröffentlichte Frank Glahn in seiner Zeitschrift *Astrale Warte* ein Horoskop Hitlers mit einer Geburtszeit von 5.45 Uhr (Aszendent 17° Stier) und behauptete, Hitler werde nicht in der Lage sein, eine lebensfähige Regierung zu bilden. Einen Monat später erschien es ihm ratsam, diese gefährliche Stellungnahme zurückzunehmen. Laut A. M. Grimm in *Die Astrologie* (Mai 1933) fand Glahn einen Aszendenten von 17° Stier und damit eine Zeit von 5.45 Uhr, indem er ein Pendel über dem Horoskop des „Führers" schwingen ließ. Viele Astrologen „korrigierten" das Horoskop anhand früherer Ereignisse aus Hitlers Leben. Elsbeth Ebertin z. B. war so zu einer Geburtszeit zwischen 18.22 und 18.26 Uhr gelangt (*Ein Blick in die Zukunft* für 1934, geschrieben Anfang 1933).

Bald waren auch Astrologen, die gern publizierten, sehr vorsichtig, wenn sie sich über Hitlers Horoskop äußerten. Nach 1934 wurde es überhaupt nicht mehr besprochen, wahrscheinlich auf Grund einer vertraulichen Direktive des Propagandaministeriums an die Verlage. Das Veto betraf die Horoskope aller führenden Nazis und jegliche astrologische Spekulation über das Thema Drittes Reich.[3]

Es dauerte nicht lange, bis Pfefferkorn im Zusammenhang mit einem Artikel von Dr. Karl-Günther Heimsoth im *Zenit* vom November 1932 Korsch die größten Schwierigkeiten zu machen begann. Ich habe nie alle Implikationen dieser hoch-technischen astro-politischen Studie verstanden, und wahrscheinlich ging es den zeitgenössischen Lesern des *Zenit* nicht anders. Die Art und Weise, wie Pfefferkorn Heimsoths Artikel benützte, um Korsch das Leben schwer zu machen, illustriert, wie verzwickt die Lage wurde, als die Nazis alte Rechnungen zu begleichen begannen.[4]

Heimsoth war kein Wald-und-Wiesen-Astrologe. 1919-20 war er führend an der paramilitärischen *Freikorps*-Bewegung beteiligt, und aus den frühen Tagen der Partei kannte er viele führende Nazis. Seit damals war er mit Otto Strasser eng befreundet, dem Führer des „revolutionären" linken Flügels der Nationalsozialisten. Strasser hatte im Dezember 1932 mit Hitler gebrochen, und seitdem waren alle früheren und gegenwärtigen Freunde Strassers verdächtig.

Heimsoth führte einen medizinischen Doktortitel und hatte sich auf Psychologie spezialisiert. Er nutzte die Astrologie auch in seiner

---

[3] Hitlers Horoskop interessierte auch Deutsche, die keine Astrologen waren. Dazu gibt es eine erhellende Passage in der Autobiographie von Hans Blüher, einem der Begründer der Wandervogel-Jugendbewegung. Kurz nach dem Röhmputsch des 30. Juni 1934 bat er seinen Freund Graf Finkenstein, einen Astrologen, ihm etwas über das Horoskop zu sagen. Sie trafen sich in einem Berliner Restaurant. „Mein Freund Ulrich sah sich scheu um, ob uns auch niemand belausche, dann beugte er sich eng zu mir hin und flüsterte mir durch die hohle Hand ins Ohr: ‚Ein *homicida!*' Seitdem wußte ich, daß sich Deutschland in die Hände eines Lustmörders begeben hatte." (*Werke und Tage*, München 1953, S. 168-9)

[4] Dr. Korschs Mitgliedschaft im *Reichsverband Deutscher Schriftsteller* (eine vom Propaganda-Ministerium kontrollierte Parteiorganisation für Autoren und Verleger) wurde am 21. Juni 1934 widerrufen, da aufgrund von vor dem 30. Januar 1933 im *Zenit* veröffentlichten Artikeln seine politische Zuverlässigkeit zweifelhaft erschien. Es wurde ihm gestattet, den *Zenit* vorläufig fortzuführen, bis weitere Nachforschungen erfolgt seien, und im April 1935 wurde er wieder als Mitglied zugelassen. Trotz seiner Parteimitgliedschaft war Korschs persönliche Position seit dem Sommer 1933 unsicher.

medizinischen Praxis. Er war aktives Mitglied in der Akademischen Gesellschaft für astrologische Forschung in Berlin, wo er seinen Wohnsitz hatte. Er verfaßte *Charakter–Konstellation* (1928), eine Studie über die Horoskope von Homosexuellen. Heimsoth war sehr an diesem Thema interessiert, da er selbst homosexuell war. Angesichts dieser Umstände verwundert es kaum, daß er Ernst Röhm gut kannte, den bekanntermaßen homosexuellen Anführer von Hitlers Privatarmee, der Sturmabteilung (SA).

Röhm war 1928-29 Militärberater bei der bolivianischen Armee und korrespondierte mit Heimsoth, dessen *Charakter–Konstellation* gerade erschienen war. In seinen Briefen beklagte Röhm immer wieder den Mangel an kongenialem homosexuellen Umgang. „Du selbst bist daran schuld, daß Dein Buch mich ermutigt, Dich um einen Gefallen zu bitten", schrieb Röhm. „Offenbar kannst Du gut Horoskope deuten. Könntest Du nicht einen Blick auf meines werfen? Ich wurde am 28. November 1887 um 1 Uhr nachts in München geboren. Ich möchte wissen, was für ein Mensch ich bin. Ich weiß es nämlich offen gesagt nicht. Vermutlich bin ich homosexuell, doch das habe ich erst 1924 entdeckt."

Ernst Röhm, Otto Strassers Bruder Gregor und Karl-Günther Heimsoth wurden im Juni 1934 von der SS ermordet (Röhmputsch). Heimsoth war der erste, nicht aber der letzte Astrologe, der den Nazis zum Opfer fiel.[5]

Im Frühjahr 1933 traten Hunderttausende von Deutschen eilends in die Nazi-Partei ein. Unter den neuen Rekruten waren auch Hugo Vollrath und Theobald Becher. In der Aprilausgabe der *Astrologischen Rundschau* versicherte Becher, „das Wissen um unser nationales Erbes und die Blutsbande der arischen Rasse ist unteilbar mit

---

[5] Die Röhm-Heimsoth-Korrespondenz erhielt in der Anti-Nazi-Presse 1932 große Publizität. Die Briefe waren nicht mehr in Heimsoths Besitz, sondern befanden sich unter den Akten der Staatsanwaltschaft München. Photokopien davon wurden aus dem Büro des Staatsanwalts geschmuggelt. Dr. Helmut Klotz, ein abtrünniger Nazi, vervielfältigte sie in einer 16-seitigen privat gedruckten Broschüre (ohne Titel, Berlin, März 1932?). Bald nach Röhms Tod wurden sie in *Die Memoiren des Stabschef Röhm* wieder abgedruckt. Diese gefälschten Memoiren wurde in Saarbrücken von emigrierten Deutschen veröffentlicht und ins Deutsche Reich geschmuggelt. Zu Röhms Bemühungen, wieder in den Besitz seiner Briefe zu gelangen, siehe Herbert Heinersdorf: „Akten zum Fall Röhm" in *Mitteilungen des wissenschaftlich-humanitären Komitees e.V.*, Berlin-Charlottenburg, Nr. 32, Jan.-März 1932.

der astrologischen Wissenschaft verbunden". Einen Monat später betonte er in einem AGiD-Rundschreiben die Notwendigkeit, alle „parasitären, fremden und subversiven Elemente" aus der Astrologie-Bewegung „auszumerzen" und sie im Licht ihrer früheren Haltung zum Nationalsozialismus zu beurteilen. Mit Ausnahme von Korschs *Zenit* erschienen nun in vielen Astrologie-Zeitschriften Artikel über Astrologie als ursprünglich *nordische* Wissenschaft, über „Rasse und Astrologie" und andere vergleichbar modische Themen. Das in dieser Hinsicht schlimmste Hetzblatt war um 1933-34 Reinhold Ebertins *Mensch im All*, wahrscheinlich weil seine Zeitschrift zeitweilig mit „Professor" Issberner-Haldanes *Die Chiromantie* vereinigt war. Issberner-Haldane (* 1886) war ein bekannter Berliner Chiromant, der sich auf medizinische „Diagnosen" aus den Fingernägeln seiner Patienten spezialisiert hatte.[6] Er war auch Astrologe, und 1933 veröffentlichte er ein kleines Lehrbuch (*Einführung in die Astrologie*). Sein autobiographisches Werk *Der Chiromant* (1925) enthält wertvolles Quellenmaterial zur Erforschung des okkulten „Untergrunds" in Deutschland. Trotz seines rassistischen Unsinns und antisemitischer Anspielungen wurde es 1934 verboten. Issberner-Haldane war ein Schüler von Lanz von Liebenfels, dem Wiener Begründer der okkultistischen und pathologisch antisemitischen Ariosophischen Bewegung. Vermutlich las Hitler in seiner Wiener Zeit vor 1914 Lanz von Liebenfels' Zeitschrift *Ostara*.[7]

---

[6] Seine Anzeige in *Mensch im All* im Dezember 1933 brachte die Warnung: „Vorsicht, Scharlatane!"
[7] Eine detaillierte Abhandlung über Lanz von Liebenfels' Karriere findet sich in W. Daim: *Der Mann, der Hitler die Ideen gab*, München 1958. Liebenfels war gelernter Astrologe, der nach Daim meist ein falsches Geburtsdatum (Messina, 1. Mai 1872, statt Wien, 18. Juli 1874) angab, wohl um andere Astrologen auf eine falsche Fährte zu locken. Zu seiner umfangreichen literarischen Produktion gehört ein *Praktisch-empirisches Handbuch der ariosophischen Astrologie*, Berlin 1933 (in Teilen veröffentlicht und möglicherweise nicht abgeschlossen). Es wurde wie viele anderen Werke des Meisters von seinem Nachfolger Herbert Reichstein herausgebracht. Auch Reichstein gehörte zum okkulten Untergrund. Im April 1933 veröffentlichte er die erste Ausgabe der Wochenzeitschrift *Arische Rundschau*, ein antisemitisches Schundblatt mit so ausgesuchten Artikeln wie „Das Kabbalistische Horoskop von Adolf Hitler". 1938 erhielt Lanz von Liebenfels Publikationsverbot. Zu diesem Zeitpunkt machte es Hitlers Bild als „Messias" erforderlich, daß über seine frühen intellektuellen Einflüsse ein Schleier gezogen wurde. Von Sebottendorffs *Bevor Hitler kam* wurde 1934 nicht zur Veröffentlichung freigegeben, weil der Autor betonte, Hitlers Ideologie sei ein Nebenprodukt des Geistes des Thule-Ordens.

Ein Prospekt des „Professors" von 1964 brachte die überraschende Angabe, daß er 1929 „die Priesterweihe eines christlichen Ordens" erhalten habe. Eine nicht näher bezeichnete Universität habe ihm bereits 1912 den Titel eines Professors *honoris causa* verliehen und 1926 sei er Ehrenmitglied einer „Plasmogenischen Gesellschaft" in Barcelona geworden. „Alle anderen Ehrentitel wies er zurück."
Mit Ebertin und anderen gründete er 1933 die *Geistige Front*, einen Zusammenschluß professioneller Charakterologen, der aber wohl nicht lange existierte. „Grundsätzlich nicht aufgenommen werden: Juden oder andere rassisch minderwertige Personen, körperlich Mißgebildete oder Krüppel (außer Kriegsversehrten), Scharlatane, Quacksalber sowie Personen, die als unzuverlässig anzusehen sind."[8] Issberner-Haldanes Verbindung mit Ebertins Zeitschrift endete im September 1936.

In der Zwischenzeit war hinter den Kulissen der Leipziger Szene Parteigenosse Pfefferkorn nicht untätig geblieben. Seine Arbeitsgemeinschaft war nicht nur in die AGiD aufgenommen worden, sondern war nun selbst ihre treibende Kraft. Becher und Vollrath waren seine Erfüllungsgehilfen. Sein Triumph war vollständig, als eine außerordentliche Mitgliederversammlung am 12. Juni 1933 stattfand. Diese besuchte der Leipziger Repräsentant des kulturpolitischen Büros der Partei, Dr. Werner Schingnitz, um einen *coup d'état* zugunsten von Parteigenosse Pfefferkorn in die Wege zu leiten.[9] Schingnitz verkündete die sofortige Gleichschaltung der AGiD. Das Wort *Gleichschaltung* war damals in Deutschland in aller Munde. Es bedeutete faktisch die Reorganisation einer jeglichen Aktivität auf nationalsozialistischer Grundlage und damit die gnadenlose Eliminierung all derer, deren politische Einstellung verdächtig war.

[Cf. auch die von Ellic Howe angeregte neuere Studie über die österreichischen Ariosophen von Nicholas Goodrick-Clarke: *The Occult Roots of Nazism. Secret Aryan Cults and Their Influence on Nazi Ideology. The Ariosophists of Austria and Germany, 1890-1935.* 2. ed., London, New York 1992. (A.d.Ü.)]

[8] *Mensch im All*, Oktober 1933.

[9] Dr. Otto Kellner erinnert sich in einem Brief an Dr. Schingnitz: „Dr. S. war ein kleiner, dürrer, dunkelhaariger Kerl und sah aus wie ein Affe. Er war Assistent des bekannten Philosophen Professor Hans Driesch. Wenn ich mich nicht irre, betrieb er nach 1933 den Leipziger Zweig des Nazi-Bunds der Hochschullehrer."

Schingnitz verlas eine Liste mit den Namen derer, die in den neuen Vorstand der AGiD zu „wählen" seien. Den Vorsitz solle Parteigenosse Pfefferkorn übernehmen, assistiert von PG Theobald Becher (Vizepräsident und Schatzmeister), des weiteren PG Hugo Vollrath, PG Dr. Paul Moebius und zwei weiteren, von denen einer zwar kein Nazi, aber vermutlich harmlos war.[10]

Pfefferkorn war überzeugt, er sei dazu ausersehen, der Führer einer vereinigten nationalsozialistischen deutschen Astrologiebewegung zu werden. Dieses Vorhaben, das den Sturz von Korsch und den Zusammenbruch der Astrologischen Zentralstelle voraussetzte, wurde fortan mit großer Energie und ohne Sinn für Verhältnismäßigkeit betrieben.

Dabei kam es Pfefferkorn sehr zupaß, daß schon drei Wochen später die Jahresversammlung der Astrologischen Zentralstelle stattfand, denn das war eine ausgezeichnete Gelegenheit, die AGiD-ADA-Flagge im Feindeslager zu hissen. Seine Trumpfkarte war, daß er sich mit dem Kampfbund für Deutsche Kultur in Verbindung gesetzt hatte, einem der vielen wichtigtuerischen Parteibüros, die alle mehr oder weniger einander überlappende Funktionen hatten und verdiente Parteigenossen und eine Heerschar von Opportunisten mit Posten versorgten. Der Kampfbund hatte ihm am 29. Juni 1933 geschrieben und ihn autorisiert, in Stuttgart reinen Tisch zu machen, seine fortgesetzten Bemühungen, die deutsche Astrologie-Bewegung zu einen, fänden seine wärmste Unterstützung.

Pfefferkorn führte eine Delegation von fünfzehn AGiD-Leuten an und spielte sich bei der Jahreshauptversammlung der AZ am 4. Juli stark in den Vordergrund. Mit den meisten Interventionen des überspannten Pfefferkorn wußte Korsch erfolgreich umzugehen. Doch er wußte auch, daß es klüger war, keinen Widerstand zu leisten, als Pfefferkorn vorschlug, die nächste Jahresversammlung in München abzuhalten, „der Stadt, in der der Führer Jahr um Jahr seinen harten Kampf ausfocht". Eher Vorsicht als Respekt vor Adolf Hitler führte zu diesem geistlosen Votum zugunsten der Bewegung.

---

[10] Dr. Moebius war der offizielle Repräsentant der AGiD in Berlin. In einer Mitteilung über eine Adressenänderung in *Die Astrologie* (Oktober 1932) warb er mit seiner Spezialisierung auf „Biochemie, Homöopathie, Diätetik und Astrodiagnostik nach dem System von Dr. Heindel". Letzterer war kein anderer als Max Heindel (siehe S. 118), der kalifornische „Rosenkreuzer" und Mystagoge, der mit Sicherheit keine medizinische Qualifikation hatte.

Pfefferkorn hatte zwar viel Lärm gemacht, fuhr jedoch nach Leipzig zurück, ohne Korsch „liquidiert" zu haben. In Berlin sollten sie sich wieder begegnen, und dieses Mal ging die Runde an Pfefferkorn. Am 14. Juli trafen sie in den Räumen des Verbindungsstabes der Partei aufeinander, einer Organisation, die Verbindungsdienste für die verschiedenen Reichsministerien leistete. Beide suchten offizielle Unterstützung oder auch nur Duldung ihrer jeweiligen Gruppierung. Pfefferkorn wurde von Dr. Moebius begleitet.

Pfefferkorn wurde in ein Büro gerufen, und Korsch und Moebius warteten im Vorzimmer. Moebius bemerkte, daß Korsch ein Parteiabzeichen trug und fragte nach seiner Berechtigung, es zu tragen. Korsch sagte, er fühle sich nicht verpflichtet, ihm zu antworten. Nach einem hitzigen Wortwechsel wurde ein älterer Parteigenosse gerufen, der wissen wollte, wann Korsch in die Partei eingetreten sei. Korsch sagte, er sei Anfang Mai Mitglied geworden. Darauf belehrte man ihn, er habe wissen müssen, wer erst nach dem 30. Januar 1933 eingetreten sei, dürfe bis nach Ablauf einer Probezeit von sechs Monaten kein Hakenkreuzabzeichen tragen oder sich als Parteigenosse titulieren lassen. Diese Verletzung der Regeln könne auch einen Haftgrund sein. Moebius tat alles, um die Dinge auf die Spitze zu treiben, und es dauerte etwa vier Monate, bis Korsch erfuhr, daß die Behörden von einer Anklage abgesehen hatten.

Pfefferkorns nächster Zug war ein Versuch, die Berufsastrologen zu „organisieren". Dafür nützte er die Dienste A. M. Grimms, der sich, obschon kein Parteigenosse, „Reichsorganisationsleiter des Reichsverbands deutscher Berufsastrologen" nannte. Grimm verschickte Briefe mit Hakenkreuz im Briefkopf und folgenden Zeilen: „Wer als Berufsastrologe... sich dem Reichsverband deutscher Berufsastrologen nicht anschließt, ... bekundet... einen schlechten Willen in völkischer und vaterländischer Hinsicht!" Korsch fragte beim Kampfbund für Deutsche Kultur an, ob Grimm dazu berechtigt sei. Der Kampfbund kannte Grimm nicht und erklärte, er habe nicht die Absicht, sich in Angelegenheiten der Astrologen einzumischen, wenn es Differenzen innerhalb der Bewegung nicht für einen Erfolg sprachen. Grimm konnte nicht mehr als eine Handvoll obskurer Berufsastrologen gewinnen, und sein Verein ging Anfang 1934 ein. Das nächste Anti-Korsch-Gambit – ich weiß nicht, wer diesmal dafür verantwortlich war – war die Verbreitung eines Gerüchts, daß Korsch nicht rein arischer Abstammung sei. Jedenfalls sah sich Dr.

Korsch veranlaßt, im Oktober 1933 im *Zenit* klarzustellen, daß sich unter seinen Vorfahren keine Juden befänden.
Auch wenn es aus der zeitgenössischen Literatur selten deutlich hervorgeht, machten sich Korsch wie auch Pfefferkorn Sorgen über den künftigen Status der Berufsastrologen. Sie waren gewillt, die vielen Scharlatane zu opfern, um ernsthafte Praktiker zu schützen. Das Problem war, die Behörden, soweit sie zuständig waren, vom Wert der Diplome zu überzeugen, die von nun an von beiden Lagern an astrologische Profis und Amateure ausgegeben wurden, wenn sie strenge Tests bestanden. Kein Mensch von einiger Bedeutung bewarb sich um das Leipziger Diplom, doch ein paar bekannte Berufsastrologen erhielten das Diplom der Astrologischen Zentralstelle. Korsch gelang es aber nicht, die Behörden davon zu überzeugen, daß der Besitz des AZ-Diploms ohne weiteres Kompetenz, Ehrenhaftigkeit und politische Zuverlässigkeit garantiere. So waren die Profis, darunter auch viele Teilzeit-Astrologen, weiterhin in einer prekären Lage.
Im Herbst 1933, als die AZ ihren ersten Satz Diplome vergab, ordneten die Polizeipräsidenten von Berlin, Hamburg und Hannover an, alle in ihrem Rechtsbereich erscheinenden Zeitungen hätten von Astrologen aufgegebene Anzeigen abzulehnen. Da angesehene Profis nicht inserierten, traf das nur die wenigen, die den Massenmarkt mit vorfabrizierten Horoskopen bedienten.
Die Situation verschärfte sich im Frühjahr 1934, als der Berliner Polizeipräsident alle Formen berufsmäßiger Wahrsagerei im Berliner Stadtgebiet verbot. Dieses Verbot traf auch die Astrologie, und auch der Verkauf von Astrologie-Zeitschriften, prognostischen Almanachen und vorfabrizierten Horoskopen wurde verboten. Anscheinend traten in anderen Teilen des Reichs bald ähnliche Regelungen in Kraft, doch darüber konnte ich keine gesicherten Erkenntnisse gewinnen. Der Stand der Berufsastrologen befand sich seit Frühjahr 1934 offensichtlich in einer schwierigen Lage.
Im Herbst 1934 endete die Schlacht Pfefferkorn versus Korsch, weil Pfefferkorn eingesehen hatte, daß er nicht gewinnen konnte. Er gab den Streit im Oktober 1934 auf und schlug Theobald Becher als Nachfolger für den Vorsitz der Astrologischen Gesellschaft in Deutschland vor. Seine öffentliche Erklärung lautete, Parteiaufgaben und andere Pflichten ermöglichten es ihm nicht länger, im Amt zu bleiben. Er hatte das Hakenkreuzbanner pflichtgemäß

geschwenkt und nichts erreicht.
Dr. Korsch ritt seine letzte Attacke gegen Vollrath in der Dezemberausgabe 1934 des Rundbriefs der AZ. Er hatte seit Jahren Material für sein Vollrath-Dossier gesammelt und veröffentlichte nun ein spektakuläres Dokument. Vollrath hatte sich vor 1914 stets Doktor Vollrath genannt; seinen Doktortitel wollte er in Tübingen für eine ökonomische Arbeit erhalten haben. Korsch hatte gründliche Erkundigungen eingeholt, und die Universitätsbehörden in Tübingen hatten ihm versichert, es gebe keine Aufzeichnungen darüber, daß Vollrath je dort studiert habe. Alle Dissertationen mußten gedruckt werden, und wenn Vollrath jemals einen Doktortitel erhalten hatte, mußte es einen schriftlichen Beweis geben. Man entdeckte schließlich das Dokument und reproduzierte seine Titelseite im Rundbrief der AZ. Das Thema der Dissertation Vollraths war *Die Entwicklung der Investment- und Finanzierungsgesellschaften in England*, der Titel dafür war angeblich im März 1905 verliehen worden. Korsch sandte alle Einzelheiten nach Tübingen, wo man weiterhin bestritt, Vollrath und seine Dissertation zu kennen. So lag der Schluß nahe, daß das Dokument eine Fälschung war. Korsch forderte ihn auf, Stellung zu beziehen. Aber Vollrath hüllte sich diskret in Schweigen.
Es gab auch weiterhin keinerlei Anzeichen dafür, daß die Astrologen hoffen konnten, in Ruhe gelassen zu werden. In Berlin und anderswo durchsuchte die Polizei die Bestände der Buchhändler nach astrologischer Literatur, offenbar ohne jedes System, denn sie beschlagnahmte sowohl ernsthafte Lehrbücher, die für die Öffentlichkeit uninteressant waren, wie auch weniger seriöse Werke. Diese Maßnahmen führten zu großen Anstrengungen in der Bewegung, um einen modus vivendi mit den Behörden zu erreichen. Die Ereignisse vom Herbst 1934 waren natürlich von den üblichen Intrigen begleitet, sind aber zu verwickelt, um sie hier detailliert darzustellen. Das Ergebnis jedoch, so schwierig es auch erreicht war, sollte nur eine Zwischenlösung sein.
Am meisten litten unter den sporadischen Konfiszierungen nicht die Astrologen, sondern Buchhändler, Verleger und Autoren, die anteilig nach Verkaufszahlen honoriert wurden. Ein gewisser Bohneberg, der Eigentümer des Görlitzer Regulus-Verlags, der ein beachtliches Programm astrologischer und okkulter Literatur hatte, ergriff die Initiative und rief die führenden Spezialverlage, Buchhändler und

viele Prominente der Astrologiebewegung am 25. August 1934 nach Berlin. Daraufhin wurde eine weitere Konferenz am 27. und 28. Oktober in Berlin von Christian Meier-Parm organisiert, der zu erreichen hoffte, was weder Korsch noch Pfefferkorn geschafft hatten.

Die Absicht Meier-Parms war es, einen Generalrepräsentanten aller Bereiche der Bewegung zu schaffen, der mit den Behörden verhandeln solle, um das Verbot der Berufsastrologie aufzuheben. Er und sein Mentor Frank Glahn verhandelten mit dem Innenministerium und der für die Freiberufler zuständigen Abteilung der Deutschen Arbeitsfront Robert Leys. Gleichzeitig, als ein Ergebnis der Konferenz Bohnebergs vom 25. August, hatte der Berliner Astrologe Johannes Vehlow, Autor einer umfangreichen Reihe von Lehrbüchern, Gespräche mit verschiedenen Ministerien und der Berliner Polizei aufgenommen. Nun war die Schaffung eines Komitees für Organisation und Fortschritt der astrologischen Forschung im Gespräch. Der „Parm-Plan", wie man ihn nennen könnte, hatte nicht die Unterstützung von Dr. Korsch und der AZ, weil Korsch eifersüchtig darüber wachte, daß keinerlei eigenständige Versuche unternommen wurden, zugunsten der Astrologen zu verhandeln.

Meier-Parm übernahm den Vorsitz auf dem zweiten Berliner Treffen im Oktober. Eine Weile schien es so, als werde er als Repräsentant aller anwesenden Parteien gewählt, doch das wußte Dr. Korsch zu verhindern. Das Resultat war ein gewaltiger Tumult. Da Meier-Parm die Kontrolle über die Situation völlig verloren hatte, war er aus dem Rennen. Man bat Wilhelm Becker, den ältesten der anwesenden Astrologen, den Vorsitz zu übernehmen. Nach endlosen Debatten über die Stimmrechte bildeten sich zwei Arbeitsausschüsse. Korsch erhielt zwar einen Sitz in beiden Ausschüssen, schaffte es aber nicht, sich den Vorsitz zu sichern. Außerhalb des Konferenzsaals wartete der von den Beratungen ausgeschlossene Meier-Parm auf Korsch und griff ihn, als er herauskam, tätlich an, ohne ihn jedoch ernsthaft zu verletzen. Drei Wochen später traten Korsch und Major von dem Hagen, ein weiterer Vertreter der AZ, aus den Berliner Ausschüssen aus, um sich ihre Handlungsfreiheit zu bewahren.

Obwohl Korsch seine Mitarbeit verweigerte, erreichte das sogenannte Komitee der Drei (Wilhelm Becker, Johannes Vehlow und Emil Sänger), daß sich etwas bewegte. Es wurden Gespräche mit der Berliner Polizei, dem preußischen Innenministerium sowie den Verlags- und Buchhändler-Vereinigungen geführt. Die Letzteren kamen den Astrologen schließlich zu Hilfe. Ihre Vertreter konnten die Berliner Polizei und die Reichsschrifttumskammer dazu überreden, ein Zensurbüro für astrologisches Schrifttum unter der Leitung von Karl-Friedrich Schulze zu sanktionieren. Dieser Herr, vormals Vorsitzender der astrologischen Gesellschaft in Magdeburg, war zwar Parteigenosse, aber so harmlos, daß sogar Dr. Korsch keinen öffentlichen Protest gegen seine Berufung erhob.

Damit begann sich der Sturm zu legen, der seit 1933 über die astrologische Bewegung hereingebrochen war. Vier Jahre sollten noch bis Kriegsausbruch 1939 vergehen und fast sechs Jahre bis zur endgültigen Zerstörung der Bewegung im Sommer 1941. Ihre große Zeit war vorüber, und den Kämpfen 1933-35 folgte ein allmählicher Niedergang. Es gab ein paar befremdliche Ausnahmen. So durften seit etwa Juli 1935 hauptberufliche Astrologen, Graphologen, Charakterologen und Chirologen der Freiberufler-Abteilung der Deutschen Arbeitsfront beitreten und unterstanden damit der Überwachung des unvermeidlichen Herrn Schulze. Offenbar wurde zwischen „zuverlässigen" und politisch akzeptablen Praktikern und ihren weniger seriösen Brüdern unterschieden. Ende 1936 war sogar der ansonsten so gut informierte Reinhold Ebertin nicht völlig über die gegenwärtige Situation im Bilde. In einem Bericht über die aktuelle Lage der astrologischen Bewegung in *Mensch im All* (Jan. 1937) wies er darauf hin, daß die Bedingungen von Ort zu Ort verschieden seien. In einigen Städten reichte es aus, wenn ein Berufsastrologe gegenüber der örtlichen Polizei gewisse Erklärungen abgab. Offenbar wurde die Berufsausübung manchmal toleriert, wenn der Praktiker seinen Geschäften mit äußerster Diskretion nachging. Vielleicht war es auch Absicht der Behörden, jedermann im Ungewissen zu lassen. Diese Unsicherheit führte dazu, daß allerlei Gerüchte in Umlauf kamen. Das *Regelwerk* von Wittes Hamburger Schule wurde einmal verboten, dann überarbeitet wieder zum Verkauf freigegeben. So kursierten 1937 unter den Astrologen Gerüchte, das System der Hamburger Schule selbst sei verboten worden.

1935 war Dr. Korsch noch ziemlich optimistisch. Die Angriffe von Vollrath & Co. waren verebbt und die Astrologische Zentralstelle war die erfolgreichste Standesorganisation. So beschloß er, den ambitioniertesten Astrologie-Kongreß zu organisieren, der je in Deutschland stattgefunden hatte, eine internationale Veranstaltung, die im September 1936 stattfinden sollte. Nach langwierigen Verhandlungen mit dem Propagandaministerium und dem Gauleiterbüro in Düsseldorf wurde er im November 1935 offiziell angekündigt. Etwa 400 Teilnehmer besuchten den Kongreß (1.-7. Sep. 1936), darunter auch Astrologen aus sechzehn Ländern außerhalb Deutschlands. Auf der Eröffnungsveranstaltung sprachen zwei hohe Parteifunktionäre, der örtliche Gau- und der Kreisleiter. Telegramme mit hochachtungsvollen Grüßen der Astrologen gingen an den Führer und Goebbels. Als daraufhin ein Telegramm mit den besten Wünschen Hitlers zum Gelingen des Kongresses eintraf, wurde dies von den naiven Astrologen mißverstanden, weil sie nicht wußten, daß Hitlers Stab solche Verlautbarungen routinemäßig versandte. Einundzwanzig Vorträge wurden gehalten, davon sechs in französischer und einer in englischer Sprache, letzterer von W. J. Tucker (mit welchen Titeln er sich schmückte, sahen wir auf S. 100). Er sprach über „Aristoteles, Kant und elementare Astrologie".

Wohl niemand konnte vorhersehen, daß dies der letzte große deutsche Astrologie-Kongreß sein sollte. Der 1937 in Baden-Baden geplante Kongreß wurde ohne eine öffentliche Erklärung kurzfristig abgesagt, wahrscheinlich auf offizielle Anweisung.

1937 wurde auch der deutsche Zweig der Theosophischen Gesellschaft ausgeschaltet. Das Theosophische Verlagshaus Vollraths wurde geschlossen, die *Astrologische Rundschau* stellte ihr Erscheinen ein, und die AGiD, die zuletzt *Deutsche Astrologische Gesellschaft* hieß, wurde aufgelöst. Vollrath zog sich auf ein Landgut in der Nähe von Leipzig zurück (das wohl Eigentum der Theosophischen Gesellschaft war). Die meisten Räume wurden von der Hitlerjugend okkupiert, die auch den großen Flügel der Theosophischen Gesellschaft in Beschlag nahm. Ob er den Krieg überlebte, ist ungewiß.

Auch die üblichen Aktivitäten von Elsbeth Ebertin, einer Astrologin der alten Garde, kamen nun an ein Ende. Die zwanzigste Ausgabe ihres Almanachs *Ein Blick in die Zukunft* (1937) enthielt einen kryptischen Hinweis, die mögliche Einstellung ihrer Publikation sei Umständen zu verdanken, auf die sie keinen Einfluß habe. Auch *Die Astrologie* von Wilhelm Becker stellte 1937 ihr Erscheinen ein. Der letzte Vorkriegsveranstaltung war eine kleiner Kongreß 1938 in Starnberg bei München, der nur unter der Bedingung erlaubt wurde, daß kein Kongreßbericht im Druck erschien. Korsch hätte wie üblich den Vorsitz übernehmen sollen, kam aber gar nicht an, denn er war bereits verhaftet.[11] Wilhelm Wulff, der in Starnberg dabei war, erzählte mir, man habe gleich gemerkt, daß die Münchener Gestapo zwei unauffällige Beobachter geschickt hatte, die aufmerksam zuhörten und nichts sagten.

Dr. Korschs *Zenit* erschien im Dezember 1938 zum letzten Mal. Damit hatte die Astrologische Zentralstelle, wenn es sie nun überhaupt noch gab, ihr offizielles Organ verloren. Zwei Zeitschriften überlebten bis zum Frühjahr 1941: *Sterne und Mensch*, ursprünglich gegründet von Freiherr von Klöckler, aber seit Februar 1935 nicht mehr von ihm herausgegeben, und *Mensch im All* von Reinhold Ebertin. Mit keinem Wort, auch nicht andeutungsweise, wurde darin auf die astralen Implikationen der Besetzung der Tschechoslowakei im März 1939 eingegangen, oder nach dem September 1939 auf die Tatsache, daß Deutschland nun wieder einen großen Krieg führte. Die Astrologie war nun in jeglicher Hinsicht wieder in den Untergrund getrieben worden.[12] Und sicherlich studierten nun viele Menschen in Deutschland, die etwas von Astrologie verstanden, Hitlers Horoskop genauer als jemals zuvor, darunter auch der Schweizer Astrologe Karl Ernst Krafft, der jetzt in Süddeutschland lebte und voller Hoffnung auf eine Gelegenheit wartete, seine Dienste dem Dritten Reich und seinen Herren antragen zu können.

---

[11] Nach C. de Herbais de Thun: *Encyclopédie du mouvement astrologique de langue française au 20me. siècle*, Brüssel 1944, war er „in eine anstößige Affaire verwickelt". Weitere Details sind nicht verfügbar.

[12] Zur Vergangenheitsbewältigung der deutschen Astrologen siehe Christoph Schubert-Weller: „Politische Astrologie im Deutschland der 20er und 30er Jahre", *Meridian* 5/87 u. 6/87, sowie „Verdrängte Geschichte. Legendenbildung der bundesdeutschen Astrologie nach dem zweiten Weltkrieg", *Meridian* 4/88 u. 5/88. (Der *Meridian* ist die Zeitschrift des 1947 gegründeten Deutschen Astrologenverbandes, der sich als Nachfolgeorganisation der Astrologischen Zentralstelle Dr. Korschs begreift).

Teil II
Karl Ernst Krafft

Die Suche nach Krafft

Schon bald nach meiner ersten Astrologie-Lektion bei Mrs. Naylor im Jahre 1959 begann ich, Kraffts Spur aufzunehmen. Ich stieß in ihrer Bibliothek auf ein Exemplar seines 1939 erschienenen *Traité d'Astro-Biologie*, und da erinnerte ich mich wieder an ihn und die Geschichte mit dem gefälschten Brief im Jahre 1943. Mrs. Naylor lieh mir das Buch. Ich las es mit steigendem Interesse, oder besser gesagt, ich versuchte es zu lesen, denn es war völlig anders als die langweiligen astrologischen Lehrbücher, mit denen ich bislang zu tun hatte. Krafft behauptete, die Existenz kosmischer Einflüsse auf den Menschen auf der Grundlage umfangreicher statistischer Untersuchungen nachgewiesen zu haben. Der *Traité* schien eine eher biometrische als eine rein astrologische Abhandlung zu sein; jedenfalls gab es kaum eine Zeile in dem Buch, die jemandem bei der „Deutung" eines Horoskops hätte helfen können. Meine mangelnden mathematischen Kenntnisse erlaubten mir nicht, seine statistische Argumentation nachzuvollziehen, geschweige denn zu überprüfen, aber dennoch faszinierte mich dieses ungewöhnliche Werk. Es schien mir auf unerklärliche Weise eine vage und schattenhafte Gestalt ins Leben zu rufen, und ich wollte deshalb mehr über seinen Autor und seine ihm nachgesagte Verbindung zu Hitler in Erfahrung bringen.
Krafft war ganz gewiß kein Wald-und-Wiesen-Astrologe. Und es war davon auszugehen und wohl auch logisch, daß Hitler eher einen Star, einen wissenschaftlichen Virtuosen vom Format Kraffts beschäftigte als einen Niemand. Als Mrs. Naylor mich in den Anfangsgründen der Astrologie unterrichtete, interessierte ich mich mehr für Krafft als für die Astrologie, und es war eher eine Ahnung als bewußte Erkenntnis, daß alles, was ich über die Astrologie in Erfahrung bringen sollte, mit dem Rätsel Krafft in Zusammenhang stand. Da war dieses irrationale Gefühl, daß mich *l'affaire Krafft* nicht mehr loslassen sollte, bis ich Antworten auf bislang noch kaum formulierte Fragen gefunden hätte.

Bald war ich auf der Jagd nach einem Exemplar von *The Stars of War and Peace* (1952) von Louis de Wohl. In diesem Buch behauptet de Wohl, seine Anstellung als top-secret-Astrologe für verschiedene nicht näher spezifizierte britische Geheimdienste habe in direktem Zusammenhang mit der Annahme gestanden, daß Krafft für Hitler arbeite.[1] Die Gründe, auf die sich diese Annahme stützte, waren ziemlich dürftig. De Wohl bezieht sich auf Briefe, die ein am Hof von St. James akkreditierter neutraler Diplomat in den Jahren 1939-40 von Krafft erhalten habe. Dieser Diplomat habe vermutet, Krafft sei ein Berater Hitlers. So habe er, de Wohl, die Formel gefunden, die die Briten letztlich davon überzeugt habe, ihn einzustellen. Dieser Diplomat habe ihm auch gesagt, es dürfte nicht einfach sein, im Außenministerium oder an maßgeblicher Stelle jemanden zu finden, der die Verbindung Hitler-Krafft ernst nehmen würde. De Wohl war jedoch der Ansicht, es sei uninteressant, ob die maßgeblichen Leute in London der Astrologie gegenüber skeptisch seien. Worauf es ankomme, betonte er, ist, daß Hitler daran glaubt. „Wenn ich dieselben Berechnungen aufstelle wie Hitlers Astrologe," sagte er dem Diplomaten, „dann weiß ich, was für einen Rat Hitler von einem Manne bekommt, dessen Urteil er vertraut. Es ist nur logisch, daß das für die Briten von Vorteil ist." Nach seinem Bericht über die Ereignisse von 1940 sprach de Wohl mit einer Reihe von wichtigen Leuten und wurde bald darauf engagiert, geheime astrologische Arbeit zu leisten. Später sei er in den britischen Militärdienst übernommen worden.

Was mich jedoch verblüffte, war seine mangelde Neugier, was nach dem Krieg aus Krafft geworden sei. Außer seinem Buch schrieb er viele Zeitungsartikel, die internationale Verbreitung fanden und über seine Kriegs-Aktivitäten berichteten. Sie brachten aber nichts Neues über Krafft. So erwähnte er nie, daß Krafft in einem deutschen Konzentrationslager gestorben war. Ich hatte diese Tatsache von britischen Astrologen erfahren, denen der Name Krafft geläufig war. De Wohls Gleichgültigkeit, was die deutsche Seite der Geschichte anging, weckte meinen Argwohn, und ich fragte mich, ob möglicherweise mehr dahinter steckte.

Krafft war Schweizer Bürger. Er war, wie ich schließlich erfuhr, nicht vor 1937 nach Deutschland gezogen. So lag die Frage nahe,

---

[1] Ich konnte keine englische Version bekommen, und so benutzte ich die Schweizer Ausgabe: *Sterne Krieg und Frieden*, Olten 1951.

warum Krafft die Schweiz verlassen hatte, und herauszufinden, was sich in der Zeit zwischen seiner Ankunft in Deutschland und seinem Tod Anfang 1945 zugetragen hatte.
Ein oder zwei Wochen, nachdem ich mir von Mrs. Naylor den *Traité* geliehen hatte, besuchte ich Sefton Delmer auf seinem Bauernhof in Suffolk und sprach mit ihm über mein neu erwachtes Interesse an Krafft. Delmer regte an, ich solle doch versuchen, Fakten über seine Verbindung zu Hitler ausfindig zu machen. Ich erwiderte, daß Beweise, wenn es sie überhaupt gab, nur in Deutschland zu finden wären, und daß selbst elementarste Anhaltspunkte fehlten. Ich weiß noch, wie ich sagte: „Es wird eine Suche nach einer Stecknadel in einem Heuhaufen werden."
Nicht lange nach meinem Gespräch mit Delmer besuchte ich einen Vortrag der Astrologischen Loge der Theosophischen Gesellschaft. Auf einem Büchertisch wurde aktuelle und antiquarische Astrologie-Literatur angeboten, und ich erwarb ein halbes Dutzend alte deutsche Astrologie-Zeitschriften. In einer davon fand ich einen kurzen Artikel über Krafft. Der Autor schrieb, ein in London lebender Dr. Tucker habe erst kürzlich mit dessen Witwe korrespondiert. Ich konnte den in Astrologen-Kreisen recht bekannten Tucker leicht ausfindig machen und einen Besuch bei ihm arrangieren. Er konnte keine mir nützlichen Informationen liefern, sagte mir aber, daß Frau Krafft in der Villa Rosa in Commugny zwischen Genf und Nyon lebe. Ein Telephonanruf stellte klar, daß sie schon lange weggezogen und ihr gegenwärtiger Aufenthaltsort unbekannt war.
Die Einleitung zum *Traité* war im März 1939 „zwischen Genfer See und Schwarzwald" verfaßt worden, die Danksagungen Mitte Juni in Urberg, einem abgelegenen Schwarzwalddorf bei Basel nicht weit von der Schweizer Grenze. Im Telephonbuch von St. Blasien gab es keine Kraffts, und so beschlossen meine Frau und ich, ein paar Tage in Lausanne zu verbringen und dort zu versuchen, eine Spur von Krafft zu finden. In Lausanne fanden sich keinerlei Anhaltspunkte, aber ich begegnete einem ortsansässigen Astrologen, Kellner am *buffet de la gare*, der behauptete, sich auf das Auffinden vermißter Personen mittels astrologischer Techniken spezialisiert zu haben. Er war ein leutseliger Mensch, und ich hätte ihn gern näher kennengelernt. Auch war ich in Lausanne, ohne es zu wissen, nur einige Meter von Mlle. Marguerite Panchauds Porzellangeschäft in den Galeries du Commerce entfernt. Sie war eine alte Freundin von

Krafft und hatte ihn bei der Publikation des *Traité* finanziell unterstützt. Wir sollten uns jedoch erst drei Jahre später begegnen.
Bis zum erfolgreichen Gauntlett-Experiment im Januar 1961 machte ich keine weiteren Fortschritte an der Krafft-„Front". Dann, nach einer Reihe von „Zufällen" und Koinzidenzien, wurde die Spur heiß. Im Katalog eines deutschen Antiquars fand ich eine offenbar recht frühe Veröffentlichung Kraffts, *Influences cosmiques sur l'individu humain* (Genf 1923). Genau dieses Exemplar hatte Krafft am 7. Juli 1923 Dr. Martin Knapp gewidmet, einem Dozenten für Astronomie an der Universität Basel. In dem Buch fand ich einen langen maschinegeschriebenen Brief Kraffts mit einem detaillierten Abriß seiner astro-statistischen Forschungen und seiner damaligen Fortschritte. Es war seltsam, daß dieser Brief gerade zu einem der wenigen Menschen gefunden hatte, der ein besonderes Interesse an seinem Inhalt hatte.
Ein paar Wochen später transkribierte ich ein weiteres Dutzend Briefe Kraffts, die er in den Jahren 1935-38 an Mrs. Butler geschrieben hatte. Mrs. Naylor hatte mich Lady Butler vorgestellt, der Witwe von Sir Harold Butler, der vor dem Krieg Direktor des internationalen Arbeitsamtes in Genf gewesen war. Weil sie von den ungewöhnlichen Interessen Lady Butlers und ihrem langen Aufenthalt in Genf wußte, fragte Mrs. Naylor sie, ob sie Krafft jemals begegnet sei. Lady Butler hatte Krafft tatsächlich gekannt, und so arrangierte Mrs. Naylor für mich einen Termin bei ihr. Unter den Briefen fand ich eine Kopie in Kraffts Handschrift von einem Brief mit Datum 11. Oktober 1935, den er von dem in Darmstadt lebenden Hermann Graf Keyserling erhalten hatte. Der Graf hatte erfahren, daß Krafft in Mannheim einen Vortrag halten sollte, und lud ihn ein, ihn in Darmstadt zu besuchen. „Ich würde gerne ein ausführliches Gespräch mit Ihnen führen", schrieb der Graf, „Ihre Interpretation der Sprache des Nostradamus scheint mir völlig richtig zu sein. Sie ist die profundeste Darstellung der Eigenart der prophetischen Ausdrucksweise, der ich je begegnet bin."
Was mich aufhorchen ließ, war, daß Keyserling ausgerechnet Krafft kennenlernen wollte. Der Graf war eine der bekanntesten Gestalten der zeitgenössischen intellektuellen Szene, auch wenn ihn seit 1935 die Nazis in Deutschland zunehmend zum Verstummen brachten. 1960 hatte ich seine Witwe kennengelernt und fragte nun schriftlich bei ihr an, ob es eine Korrespondenz mit Krafft im Keyserling-

Archiv in Innsbruck gäbe. Die Gräfin sandte mir freundlicherweise Kopien von vierzehn Briefen, drei von ihrem Gatten an Krafft, der Rest von Krafft an den Grafen und alle aus dem Zeitraum 1937-39. Jetzt war ich in der Lage, Kraffts Leben und seine Unternehmungen für die Jahre 1935-39 teilweise zu rekonstruieren, auch wenn noch eine Menge Informationen fehlten. Ich wußte weiterhin sehr wenig über seine frühen Jahre und nahezu nichts über seine späteren Verbindungen zum Dritten Reich und die Umstände seines Todes.

Ein weiterer wichtiger Anhaltspunkt war ein Satz in der alten deutschen Astrologiezeitschrift, die mich zu Tucker geführt hatte, und den ich 1959 nicht beachtet hatte. Der Autor erwähnte „einen Astrologen Goerner", der über Kraffts letzte Zeit in Deutschland Bescheid wisse. Inzwischen hatte ich (aus einer weiteren deutschen Astrologiezeitschrift) erfahren, daß ein F. G. Goerner noch am Leben war und wahrscheinlich in Mannheim wohnte. Ich fand seine Adresse heraus und schrieb ihm. Es stellte sich heraus, daß Goerner, der sich als Psychologe und Psychotherapeut vorstellte, Krafft ausnehmend gut gekannt und 1941-42 in Berlin mit ihm im Gefängnis gesessen hatte.

Einer Konvention folgend, wie sie unter Astrologen üblich ist, tauschten wir unsere Geburtsdaten aus. Goerner teilte mir mit, er sei in Bodenbach an der Elbe am 25. Juli 1898 „mit dem Aszendenten auf 3°8' Löwe" geboren, lebe aber seit vierzig Jahren in Mannheim. Offenbar bekomme ihm die Atmosphäre und das Klima Mannheims, während Bodenbach auf einer ihm weniger zuträglichen Achse zwischen Berlin und München liege. „In der Ära des Dritten Reichs", schrieb er, „wurde meine Festnahme in München angeordnet, und mein Gefängnis war in oder in der Nähe von Berlin."

Goerner war offensichtlich gewillt, meine Neugier über Krafft zu befriedigen, erwartete jedoch, daß ich mich für seine eigenen astrologischen Forschungen interessierte. Er hatte in Zusammenarbeit mit einem gewissen Georg Lucht, der Krafft ebenfalls gut gekannt hatte, Verfahren zur Darstellung prognostischer Graphen entwickelt. Er sandte mir ein Muster einer „Lebenskurve", ich fand jedoch nicht heraus, wie sie berechnet worden war. Mit Herrn Lucht hatte er noch eine ganze Reihe ähnlicher Diagramme verfertigt, die er Dynamogramme, Polarogramme, Geogramme, Nautogramme, Aerogramme und Psychogramme nannte. Die Nauto- und Aerogramme seien für maritime und aeronautische Ereignisse gedacht, erklärte er, d. h. zur Vorhersage von Schiffsuntergängen und Flugzeugabstürzen. Er würde die Bewilligung von Forschungsmitteln durch eine gut ausgestattete Stiftung begrüßen, wenn sichergestellt sei, daß die Anwendung seiner Erkenntnisse auf den Bereich der NATO beschränkt bleibe.

Wir kamen überein, daß ich ihn an einem Wochenende im Juli 1961 besuchen sollte. Während dieser drei Tage verbrachte ich zwanzig Stunden mit Herrn Goerner und zeichnete Teile unserer Unterhaltung mit einem „Minifon"-Gerät auf. Er hatte ein ausgezeichnetes Gedächtnis und erinnerte sich akkurat an genaue Daten und viele Details. Ich verdanke ihm viel, denn er lieferte mir einen genauen Bericht darüber, was in Berlin geschehen war, als er mit Krafft bei der Gestapo in Schutzhaft saß. Er bat auch seinen Freund Lucht, ein Memorandum zu erstellen, das die Umstände seiner Zusammenarbeit mit Krafft in den ersten Monaten des Jahres 1940 beschrieb. Das erwies sich als ein äußerst wichtiges Dokument.

Ich hatte es so arrangiert, daß ich außer Goerner noch zwei andere Herren treffen konnte, Professor H. H. Kritzinger und Professor Hans Bender aus Freiburg im Breisgau. Ich hatte keinen der beiden mit Krafft in Verbindung gebracht und wollte sie aus anderen Gründen treffen. Ich hatte nämlich erfahren, daß beide sich mit Astrologie befaßten. Waren sie „gläubige Anhänger" oder gab es einen anderen Grund für ihre Beschäftigung mit einem in akademischen Kreisen nicht sehr beliebten Thema? In England jedenfalls wäre die Chance gering, einem richtigen Professor zu begegnen, der sich mit Astrologie auskannte.

Einer meiner deutschen Gewährsleute – ich hatte mit überraschend vielen ortsansässigen Astrologie-Gelehrten Kontakt – berichtete mir, Professor Kritzinger sei früher Astronom gewesen und habe sich später der Meteorologie zugewandt. Im zweiten Weltkrieg habe er an ballistischen Problemen im Zusammenhang mit den deutschen V-Waffen gearbeitet. Ich wußte zudem, daß er einen gewissen Ruhm als Autor populärer Bücher im Grenzgebiet von Wissenschaft und Okkultismus erlangt hatte, einem Niemandsland, das ein Mann in seiner Position besser nicht betrat, wenn er sich nicht öffentlicher Mißbilligung aussetzen wollte. Ich hatte nichts von ihm gelesen und wußte deshalb auch nichts von seinem Faible für Nostradamus und die antike Prophetie. In einem Brief vom Dezember 1962 schrieb er, er sei der anonyme Autor eines Flugblatts mit einer Deutung eines

prophetischen Quatrains des Nostradamus (X, 51), das 1914 unter den deutschen Soldaten in Frankreich zirkulierte.
Der Professor war damals 73 Jahre alt, machte aber noch einen erstaunlich jugendlichen Eindruck. Er empfing mich in einem von Bücherregalen umringten Arbeitsraum. Ein weitverzweigtes Netz von Drähten hing von der Decke herab. Die Drähte waren mit einer elektrischen Schalttafel verbunden. Er drückte auf einen Schalter und erklärte, wir säßen nun unter einem elektrischen Feld von 2.000 Volt, und zweifelsohne sei das unserer Gesundheit zuträglich. Ich kann jedoch nicht behaupten, daß ich etwas Besonderes verspürte.
Ich hatte erwartet, meine Unterhaltung mit Kritzinger werde sich auf den höflichen Austausch von Allgemeinplätzen beschränken, doch das war nicht der Fall. Die örtlichen Buschtrommeln waren tätig gewesen, und so wußte er, daß ich mich für Krafft interessierte. Er hatte ihn gekannt und war zudem dafür verantwortlich, daß Krafft nach Berlin gelangt und dort Arbeit gefunden hatte. Der Großteil dessen, was Kritzinger mir erzählte, findet sich in Kapitel 11. Bevor ich ging, überließ er mir noch ein paar einzigartige Dokumente aus Kraffts Berliner Zeit.
Meinem damaligen Kenntnisstand nach war Professor Bender der Inhaber eines der beiden Freiburger Lehrstühle für Psychologie, eine Kapazität als Leiter des Instituts für Grenzgebiete der Psychologie und ein Parapsychologe mit internationaler Reputation. Ich wußte auch, daß er mit einer Reihe deutscher Astrologen Testreihen mit „Blind-Diagnosen" unternommen hatte. Als wir uns trafen, erzählte er mir, er habe diese Tests erstmals 1937 mit Krafft durchgeführt[2], als er noch Mitarbeiter am Psychologischen Institut der Universität Bonn war. Er habe Krafft damals vorgeschlagen, nach Urberg zu ziehen, als er Zürich verlassen und sich eine Zeitlang in Süddeutschland niederlassen wollte. Sogar der Briefwechsel aus dieser Zeit war noch vorhanden. Meine Freundschaft mit Hans Bender wuchs schnell und führte zu regelmäßigen Besuchen in seinem Institut in Freiburg und gelegentlichen Treffen in London.
Im nachhinein war es überraschend, wieviele Informationen ich an diesem langen Wochenende in Deutschland sammeln konnte. Nach meiner Rückreise nach London schlossen sich unmittelbar weitere Entwicklungen an. Der Diplomat, der Kraffts Brief de Wohl gezeigt

---

[2] Siehe S. 208.

hatte, war Virgil Tilea, damals rumänischer Botschafter in London. Erst jetzt fand ich heraus, daß er nie nach Rumänien zurückgekehrt war und noch immer in London lebte. Ich telephonierte mit ihm und erzählte ihm, ich käme gerade mit einem aufschlußreichen Dokument (Luchts Memorandum) aus Deutschland zurück. Es sei von dem Mann verfaßt worden, der den letzten Brief Kraffts an ihn getippt habe. Tilea lud mich ein, ihn aufzusuchen, zeigte mir den fraglichen Brief und gestattete mir, ihn mitzunehmen und zu photokopieren. So konnte ich eine ganze Reihe von Stücken in einem komplizierten Puzzle an die rechte Stelle rücken.

Ein paar Wochen später erfuhr ich von einer weiteren Sammlung von Papieren, die mit Krafft zu tun hatten. Ein gewisser Dr. Adolphe Ferrière hatte ein kurzes Kapitel über „Kosmobiologie und Erziehung" für Kraffts *Traité* geschrieben. Eine Suche nach anderen Schriften Ferrières ergab, daß er *Typokosmie* (4 Bde., Nizza, Turin 1946-55) verfaßt hatte. Als ich darin las, bemerkte ich, daß große Teile auf Vorträgen Kraffts basierten, die er in Lausanne 1934-38 gehalten hatte. Da es sich um eine Nachkriegsveröffentlichung handelte, hatten möglicherweise einige Aufzeichnungen überlebt.

Ferrière war erst kürzlich gestorben, und zum Gedenken hatte sich eine *Association des Amis de Dr. Adolphe Ferrière* gebildet. Auf einem Flugblatt in einem Band der *Typokosmie* stand die Pariser Sekretariatsadresse des Freundeskreises. Ich fragte an, ob die Korrespondenz zwischen Krafft und Ferrière zugänglich sei. Daraufhin erhielt ich ein Antwortschreiben von Roger Munsch, dem Vorsitzendem des Freundeskreises. Er teilte mir mit, eine ganze Reihe von Dokumenten befände sich in Genf. Er sei der literarische Nachlaßverwalter Dr. Ferrières, und im September könne ich das Material in Paris einsehen. Schließlich besuchte ich Munsch bei sich zu Hause bei Pommeuse, Seine et Marne. Er zeigte mir ein Dutzend dicke Ordner über die Zeit 1924-41. Nach einem kurzen Blick auf diese Papiere wußte ich, daß dieses Material die frühe Zeit der Karriere Kraffts dokumentierte. Einige Wochen später kam eine vollständige Microfilm-Aufzeichnung der Korrespondenz in London an.

Goerner hatte mir erzählt, daß Krafft in den frühen dreißiger Jahren für das große Warenhaus „Globus" als Berater bei der Personalauswahl arbeitete – mit Hilfe der Graphologie und, etwas weniger offenkundig, auch mit Hilfe der Astrologie. Ich ging mit meiner Frau zu „Globus", und wir frühstückten mit E. Hans Mahler, dem

Manager der „Globus"-Gruppe, und Pastor Paul Walser. Letzterer hatte seine graphologische Ausbildung bei Krafft erhalten und wurde dessen Nachfolger als graphologischer Unternehmensberater, als Krafft seinen Vertrag mit „Globus" im Jahre 1932 gelöst hatte. Mahler konnte einige Leerstellen in der Krafft-Story füllen. Er erzählte, wie ihm sein Schwiegervater Oskar Guhl Krafft geschickt habe. Guhl war ein Züricher Tycoon, und Krafft hatte für den von ihm kontrollierten Orell Füssli Verlag und die Privatbank Guhl gearbeitet. Sowohl Mahler wie Pastor Walser hatten neue Dokumente. Die Masse des gesammelten Materials und insbesondere der Ferriére-Microfilm hielt mich das nächste Jahr beschäftigt. In der Zwischenzeit spürte ich andere Leute auf, die Krafft gekannt hatten, und korrespondierte mit ihnen. Im September 1962 machte ich eine weitere „Forschungsreise" mit zufriedenstellenden Resultaten. Sie führte mich nach München, Lausanne, Genf und einem Dutzend weiterer Orte. In München lieh mir Dr. Hans Buchheim, ein ausgezeichneter Historiker und Mitarbeiter am Institut für Zeitgeschichte, freundlicherweise seinen Ordner über die „Aktion Heß". Im Verlauf dieser Razzia der Gestapo wurden im Mai 1941, einen Monat nach dem Flug von Rudolf Heß nach Schottland, Hunderte von Astrologen verhaftet, darunter auch Krafft und Goerner. Die astrologische Bewegung wurde liquidiert. Unter Buchheims Unterlagen fand ich eine Reihe nützlicher Dokumente über Kraffts Berliner Zeit. Diese vervollständigten die Informationen von Goerner und Lucht. In Lausanne und Genf traf ich ein weiteres halbes Dutzend Personen, die Krafft gut gekannt hatten, darunter auch die schon erwähnte Mlle. Panchaud.

Meine Reisen auf der Suche nach Krafft kamen nun an ein Ende. Die erste von zwei Begegnungen mit Professor Rolph Danneel, dem Direktor des zoologischen Instituts an der Universität Bonn, fand im Herbst 1963 statt. Er war mit Krafft in Basel zur Schule gegangen und mit ihm in Verbindung geblieben. Wie die Professoren Bender und Kritzinger befaßte er sich mit Astrologie. Ein Treffen in Brüssel im Januar 1965 mit Theodore Chapellier, der in die erfolglosen Versuche verwickelt war, eine frühe Version des *Traité* zu veröffentlichen, brachte weitere Informationen und Dokumente.

vielen unerwarteten Begegnungen genossen. Ich habe aus der Krafft-Story gelernt, wie astrologische Glaubenssätze, Obsessionen und Ambitionen ein menschliches Leben dominieren und – wie in Krafts Fall – schließlich auch zerstören können. Die heidnischen Götter (oder planetarischen Dämonen) fordern hier und da noch immer ihre Opfer.

6. Karl Ernst Krafft, Studio-Portrait um 1916.

Der Ursprung einer Obsession

Karl Ernst Krafft war eher deutscher als schweizerischer Herkunft. Der Großvater väterlicherseits, der das Hotel Krafft in der Oberen Rheingasse in Basel erbaute und besaß, kam von jenseits der Grenze aus dem badischen Wiesental, das sich nach Nordosten in den Schwarzwald erstreckt. Großvater Krafft heiratete ein Fräulein Meier aus Basel, das ihm zwei Söhne gebar. Carl, der Älteste (* 24. November 1864), ging in die Wirtschaft und wurde Direktor der Baseler „Cardinal"-Brauerei. Der zweite Sohn, Dr. Albert Krafft, wurde Chemiker. Der künftige Brauereidirektor heiratete eine Anna Gebhard (* 11. März 1867), die wie ihr Schwiegervater aus dem Wiesental stammte. Carl und Anna Krafft hatten zwei Kinder, die beide in Basel geboren wurden: Karl Ernst (* 10. Mai 1900) und Anneliese (* 18. September 1901).

Felix Tappolet aus Zürich, der mit Krafft zur Schule ging und bei ihm zu Hause ständiger Besucher war, schilderte mir seine Eindrücke aus der Kindheit Krafft. Er erinnerte sich insbesondere an die, wie er es nannte, „niederdrückend spießige und stickige Atmosphäre" im Haushalt der Krafft. Im ersten einer ganzen Reihe von Briefen, die er mir 1962 schickte, beschrieb er die Eltern folgendermaßen: „Eine krankhaft herrschsüchtige (aber nicht unbegabte) Mutter und ein massiger, untersetzter Vater (‚Ich hasse Kunst!'), dessen bärbeißige Erscheinung die Musen in die Flucht geschlagen hätte, waren für die Existenz zweier Kinder verantwortlich."

Professor Rolph Danneel, den ich im vorigen Kapitel schon erwähnte, nannte im Gegensatz zu Tappolets Beschreibung Krafft senior einen „geachteten Geschäftsmann", den er immer respektiert habe. Tappolet beschrieb die Mutter: „Sie war immer schnell dabei, über jede geachtete Persönlichkeit herzuziehen, und wehe!, ihr wagte jemand zu widersprechen." Auch Danneel erinnerte sich an ihre scharfe Zunge. Tappolet: „Die Eltern waren widerlich spießig, und das ist ansteckend. Krafft war zwar kein Spießbürger, aber fast genauso unerträglich."

In einem Brief an Mrs. Butler (1. Mai 1938) verglich Krafft seine Mutter mit einem unberechenbaren Vulkan oder einer brennenden Ölquelle, die man entweder in Ruhe lassen muß oder nur löschen kann, wenn man eine Bombe wirft. In seinen Jugendjahren mußte er sich gegen den Konservatismus seines Vaters und die Tyrannei seiner Mutter behaupten. Zu seinem Vater hatte er keine rechte

Beziehung, doch an die Mutter band ihn eine Art Haßliebe. Von ihr erbte er sicherlich seine „vulkanischen" Qualitäten.
Er besuchte das Humanistische Gymnasium Basel seit 1911, kurz vor seinem elften Geburtstag, bis zu seiner Immatrikulation 1919. Tappolet berichtet, daß er ohne große Anstrengung immer zu den besten seiner Klasse gehörte. Seine Zeugnisse waren gut, außer daß er einmal als „impertinent und überheblich" getadelt wurde.[1] Seine Hausaufgaben machte er oft in der kleinen Pause, und Tappolet war beeindruckt von seiner Fähigkeit, äußerst schnell und doch gut lesbar zu schreiben. In späteren Jahren entwickelte Krafft eine nahezu kalligraphische Handschrift, die jeden Graphologen faszinierte, dem ich sie zeigte. Offenbar beeinflußte Kraffts Handschrift (siehe die Abbildungen S. 258 und 290) gleichermaßen auch die von Goerner und Danneel.
In der Schule zeigte Krafft eine ungewöhnliche mathematische Begabung. Als die Schule zu Ende ging, wollte er eine Universität besuchen, um einen wissenschaftlichen Abschluß zu machen. Sein Vater war dagegen: Wissenschaftler gäbe es dutzendweise, und eine Karriere in einer Bank oder Versicherung habe langfristig die besten Aussichten. Krafft stellte sich auf die Hinterbeine, und nach einer heftigen Auseinandersetzung durfte er sich am 23. April 1919 als Student an der Universität Basel einschreiben. Eine Woche danach starb seine Schwester Anneliese.
Tappolet mochte sie: „Anneliese war ein Engel. Sie floh durch ihren Tod (Tuberkulose) aus dieser zerstörerischen, niederdrückenden Atmosphäre. Ihr Bruder konnte dieses mörderische Milieu trotz seiner Sensibilität nur überleben, weil er mit einer gehörigen Portion mitleidloser Abwehrkraft ausgestattet war."
Im Herbst 1917 will Krafft in einem prophetischen Traum eine Vorahnung des Todes seiner Schwester erlebt haben. „Er beeindruckte mich so sehr," schrieb er 1935 in englischer Sprache, „daß ich ihn sofort in mein Tagebuch schrieb, auch wenn ich seine Symbolik nicht ganz verstand. Es steckten mit vielen Details, die sich in den Symbolen verbargen, Ereignisse darin, die erst ein Jahr später eintraten und für mein Leben und das der Menschen um mich herum

---

[1] Die Aufzeichnungen der Gymnasien seiner Zeit befinden sich in kantonalen und städtischen Archiven. Dr. Andreas Staehlin vom städtischen Archiv Basel war so freundlich, sie für mich einzusehen.

voller Tragik waren."²
Er wurde nun mit der spiritistischen Hypothese vom Weiterleben nach dem Tode konfrontiert. Tappolet: „Den Verlust ihrer Tochter hatten sie nicht verdient, glaubten die Eltern. Gott erwies sich als ein Räuber! So wurden Séancen abgehalten, um dem Jenseits seine Beute abzujagen. Vergeblich."
Krafft begann, spiritistische Literatur zu lesen. Das brachte ihn zum Okkultismus. „Ich verschlang alle Bücher aus der Universitätsbibliothek über Okkultismus und ähnliche Themen, mehr, als ich verdauen konnte... Obwohl ich damals eher wissenschaftlich und mathematisch ausgerichtet war, verspürte ich doch einen Zwang, ein Buch nach dem anderen von dieser Sorte zu lesen."³
Seine Beschäftigung mit Spiritismus und Okkultismus wurde unterbrochen, als er im Alter von zwanzig Jahren wehrpflichtig wurde. Er war kurze Zeit in einer Sanitäter-Einheit, wurde jedoch aus Gesundheitsgründen ausgemustert. Er befaßte sich damals gerade mit Telepathie und experimentierte mit einigen seiner Kameraden. Er war überrascht und auch ein wenig erschrocken, als er entdeckte, daß er ihnen offenbar Gedanken über Distanz übermitteln konnte.
Im Sommer 1919 hatte er sich kurz der Astrologie zugewandt, es aber wieder aufgegeben, da es ihr an wissenschaftlicher Fundierung mangele. Mit seinen Worten: „Ich gab dieses Studium auf, kümmerte mich wieder mehr um die Chemie und machte Yoga-Übungen."⁴
Krafft senior versuchte weiter, ihn davon zu überzeugen, die Wissenschaft zu Gunsten von etwas „Nützlicherem" wie Jura oder Ökonomie aufzugeben. Tappolet erinnerte sich an Berichte seines Freundes von hitzigen Auseinandersetzungen im Familienkreis. Der Vater drohte, seinem widerspenstigen Sohn die Türe zu weisen, so daß er für sich selbst sorgen müsse. Karl Ernst war sehr erleichtert, als ihm schließlich erlaubt wurde, sein Elternhaus zu verlassen und sein Studium an der Universität Genf fortzusetzen.
Tappolet beschrieb Krafft zu dieser Zeit: „Man kann sich keinen vorstellen, der mehr ‚Teutone' war als der zwanzigjährige Krafft. Aber der ‚Teutone' war weder groß, blond, blauäugig noch von

---

[2] K. E. Krafft: „My Approach to and my Wanderings through the Fields of Astrology" in W. J. Tuckers Zeitschrift *Science and Astrology*, London 1937, S. 248.
[3] Ibid.
[4] Ibid.

beeindruckender Größe. Im Gegenteil, er war klein und dunkelhaarig, hatte tiefliegende Augen und war mager, blaß und geduckt. Lange Zeit glich er eher einem Zwerg als einem menschlichen Wesen. Die Art, wie er sich kleidete, zeigte eine ganz persönliche Mischung aus trotzigem Einzelgängertum und hilfloser Nachlässigkeit... Sie können sich die Schäbigkeit und die ungeschliffenen Umgangsformen im Krafft'schen Milieu sicherlich vorstellen, wenn ich Ihnen sage, daß Vater wie Sohn Krägen aus Papier trugen!"
Auch andere, denen Krafft viel später begegnete, erinnern sich an seine gnomenhafte Erscheinung. Die Gräfin Keyserling schrieb: „Er war ein wunderlich kleiner Geselle von gnomenhafter Gestalt; er war bleich und hatte einen stechenden Blick; dekadent wie viele Schweizer, die seit Generationen in einem Tal leben und Inzucht treiben... Es brannte eine Flamme in ihm, ein kaltes Feuer, wie eines dieser tanzenden Irrlichter, wovon man in Büchern liest, die die Menschen im Sumpf in die Irre führen."
Auch der bedeutende Schweizer Diplomat und Historiker Carl Jacob Burckhardt hatte ihn 1936 kennengelernt (Graf Keyserling hatte Krafft zu ihm geschickt). Er erinnerte sich an seine „funkelnden, tiefliegenden Augen und seine bleiche Gestalt".
Wie ich bald herausfand, gab es niemanden, der Krafft begegnet und von diesen forschenden Augen unbeeindruckt geblieben war. Doch auf einem Auge, so Tappolet, war er fast blind.
Es folgt nun eine gekürzte Version der Eindrücke Tappolets. Man muß betonen, daß er nach dem Frühjahr 1925 Krafft nicht mehr oft zu sehen bekam, auch wenn sie als graphologische Berater sechs katastrophale Monate miteinander verbracht hatten. Die Zeit mit Krafft war sicherlich eine der wichtigsten Erfahrungen seines Lebens, wenn auch im Negativen.
„Krafft war ein schwieriger, komplizierter Mensch", schrieb er. „Er stellte sich gerne vor, ein [wissenschaftlicher] Pionier zu sein, und es juckte ihn bis in die Fingerspitzen, wenn er zeitweilig eine gewisse Berühmtheit genoß. Es lagen zwei extreme ‚Pole' in Krafft, und nichts lag dazwischen. Er begann als überzeugter Materialist und wurde zum ekstatischen Jünger des Kosmos. Seine großen Fragen waren: ‚Sein oder nicht sein?' und ‚Werde *ich* gewinnen?' Er war eine aggressive, dynamische Persönlichkeit. Sein ‚Eros' war das genaue Gegenteil von Liebe. Sein maßloser Ehrgeiz und seine Gier nach Macht suchte eher nach despotischer als erotischer

Erfüllung. Nur allmählich dämmerte ihm, daß es ‚Kräfte' und ‚Sphären' mit einem tieferen Gehalt gab, die sich sanfter äußerten. Es war ihm zur zweiten Natur geworden, sein *vis-à-vis* zu verwirren und in die Ecke zu treiben. Er konnte ungeheuer taktlos sein und war nur schwer davon zu überzeugen, daß jemandes Schweigen eher Ablehnung als das Eingeständnis einer Niederlage war."
„Er floh den Alkohol wie die Pest, weil er sich unter dem Einfluß eines starken geistigen Getränks wehrlos gefühlt hätte. Für ihn war Wehrlosigkeit wie Selbstmord. Ich kann seine Feindseligkeit der ganzen Welt gegenüber kaum beschreiben. Von daher auch seine Zuwendung zum Kosmischen. Er hatte nicht eine Spur von Humor; Ironie war für ihn Humor." Goerner jedoch erzählte mir, Krafft war, als er ihn 1931 erstmals traf, ein „lebhafter, warmherziger Mensch." Mlle. Germaine Charton, die in den dreißiger Jahren seinem Lausanner Vortragskreis angehörte, schrieb mir 1962: „Man beschrieb ihn einmal als einen Menschen, dessen Verhalten nie vorherzusehen war. Er hatte Anflüge von Genie, verhielt sich manchmal wie ein Scharlatan und wurde meist falsch eingeschätzt, weil man seinen komplizierten Charakter nicht verstand. Seine Einschätzungen von Menschen waren rechthaberisch bis zur Einseitigkcit." Dr. J. B. aus Lausanne schrieb mir: „Ich glaube, meine Begegnung mit diesem Manne stand unter den allerschlimmsten Vorzeichen und war die bedauerlichste meines ganzen Lebens..."
Die meisten Leute, die ich traf oder mit denen ich korrespondierte, konnten sich nur an seine negativen Seiten erinnern. Es war, als ob sie nach so langer Zeit nur noch seine Schattenseite sehen konnten. Doch wenn man die frühen Briefe an Dr. Ferrière und insbesondere an Mrs. Butler in Betracht zieht, gab es wohl auch eine anziehende Seite seines Charakters. Um ihm gerecht zu werden, muß man auch an seinen Idealismus, seinen enormen, wenn auch meist vergeblichen (oder verfehlten) Fleiß sowie seine unleugbare Zielstrebigkeit denken. Karl Ernst Krafft war kein gewöhnlicher Sterblicher.

Im November 1920 zog Krafft nach Genf. Er wohnte eine Zeitlang bei einer Witwe in Grand Lancy, einer langweiligen Vorstadt an der Straße nach Annecy, zog aber dann in derselben Gegend in das Haus von Monsieur Bévand, eines Handelsgärtners. Dort besuchte ihn Felix Tappolet und traf ihn an, wie er im Lendenschurz Yoga-Übungen machte. Den Vorschlag, sein Einsiedlerleben aufzugeben und einem Studentenclub beizutreten, strafte er mit Verachtung.

An einsamen Abenden begann er wieder, Astrologie zu studieren. Er wollte womöglich etwas über seine eigene Zukunft erfahren und was die Horoskope seiner Eltern enthüllten. Im Jahre 1935 erzählte er seinen Schülern in Lausanne, wie genau er sie studiert habe: „Je mehr sie mir zusetzten, desto besser verstand ich die Rolle, die ihnen das Schicksal in meinem Leben zugedacht hatte!"
Er erlebte nun die erste wichtige menschliche Beziehung seines Lebens. Im Jahre 1921 begegnete er einer gewissen Madame R. bei einem Vortrag, den Inayat Khan über seine spezielle Abart von Sufi-Mystik hielt. In Kraffts *Traité* findet sich eine versteckte Anspielung auf Madame R.: „1921 hatte ich eine wichtige Begegnung mit einer Frau. Diese Beziehung dominierte mein Leben viele Jahre lang und und drängte andere Auseinandersetzungen in den Hintergrund." Auch in einer Mitschrift seiner Lausanner Vorträge von 1935 wird sie erwähnt: „1921 war meine progressive Venus im Sextil zu meiner Radix-Sonne. Im Winter 1920-21 bemerkte ich diesen Aspekt. Wie würde er sich auswirken? Den astrologischen Lehrbüchern nach war es ein vorteilhafter Aspekt... Schließlich begegnete ich jemandem, der für Jahre eine entscheidende Rolle in meinem Leben spielen sollte. Vom rationalen Standpunkt aus war es eine hoffnungslose Liebe, doch für meine persönliche Entwicklung und meine Arbeit eine der wichtigsten Begegnungen meines Lebens."
Tappolet lernte Madame R. kennen: „Sie schliff seine rauhen Kanten ab. Er wurde ein wenig *gauche*, war nicht mehr so sehr der Provinz-Teutone aus Basel. Natürlich bat er sie, ihn zu heiraten, doch sie hatte einen Ehemann, der ihr anders als Krafft ein Leben in Luxus bieten konnte. Sie war fünf Jahre älter als Krafft, intelligent, gut aussehend und elegant, und hatte eine Neigung zur Esoterik."
Krafft folgte einem akademischen Lehrplan ohne System, ohne ein festes Ziel. Jahre später schrieb er in einem Brief, er habe in Basel und Genf Physik, Chemie, Mineralogie, Mathematik, Astronomie, Botanik, Zoologie und Statistik studiert. Mit Ausnahme der mathematischen Wahrscheinlichkeitsrechnung und ihrer Anwendung zu statistischen Zwecken kann sein Wissen in all diesen Bereichen wohl nur oberflächlich gewesen sein.
Kraffts Beschäftigung mit der Astrologie führte zu einem Konflikt zwischen Glaube und Verstand. Offenbar „funktionierte" die Astrologie, doch was die Astrologen Wissenschaft nannten, war eindeutig unwissenschaftlich. Jedenfalls gab es keinen Beweis, der einen

Wissenschaftler zufriedengestellt hätte. Mit Ausnahme Paul Choisnards zwanzig Jahre zuvor hatte kein Astrologe versucht, das Problem von einer wissenschaftlichen Basis anzugehen. So beschloß Krafft, das Choisnard'sche Experiment auf einer anspruchsvolleren Ebene zu wiederholen. Sicherlich hoffte er, einen Beweis für einen stellaren „Einfluß" erbringen zu können, rationalisierte diesen Wunsch jedoch diskret. Und es ist ziemlich unwahrscheinlich, daß er sein persönliches Faible für die Astrologie Professor Liebmann Hersch gegenüber offenlegte, der mathematische Statistik an der Genfer Universität lehrte. Doch die Grundkonzeption seines astrostatistischen Projekts hatte er mit Hersch sicherlich besprochen.
Über die frühen Phasen seines ehrgeizigen Plans ist nur wenig bekannt, doch die groben Umrisse lassen sich aus seinen Briefen und Veröffentlichungen ableiten. Sinnvollerweise beschloß er, die althergebrachte astrologische Tradition mit ihrer Unmenge von vagen und einander oft widersprechenden Aussagen gänzlich außer acht zu lassen. Er hoffte, durch eine objektive statistische Analyse einzelner Faktoren aus einer großen Anzahl von Horoskopen einige Daten liefern zu können, die außerhalb des Gesetzes der mathematischen Wahrscheinlichkcit lägen. Solche Daten würden nicht notwendigerweise die Gültigkeit der Tradition stützen, aber womöglich die Existenz „astraler Phänomene" aufzeigen, die der orthodoxen Wissenschaft bis dato entgangen waren. Seine Absicht war also nicht, zu belegen, daß beispielsweise „Mond in Waage im sechsten Haus" dieses oder jenes bedeutete. Er wollte eher unerwartete Häufungen von Winkelbeziehungen oder unerwartete Planetengruppierungen in irgendeinem Bereich der 360° der Ekliptik zwischen 0° Widder und 29° Fische nachweisen. Schließlich wollte er herausfinden, ob es zwischen den aktuellen Planetenpositionen an einem gegebenen Tag (er nannte das „bewegliche Faktoren", also Transite) und denen des Geburtshoroskopes einen Zusammenhang gebe.
Ein statistischer Ansatz setzt notwendigerweise eine große Zahl von Horoskopen voraus. Außerdem war ungewiß, ob positive Ergebnisse, wenn sie überhaupt nachzuweisen waren, die Tradition substantiell betrafen, und ob die neue Wissenschaft „Kosmobiologie" mit ihrem Pionier Krafft, der sich schon als ein zweiter Newton sah, zu irgendwelchen weitergehenden praktischen Anwendungen führen würde. Die erste Forschungsphase begann 1921 und dauerte bis Frühjahr 1923. Das meiste Forschungsmaterial sammelte Krafft

in der Genfer Registratur für Geburts- und Todesfälle, wo er stundenlang Daten aus alten Registern von 1820 an kopierte. Dann folgte die ermüdende, nahezu mechanisch ablaufende Berechnung tausender von Horoskopen und deren weitaus anstrengendere statistische Analyse zu zehntausenden durchnumerierter „Beobachtungen". Louis Bévand, der junge Sohn des Vermieters, Student am örtlichen Handelskolleg, erlernte, wie man Horoskope erstellt, und konnte so in seiner Freizeit Krafft etwas von der Plackerei entlasten. Krafft begann mit einer Wiederholung des Choisnard'schen Experiments „astrale Erbschaft", wobei ihm nur wenige Horoskope zur Verfügung standen. Die Hypothese war, daß sich bei Mitgliedern verschiedener Generationen derselben Familie gewisse Faktoren im Horoskop wiederholten. Anhand des vorliegenden Materials gelangte Krafft zu dem sicheren Schluß: „Der Mensch wird nicht zufällig geboren, sondern unter einer planetaren Konstellation, die eine markante Ähnlichkeit mit denen anderer Mitglieder derselben Familie hat." Als nächstes beschäftigte er sich mit „kosmischen Einflüssen auf das menschliche Temperament und die Psyche". Um den Untersuchungsgegenstand einzugrenzen und ein gemeinsames Muster nachzuweisen, beschloß er, die Horoskope einer großen Anzahl von Individuen zu untersuchen, die ein Interesse oder einen Beruf wie die Musik gemeinsam hatten. So ermittelte er die Geburtsdaten von 2.800 Musikern, die nach 1820 geboren waren, anhand biographischer Lexika. Die nachfolgende Analyse von etwa 60.000 durchnumerierten Beobachtungen führte zu dem unweigerlichen Schluß, es bestehe eine nachweisbare Beziehung zwischen dem Geburtshoroskop und der Musikalität: „Die Geburtskonstellation hat einen markanten Einfluß auf das Temperament und die psychische Verfassung eines menschlichen Individuums." Darüber hinaus untersuchte er mögliche „kosmische Einflüsse auf die menschliche Physiologie" und wählte zu diesem Zweck das Phänomen Tod. Seine Hypothese war: „Der Tod tritt nicht unter einer zufälligen Konstellation ein, sondern ist mit laufenden Planetentransiten über bestimmte Punkte des Geburtshoroskops verbunden." Die zusammenfassende Schlußfolgerung war: „Die Geburtskonstellation bestimmt ein für alle Mal die physische Konstitution eines Individuums, seine Neigungen und Abneigungen... Im Verlauf des Lebens beeinflussen die laufenden Planetentransite die physische Entwicklung, stimulieren sie, reduzieren sie (durch Krankheit) oder beenden sie (durch Tod)."

Solche und noch weitergehende Schlüsse veröffentlichte er 1923 in seiner Broschüre *Influences cosmiques sur l'individu humain* und wiederholte sie 1939 ohne die mathematischen Argumente in seinem *Traité d'Astro-Biologie*. Professor Hersch hatte seine statistischen Verfahren und seine Dokumentation überprüft und war zufriedengestellt. Die wenig kritische Billigung Herschs verstärkte die falsche Selbsteinschätzung Kraffts und hatte großen Einfluß auf seinen weiteren Lebensweg. Der ganze sogenannte statistische Beweis war zweifelsohne völlig wertlos. Die neue Wissenschaft Kosmobiologie war von Anfang an ein Hirngespinst.[5]

Am 31. Mai 1923, kurz vor Ende seines letzten Semesters in Genf, erlaubte Professor Hersch Krafft, am statistischen Seminar der Universität einen Vortrag über „Kosmische Einflüsse auf das menschliche Individuum" zu halten. Eine Reihe von Herschs Kollegen und einige ortsansässige Mediziner besuchten diesen Vortrag und vernahmen überrascht das ermunternde Urteil Herschs: „Auch wenn es für den Zusammenhang zwischen kosmischen und biologischen Phänomenen keine rationale Erklärung gibt, ist doch der Beweis, den Monsieur Krafft mittels statistischer Methoden vorlegte, als schlüssig anzusehen."

Andere waren nicht so entgegenkommend. Der Botanik-Professor sagte: „Sie können nachweisen, was sie wollen, ihre ganze Theorie ist kompletter Unsinn", und der Astronomie-Professor riet ihm, seine Zeit nicht mit solchen Albernheiten zu verschwenden. Ein Baseler Mathematiker, der sich die Mühe gemacht hatte, die riesige Dokumentation zu untersuchen, meinte schließlich: „Das Material und die Methode scheinen mir unangreifbar zu sein, doch ich kann

---

[5] Nach dem Tode Kraffts versuchte der französische Wissenschaftler Michel Gauquelin, der keinerlei astrologische Verbindungen hatte, die Arbeit Kraffts anhand seiner Hinweise und mit Hilfe des im *Traité* veröffentlichten Materials zu wiederholen. Abgesehen von negativen Ergebnissen wies er nach, daß die statistischen Methoden Kraffts so primitiv wie irreführend waren. Nachdem er Krafft „erledigt" hatte, entschloß er sich, das Experiment auf breiterer Grundlage zu wiederholen. Diesmal waren die Resultate überraschend. [Cf. M. Gauquelin: *Kosmische Einflüsse auf menschliches Verhalten*, Freiburg 1983, und Françoise Gauquelin: *Psychologie der Planeten: Astrologie und Persönlichkeit*, Freiburg 1984; darüber hinaus Hans Jürgen Eysenk / David Nias: *Astrologie - Wissenschaft oder Aberglaube?*, München 1982, und Suitbert Ertl: „Wissenschaftliche Qualität und progressive Dynamik im Gauquelin-Paradigma", in: *Zeitschrift für Parapsychologie und Grenzgebiete der Psychologie*, Nr. 28 H. 1/2, 1986. (A.d.Ü.)]

nicht fassen, wie einem Gauß oder Helmholtz solch wichtige Fakten entgangen sein sollten. So halte ich dagegen, daß Ihre Resultate auf einer Art Selbsttäuschung beruhen, die schwer festzumachen ist." Da weder Hersch noch der Baseler Mathematiker einen Fehler in seinen statistischen Methoden nachweisen konnten, schrieb Krafft gegenteilige Kritik akademischem Konservatismus zu. Er war davon überzeugt, daß für den Begründer der neuen, epochemachenden Wissenschaft Kosmobiologie Ruhm und vielleicht auch Wohlstand in Reichweite lägen. Sogar sein skeptischer Vater glaubte eine Zeitlang, daß Karl Ernst etwas wirklich Bedeutsames entdeckt habe, und setzte ein kleines Gehalt für Louis Bévand aus, damit er ihm ganztags assistieren könne.

Vierzehn Tage nach seinem Auftritt an der Universität stellte Krafft eine erweiterte Version seines Vortrags in zwei Teilen, illustriert durch Diapositive, im Vortragsaal in der Rue d'Athenée vor. Er nahm keinen Eintritt; es wurde gesammelt, um die Unkosten zu decken. Eine Zusammenfassung seiner Schlußfolgerungen „Influences cosmiques sur l'individu humain" erschien in *Vers l'Unité*, einer lokalen Zeitschrift, die sich hauptsächlich mit Parapsychologie beschäftigte. Krafft senior bezahlte einige Sonderdrucke, darunter fünfzehn auf besseren *papier de Hollande*. Ein solches Exemplar gelangte 1961 unerwartet in meinen Besitz.

Krafft senior erlebte nun eine unangenehme Überraschung. Erst jetzt erfuhr er, daß sein starrsinniger Sohn nach vier Jahren an zwei Universitäten nichts vorzuweisen hatte als eine riesige Horoskop-Sammlung, eine umfangreiche statistische Kartei und ein Pamphlet. Krafft kehrte ohne akademischen Grad oder ein Diplom nach Basel zurück. Außerdem hatten die akademischen Autoritäten in Genf klargestellt, daß sie Krafft keinen Dr. phil. verleihen würden, der auf astro-statistischer Forschung beruhte.

Man kann sich die Aufregung in Basel unschwer vorstellen. Krafft senior forderte, die astrologischen Hirngespinste sofort aufzugeben, sich eine Stellung bei einer Bank oder Versicherung zu suchen oder das Studium anderswo ernsthaft fortzusetzen, um einen akademischen Titel in Jura oder Ökonomie zu erwerben. Krafft wandte erfolgreich eine Verzögerungstaktik an und überzeugte seinen Vater, ein „Dr. phil. (Kosmobiologie)" sei weiterhin möglich, insbesondere in London. Über Professor Hersch hatte er vermutlich von Professor Pearsons Institut an der dortigen Universität erfahren. So überredete er seinen ratlosen Vater, ihm zu gestatten, nach England zu gehen. In der Annahme, die Kosmobiologie werde niemals ernst genommen, wenn sie der überraschten Welt nicht von einem Doktor Krafft präsentiert werde, kam man überein, Krafft solle sein Glück bei Pearson versuchen.[6]

Anfang Januar 1924 kam Krafft in London an. In West Hampstead fand er eine Unterkunft. Einige Wochen später erreichte ihn ein Brief eines ihm unbekannten Dr. Adolphe Ferrière aus Genf. Er hatte seinen Aufsatz in *Vers l'Unité* gelesen und sich verpflichtet gefühlt, ihm zu schreiben. Krafft wußte nicht, daß sein Korrespondent ein bedeutender Schweizer Pädagoge war.[7]

Dr. Ferrière hatte in den Kriegsjahren 1914-18 damit begonnen, sich mit der Astrologie zu beschäftigen, und hatte festgestellt, daß sie irgendwie „funktionierte", wenn auch nicht in zufriedenstellender Weise. Er vermutete, mit ihrer Hilfe sei es möglich, etwas über das Temperament schwieriger oder zurückgebliebener Kinder zu erfahren, ließ sich aber entmutigen, da er wie viele andere, die sich darin versucht hatten, große Schwierigkeiten mit der Deutung eines Horoskops hatte. Es gab die Symbole, aber was bedeuteten sie wirklich? Auch Kraffts Broschüre lieferte keinerlei Hinweise hierzu, denn es bestand ja keine Verbindung zwischen der traditionellen Astrologie und den angeblichen planetaren Einflüssen bei Krafft.

---

[6] Karl Pearson (1857-1936) war der Inhaber des von Francis Galton begründeten Lehrstuhls für Eugenik an der Universität London und genoß internationale Reputation. Die statistischen Methoden, die er verbessert oder erfunden hatte, fanden Anwendungen in den unterschiedlichsten Bereichen der wissenschaftlichen Forschung, so daß er Studenten aus allen Teilen der Welt anzog und seine Abteilung viele Jahre lang ein Mekka der Biostatistiker und Genetiker war. Theoretisch war das der richtige Ort für Krafft, auch wenn Pearson anfänglich nicht wußte, welch seltsamer Fisch sich da in seinem biometrischen Netz verfangen hatte.

[7] Adolphe Ferrière (1879-1960) gehörte einer alteingesessenen protestantischen Genfer Familie an. Er studierte Zoologie in Genf, wechselte aber zur Pädagogik, als er Hermann Lietz (1868-1919) begegnet war, einem pädagogischen Theoretiker und dem Begründer der „Landschulheime" (nach englischem Vorbild). Ferrière gründete 1899 das *Bureau International des Écoles Nouvelles*, wurde 1902 in Genf Doktor der Soziologie, und stieß 1912 zum Mitarbeiterstab des neugegründeten Genfer Instituts Jean-Jacques Rousseau, das sich auf experimentelle Erziehungsforschung spezialisiert hatte. Er schrieb viele Bücher über Erziehungstheorie, die oft übersetzt wurden. Sein Werk *Psychological Types and the Stages of Man's Development*, London 1958, verdankt der Astrologie und damit Krafft mehr, als der uneingeweihte Leser vermutet.

Ferrière hoffte jedoch, Krafffts Arbeit könne zur Erhellung des jahrhundertealten astrologischen Rätsels beitragen.
Krafft und Ferrière korrespondierten im Frühjahr und Sommer 1924 miteinander. In einer Reihe längerer Briefen verkündete Krafft, er plane ein gigantisches Forschungsprojekt, ließ aber durchblicken, Pearson, den er einen „überzeugten Darwinisten" nannte, stehe der Gültigkeit seiner kosmobiologischen Theorien skeptisch gegenüber. Wichtigtuerisch erklärte er, Pearson verstehe seine Dokumentation nicht, aber wahrscheinlich hatte Pearson zu wenig Zeit, sich Krafffts Spekulationen anzuhören. Auch mußte Krafft eingestehen, in einem Monat bei Pearson mehr über statistische Techniken gelernt zu haben als in einem ganzen Jahr bei Professor Hersch in Genf. Krafffts Aufenthalt in London war jedoch nicht ausschließlich der Begründung der Kosmobiologie gewidmet, denn laut Tappolet machte er dort seine erste sexuelle Erfahrung. Die junge Lady schenkte ihre Zuneigung jedoch bald einem anderen, der etwas weniger kompliziert war.
Im Juli 1924 war Krafft wieder in Basel. Das britische Klima hatte ihm nicht zugesagt, und seine Eltern hatten ihm die Rückkehr in die Schweiz nahegelegt. Weiter kompliziert hatte sich die Situation durch die Tatsache, daß die Universität London seine in Basel und Genf verbrachten Semester nicht anerkennen wollte und darauf bestand, daß er für einen akademischen Titel weitere drei Jahre in London zu studieren habe. Krafft senior war bereit, eine weitere Zeit akademischen Strebens zu unterstützen, aber Karl Ernst wies dieses Angebot zurück, das sei reine Zeitverschwendung. Noch immer war er von der Bedeutung seiner Entdeckungen völlig überzeugt, er wolle seine Forschungen abschließen und die Resultate ohne jegliche Verzögerung der erstaunten Welt präsentieren. Die Reaktion seines Vaters lautete, je früher er eine Arbeit fände desto besser. Karl Ernst hatte keine Lust, in einem Büro zu versauern, und so schrieb er an Ferrière, ob nicht im Institut Jean-Jacques Rousseau eine Nische für ihn zu finden sei. Er könne Sprachen und Statistik lehren und als zusätzliche Attraktion einen Kurs in Kosmobiologie organisieren. Er habe Geduld, denn er wisse aus seinem Horoskop, daß er bis 1928 mit vielen Schwierigkeiten zu rechnen habe. Ferrière kritzelte an den Rand des Briefes: „Kein Geld dafür da. Was ist mit dem Doktorat?"
Krafft senior zog sich im Sommer 1924 aus dem Beruf zurück, und

als Karl Ernst Anfang Juli nach Basel zurückkehrte, waren gerade die Verhandlungen über den Erwerb eines kleinen Anwesens abgeschlossen, der Villa Rosa in Commugny, einem Dorf zwischen Genf und Nyon am Genfer See. Zu seinem Glück verzögerten sich durch die Umzugsvorbereitungen genauere Überlegungen über seine Zukunft. Er verbrachte diese Zeit mit dem Kopieren tausender von Geburts- und Todesdaten in der Baseler Registratur und entkam im August nach Genf, wo ihn die Angestellten der Registratur erzürnten, denn sie verlangten zwei Franken pro Stunde für das Privileg, ihre staubigen Bände zu benutzen. Hier traf er Ferrière zum ersten Mal. Vielleicht wußte er schon, daß der Doktor stocktaub war. Bei seinen Unterlagen sind viele Papierfetzen, auf die Krafft Anworten auf Fragen über Astrologie und Kosmobiologie gekritzelt hatte.
Am 8. September zog die Familie in die Villa Rosa, und damit begann die Hölle für Krafft. Noch ein paar Wochen zuvor hatte er geglaubt, nach London entkommen zu können, aber Krafft senior hatte diesen Fluchtweg blockiert. Der Streit über seine Zukunft ging weiter. Tappolet berichtete folgende Anekdote:
„Was du brauchst, ist eine Lebensstellung," sagte Krafft senior.
„Was ist eine Lebensstellung?" fragte Karl Ernst.
„Eine Lebensstellung", sagte sein Vater unheilschwanger, „ist eine, in der du bis zum Tod bleiben kannst!"
Es wurde Winter, und Krafft war noch immer in der Villa Rosa. Er blieb dort auch den Rest des Jahres 1924 und rackerte sich durch seine Horoskope und Statistiken. Louis Bévand stand noch auf der Gehaltsliste, arbeitete mehr oder weniger die ganze Zeit im Hause und fuhr nur an den Wochenenden nach Genf zurück. Bévand erinnerte sich, daß Krafft beim gemeinsamen Essen mit der Familie meist gedankenversunken kaum ein Wort sprach. Danach zogen sie sich in Kraffts Zimmer zu den Horoskopen zurück. Die akademische Stille wurde nur gestört, wenn Frau Krafft mit wütendem Geschrei die Kühe verscheuchte, die regelmäßig in den Garten kamen. In Basel hatte Krafft nach dem Abendessen fliehen können und Freunde besucht, aber in Commugny kannte er niemanden, und schlimmer noch, der Vater erwartete ihn zum abendlichen Kartenspiel oder zum Schach. Das gab ihm den Rest.
Gelegentlich unternahm er einen halbherzigen Versuch, Arbeit zu finden, doch bis Dezember 1924 tat sich nichts. Schließlich fand er bei der kürzlich gegründeten Internationalen Studenten-Union in

Genf eine Teilzeitbeschäftigung. Krafft sah das als Rückschlag an, wußte aber keine bessere Lösung. Die simple Verwaltungstätigkeit unterbrach seine private Arbeit, doch dafür mußte er seine Eltern nicht so häufig sehen.
Felix Tappolet war 1925 eingeladen, die Osterferien in der Villa Rosa zu verbringen. Er fand die Atmosphäre „mörderisch". Eines Nachmittags vergnügte er sich beim Unkrautjäten im Garten. Da erschien Frau Krafft und fragte ihn wütend, was er da treibe. „Wozu soll das gut sein?" schrie sie. „Nur, damit Sie in Basel allen erzählen können, wir hätten Sie arbeiten lassen?"
Krafft war dabei, schlich sich aber davon. Später sagte er: „Das einzig Gute an der Villa Rosa ist, daß sie fünf Ausgänge hat, die Schornsteine nicht mitgerechnet!"
Briefe aus dieser Zeit an Dr. Ferrière lassen vermuten, daß Krafft sich einer Psychoanalyse unterzog, näheres ist jedoch nicht bekannt. Er verließ die Internationale Studenten-Union und wurde Assistent in der „Quo Vadis"-Buchhandlung von Miss Storey in Genf. Sie war eine wohlhabende alte Jungfer aus England, Theosophin und hingebungsvolle Schülerin von Krishnamurti, dem „Weltenlehrer" Annie Besants. Krafft scheint im „Quo Vadis" ziemlich glücklich gewesen zu sein, wo er die Werke von Madame Blavatsky, Annie Besant, Reverend C. W. Leadbeater und andere esoterische Ergüsse verkaufte. Tappolet berichtete, daß Miss Storey ihren Helfer manchmal etwas erdrückend fand.
In seiner freien Zeit arbeitete Krafft weiter an seinen Astro-Statistiken, und Louis Bévand arbeitete in der Villa Rosa oder der Genfer Registratur. Krafft hatte inzwischen eine immense Menge an Material gesammelt, war aber offenbar nicht fähig, eine Synthese zu schaffen. Kopien seiner Briefe aus dieser Zeit an Dr. Mrsic und Dr. Kritzinger zeigen, daß er ein ehrgeiziges *opus magnum* plante, doch dabei blieb es auch. Krafft senior wurde immer ungeduldiger. Am Weihnachtsabend 1925 kam es zu mehr als dem üblichen Unwetter: er habe die Villa Rosa zu verlassen und für sich selbst zu sorgen. In den nächsten Wochen gab es noch einen trügerischen Waffenstillstand, dann handelte Krafft senior. Er traf sich mit seinem Freund Oskar Guhl, einem Züricher Magnaten, der die Guhl-Bank, das bedeutende Warenhaus „Globus" und – wahrscheinlich eine Neuerwerbung – den Orell Füssli Verlag kontrollierte. Man kam überein, Krafft als Management-Trainee mit äußerst knappem Gehalt bei

Orell Füssli einzustellen. Diese elterlichen Anordnungen wurden dem wütenden und schockierten Karl Ernst in der dritten Januarwoche 1926 verkündet, und man erwartete darüber hinaus, daß er sich von seinem Gehalt selbst ernähre.

Die Schmach dieses Exils in Zürich war zuviel für Krafft. In einem hysterischen Brief vom 22. Januar 1926 an Dr. Ferriere schilderte er seine aufgewühlten Gefühle – selbst die Handschrift verrät die nervöse Erregung. Pathetisch beklagt er die „ungerechtfertigte Strenge" der Eltern, seine Bestürzung, daß Louis Bévand genau zu dem Zeitpunkt entlassen werden sollte, wo gewaltige wissenschaftliche Entdeckungen sich am Horizont abzeichneten, und des Vaters „kurzsichtigen Wunsch nach Sicherheit bis zur n-ten Generation." Es habe Zeiten gegeben, in denen er daran gedacht habe, all die tausend Horoskope zu verbrennen und ein normales Leben mit der üblichen Karriere, Frau und Familie zu beginnen, aber jetzt sei es zu spät. Wenn seine Eltern ihm „die Hände abschneiden", werde er „mit den Zähnen weiterarbeiten". Inzwischen habe er sein Testament gemacht und all seine Papiere Dr. Ferrière vermacht, der, wie er hoffe, sein Werk fortsetzen werde.

Dr. Ferrière machte ein, zwei Wochen später den Vorschlag, ihn vor seiner Abreise nach Zürich in der Villa Rosa zu besuchen. Krafft antwortete seinem Freund am 5. März 1926, er habe seit September 1925 im Haus seiner Eltern keinen Besucher mehr empfangen und wolle, solange sie lebten, dort auch keinen mehr sehen, wenn sie ihn nicht eigens darum baten.

Am 20. März 1926 bestieg Krafft den Zug nach Zürich. Wenn Krafft senior glaubte, der kosmobiologischen oder astrologischen Obsession seines Sohnes ein Ende gesetzt zu haben, irrte er sich. Doch nun verschwindet der vielzitierte Vater aus der Geschichte.

Ein unkonventioneller Berufsastrologe

Als Krafft nach Zürich kam, war er zunächst für einige Tage Gast in Oscar Guhls Villa auf dem Zürichberg, bevor er ein weniger komfortables Quartier bezog. Fast zwei Monate vergingen, bis er Zeit fand, Dr. Ferrière ausführlich zu schreiben (13. Mai 1926), und er brauchte acht enggetippte Seiten, um all die aufregenden Neuigkeiten unterzubringen. Er berichtete, Guhl habe sein monatliches Salär bereits um 100 Franken auf Fr. 500.- erhöht und ihm eine weitere Gehaltserhöhung für den Herbst versprochen. Dies stehe gegen die Überzeugung des Vaters, „er sei noch nicht einmal fähig, das Wasser in seiner Suppe zu bezahlen." Guhls gute Meinung von ihm zeige sich auch in anderer Weise. In den beiden Monaten bei Orell Füssli habe er mehr für sein Werk – die Kosmobiologie – gelernt, als in all den Jahren, die der Statistik und der Meditation gewidmet waren. Mit einem Verlag und den verfügbaren Druckmöglichkeiten hoffe er nun, sein *opus magnum* schnell zu vollenden und seine Produktion selbst zu überwachen.

Orell Füssli war ein nüchterner Schul- und Adressbuch-Verlag mit angeschlossener Druckerei. Krafft kam zu einem Zeitpunkt, als Guhls Politik der Reorganisation und Expansion gerade zu greifen begann. Zunächst assistierte er in der Verlagsleitung und erhielt zunehmend verantwortungsvollere Aufgaben. Im Herbst 1926 teilte er Dr. Ferrière stolz mit, bald werde er zum stellvertretenden Geschäftsführer „nicht nur des Verlags, sondern der ganzen Firma" befördert. Im Oktober schrieb er an Dr. Ferrière, er sei zuversichtlich, was das Projekt einer deutschen Ausgabe von dessen Buch *L'éducation dans la famille* angehe, und legte die Kopie eines Schreibens bei, das er dem Verlagsdirektor Zutt vorgelegt hatte. Es war in einem flüssigem Geschäftsdeutsch abgefaßt. Der wandelbare Krafft hatte die Geschäftssprache schnell erlernt. „Reichhaltige technische und kaufmännische Fähigkeiten lagen bei Krafft brach", urteilte Tappolet 1962.

Doch bald steckte er wieder in größten Schwierigkeiten, wenn auch wohl nicht mit Guhl, denn seine übereifrige Einmischung hatte zur Entlassung eines Kollegen geführt, der wie Krafft einen „Gönner" hatte. Für einen Moment sah es aus, als müsse auch er seinen Hut nehmen. Im Januar 1927 allerdings, weniger als ein Jahr nach seiner Ankunft in Zürich, konnte er Dr. Ferrière mitteilen, daß er nun „im Büro des alten Direktors sitze und definitiv an seine Stelle getreten"

sei. Vierzehn Tage später schrieb er: „Es läuft besser nun im Geschäft. Mein progressives Mondsextil macht sich bemerkbar, auch wenn das nur die Tradition sagt... Es ist nicht meine kosmobiologische Arbeit, die mir im Beruf geholfen hat, sondern meine umfassende Bildung und merkuriale Anpassungsfähigkeit."
Seine Zeit bei Orell Füssli endete im Herbst 1928 so plötzlich, wie sie begonnen hatte. Schnelle Beförderung und zweifellos auch sein Mangel an Takt hatten die Eifersucht geschürt bei „Kollegen, denen die Umstände erlaubt hatten, mich zu ‚enthaupten'." Der Gebrauch dieses Wortes ist symptomatisch. Es gab „Verschwörungen, Intrigen und Vertrauensmißbrauch; ein raffiniertes Ausnutzen einiger Fehler – die ein tätiger Mensch unvermeidlich macht." Guhl schickte seinen Protegé nicht mit Schande in die Villa Rosa zurück, sondern versetzte ihn in seine Bank und bezahlte ihn dafür sehr gut. Wenig später wurde er, ebenfalls auf Teilzeitbasis, im „Globus"-Warenhaus bei Guhls Schwiegersohn Hans Mahler eingestellt.
Diese plötzliche Veränderung seiner Position verdankte Krafft verschiedenen Faktoren. Er hatte kurz zuvor einige Resultate seiner astro-statistischen Forschungen veröffentlicht, und Mahler war auf seine kosmobiologischen Theorien aufmerksam geworden. Er wollte Krafft die Chance geben, zu überprüfen, ob sich sein Wissen und seine Fähigkeiten, wie unkonventionell immer, im Rahmen einer großen geschäftlichen Organisation sinnvoll einsetzen ließen. Man muß hinzufügen, daß Mahler, damals Anfang dreißig, sich sehr für experimentelle Managementtechniken interessierte und dabei seinen Zeitgenossen weit voraus war. In dieser Hinsicht hatte Krafft etwas Interessantes zu bieten, und so wurde der Statistiker Charakterologe.
Auch wenn Kraffts Haltung gegenüber der traditionellen Astrologie skeptisch, wenn nicht herablassend war, hielt ihn das nicht davon ab, damit zu arbeiten. Schon bald nach seiner Ankunft in Zürich ermöglichte ihm sein astrologisches Wissen, ein wenig Taschengeld zu verdienen. In einem Brief vom Mai 1926 an Dr. Ferrière findet sich ein Hinweis auf eine Vorauszahlung für eine Horoskop-Deutung. Nach seinem Ausscheiden bei Orell Füssli schrieb er dem Doktor im Oktober 1928, er habe „äußerst befriedigende Resultate im psycho-diagnostischen Bereich erreicht, und daneben zusätzliche Nebeneinkünfte, hauptsächlich durch Handschrift-Analysen." Im Januar 1929 vermerkt er, daß seine Arbeit als Charakterologe

„alle beteiligten Parteien zufriedenstellt". Er liefere oftmals „wirklich erstaunliche Ergebnisse, wie die Rekonstruktion vergangener Ereignisse". Im April 1929 berichtet er Ferrière nach einem kurzen Besuch in Paris, „man war sehr interessiert an meiner Arbeit als *conseiller-psychologue-caractérologue*... Möglicherweise läßt sich ein Arrangement treffen, das mir erlaubt, die Bank in Zürich zu verlassen, nicht aber ‚Globus'. Es soll mir an die zehn- oder zwölftausend Francs pro Jahr einbringen. Das bringt jeden Monat einige Kurzreisen nach Paris mit sich." Wahrscheinlich hatte Mahler den Kontakt zum Pariser Warenhaus „Printemps" hergestellt. Jedenfalls arbeitete Krafft im Jahre 1932 eine Zeitlang für diese Firma.
Im August 1929 schrieb er Ferrière, die „Globus"-Direktion habe ihn als psychologischen Berater eingestellt. „Die Arbeit ist Graphologie, d. h. Einstellung von Personal und andere Angelegenheiten. Sie nimmt ein Drittel meiner Zeit in Anspruch, doch die Honorierung ist sehr großzügig." Es bestehe Aussicht auf weitere Aufträge von Orell Füssli, außerdem arbeite er für die Guhl-Bank, wenn auch nur wenige Stunden wöchentlich, und ein Drittel seiner Zeit könne er sich frei einteilen. Im September 1929 schrieb er, sein voraussichtliches Jahreseinkommen werde um die 20.000 Sfr. liegen.
Kraffts Arbeit für „Globus" beschrieb Mahler in einem kurz nach unserem Treffen im September 1962 verfaßten Brief:
„Krafft arbeitete bei Orell Füssli im Rahmen der technischen Direktion an Rationalisierungsproblemen, und in diesem Zusammenhang an einer verbesserten Management-Organisation. Er interessierte sich insbesondere für Wertpapiere. Außerdem arbeitete er an graphologischen Studien. Er wechselte dann zu einer Züricher Privatbank, wo er mit den unterschiedlichsten Aufgaben zu tun hatte, die in einer Bank anfallen. Sein Arbeitsbereich erweiterte sich schnell von der Arbeit an Organisationsproblemen zur psychologischen Beratung des Managements. Zunehmend wurde er an der Personalauswahl beteiligt, was er anhand graphologischer Analysen in Kombination mit astrologischen Prognosen aus dem Geburtshoroskop vornahm. Ich bestätige gern, daß sich fast ausnahmslos alle Charakteranalysen, die er damals von Leuten, die ich noch heute kenne, angefertigt hat, als grundsätzlich richtig erwiesen haben."
Krafft spielte bald eine wichtige Rolle bei „Globus". Mahler: „Er wurde immer mehr an wichtigen Managementkonferenzen beteiligt und war Mitglied eines informellen Komitees, das aus mir selbst

und einem weiteren Leiter bestand. Die Aufgabe dieses Komitees war die systematische Einschätzung psychologischer Faktoren in Personalfragen im weitesten Sinn wie Auswahl und Beförderung. Besonders wichtig war es, festzustellen, ob zwei Personen harmonisch zusammenarbeiten würden, oder ob ein Konflikt der Persönlichkeiten wahrscheinlich wäre. Krafft wagte auch ökonomische Prognosen und benutzte in diesem Zusammenhang sein Wissen von ‚planetaren Zyklen', Rhythmen und dergleichen. In vielen Fällen waren seine Marktvorhersagen richtig, aber es gab auch einige ‚Ausrutscher', die sich wohl nicht vermeiden lassen. Diese ‚Ausrutscher' verwirrten ihn. Ich sagte, hoffentlich werde niemand je zu exaktem Wissen über das Schicksal oder die Welt als Ganzes gelangen, denn wenn das Leben vorherbestimmt wäre, sei es nicht mehr lebenswert."

Im Herbst 1929 hatte Krafft mehr Arbeit, als er bewältigen konnte, und so brauchte er einen Assistenten. Nach Jahren hatte er kürzlich Felix Tappolet wieder gesehen. Tappolet hatte zwar keine Ahnung von Graphologie oder Astrologie, doch Krafft glaubte, mit Hilfe seiner intuitiven Fähigkeiten werde er ein guter Graphologe werden, und lud ihn ein, eine Woche bei ihm in Zürich zu verbringen. Als Tappolet 1962 in London war, erzählte er mir, er habe damals geplant, nach Kanada auszuwandern, doch Krafft habe ihn zum Bleiben überredet. Im Dezember 1929 schlossen sie ein Partnerschaftsabkommen ab. Sie mieteten ein laut Pastor Walser luxuriös möbliertes Büro und gaben einen Prospekt heraus: „Charakterologische Studien der Handschrift und Deutung anderer Dokumente." Für ein Aussieben der geeignetsten Kandidaten bei der Personalauswahl stellten sie ein Minimum von 20 Franken in Rechnung, während der Tarif für einen detaillierten Bericht (8-10 Seiten) 240-400 Franken betrug. Im Prospekt stand außerdem, daß eine offizielle Geburtsurkunde auf jeden Fall nützlich sei, vor allem dann, wenn ausführliche Studien verlangt würden. Vorsichtig vermieden sie jede Anspielung auf Astrologie, doch ohne Geburtsdaten konnte Krafft kein Horoskop erstellen.

Tappolets berufliche Zusammenarbeit mit Krafft dauerte sieben Monate und war eine verheerende Erfahrung für ihn. Obwohl er die üblichen graphologischen Lehrbücher von Ludwig Klages und Max Pulver studierte, konnte er das Gelernte nicht anwenden. Er war physisch und nervlich ein Wrack, als er Krafft im Juni 1930

verließ.[1] Danach stand das Büro leer.
Ein Brief an Ferrière (3. Januar 1930) zeigt, wie ernst Krafft seinen Beruf als *Charakterologe* nahm. Er verweist auf die Überlegenheit eines „psychologischen Portraits" im Vergleich zu einer bloßen Beschreibung des „Charakters". Eine ausführliche Analyse ähnele einem gemalten Portrait, sei ein „Kunstwerk" und müsse auch so honoriert werden. Einer gewissen Mlle. F. P. habe er für 30-40 Stunden Arbeit ein Honorar von 600 Franken in Rechnung gestellt.
Ein solches „Kunstwerk" war auch die vierzigseitige Schrift, die er Oscar Guhl zu dessen sechzigstem Geburtstag am 24. Februar 1930 schenkte. Krafft erwähnte sie in einem Brief an Ferrière und rühmte sie als seine bisher beste Produktion. Tappolet nannte diesen Essay über „Oscar Guhl oder die Verkörperung eines menschlichen Archetyps" eine byzantinische Schmeichelei. „Es war ein harter Schlag für Krafft, daß Guhl nie auf die Schrift zu sprechen kam und kein Wort des Dankes äußerte." Ich glaube, daß Guhl sich wie ich keinen Reim auf Kraffts Meisterwerk machen konnte.
Krafft brauchte einen Nachfolger seines Assistenten. Wieder wählte er einen Bekannten, der von Graphologie keine Ahnung hatte, doch Pastor Walser hatte eine kräftigere Natur als der arme Tappolet. Er hatte sich schon etwas mit Astrologie befaßt, als er Krafft Anfang 1930 begegnete. Damals war er bei einer kleinen Gemeinde nahe bei Winterthur angestellt. Krafft arrangierte nach dem Ausscheiden Tappolets ein Treffen in Zürich und machte Walser den Vorschlag, sich als freier Mitarbeiter in der Graphologie zu versuchen. „Ich war erstaunt über Kraffts Vorschlag", erzählte mir Walser. „Er war unglaublich hartnäckig und sagte immer wieder: ‚Sie können es tun; Sie müssen es tun!' So nahm ich einige Skripte mit nach Hause und studierte sie. Ich fing an, Berichte für ‚Globus' zu schreiben, und Krafft diskutierte sie mit mir, jedoch mehr unter literarischen als graphologischen Gesichtspunkten. In dieser Hinsicht war er ein richtiger Schulmeister und dazu ein guter Lehrer. Bald war ich mit den Prinzipien der wissenschaftlichen Graphologie vertraut. Krafft

---

[1] Tappolet berichtete von einer astrologischen Prophezeiung, die Krafft im Juni 1929 gemacht hatte. Er prophezeite, einer der beiden ihm am nächsten stehenden Menschen werde Mitte Dezember 1931 oder im Januar 1932 sterben. Im Dezember 1931 arbeitete Tappolet auf einem Bauernhof bei Bordeaux, als ein Telegramm mit der Meldung kam, daß sein jüngerer Bruder bei einem Reitunfall ums Leben gekommen sei.

und ich wurden Freunde, und während er mein Lehrer war, war ich sein Beichtvater. Er hatte mit allen möglichen inneren Problemen und Schwierigkeiten zu kämpfen und war eine komplizierte Persönlichkeit, gleichermaßen asketisch und sexuell unsicher. Er schwankte zwischen völliger Enthaltsamkeit und ziemlich außergewöhnlichen Phantasien."

Als Pastor Walser im Herbst 1930 auf der Bühne erschien, war Krafft schon länger als vier Jahre in Zürich. Ich springe nun zurück zum Frühjahr 1926, um zu erklären, was mit dem großen astrostatistischen Projekt geschehen war. Während seines ersten Züricher Jahres hatte Krafft weiterhin den ehrgeizigen Plan, ein bedeutendes wissenschaftliches Werk zu veröffentlichen. Es wurden auch ein paar Kapitel bei Orell Füssli gesetzt, doch dann geriet das Projekt ins Stocken, entweder weil er zu beschäftigt war, oder – was wahrscheinlicher ist – weil er unfähig war, ein größeres literarisches Vorhaben abzuschließen. Stattdessen nutzte er das Material in den Jahren 1927-39 für ein Dutzend Artikel, die, manchmal in unterschiedlichen Fassungen, hauptsächlich in *Die Astrologie* und in *Sterne und Mensch* erschienen. Er wandte er sich also eher an ein astrologisches als an ein wissenschaftliches Publikum. Darüber hinaus erschienen zwei kleine Bücher: *Influences solaires et lunaires sur la naissance humain*, Ed. Médicales Norbert Maloine, Paris 1928, und im selben Jahr *Astro-Physiologie* im theosophischen Astra Verlag, Leipzig. Allen seriösen deutschen Astrologen war Krafft nun ein Begriff.

Als 1930 die letzte seiner kosmobiologischen Studien mit ihren verwickelten und den meisten Lesern unverständlichen mathematischen Argumentationen erschien, hatte er sein Interesse an diesem Forschungszweig schon ziemlich verloren. Im November 1931 schrieb er an Ferrière: „Die ganze ‚wissenschaftliche Farce' [Kosmobiologie] des vergangenen Jahrzehnts war wohl eine notwendige Reaktion auf gewisse hyper-rationale Dispositionen in meinem Geburtshoroskop." Seine scheinbar wissenschaftliche Attitüde hatte seine grundsätzliche Neigung zum Irrationalen überdeckt.

Angesichts der intellektuell unbefriedigenden Natur der astrologischen Tradition sollte etwas Besseres an ihre Stelle treten. Ab 1926 wuchs schrittweise ein mühsam ausgearbeitetes abstruses astro-metaphysisches System, das er *Typokosmie* nannte. Das Wesen der Typokosmie ist nur schwerlich genau zu fassen. Sie ist nach Krafft „das

Hauptalphabet aller Weltphänomene". Er bezeichnete sie auch als die „natürliche Ordnung aller Archetypen". In einem Brief vom 14. Dezember 1933 an den belgischen Astrologen G.-L. Brahy schreibt er, „die Typokosmie ist wissenschaftlich fundierter, als Sie glauben. Die Geschichte der Zivilisationen, die Psychologie des Unbewußten, die Harmonien, die allgemeine und spezielle Symbolik sowie viele Tatsachen, die schon die Kosmobiologie begründeten, – all das sind die Fundamente, auf denen mein Gebäude steht, für das ich täglich neue Bestätigung finde. Ich konnte eine grundlegende Rekonstruktion der antiken Theo- und Kosmogonie erreichen, die vollkommen mit dem typokosmischen Zodiak und der natürlichen Ordnung der Archetypen harmoniert."

Typokosmie ist gleichermaßen eine mystisch-esoterische Form der Astrologie wie ein privates philosophisches oder kosmologisches System, das auf den ausgefallenen Visionen Kraffts vom Makro- und Mikrokosmos beruht. Ich halte es von Anfang bis Ende für eine intellektuelle Verirrung, auch wenn die Mitglieder einer kleinen Studiengruppe, die ab 1933 Krafft zu Füßen saßen, fasziniert waren. Weil es ein „universelles" System war, war es auch zur Horoskop-Deutung geeignet. Krafft glaubte, es sei der üblichen Astrologie weit überlegen. Wieder war er von der Idee besessen, etwas von epochemachender Bedeutung entdeckt zu haben. Der kosmische Wissenschaftler war zum kosmischen Philosophen geworden.[2]

Ende 1929 plante Ferrière die Gründung einer „Internationalen Liga zum Studium individueller Psychologie und menschlicher Typologie" und bat Krafft, deren Präsident zu werden. Diese Geste zeigt die große Bewunderung Ferrières für ihn. Es erschien ihnen angebracht, die Unterstützung C. G. Jungs zu suchen, und Krafft bat

---

[2] James Webb: *The Occult Establishment*, La Salle, Illinois 1976, S. 406 f.: „In den Jahren 1928 und 1929 erschienen zwei Ausgaben eines *Jahrbuchs für Kosmobiologische Forschung*. Die Artikel kamen, außer von Krafft, von Richard Wilhelm, Edgar Daqué und Sigrid Strauß-Kloebe, die bei den Eranos-Tagungen Vorträge über Astrologie hielt. Bei der Konferenz der Internationalen Liga für Neue Erziehung in Elsinore im August 1929 wurde Krafft als ein „Psychologe aus Zürich" vorgestellt. Im Rahmen eines Programms, in dem auch Montessori, Piaget und Decroly sprachen, hielt er zwei Vorträge über ‚Die Beziehungen zwischen astronomischen, meteorologischen und biologischen Phänomenen' und ‚Eine mögliche Verbindung der Charakterologie mit der Kosmobiologie'." (A.d.Ü.)

Ferrière, ihn vorzustellen. „Könnten Sie, wenn sich die Gelegenheit ergibt, meine Forschung und mein Werk Dr. Jung gegenüber zur Sprache bringen? Ich habe von verschiedenen Seiten erfahren, daß er der Idee der Astrologie aufgeschlossen gegenübersteht und daß er schon von meinem Werk gehört hat, aber bislang sind wir uns noch nicht ‚auf neutralem Boden' begegnet. Es eilt aber nicht." (27. Dezember 1929).

Es eilte aber vielleicht doch, denn bereits eine Woche später schrieb er wieder: „Wenn sich eine passende Gelegenheit ergibt, könnten Sie Jung meine Typokosmie und meine charakterologische Arbeit vorstellen. Er wird wohl eher geneigt sein, eine Einladung zu akzeptieren, wenn sie von einem seiner Bekannten kommt, damit unsere Begegnung ‚auf neutralem Boden' stattfinden kann."

Krafft wollte das Treffen „auf neutralem Boden" arrangiert haben, denn die Aussicht, demütig zu dem berühmten Dr. Jung zu pilgern, schien ihm doch zu erniedrigend zu sein. Am 13. Januar 1930 informierte er Ferrière, er habe zwei seiner Bücher und Sonderdrucke von einigen Artikeln an Jung geschickt.

Ende März 1930 hatte die Internationale Liga Ferrières einige neue Mitglieder, darunter den britischen Psychologen Dr. (später Sir) Cyril Burt. Der bedeutende Berliner Professor Eduard Spranger hatte einen Beitritt abgelehnt, Jung schwieg. Er hatte noch nicht einmal Kraffts Brief beantwortet. Krafft war außer sich vor Wut: „Trotz zahlreicher Versuche und trotz besonderer Bemühungen ist es mir nicht gelungen, den gewünschten Kontakt zu Dr. Jung herzustellen, und dies aus gutem Grund. Der Autor der Psychologie des Unbewußten scheint in seinem Privatleben nicht derselbe Mensch zu sein, dessen Idealismus sich auf den besten Seiten seiner Bücher zeigt. Seine Gleichgültigkeit gegenüber seinen Mitmenschen grenzt an Snobismus... Ich hatte kürzlich Gelegenheit, Keyserlings Haltung zu meinem Werk mit der Jungs zu vergleichen. Auf der einen Seite Interesse und Dank für ein wichtiges Buch, das ich ihm überlassen hatte, auf der anderen Seite Gleichgültigkeit bis hin zur Grobheit, noch nicht einmal eine Empfangsbestätigung für drei oder vier Briefe mit Anlagen von interessantem, wenn nicht wertvollem Inhalt... Nach einer solchen Erfahrung werde ich nicht mehr auf Jung zugehen."

Die Internationale Liga Ferrières arbeitete wohl nicht besonders effektiv, brachte aber schließlich eine Veröffentlichung heraus, ein

kleines Buch von Ferrière und Krafft, *Caractérologie Typocosmique*, Genf 1932, mit dem Impressum-Vermerk *Bureau de la Ligue Internationale pour l'Education Nouvelle*.[3]
Vom Sommer 1930, als Felix Tappolet ihn verließ, blieb es bis zum Spätherbst 1931 relativ ruhig um Krafft. Dann geriet er plötzlich in finanzielle Schwierigkeiten. Am 5. Dezember 1931 schrieb er an Ferrière, er sei schon lange nicht mehr so knapp an Geld gewesen. Private Klienten hätten ihre Schulden nicht beglichen und seine Börsenspekulationen seien schlecht verlaufen. Drei Wochen später: „Verdammte New Yorker Börse. Der letzte Kurssturz hat mich mehr gekostet, als ich im ganzen Herbst verdient habe." Er hatte bei der Guhl-Bank gelernt, wie die Börse funktionierte, und hatte auf Grund zu erwartetender Effekte planetarer Konjunktionen und Zyklen und womöglich auf Kredit mit Aktien spekuliert.
An dieser Stelle klafft eine Lücke in der Korrespondenz zwischen Krafft und Ferrière. Offenbar hatte Ferrière jeden Papierschnipsel aufbewahrt, den er seit Februar 1924 von Krafft erhalten hatte, doch für das Jahr 1932 gibt es keine schriftlichen Unterlagen. Außerdem veröffentlichte Krafft in diesem Jahr so gut wie nichts. Eine erste Erklärung ergab sich durch einem Gespräch, das ich 1961 in Zürich mit Herrn Mahler und Pastor Walser führte. Außerdem bekam ich zwei Briefe Kraffts vom Sommer 1932 an Dr. Bender erst 1963 zu Gesicht. Ich beginne mit Pastor Walsers Geschichte, die ich auf einem „Minifon"-Diktiergerät aufzeichnete.
„Krafft war bei ‚Globus' eine graue Eminenz", sagte Walser. „Einstellungen, Beförderungen und Gehaltserhöhungen hingen von seinen vertraulichen Berichten ab, und so war er gefürchtet. Wegen seiner manchmal unheimlichen Kenntnisse und seiner bekannten Verbindung zur Astrologie hielt man ihn für einen ‚Magier'. Schlimmer noch, manchmal waren seine Beurteilungen hart und unbarmherzig. Im Frühjahr oder Sommer 1932 hatte er einen Anflug von Größenwahn und meinte zu Mahler, seine Berufung in das Direktorium von Globus sei schon lange überfällig. Mahler nahm das nicht ganz ernst und sagte: ‚Mein lieber Herr Krafft, ihre Arbeit ist sehr wichtig für uns, doch ich würde nicht im Traum daran denken, Sie als Direktor vorzuschlagen.' Mahler hatte eine ganz

---

[3] Ich besitze das Exemplar, das Krafft dem Basler Astronomen Dr. Martin Knapp schenkte. Es ist dankenswerter Weise durch die zynischen Randbemerkungen Knapps etwas aufgelockert.

besondere Vorliebe für ihn, doch Krafft hatte letzthin seine Nase in Dinge gesteckt, die ihn nichts angingen, und sich sogar in das Privatleben eines Direktors eingemischt. So hielt es Mahler für angebracht, Kraffts Verbindung mit ‚Globus' zu lösen, und bot ihm großzügige Bedingungen. Die vorgeschlagene Entschädigung stellte Krafft nicht zufrieden, und er machte Mahler in seinem Büro eine laute Szene. Schließlich wurde er so hysterisch, daß der entgeisterte Mahler dachte, er habe den Verstand verloren. Er rief eine Ambulanz, und Krafft wurde in eine Anstalt gebracht. Mahler bat mich, ihn dort zu besuchen, und wir sprachen lange miteinander. Er hatte sich beruhigt, und ein paar Tage später ließen sie ihn heraus."
Dieser Vorfall ereignete sich wahrscheinlich Mitte März 1932. Zu gedemütigt, um in Zürich bleiben zu können, wo die Geschichte nicht lange ein gutgehütetes Geheimnis bleiben würde, machte sich Krafft nach Holland auf und blieb einige Zeit bei seinen Freunden, den van der Koppels, in Zeist am Stadtrand von Utrecht.[4] Am 16. Juli schrieb er aus Paris an Dr. Bender, der damals ein neuer Mitarbeiter am Psychologischen Institut an der Universität Bonn war, daß er als psychologischer Berater zwanzig Stunden monatlich für 3000 Francs für das Warenhaus ‚Printemps' arbeiten werde. Im Augenblick habe er jedoch sehr wenig Geld und bitte ihn, ihm bis zum Herbst ein paar hundert Mark zu leihen. Am 25. Juli schrieb er, auch wenn die „Printemps"-Leute ihm keinen Vertrag angeboten hätten, seien seine Aussichten ermutigend. „Die Chancen, nach Zürich zurückkehren zu können, schwinden rapide", fügte er hinzu. Sein selbstauferlegtes Exil war jedoch kürzer als erwartet. Im September 1932 war er wieder in Zürich, und in den Jahren 1933-34 machte er regelmäßig seine monatlichen Besuche in Paris.
Für das Jahr 1933 dokumentieren viele Briefe und Postkarten die Beziehung zu Dr. Ferrière. Ab dieser Zeit finden sich auch Ferrières Briefe an Krafft in den Unterlagen. Wenn, wie es oft der Fall war, Krafft zu beschäftigt war, Ferrière zu antworten, schrieb er kurze Kommentare oder Antworten auf Fragen an den Rand und schickte den Brief an ihn zurück.
Am 16. Januar 1933 starb Kraffts Vater, und die Erbschaft – der

---

[4] Über die Bircher-Benner-Familie aus Zürich hatte Krafft um 1930 Anna van der Koppel, seine zukünftige Frau, kennengelernt. Ihr Vater hatte Krafft damals nach Holland eingeladen. Auf dieses Angebot kam er nun zurück, als ihm die Situation 1932 in Zürich nicht mehr tragbar erschien.

Betrag ist nicht bekannt – milderte vorübergehend seine finanziellen Schwierigkeiten. Dummerweise entschloß er sich nun, seine kosmo-ökonomischen Theorien in größerem Rahmen zu testen und investierte in eine Reihe von Börsengeschäften auf der Basis der Einschätzung möglicher kurzfristiger Effekte verschiedener Periodizitäten, planetarer Zyklen und anderer astraler Indikatoren. Er wurde auch Finanzberater des vertrauensseligen Ferrière. Siebenundzwanzig Briefe und Postkarten, geschrieben zwischen dem 15. April und dem 21. Oktober 1933, berichten teilweise über die entsprechenden Transaktionen. Leider war auf die Sterne kein Verlaß. Ferrière hatte das Glück, mit vergleichsweise geringem Verlust davonzukommen, doch Krafft verpulverte offenbar fast die gesamte Erbschaft. Sein Tonfall in den Briefen an Ferrière wurde zunehmend nervöser und manchmal auch verletzend. Als er im Herbst 1933 kaum noch Geld hatte, bat er ihn, ihm 1500 Franken zu leihen. Ferrière wollte diesem Wunsch nicht nachkommen oder stellte Bedingungen, die Krafft nicht akzeptieren wollte. Wie auch immer, seine Verstimmung hielt bis 1936 an.

Kraffts Selbsteinschätzung veranschaulicht lebhaft ein Brief vom 11. November 1933 an Dr. Maurice Faure, einen Arzt aus Nizza, der einen möglichen Zusammenhang zwischen der Sonnenflecken-Aktivität und Epidemien untersucht hatte. „Sie haben sicherlich, wenn sie Menschenkenntnis besitzen, auch andere von diesem ‚Bohemien'-Typus kennengelernt", schrieb Krafft. „Leute, die man nicht einordnen kann, und die aus Haß gegen sich selbst ein ruheloses Leben führen; Leute, die umhergestoßen oder von ihrem Genius oder ihren Dämonen gejagt werden (das eine ist so schlimm wie das andere); die säen, aber kaum einmal ernten, die mitleidlos vom Schicksal wie von einem Sturm gebeutelt werden – es trägt sie in den Armen, nur um sie dann in einen dunklen Abgrund größter innerer und materieller Schwierigkeiten zu stürzen... Von einem rein rationalen Standpunkt aus gibt es keinen ‚roten Faden', weder in meinen Studien, meiner Forschung, noch in meiner praktischen Arbeit... So zeigt jeder Bereich meines Lebens etwas ‚ungebändigtes', ‚wildes', ‚romantisches', so daß mein Leben, wenn ich erst gestorben bin, eher als Material für einen Roman als für ein ‚wissenschaftliches' Werk taugt."

Anfang 1934 sollte das ruhelose Leben Kraffts in eine friedlichere Phase übergehen, die bis Ende 1936 anhielt. Er führte seine Arbeit als „psychologischer Berater" fort – in dem vorigen Brief an Faure bezeichnete er sich als Psychotherapeut – und unterrichtete in kleinen Gruppen für ein moderates Honorar in Lausanne und Zürich.[5] Es war eine Zeit unablässiger, wenn auch immer unkonventioneller intellektueller Aktivität. Soweit man einzelne Bereiche unterscheiden kann, waren seine Hauptinteressen Typokosmie, „Sprachgeist" (oder, wie Bender es nannte, „Wortmagie"), Kosmo-Ökonomie und die Interpretation der seltsamen prophetischen Quatrain-Verse des „Sehers" Michel Nostradamus aus dem 16. Jahrhundert.[6] Um diese *mélange* im Detail zu analysieren, benötigte man ein weiteres Buch.

Krafft behauptete, Korrelationen zwischen kosmischen Zyklen oder Periodizitäten, nämlich Jupiter-Saturn-Konjunktionen (19,8 Jahre), und ökonomischen Schwankungen oder Krisen entdeckt zu haben. Er befaßte sich besonders mit zwei Studien: William Beveridge „Wheat Prices and Rain Fall in Western Europe" (in: *Journal of the Royal Statistical Society*, Mai 1922), und H. L. Moore *Generating Economic Cycles*, New York 1923. Beide Forscher hatten ökonomische Zyklen herausgearbeitet, sie aber nicht mit kosmischen Phänomenen in Zusammenhang gebracht. Krafft war sich sicher, daß letztere im Spiel waren, und startete zwei groß angelegte Untersuchungen über die deutschen Weizenpreise 1800-1930 und die Preise der amerikanischen Eisenbahnaktien 1831-1932. Dabei fanden sich unerwartet alle möglichen Formen vorher nicht vermuteter planetarer Periodizitäten und Sub-Periodizitäten. Es wäre auch ein Wunder gewesen, wenn ein Mann wie Krafft sie nicht entdeckt hätte.

Bei „Globus" schrieb Krafft gelegentlich *Wirtschaftsberichte*. Die ersten stammten von 1931 und hatten noch keine große Verbreitung. Er schrieb sie auch weiterhin, nachdem er „Globus" verlassen hatte, und seit Dezember 1935 erschienen sie zweimonatlich in hektographierter Form, erhielten den Stempel „Vertraulich" und wurden an Abonnenten verschickt. Sie hatten einen Umfang von maximal einem Dutzend Seiten, und die Auflage lag bei etwa 60 Exemplaren.

---

[5] Vom 16. Januar 1934 bis 5. Februar 1939 hielt er in Lausanne 132 Vorträge. Seit September 1935 trafen sich seine Schüler in Mlle. Panchauds Porzellangeschäft in den Galeries du Commerce. Seine Zürcher Vorträge hielt er im Hause von Mitgliedern der Bircher-Benner-Familie.
[6] 1935-36 publizierte er im *Zenit* ein halbes Dutzend Nostradamus-Artikel.

7. Karl Ernst Krafft, Schnappschuß auf einer Straße in Zürich um 1932.

Krafft *Wirtschaftsberichte* waren eine verblüffende Mixtur aus harten wirtschaftlichen und politischen Fakten, kosmischen Spekulationen und Artikeln über Themen, die ihn gerade interessierten, wie die ausgefallenen „historionomischen" Theorien des Freiherrn Stroemer von Reichenbach. Ein Leser, der eine solche Broschüre zufällig in die Hand bekommen hätte, hätte wahrscheinlich kaum bemerkt, daß sie mit Astrologie zu tun hatte. Eines war jedoch offensichtlich, die zunehmend ablehnende Haltung Kraffts seinem Land gegenüber. Dies führte zu seiner späteren Sympathie mit dem Dritten Reich.
Die Sprachgeist-Theorien Kraffts sind meiner Meinung nach von Anfang bis Ende Unsinn. Er bezeichnet sie in einem Brief an Faure als „eine weitreichende sprachliche Untersuchung, eine Analyse der Herkunft der Namen der Planeten und der antiken Götter, die zu einer ganzen Reihe von Beweisen und überraschenden Entdeckungen führte, mit gewaltigen Folgerungen für die Geschichte der Zivilisationen und auch in Hinblick auf psychologische und philosophische Anwendungen."[7]
Im Sommer 1934 kam schließlich doch noch eine Begegnung Kraffts mit C. G. Jung zustande. Im Postscriptum eines Briefs an Wilhelm Mrsic vom 10. Juni schrieb er: „Ich hoffe, Jung wiederzusehen. Er hat großes Interesse an der Sprachforschung." (Tappolet berichtete darüber: „Krafft war überglücklich, als er aus Küssnacht zurückkam. Der große Mann hatte zwei Stunden mit ihm gesprochen und ihn sogar zum Gartentor begleitet.")
Ein typisches Beispiel für den „Sprachgeist" zeigt ein Brief vom 8. April 1935 an die damals in Stuttgart lebende Dr. Irmgard Krieger: „Nicht das Leben ist verdorben, sondern dieses Erdenleben! Dieses Kriechen des Körpers (kopros-porcus-corpse!), dem wir immer wieder verfallen." Zur Erläuterung: kopros - Exkrement (Griechisch); porcus - Schwein (Lateinisch); corpse - Leichnam (Englisch). Diese Worte haben angeblich dieselbe archetypische Wurzel und somit eine Beziehung zu dem Wort Körper. Krafft „entdeckte" hunderte, wenn nicht tausende von ähnlichen „archetypischen" Übereinstimmungen.
Wenn Krafft an jemanden schrieb, versandte er oft Kopien dieses

---

[7] Zur Theorie des Sprachgeist siehe Krafft: *Typokosmie: über Urbilder und Sinnzeichen; vom Walten des Sprachgeistes*, Düsseldorf 1934. Krafft hielt dieses kleine Buch für ein Meisterwerk.

Briefs an dritte. So gab mir Pastor Walser die Kopie eines Briefs von Krafft vom 6. August 1935 an seinen Freund F. G. Goerner in Mannheim. Dieses Schreiben sollte für die künftige Beziehung zwischen Krafft und Goerner bestimmend sein. Es stand auch in Zusammenhang mit dem Brief Graf Keyserlings an Krafft vom 11. Oktober 1935 (siehe S. 166). Krafft hatte gerade den Deutschen Astrologie-Kongreß in Wernigerode besucht und reiste zu einer ähnlichen Veranstaltung nach Brüssel.[8] Beide Male hielt er einen Vortrag über Typokosmie, die Resonanz beim Publikum war jedoch unterschiedlich.

„Wenn ich die Kongresse in Wernigerode und Brüssel miteinander vergleiche," schrieb er, „wird mir klar, daß das Wesen der Typokosmie nur von den Deutschen verstanden werden kann... Die romanischen Länder mit ihrer Vorliebe für *quelque chose de clair et précis* sind von diesem Verständnis weit entfernt. So werde ich in der näheren Zukunft auf wachsendes Verständnis in den deutschsprachigen Ländern zählen... Deshalb komme ich mit größtem Vergnügen auf Ihre Anregung zurück und wage den Versuch, in Süddeutschland erste Kontakte zu knüpfen." Daß er glaubte, nur die Deutschen mit ihrem Hang zu den kompliziertesten metaphysischen Konzepten, wie unsinnig sie auch sein mögen, würden an der Typokosmie Gefallen finden, bestätigt meine Vermutungen.

Goerner hatte angeboten, einen Vortragsabend in Frankfurt am Main für Krafft zu organisieren, aber Krafft schlug regelmäßige Besuche vor. Seine bescheidenen finanziellen Forderungen legte er ausführlich dar. „Die Erfahrung hat gezeigt," fügte er hinzu, „daß die Vorträge ein Bedürfnis nach privaten Konsultationen wecken, d. h. Horoskop-Deutungen, Rat bei schwierigen Problemen und manchmal eine persönliche psychologische Behandlung der Schüler, ihrer Verwandten und Freunde."

F. G. Goerner war als Ingenieur noch in der Ausbildung, als er sich 1926 erstmals mit Astrologie beschäftigte. Die astro-statistischen Artikel Kraffts, die er ein oder zwei Jahre später las, machten einen

---

[8] Der belgische Astrologe Theodore Chapellier beschrieb das dramatische Gebaren Kraffts auf dem Brüsseler Kongress: "Kraffts Auftritt war theatralisch, ungehalten und nonchalant. Man stelle sich einen schmächtigen, kleinen, dunkelhaarigen Mann vor, bleich, mit scharfgeschnittenen Gesichtszügen und ekstatisch wie boshaft blickenden Augen. Eine Art spanisches Cape war lose um seine Schultern drapiert, und er trug ein Monokel."

so großen Eindruck auf ihn, daß er Krafft geschrieben hatte. Er hatte sich inzwischen entschlossen, hauptberuflich astro-graphologischer Berater zu werden und die nötigen Kenntnisse dafür autodidaktisch zu erwerben.[9] Er erzählte mir, Krafft habe ihm regelmäßig Kopien seiner psychologischen Gutachten für „Globus" geschickt, die ihm als Anleitung für die eigene Arbeit gedient hätten.
1934, ein Jahr, nachdem Hitler Reichskanzler geworden war, hatte Goerner so viele Klienten, daß er die Hilfe eines Sekretärs benötigte und zu diesem Zweck die Dienste eines gewissen Gerhard zur Horst in Anspruch nahm. Zur Horst interessierte sich für Astrologie und konnte Goerner entlasten, indem er die Horoskope seiner Klienten berechnete. Es waren oft Theaterleute, die unter Lampenfieber litten oder der Angst, ihren Text zu vergessen. Daneben kamen immer mehr Juden, und Herr Goerner hatte zunehmend mit verstörten Meschen zu tun, die wissen wollten, ob sie aus Hitlers Deutschland auswandern sollten oder nicht. Goerners jüdische Klientel wurde immer mehr zur Belastung, da sie die unwillkommene Aufmerksamkeit der Gestapo mit sich brachte. Man muß bedenken, daß auch die Astrologen selbst sich 1935 in Deutschland in einer zunehmend schwierigeren Lage gegenüber den Behörden befanden.
Krafft hielt nie einen Vortrag in Frankfurt, weilte jedoch Ende Oktober 1935 in Mannheim. Bei dieser Gelegenheit suchte er wahrscheinlich auch den Grafen Keyserling in Darmstadt auf. Danach unterrichtete er regelmäßig eine von Goerner organisierte kleine Gruppe in Mannheim. Die Route über Mannheim gehörte nun zu seinen Vortragsreisen, die ihn nach Lausanne, Zürich, Stuttgart und gelegentlich auch nach München führten.
Gerhard zur Horst konnte die Kurzschrift Kraffts lesen und tippte infolgedessen viele seiner Artikel. Daneben war es seine Aufgabe, die offizielle Genehmigung für die gelegentlich öffentlich stattfindenden Vorträge Kraffts in Mannheim einzuholen. In einem Memorandum, das er 1957 für Goerner schrieb, erinnerte er sich, daß manchmal wegen des vermutlich astrologischen Themas keine Genehmigung zu erhalten war, auch wenn Krafft nicht über Astrologie im strengen Sinn sprechen wollte. Zur Horst konnte diese Nuancen schwer vermitteln, da Kraffts Verbindung zu Goerner automatisch

---

[9] Goerners Name findet sich auf einer Liste von Astrologen, die sich den Regelungen für die berufliche Praxis unterwarfen, wie sie Dr. Korschs Astrologische Zentralstelle entwickelt hatte (*Zenit*, April 1932, Umschlag S. 3).

mit Astrologie gleichgesetzt wurde. Als er einmal mit Krafft zum Bezirksamt ging, änderten sie das Thema des Vortrags gehorsam in ein weniger suspektes. Dennoch waren, als Krafft an diesem Abend zu reden begann, zwei Gestapo-Spitzel da und hörten eine Weile zu. Goerner war einer der enthusiastischsten und hingebungsvollsten Anhänger Kraffts. Er übernahm nicht nur die Organisation des Mannheimer Vortragskreises, sondern überzeugte auch Freunde und Bekannte, Kraffts *Wirtschaftsberichte* zu abonnieren, die in hektographierter Form seit Dezember 1935, seit Beginn seiner regelmäßigen Besuche in Mannheim erschienen. Einer der Abonnenten war ein Freund Goerners, Eduard Hofweber, der Leiter einer ortsansässigen Maschinenbaufirma. Hofweber war eng mit Rudolf Heß befreundet. Hofweber, so Goerner, schickte Kraffts Blatt regelmäßig an Heß. Jedenfalls interessierte sich die Gestapo Jahre später für Hofwebers Verbindung zu Krafft. Zur Horst schreibt in seinem Memorandum, Kraffts Aktivitäten in Mannheim nach 1935 hätten die schon vorhandenen Schwierigkeiten Goerners mit den Behörden weiter verschärft.

1936 besuchte Krafft den Internationalen Kongreß Dr. Korschs in Düsseldorf, fühlte sich aber dort nicht wohl. In einem Brief an Dr. Rouhier, den Eigentümer der bekannten Librairie Vega in Paris (ein okkulter und esoterischer Buchladen), beklagt er sich über den „morbiden Ehrgeiz" Dr. Korschs: „Dieser Mann, mehr Anwalt als *homme de science...* hat einen beachtlichen ‚Anti-Persönlichkeits-Komplex': wenn jemand auf Grund seines Wissens, seiner Bildung oder Autorität Einfluß oder Ansehen erlangt, überzieht ihn Dr. Korsch mit engstirnigen und gehässigen Attacken..." Außerdem, so Krafft, habe er kein weiteres Interesse an einer Verbindung zur einer organisierten astrologischen Bewegung.

Der Hauptgrund für den Brief an Rouhier war die Ankündigung eines ambitionierten Zeitschriftenprojekts, das unter dem Namen *Kosmologika* zweimonatlich erscheinen sollte. Ein Dutzend Kopien dieses Schreibens vom 22. Oktober 1936 zirkulierten unter seinen Freunden, unter ihnen auch Theodore Chapellier aus Brüssel, der es mir im Januar 1965 zeigte. Aus dem *Kosmologika*-Projekt wurde nichts, doch Krafft und Chapellier stürzten sich gemeinsam auf die Planung eines Buchs, das schließlich zum *Traité d'Astro-Biologie* wurde, auch wenn Krafft und Chapellier bei seinem Erscheinen im Jahre 1939 schon längst wieder getrennte Wege gingen.

Alle früheren Versuche Krafffts, ein *opus magnum* zu publizieren, waren gescheitert, wohl eher aufgrund seiner Unfähigkeit, ein groß angelegtes Werk zu schaffen, als aus Mangel an Material.[10] Chapellier war Theosoph, Eigentümer der Zeitschrift *Uranus* (Brüssel, Nr. 1, Oktober 1934), und veröffentlichte laufend Artikel von Krafft. In Deutschland war inzwischen die Situation für astrologische Publikationen kompliziert geworden. Zweifellos gab das den Ausschlag für Krafffts Entschluß, ein größeres Werk in französischer Sprache herauszubringen, obwohl Deutschland sein bester Markt war. Denn dort war er in astrologischen Kreisen bekannt, wenn nicht berühmt. In französischer Sprache hatte er bislang kaum veröffentlicht.

Krafffts Wunsch, als Autor eines bedeutenden Werks zu zeichnen, läßt sich auf die skeptische und seiner Meinung nach äußerst unhöfliche Behandlung zurückführen, die ihm Ende 1936 am astronomischen Observatorium Zürich widerfahren war. Diese Ablehnung gab wohl den letzten Anstoß, Zürich zu verlassen, um in Deutschland ein Buch zu schreiben, das ihn als seriösen Wissenschaftler herausstellen sollte.

In den letzten drei Monaten des Jahres 1936 hatte er viel Zeit über Aufzeichnungen der Sonnenflecken-Aktivität verbracht. „Ich fühlte, daß ein planetarer Zyklus dahinter steckte", schrieb er. „Tatsächlich machte ich eine Reihe von Entdeckungen, die das Ineinandergreifen dieser Zyklen hinreichend erklärten. Überglücklich, ein Rätsel gelöst zu haben, woran andere sich mehr als ein Jahrhundert versucht hatten, hoffte ich – nach meinem Bruch mit der ‚Astrologen-Zunft' – wieder Verbindung zur offiziellen Wissenschaft aufnehmen zu können und gleichzeitig eine Lücke zu füllen, wodurch die Existenz kosmischer Einflüsse auf irdische Ereignisse annehmbarer erschiene, denn den Sonnenflecken wurden schon die unterschiedlichsten Auswirkungen zugeschrieben."

Er brachte seine Dokumentation am 23. Dezember 1936 zum Züricher Observatorium, erlebte aber eine kühle Aufnahme. Der Direktor meinte, er habe Besseres zu tun, als die angeblichen Entdeckungen Krafffts zu überprüfen. Nach einer hitzigen Auseinandersetzung gestand er immerhin zu, daß ein Assistent „irgendwann im neuen Jahr" einen Blick auf das Material werfen würde. Der Assistent

---

[10] Eine vorsichtige Schätzung ergibt, daß Krafft zwischen 1927-41 etwa 100 Zeitschriftenartikel veröffentlicht hat. Die Bedeutung seines Werkes als Quelle für das Gebiet des ‚Irrationalen' ist nicht zu leugnen.

suchte Krafft im Januar 1937 auf und wies seine Schlußfolgerungen zurück: „So viele Leute haben sich schon vergeblich bemüht, das Rätsel dieser Periodizität zu lösen, und ich sehe nicht, daß Sie die Nuß geknackt haben."
Daß Krafft nun ein neues Buch schrieb, zeigt eine Randbemerkung auf einem Brief von Ferrière (15. Januar 1937). Der provisorische und noch schwerfällige Titel lautete: *De l'Astrologie par la Cosmobiologie à la Typocosmie*. Krafft schrieb, Chapellier werde die erste Teillieferung im Sommer herausbringen. Offenbar wollte Krafft die Veröffentlichung ganz oder zumindest teilweise selbst finanzieren.
Am 7. Mai 1937 heiratete Krafft in Zürich Anna van der Koppel. Auch wenn er es anderen mitgeteilt haben mag, Ferrière erfuhr davon erst im Januar 1939. In Kraffts langem Brief vom 4. Juni 1937 an Dr. Bender findet sich ein erster Hinweis auf ihre Absicht, Zürich zu verlassen. Er hatte ihm bereits geschrieben, er und seine Frau wollten auf dem Weg nach Holland Anfang Juli ein paar Tage in Bonn verbringen, und Bender hatte vorgeschlagen, einen Vortragskreis für Krafft zu arrangieren. Krafft freute sich darüber und schrieb: „Wenn die Pläne, die wir letztes Jahr besprochen haben, zu einer engeren Zusammenarbeit zwischen uns und zu häufigeren Besuchen von mir in Bonn führen... wäre mir eine solche Entwicklung willkommen, auch hinsichtlich meiner Absicht, in der Schweiz ‚die Zelte abzubrechen'. Es wäre dann die erste Station auf einer langen Reise durch Deutschland bis nach Zeist bei Utrecht, wo wir bis Ende September bleiben wollen... Sie haben sicher schon gemerkt, daß mich der ‚uranische' Umbruch der letzten acht bis zehn Monate ‚mobil' gemacht hat[11], und daß ich, wann immer sich Gelegenheit bietet, für neue Pläne und Möglichkeiten zu haben bin, auch wenn ich einen Teil meiner künftigen ‚Muße' brauche, um ein Buch abzuschließen, auf das mein Verleger schon lange wartet."
Am 25. Juni 1937 reisten die Kraffts aus Zürich ab und fuhren via München, Stuttgart und Mannheim nach Bonn, wo er zu Vorträgen engagiert war. Er hatte einen Rundbrief mit ihrem Reiseprogramm an alle verschickt, mit denen er in Kontakt stand. Ihr vorläufiges Programm sah nach einem längeren Aufenthalt in Zeist auch

---

[11] Auch wenn die deutschen Kriegsvorbereitungen damals schon auf Hochtouren liefen (Einsatz der „Legion Condor" im spanischen Bürgerkrieg und Verträge mit Italien und Japan), meinte Krafft mit dem „uranischen Umbruch" wohl den Transit des Uranus über das MC in seinem Horoskop. (A.d.Ü.)

Abstecher nach England und Frankreich vor. Dann sollte sie eine Rundreise durch die Schweiz Ende Oktober nach Genf, Lausanne, Zürich und Basel führen. Im letzten Absatz stand: „Für psychologische Deutungen und Konsultationen werden die üblichen Angaben über Ort und Zeit der Geburt benötigt, außerdem ältere Handschriftenproben."

Am 8. Juli 1937 hielt Krafft seinen Vortrag in Bonn. Einige Wochen zuvor hatte Bender ihm einen Brief mit dem taktvoll formulierten Hinweis geschickt, nicht allzu intensiv auf seine Sprachgeist-Theorien einzugehen. Bender hielt es für unwahrscheinlich, daß diese „Wortmagie", wie er es nannte, mit Interesse oder gar Begeisterung aufgenommen würde. In Bonn willigte Krafft ein, an „Blind-Diagnose"-Experimenten teilzunehmen, also kurzgefaßte Deutungen über Horoskope von Personen anzufertigen, die Bender und seinen Kollegen, nicht aber ihm selbst bekannt waren.[12]

In August änderten sie ihre Pläne, und Krafft fragte bei Bender an, ob er ihm „einen abgelegenen Fleck im Schwarzwald" empfehlen könne, „der noch nicht von der Zivilisation verdorben ist". Bender, der in Freiburg geboren war und im Umland jeden Meter kannte, schlug die Pension „Hellhof" in Urberg bei St. Blasien vor. „Sie wird von zwei kultivierten Damen mit einer Neigung zur Anthroposophie betrieben. Vegetarische Küche, wunderschöne Umgebung. Vielleicht können Sie Ihr Nest in dem kleinen Haus daneben einrichten. Es wurde von einem Maler erbaut und steht jetzt leer. Ich werde danach fragen."

---

[12] „Ähnliche, aber ausführlichere Tests wurden in den Jahren 1944-45 mit Thomas Ring durchgeführt... Die positiven Resultate führten in den Jahren 1952-54 zu einer größeren Untersuchung mit etwa 150 Astrologen... Sie lieferten meist unbrauchbare, ‚stereotype Interpretationen'... Dagegen waren die Deutungen von drei oder vier Astrologen beeindruckend akkurat und inhaltlich mehr oder weniger identisch... Bender setzte das Experiment mit den erfolgreichen Praktikern fort, und einer von Ihnen, Walter Böer... war oftmals in der Lage, mit überraschender Genauigkeit zu den gleichen Schlußfolgerungen zu gelangen wie die Psychologen", (die zuvor Gelegenheit hatten, die Testpersonen ausgiebig zu untersuchen, während dem Astrologen nur die Geburtsdaten zur Verfügung standen). „Es ist offensichtlich, daß nur sehr wenige Astrologen, ob Amateure oder Profis, es mit den Fähigkeiten eines Böer oder eines Ring aufnehmen können." [Aus dem Nachwort Ellic Howes zur 1. engl. Auflage von 1967. Cf. auch H. V. Wertmann: *Zur psychologischen Prüfung wissenschaftlich nicht anerkannter psychodiagnostischer Deutungspraktiken*; Diss. Uni Freiburg, Bamberg 1968. (A.d.Ü.)]

Die Aussicht, in Urberg in einem Haus „Hellhof" zu leben, gefiel Krafft vor allem wegen der sprachlichen Implikationen. „Hellhof" klang wie „Höllenhof" mit all seinen uranisch-magischen Bedeutungen, dazu lag es noch auf dem „Ur"-berg, dem archetypischen, dem ursprünglichen Berg. Später erzählte er Bender, er habe schon vorher auf einer Karte nach „Ortsnamen mit dem richtigen Klang" gesucht, und dabei an Heilbronn gedacht. „Aber meine Frau meinte, unser Platz solle weiter im Südosten liegen, weshalb ich an Meersburg dachte, weil ich einen Namen mit *b–r* im Sinn hatte."

Die Kraffts kamen Ende Oktober 1937 nach Urberg. Krafft arbeitete nun fleißig an seinem Buch für Theodore Chapellier. Die erste Teillieferung war noch nicht einmal in Druck gegeben, vom Erscheinen ganz zu schweigen. Im März 1938 war gerade einmal ein Prospekt mit einer Vorankündigung fertig, nachdem ein umfangreicher Briefwechsel mit scharfen Worten zwischen Chapellier und ihm vorausgegangen war.[13]

Diesen Prospekt und einen unveröffentlichten Aufsatz schickte er dem Grafen Keyserling, der sich davon nicht sonderlich beeindrukken ließ. Er schrieb Krafft am 29. März 1938: „Ich habe den starken Eindruck, und, unter uns gesagt, hat das Frau Brasch an Hand Ihrer Handschrift bestätigt, daß Sie die Dinge ‚zwingen' wollen.[14] Sie sollten sich mit dogmatischen Behauptungen über Dinge, die sich nicht nachweisen lassen, zurückhalten, bis Sie, unabhängig von jeglicher Tradition, wirkliche Erleuchtung erfahren, wie sie in höchstem Grade Buddha zuteil wurde... Ich bin davon überzeugt, daß Ihre Ansichten über den Sprachgeist pure Phantastereien sind. Und ich bezweifle, daß siebzig Prozent Ihrer typokosmischen Versprechungen irgendeinen Wert haben, wenn ich sie recht verstanden habe. Ich beschwöre Sie, werfen Sie all Ihre Papiere innerlich in den Papierkorb, schreiben Sie dann Ihr französisches Buch und lassen Sie darin all Ihre bisherigen astrologischen Ideen weg. Es ist nicht im mindesten gewiß, daß irgendeine astrologische oder theosophische Idee auch nur den geringsten Wahrheitsgehalt hat. Achtzig

---

[13] Der Prospekt warb für ein Buch von ca. 230 Seiten in drei Teillieferungen: Nr. 1: Kosmische Einflüsse auf das menschliche Individuum, Kosmobiologie, Typokosmie, Nostradamus; Nr. 2: Psychologische Typen (von Dr. Ferrière), Rhythmen und Periodizitäten in der Geschichte; Nr. 3: Horoskopdeutung.

[14] Elisabeth von Brasch war eine bekannte Münchener Graphologin, deren Meinung der Graf schätzte. Siehe auch seinen interessanten Artikel über Graphologie: „Zum Handschriften-Lesen" in *Der Weg zur Vollendung*, Mai 1940.

Prozent Ihres Aufsatzes, den Sie mir schickten, beruhen auf ungeklärten Begrifflichkeiten."

Krafft ignorierte diese Ermahnungen, schrieb einen dummen Brief an den Grafen über dessen laufende astrologischen „Aussichten", und versuchte, seine typokosmischen Theorien zu verteidigen. Keyserling antwortete ihm am 6. April und wies darauf hin, Krafft habe offenbar seinen früheren Brief nicht verstanden.

„Ich weiß, daß Sie an einer bestimmten Art von theosophischem Atavismus leiden... Ich erlaube mir, Sie darauf hinzuweisen, daß, auf der Grundlage einer metaphysischen Erfahrung, von der Sie bislang nichts wissen wollten, der theosophische Typus an sich minderwertig ist und vollständig eingeschmolzen werden muß, wenn etwas Wertvolles aus ihm entstehen soll. Die Theosophie mit ihren Klischees gehört zu der ‚mach es dir leicht'-Kultur, die unsere Welt ruiniert... Ohne sich dessen bewußt zu sein, erteilten Sie mir in gönnerhaftester Weise Ratschläge. Aber dazu haben Sie wohl kaum ein Recht. Ich kann nur auf meinen ersten Brief verweisen. Sie müssen einen anderen Weg einschlagen, wenn Sie nicht Schaden nehmen wollen."[15]

Im April 1938 kehrten die Kraffts für einen Monat in die Schweiz zurück und blieben eine Zeitlang in der Villa Rosa. Seine Mutter war in einer schwierigen Verfassung und äußerst geschwätzig. In einem Brief an Mrs. Butler (1. Mai 1938), die seine Mutter offenbar gut kannte, schreibt Krafft, seine Mutter habe einmal mehr einsehen müssen, daß „ihre Macht über mich gebrochen war". Mrs. Butler bat ihn, ihr Horoskop zu erstellen, aber: „Ich bin nicht sehr erpicht auf die Vorhersage künftiger Ereignisse und hätte lieber eine vorsichtige Andeutung bevorstehender Rhythmen und Progressionen als eine Fünf- oder Zehnjahres-Vorschau mit definitiven ‚Fakten'. Das Leben ist nicht vorbestimmt, sondern entfaltet sich in Entsprechung zur kosmischen Symbolik, und alles, was über die Deutung von Symbolen hinausgeht, wie die Vorhersage von Ereignissen, ist schwarze Magie." Krafft mochte Mrs. Butler und wollte deshalb keine „Vorhersagen" für sie machen. Ich bin mir aber sicher, daß er in vielen anderen Fällen Prognosen machte, weil manche Klienten

---

[15] Der Graf hatte bereits in seiner Zeitschrift *Der Weg zur Vollendung*, Oktober 1936, S. 43-46, eine Kritik an der Sprachgeist-Theorie Kraffts veröffentlicht. Dennoch respektierte Keyserling seine Bemühungen, etwas Besseres als die althergebrachte Tradition zu finden.

es erwarteten und ihn dafür bezahlten, denn er gefiel sich sehr darin, seine Fähigkeiten zu demonstrieren.[16]
Im Mai 1938 kehrten Krafft und seine Frau nach Urberg zurück. Er arbeitete weiter an seinem „Brüssel"-Buch, wie er es nannte. In seiner Freizeit baute er eine einfache Holzhütte, ein Sommerhaus, von dem man einen großartigen Blick über den Schwarzwald nach Südosten hatte. Sie konnten es in diesem Sommer nicht viel nutzen, denn bereits am 17. August 1938 reisten sie nach Frankreich, und sie erwarteten auch nicht mehr, bis zum Jahresende wieder eine ständige Adresse zu haben, wie aus einem Rundbrief hervorging. Zur Zeit des Münchener Abkommens waren sie in der Villa Rosa. In einem Brief an Graf Keyserling schreibt er, er werde mit Anfragen über die Wahrscheinlichkeit eines Krieges überhäuft. Sie reisten dann weiter nach Südfrankreich und blieben einige Monate in Grasse und Nizza.[17]
Das „Brüssel"-Buch war bislang gescheitert. Auf einer undatierten Postkarte (wohl Ende August 1938) schreibt Krafft an Dr. Ferrière: „Heute morgen um 6.32 Uhr (Sonne in Konjunktion zu meinem Aszendenten) faßte ich den Entschluß, das ‚Brüssel'-Buch zu vergrößern – ein Privatdruck, finanziell unterstützt von *une admiratrice*." Die Verehrerin war Mlle. Marguerite Panchaud, die Inhaberin des Porzellangeschäfts in Lausanne, wo Krafft seit Januar 1936 eine lokale Gruppe unterrichtete. Chapellier gab mir 1965 einen maschinegeschriebenen Artikel, der wahrscheinlich auch in *l'Horoscope* (Paris 1946, Nr. 9) erschien und seine Version des Debakels darstellt: „Verleger und Drucker wurden mit einer Flut von Manuskriptseiten überschwemmt, mit Auslassungszeichen, Umstellungen, Fußnoten, Fußnoten zu Fußnoten, Ergänzungen, Unterstreichungen, kabbalistischen Zeichen etc. War mühsam eine Seite gesetzt, kam sie mit Sicherheit mit Streichungen, Umstellungen, Randbemerkungen etc. zurück. Am Schluß wünschten sich Autor, Verleger und Drucker gegenseitig zum Teufel. Zwei Jahre haben wir diesem tragikomischen Abenteuer geopfert..."

---

[16] Cf. seine Vorhersage für Tilea (S. 235) und seine Prophezeiung für Hitler (S. 228).
[17] In Monte Carlo besuchte Krafft den bekannten Berufsastrologen Gabriel Trarieux d'Egmont (1870-1940), dessen Bücher *Que sera 1938?* und *Que sera 1939?* damals viel gelesen wurden. Über Krafft begann Trarieux d'Egmont mit dem Grafen Keyserling zu korrespondieren. Keyserling erinnert sich mit Sympathie an ihn im zweiten Band seiner *Reise durch die Zeit*, 1948, S. 340-3.

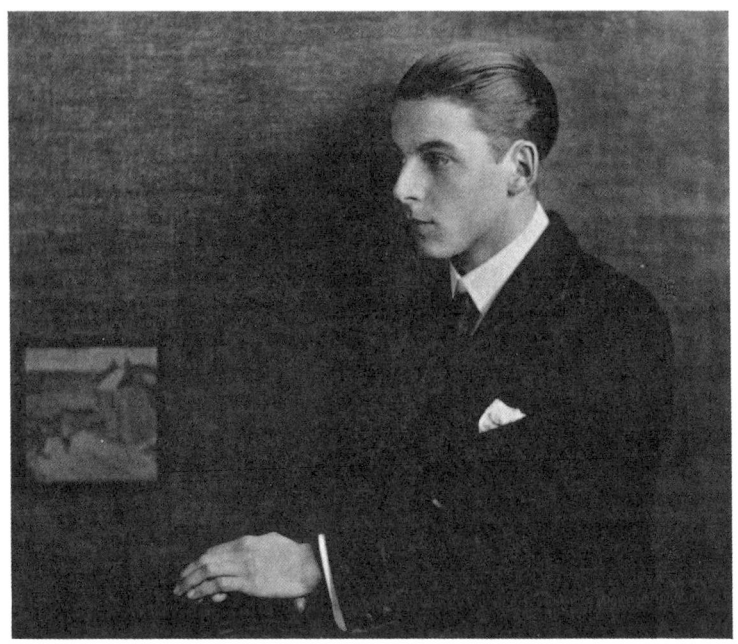

8. Karl Ernst Krafft, Studio-Portrait in London, 1924.

9. Krafft und seine Frau in der selbsterbauten Hütte in Urberg, 1938. Nachbarn gaben bei der Polizei an, die Hütte werde für Spionagezwecke benützt. (Siehe S. 211 ff.)

Kurz vor Weihnachten waren die Kraffts wieder in der Schweiz, und im Februar 1939 kehrten sie nach Urberg zurück. Nun wurde es ernst mit der Arbeit am *Traité d'Astro-Biologie*. Krafft schrieb an Ferrière, das Buch werde 192 Seiten haben und im Mai fertig sein. „Welche Aufgabe! Das Buch wird epochemachend sein, denn die Mängel der Tradition sind überall offensichtlich." Am 13. März schrieb er Mrs. Butler, er arbeite täglich bis zu fünfzehn Stunden. „Mittlerweile wurde die Polizei in unserer Abwesenheit auf diesen Platz aufmerksam, denn ein Verrückter hatte erzählt, die Hütte diene einem militärischen Zweck, wohl wegen ihrer ‚dominierenden' Lage ca. 200 Meter über dem Tal, wie ich vermute." Die Hütte war sein im Vorjahr erbautes Sommerhaus.

Der *Traité* wurde nun Kapitel für Kapitel gesetzt, diesmal in einer anderen Druckerei, L. Wyckmans & Cie. in Brüssel. Im März sorgte sich Krafft, daß er schon bei 210 Seiten angelangt war, doch Mitte Mai waren es bereits 300. Als er am 17. Juni an seinen Danksagungen schrieb, waren es 343 Seiten, und als der Druck bei Wyckmans am 30. Juni abschlossen war, hatte das Buch insgesamt 354 Seiten. Krafft bekam die ersten gebundenen Exemplare am 20. Juli um 14.40 h zugestellt. Er notierte sorgfältig die Zeit, um ein Horoskop auf die Erfolgsaussichten des Buches erstellen zu können.

Außer Typokosmie, Sprachgeist und Nostradamus enthält der *Traité* die Essenz der „wissenschaftlichen" Arbeit und Spekulation Kraffts seit 1923. Er beruht hauptsächlich auf vielen schon veröffentlichten Zeitschriftenartikeln, bringt aber auch eine Menge neues Material. Die Briefe, die er während seiner fieberhaften Arbeit an dem Buch schrieb, zeugen von einer ausgesprochenen Euphorie. Fast täglich machte er „neue Entdeckungen", und natürlich mußten sie mit eingearbeitet werden. Es war, als ob Krafft eine Vorahnung hatte, daß ihm nicht mehr viel Zeit bliebe, und daß sein Werk schnell, koste es was es wolle, veröffentlicht werden müsse. Er scheint davon überzeugt gewesen zu sein, es werde unmittelbar zu Ruhm und Anerkennung führen.

Es ist nicht einfach, den *Traité d'Astro-Biologie* zu beschreiben. Das Buch deckt ein riesiges Feld in völlig chaotischer Weise ab. Es ist ein wunderlicher Mischmasch von faszinierenden Behauptungen und angeblichen Beweisen für die Existenz aller möglichen kosmischen Einflüsse, Periodizitäten, Rhythmen und so weiter. Und es liest sich nicht wie das Werk eines Verrückten. Dennoch glaube ich, daß der *Traité* keinerlei wissenschaftliche Bedeutung hat. Für einen Anhänger Kraffts mag es eine unerläßliche und sogar erhellende Lektüre sein.

Der *Traité* erschien zum denkbar ungünstigsten Zeitpunkt, denn am 23. August, fast exakt einen Monat, nachdem Krafft sein Buch voller Entzücken in Händen hielt, wurde in Deutschland das Radioprogramm unterbrochen, und ein Sprecher verkündete, die deutsche und die sowjetische Regierung hätten einen Nichtangriffspakt unterzeichnet. Das kam völlig überraschend, und es war auch für Krafft trotz der „Sterne" völlig unvorhersehbar. Er glaubte damals, die Deutschen könnten gar keine Fehler machen.

Einige Wochen früher hatte er Ferrière geraten, „nicht alles zu glauben, was man über Deutschland sagt. *Es gibt so viel Positives hier*, daß die Art und Weise, in der sich meine Landsleute auf das Negative stürzen, ja geradezu infam ist; sie akzeptieren nicht, daß all ihre Diagnosen und Vorhersagen der vergangenen sechs Jahre falsch waren. Wieder einmal das Werk der Freimaurer und Juden." Das war die Stimme von Goebbels.

Ferrière widersprach: „Es wäre besser, wenn die [deutschen] Machthaber den Sadismus und die Grausamkeit ihrer Handlanger nicht verleugneten." Krafft kritzelte seine Antwort an den Briefrand: „Und es wäre besser, wenn unsere Landsleute diese Geschichten auf ihre richtigen Proportionen zurechtstutzen würden. Sie wissen, wie servil die Leute in der Schweiz sind; die lächerlichen Gebühren, die sie von Leuten erheben, die in Büchereien und Archiven Forschungsarbeit betreiben etc. Wenn Sie die ‚Kameradschaft' hier erleben könnten, würden Sie besser verstehen, daß die Schweizer etwas davon lernen könnten. Und was Sadismus angeht, habe ich in der Schweiz mehr gesehen und erlebt, als man für möglich hält."

Die Kraffts hatten eigentlich vorgehabt, Urberg Anfang September zu verlassen und einige Wochen in Zürich zu verbringen, um dann zur Villa Rosa zu reisen. Doch jetzt, wie Krafft Ferrière auf einer Postkarte vom 26. August erklärte, hatten sie sich entschlossen, „wegen der Krise" in Urberg zu bleiben. Krafft schrieb: „Ich denke nicht, daß es einen allgemeinen Krieg geben wird", wohl um damit anzudeuten, daß die Deutschen in Polen freie Hand haben würden.

Vierzehn Tage zuvor hatte sein Freund Georg Lucht, ein Ingenieur, ein paar Tage in Urberg verbracht. Sie waren sich erstmals auf dem Düsseldorfer Kongreß begegnet. Lucht war inzwischen ernsthafter

Anhänger der Typokosmie. In dem Memorandum, das er 1961 für mich anfertigte, schrieb er: „Es waren ungewöhnlich schicksalsschwangere Wochen. Würde es Krieg geben oder nicht? Krafft war zunächst optimistisch. Er dachte, Deutschland könne die Krise positiv durchstehen wie die deutsche Besetzung des Sudetenlands und Österreichs. Ich teilte seine Ansicht nicht, nicht nur, weil Hitlers Horoskop schwer belastet war, sondern weil auch das Horoskop des Deutschen Reichs vom 9. November 1918 für 1939-40 zwei starke Marsdirektionen zeigte. Dann kam aus München ein Brief von Dr. Mrsic, einem Astrologen, der ernstzunehmen war. Seinen Berechnungen zufolge waren ab Mittsommer große Truppenkonzentrationen an Deutschlands Ostgrenzen zu erwarten. Er schrieb, es bestehe Kriegsgefahr, und wahrscheinlich könne dieser Krieg nicht abgewendet werden. Dieser Brief machte großen Eindruck auf Krafft. Als ich ging, waren wir beide überzeugt, daß eine ‚Katastrophe' drohte, wenn der befürchtete Krieg sich ausweiten sollte."
Ich kann mir vorstellen, daß Krafft in diesen unter Hochspannung stehenden Tagen zahllose Horoskope und wohl auch sein eigenes erstellt haben wird. Sie lieferten ihm offenbar keine sinnvollen Informationen, und wenn doch, so ignorierte er sie. Von nun an vollzog sich alles mit einer seltsamen Unabwendbarkeit.

Tausend obskure Verse

Ohne eine kurze Einführung bliebe vieles von dem nun Folgenden unverständlich. Der französische Arzt und Astrologe Michel de Nostradamus (1503-1566) verfaßte eine berühmte Sammlung gereimter Prophezeiungen, die, 1555 erstmals erschienen, immer wieder gedruckt wurden, und das nicht nur in französischer Sprache. Wohl kaum ein Werk eines französischen Schriftsteller des 16. Jahrhunderts wurde so oft aufgelegt und kommentiert wie dieses als die *Prophéties* bekannt gewordene Buch. Vielleicht verständlicherweise interessierten sich die Gelehrten nie besonders dafür, und soweit ich weiß, erschien kaum etwas über seine komplizierte Bibliographie bis auf einen kleinen Artikel des Grafen Carl von Klinckowstroem aus dem Jahre 1913.[1] Krafft kannte die Nostradamus-Literatur ausnehmend gut. Seiner Schätzung nach erschienen zwischen 1555 und dem Ende des 17. Jahrhunderts etwa vierzig verschiedene Ausgaben der *Prophéties* und ebenso viele zwischen 1700 und 1940. In diesem Zusammenhang hat er offenbar Kommentare und Teilabdrucke mit den Erstausgaben verglichen. Wie auch immer, die Zahl von Nostradamia aller Art inklusive Zeitschriftenartikel ist außerordentlich groß, und seit 1940 ist eine Menge neu hinzugekommen. Die beste frühe Ausgabe erschien zwei Jahre nach Nostradamus' Tod bei Benoist Rigaud, Lyon 1568.[2] Sie enthält 300 zuvor noch nicht veröffentlichte Prophetien. Das Buch ist in zehn *Centuries* mit jeweils hundert *Quatrains* oder Vierzeilern aufgeteilt, und jeder *Quatrain* ist eine einzelne Prophezeiung. Diese Prophezeiungen sind in keiner erkennbaren chronologischen Folge angeordnet, und jede muß für sich „gedeutet" werden. Für viele bieten sich mögliche Lösungen an, während andere sich jeglicher Erklärung entziehen. Generationen von Nostradamus-Forschern haben an diesen faszinierenden Versen herumgerätselt und alles Mögliche und Unmögliche

---

[1] C. von Klinckowstroem: „Die ältesten Ausgaben der ‚Prophéties' des Nostradamus" in: *Zeitschrift für Bücherfreunde*, Leipzig 1913, S. 361-72. Der Autor beschreibt die ersten 25 Ausgaben von 1555 bis 1644. Krafft entnahm daraus so manche Information zur Textüberlieferung der *Prophéties* für seine privat herausgegebene Zeitschrift *Nostra Damur* (Nr. 1, Nov. 1940). Die erste seriöse Studie in englischer Sprache war C. A. Wards *Oracles of Nostradamus*, (1891). Der einzige Kommentar, den ich außerdem empfehlen kann, ist James Lavers *Nostradamus, or the Future Foretold*, 1942 (Repr. London 1952).
[2] *Les Vrayes Centuries et Prophéties de Maistre Michel Nostradamus.*

aus ihnen herausgelesen. Zeitliche Maßstäbe zählen dabei nicht, und ein *Quatrain*, der für einen Kommentator des 17. Jahrhunderts einen bestimmten geschichtlichen Sinn ergab, bedeutet für einen heutigen Nostradamus-Forscher etwas völlig anderes.

Zunächst zwei typische Beispiele.[3] Der berühmte Quatrain IX, 20 bezieht sich angeblich auf die Flucht Ludwig XVI. aus Paris nach Varenne im Juni 1792:

> *De nuit viendra parla forest de Reines,*
> *Deux pars vaultorte Herne la pierre blanche,*
> *Le moine noir en gris dedans Varennes*
> *Esleu cap. cause tempeste feu, sang tranche.*

„Des Nachts wird man durch die Pforte der Königinnen kommen, / zwei Ehegatten, Irrweg, die Königin, der weiße Edelstein, / der verlassene König in Grau in Varennes. / Der gewählte Capet Ursache (für) Sturm, Feuer, Blut, Hackmesser."

Warum der „gewählte Capet"? Weil Ludwig XVI. der erste König von Frankreich war, der nicht König von Gottes Gnaden war, sondern von einer verfassungsgebenden Versammlung „gewählt" wurde. Überdies hat man ihm während der Revolution den Spitznamen „Capet" verliehen, den Beinamen des Begründers des französischen Königtums. Er flieht „des Nachts", dieser gewählte König, ist „in Grau" gekleidet (was wohl tatsächlich der Fall war), und am Ende dieses Abenteuers steht die *tranche* der Guillotine.

Jeder Versuch, den Sinn von Nostradamus' Versen zu fassen, ist der Lösung eines immens schwierigen Kreuzworträtsels vergleichbar, und am Ende der Mühe kann man nicht einmal sicher sein, daß die „Deutung" richtig ist.

Ein zweites Beispiel (I, 60) bezieht sich angeblich auf Napoleon I.:

> *Un Empereur naistra pres d'Italie,*
> *Qui à l'Empire sera vendu bien cher:*
> *Diront avec quels gens il se ralie,*
> *Qu'on trouvera moins prince que boucher.*[4]

---

[3] Die Texte stammen aus der Benoist-Ausgabe, Lyon 1568. [Alle Nostradamus-„Übersetzungen" nach C. Loog: *Die Weissagungen des Nostradamus*, Pfullingen 1921. (A.d.Ü.)]
[4] „Ein Kaiser wird in der Nähe Italiens geboren, / der dem Kaiserreich sehr teuer zu stehen kommen wird. / Man wird sagen, daß unter den Leuten, mit welchen er sich umgibt, / weniger Fürsten als Schlächter zu finden sind."

Moderne Nostradamus-Studien stützen sich auf Eugène Barestes *Nostradamus* (Paris 1840), ein Buch, das soviel Aufsehen erregte, daß es schon im Jahr seiner Veröffentlichung zwei Neuauflagen erlebte. Auf Barestes Arbeit folgte unter anderen Anatole Le Pelletiers *Les Oracles de Michel de Nostradame* (1867), und Abbé Charles Nicoullauds *Nostradamus, ses prophéties* (Paris 1914). An dieser Stelle möchte ich mich mit Nicoullauds Interpretation von Quatrain III, 57 wegen seiner Bedeutung für die Krafft-Geschichte auseinandersetzen. Er lautet:

> *Sept fois changer verrez gent Britannique,*
> *Taintz en sang en deux cens nonante an:*
> *Franche non point par appuy Germanique*
> *Aries doubte son pole Basternan.*[5]

Man kann kein Quatrains interpretieren, ohne zuvor den Zeitraum oder das Jahr bestimmen, worauf sich die Verse angeblich beziehen. Nicoullaud glaubte, die ersten beiden Zeilen von III, 57 bedeuteten, in einem Zeitraum von 290 Jahren (*deux cens nonante ans*) werde das Herrscherhaus in Britannien siebenmal wechseln. Zunächst mußte ein Ausgangspunkt ermittelt werden. Er dachte zunächst an das Jahr 1603, als Jakob I. den Thron bestieg, und addierte 290 zu 1603. Also 1893, ein Jahr, in dem nichts von Bedeutung geschah. Als nächstes nahm er das Jahr 1649, als Karl I. hingerichtet wurde, addierte 290 und kam auf 1939. Dieses Jahr muß noch das Charakteristikum *taintz en sang*, „blutgetränkt", haben. Das paßt sicherlich auf das Jahr, in dem der Zweite Weltkrieg begann, auch wenn Nicoullaud diese Möglichkeit nicht vorhersah.

1921 veröffentlichte C. Loog, ein deutscher Postbeamter aus Berlin, ein Büchlein mit dem Titel *Die Weissagungen des Nostradamus*. Es war noch 1940 (in der fünften Auflage) lieferbar. Loog wollte einen kabbalistischen oder numerologischen Schlüssel zur Auflösung der Quatrains entdeckt haben. Auf der letzten Seite der Erstausgabe versicherte Loogs Verleger, der Autor habe ihm unter dem Siegel der Verschwiegenheit das „Codewort" zur Entschlüsselung aller Quatrains verraten. Diese Enthüllung geschah am 22. Dezember 1920. Um sich die Priorität dieser Entdeckung zu sichern, gab Loog

---

[5] „Man wird sehen, daß das Britenvolk sich sieben mal / in 290 Jahren ändert, nachdem es mit Blut befleckt ist. / Eine französische keineswegs, durch eine deutsche Stütze. / Der Widder zweifelt an seinem Bastarner Schutzland."

wenige Wochen danach eine eidesstattliche Erklärung bei einem Notar ab.

Im Falle der *Sept fois changer verrez gent Britannique* folgte Loog Nicoullaud, nahm 1649 als Ausgangspunkt für die Addition der 290 Jahre und fuhr mit der Deutung folgendermaßen fort: 1939 „müßte... die letzte bemerkenswerte Umwälzung in England eintreten. Offenbar wird dann der ‚Widder' an seinem Schutzland Bastarnien verzweifeln. Zu Zeiten Tacitus (Germania) saß der deutsche Stamm der Bastarner jenseits der Weichsel, also in ‚Polen'... Dem Widder, der den Tierkreis beginnt, gehörte der Osten. Nostradamus will uns also erzählen, daß 1939 mit der letzten und größten englischen Krise auch eine Krise für das wiedererstandene Polen Hand in Hand geht."

So weit, so gut: Deutschland marschierte 1939 in Polen ein und daraufhin erklärte Großbritannien Deutschland den Krieg. Aber warum hatte Loog als Erster diesen Quatrain mit Polen in Zusammenhang gebracht? Er fand den Schlüssel in Le Pelletiers *Les Oracles de Michel de Nostradame* (1867). Doch Le Pelletier nahm für seine Interpretation von III, 57 das Jahr 1501 und nicht 1649 als Ausgangspunkt. Durch die Addition der 290 Jahre kam er auf 1791, das er mit der Französischen Revolution in Verbindung brachte. Auch war er es, der die Bastarner identifizierte, einen umherziehenden Stamm, der erstmals 2000 v. Chr. an der unteren Donau auftauchte und sein Gebiet östlich der Weichsel, also in Polen hatte. So übernahm Loog Deutungselemente von Le Pelletier und Nicoullaud und kam so zu spekulativen, wenn auch seltsam zutreffenden Schlußfolgerungen, die beiden Quellen etwas verdanken.

Loogs Werk erschien im Johannes Baum Verlag in Pfullingen in Württemberg, einer obskuren Firma, die auf die Veröffentlichung recht anrüchiger okkulter Literatur spezialisiert war. Loogs Bemerkungen über Quatrain III, 57 wären unbeachtet geblieben, wären sie nicht in einem Buch zitiert worden, das ein Jahr danach (1922) erschien, aber noch zwei Jahrzehnte später gelesen werden sollte, *Mysterien von Sonne und Mond* von Dr. H. H. Kritzinger. Dieses Buch las an einem Herbstabend des Jahres 1939 auch eine Frau Goebbels – mit unerwarteten Folgen, wie wir sehen werden. So komme ich zu einer Geschichte, die mir Kritzinger erzählte, als ich ihn 1961 in Karlsruhe besuchte.

„Oh ja, ich kannte den armen Karl Ernst Krafft sehr gut", sagte Kritzinger. „Tatsächlich war ich, wenn auch in gewissem Sinne zufällig, dafür verantwortlich, daß er Anfang 1940 in Berlin landete und für Dr. Goebbels an Nostradamus arbeitete."
Ich hatte ein Tonbandgerät dabei und schaltete es an dieser Stelle ein. Tags zuvor hatte ich in Mannheim einiges über Kraffts Berliner Tätigkeit erfahren, und nun sollte ich völlig unerwartet die Folge der Ereignisse kennenlernen, die ihn nach Berlin gebracht hatte.
„Im Jahre 1939 glaubte ich, daß mein siebzehn Jahre zuvor erschienenes Buch *Mysterien von Sonne und Mond* schon völlig vergessen war", begann Dr. Kritzinger. „Das war nicht der Fall, das Buch wurde weiterhin gelesen. Es war 1922 herausgekommen, und in einem Kapitel über Nostradamus und seine Prophezeiungen hatte ich eine Passage aus dem kürzlich erschienenen Buch Loogs zum gleichen Thema zitiert. Loog meinte, ein gewisser Quatrain [III, 57] bedeute, 1939 werde es eine große Krise in Großbritannien geben und gleichzeitig eine in Polen. Soweit ich mich erinnern kann, hatte meine Erwähnung der Interpretation Loogs katastrophale Folgen. Kurz nach dem Kriegsausbruch im Jahre 1939 bekam Frau Dr. Goebbels das Buch in die Hand und las eines Abends im Bett darin, als sie auf die fragliche Passage stieß. Dr. Goebbels schlief schon, aber sie war so aufgeregt, daß sie ihn wachrüttelte und ihm vorlas. Das Seltsame daran war, daß vier Leute gleichzeitig ihm mein Buch schickten und das Zitat mit der 1939er Prophezeiung unterstrichen. Das weckte seine Neugier."
„Ein gewisser Oberst von Herwarth, ein pensionierter Offizier, der im Propagandaministerium arbeitete, stellte den Kontakt mit mir her und teilte mir mit, daß Dr. Goebbels mich sprechen wolle. Er werde es mich wissen lassen, wenn der Termin für die Unterredung feststehe. Ich persönlich fürchtete mich, denn man konnte nie wissen, wie solche Begegnungen mit hohen Nazifunktionären ausgingen. So fühlte ich mich ausgesprochen unwohl, als ich mich am 4. Dezember 1939 auf den Weg zum Propagandaministerium machte. Meine Frau sagte mir, sie habe, nachdem ich gegangen war, auf die Tür gestarrt und sich gefragt, ob ich jemals wieder zurückkommen werde. Ich war exakt fünfzehn Minuten bei Dr. Goebbels, von 12.50 bis 13.05 Uhr. Das Treffen ging viel einfacher vonstatten, als ich jemals zu hoffen gewagt hatte, denn Dr. Goebbels konnte sehr umgänglich sein, wenn er wollte. Wenn er freundlich zu mir

war, so deshalb, weil er dachte, ich hätte noch etwas in petto, was er sonst nicht erfahren hätte."

„Er sprach anfangs über die inzwischen berühmte Deutung Loogs, Quatrain III, 57, der mit *Sept fois changer verrez gent Britannique* beginnt. Die Art und Weise, wie diese Prophezeiung sich erfüllt hatte, hatte Dr. Goebbels und andere aus dem Propagandaministerium beeindruckt. Sie sahen eine Reihe von Möglichkeiten für die psychologische Kriegführung und glaubten offenbar, ein Nostradamus-Experte werde ihnen weitere überraschende Beispiele für die Auslandspropaganda liefern können."

„‚Haben Sie nicht noch etwas von der gleichen Art?' fragte er, als ob ich eine interessante Vorhersage nach der anderen über Großbritannien und den Krieg aus dem Ärmel schütteln könne. ‚Was wird als nächstes geschehen?', war eine andere Frage. ‚Ich habe keine Ahnung,' antwortete ich. Aber Dr. Goebbels blieb hartnäckig. ‚Wenn Sie sich damit [mit Nostradamus] von Grund auf auskennen, dann können Sie uns doch sicher einen Wink geben,' sagte er."

„Ich erwiderte, ich wisse nur, was gewisse Astrologen aus meinem Bekanntenkreis sagten, und ich könne mich gewiß nicht für die Treffsicherheit ihrer Behauptungen verbürgen. Ich versuchte zu erklären, daß ich persönlich mich nicht dafür interessiere, die Zukunft vorherzusehen. Nostradamus sei mein Steckenpferd, da ich mich mit prophetischer Literatur im Allgemeinen beschäftige. Für mich sei die Frage, ob sich alte Prophezeiungen tatsächlich erfüllt hätten oder nicht. Jedenfalls schaffte ich es schließlich, ihn zu überzeugen, daß ich keine prophetische Gabe besaß."

„‚Gut, was sagen Ihre Astrologenfreunde über die jetzige Situation?' fragte Goebbels. Ich nannte Herrn Sängers Behauptung, der französische Premierminister Daladier werde sich bald aus der Politik zurückziehen. Sänger war ein pensionierter Lehrer und in Berliner Astrologie-Kreisen gut bekannt. ‚Auf welcher Grundlage machte er diese Vorhersage?', fragte Goebbels. Ich erklärte, dies geschehe an Hand eines Vergleichs von Daladiers Horoskop mit dem Churchills und denen anderer führender alliierter Politiker.[6] Dann sagte Goebbels: ‚Gut, vielleicht kann ich etwas in die Wege leiten. Ich brauche jemanden, der sich für mich durch den Nostradamus arbeitet. Können Sie das für mich erledigen?'"

---

[6] Wahrscheinlich meint Dr. Kritzinger Neville Chamberlains Horoskop. Winston Churchill war damals noch nicht Premierminister.

10. C. Loogs Nostradamus-Kommentar von 1921. Er enthält eine „Vorhersage" des deutschen Einmarschs in Polen 1939. Loog gab Göbbels damit indirekt den Anstoß, Nostradamus für die psychologische Kriegführung einzusetzen.

„Ich war wie vor den Kopf geschlagen, konnte aber irgendwie die Fassung wiederfinden. ‚Diese Arbeit kann nur von jemandem mit viel freier Zeit getan werden,' sagte ich, ‚und als Leiter eines wissenschaftlichen Forschungsinstituts des Heereswaffenamtes stecke ich über beide Ohren in Arbeit.' Goebbels fragte, wen ich ihm als den besten Nostradamus-Experten empfehlen könne, und da nannte ich Loog. Damit war die Zusammenkunft beendet, und ich war zu meiner Erleichterung mit heiler Haut davongekommen."

„Loog wurde nach Berlin zitiert und kam, um mich zu sehen. Als er erfahren hatte, worum es ging, war er ziemlich niedergeschlagen. Er wollte nichts damit zu tun haben. Er hatte in den letzten Jahren eine völlig neue Übersetzung der *Prophéties* mit Kommentar angefertigt und überließ mir das Manuskript. Zum Glück für Loog händigte ich es den Leuten vom Propagandaministerium nicht aus, sondern fertigte sie mit der Ausrede ab, das Material tauge nicht zur ‚Aufbereitung' für die psychologische Kriegführung. Das stimmte wahrscheinlich auch. Doch sie bestanden hartnäckig darauf, daß sie einen Nostradamus-Experten haben wollten, und so nannte ich Krafft, und das ist wohl der Grund, warum er in Berlin auftauchte. Soweit es ihn betraf, war die letztendliche Folge seiner Verwicklung in dieses Geschäft schrecklich, aber das konnte damals keiner vorhersehen. Wissen Sie, Krafft war ein seltsamer Mensch, dazu noch außerordentlich ehrgeizig. Er steckte seit Beginn des Krieges in Urberg im dunkelsten Schwarzwald. Auf so etwas wie diesen Nostradamus-Auftrag hatte er nur gewartet..."

„Und wie die sprichwörtliche Fliege flog er der Spinne ins Netz?" fragte ich.

„Unglücklicherweise, ja", sagte Dr. Kritzinger.

Es gibt einige Belege für das wachsende Interesse von Goebbels an der Verwendung der Astrologie und gefälschten Prophezeiungen zu Propagandazwecken in den Aufzeichnungen der täglichen geheimen Ministerkonferenzen im Propagandaministerium.[7] Ein halbes Dutzend Protokolle über einen Zeitraum von sechs Wochen (30. Okt. 1939-13. Dez. 1939) zeigen, daß er auch ein wachsames Auge auf die Heimatfront hatte. Am 30. Oktober 1939 forderte er unverzügliche Berichte über den Inhalt der verbliebenen astrologischen

---

[7] Siehe W. A. Boelcke: *Kriegspropaganda 1939-41: Geheime Ministerkonferenzen im Reichspropagandaministerium*, Stuttgart 1966.

Zeitschriften und Almanache, um persönlich zu entscheiden, ob sie eine Gefahr für die Öffentlichkeit seien. Auf der Pressekonferenz des Propagandaministeriums am gleichen Tag ermahnte er die Journalisten, mit größter Umsicht vorzugehen, wenn sie mit astrologischen Prophezeiungen zu tun hatten. Am 2. November wurden die Parteibüros angesichts umlaufender Gerüchte, deren Ursprung sich zu Wahrsagern, Hellsehern und Astrologen zurückverfolgen ließe, zu erhöhter Wachsamkeit aufgerufen. Am 10. November ordnete er an, astrologische Publikationen sorgfältig auf alles zu untersuchen, was als Vorhersage des Attentats auf Hitler im Münchener Bürgerbräukeller am 8. November gedeutet werden konnte. Eine erstaunliche Vorhersage Krafffts hatte tags zuvor in hohen Berliner Kreisen große Aufmerksamkeit erregt.[8]

Am 22. November wurde beschlossen, alle Veröffentlichungen über Wahrsagerei zu verbieten. Außerdem solle die Herstellung eines Nostradamus-Flugblatts in französischer Sprache vorangetrieben werden. Am 5. Dezember, einen Tag nach dem bemerkenswerten Gespräch Kritzingers mit Goebbels, wurde Karl Bömer angewiesen, zusammen mit Oberst von Herwarth einen Text für dieses Flugblatt zu entwerfen. Letzterer war, wir erinnern uns, auf Goebbels Befehl an Kritzinger herangetreten. Am 11. Dezember forderte Goebbels Exemplare von allen astrologischen Almanachen für 1940. Ihr Verkauf wurde am nächsten Tag verboten. Am 13. Dezember kam Goebbels wiederum auf die Propaganda auf der Basis von astrologischem Material zurück und lobte die Qualität des Nostradamus-Flugblatts. Er schlug vor, Horoskope aller führenden alliierten Persönlichkeiten zu erstellen, wahrscheinlich für die psychologische Kriegführung. Nach dem 27. März 1940 gibt es keine weitere Erwähnung der Astrologie oder Nostradamus' in den Protokollen mehr. Zu diesem Zeitpunkt war Krafft schon fast drei Monate in Berlin.

---

[8] Die Geschichte dieser Vorhersage folgt im nächsten Kapitel.

Kraffts Hitler-Prophezeiung

Am 23. August 1939 wurde der deutsch-sowjetische Nichtangriffspakt unterzeichnet. Die Kraffts waren am 26. August noch in Urberg. Zwei, drei Tage später entschlossen sie sich, in die Schweiz zurückzukehren. Sie riefen ein Taxi aus dem nahegelegenen St. Blasien, um nach Zürich zu fahren, eine Strecke von etwa hundert Kilometern. Als das Auto kam, sagte der Fahrer, er könne sie nur bis zur Grenze nach Waldshut bringen, da die Grenze jeden Augenblick geschlossen werden und er dann nicht mehr zurück könne. So beschlossen sie, die weitere Entwicklung in Urberg abzuwarten.
Krafft befand sich in einer schwierigen Situation. Er hatte in der Schweiz alle Brücken hinter sich abgebrochen und auch keine große Lust mehr, dort auf Dauer zu leben. Ferrière schrieb ihm am 4. September, dem Tag, als Großbritannien und Frankreich Deutschland den Krieg erklärten, und bat ihn, zurückzukehren. Krafft antwortete am 9. September, er könne sich nicht mit der Aussicht befreunden, in einem Land zu leben, das seit Jahren von den *joupins* (Juden) an der Nase herumgeführt werde, und wo er zweifelsohne sofort ins Gefängnis geworfen werde. Der Grund für seine Furcht war vermutlich, die Schweizer Behörden könnten in ihm einen Angehörigen der „fünften Kolonne" für Deutschland erblicken. Ferrière gegenüber drückte er seine Hoffnung aus, sein Wissen und seine Fähigkeiten in die Dienste des „ungerecht geschmähten und verleumdeten" Dritten Reichs stellen zu können. All dies stand auf einer Postkarte. Ferrière antwortete am 11. September. Krafft schickte ihm den Brief am 20. September mit Randbemerkungen zurück. Bedeutende Aufgaben lägen vor ihm. Die ermutigenden Reaktionen seitens hochgestellter Persönlichkeiten ermöglichten ihm nun, „unsere Wissenschaft" in Berlin zu befördern.
Ein langer Brief vom 18. Oktober 1939 an seine Freundin Marguerite Panchaud in Lausanne sorgte sicherlich für Amüsement bei den deutschen Zensurbehörden, denn er zeigt, daß Krafft völlig auf die Propagandalinie der Nazis eingeschwenkt war. Es ist ein außergewöhnliches Schreiben, mit immer wiederkehrenden Anspielungen auf die Machenschaften der internationalen Freimaurerei und der Juden sowie einer Warnung, eine deutsche Invasion in die Schweiz stehe bevor, wenn die Schweizer Presse weiterhin ungerechtfertigt Kritik an deutschen Aktionen und der deutschen Politik übe. Er empfahl der armen Mlle. Panchaud, die „Protokolle der Weisen von

Zion" zu lesen, eine bekannte antisemitische Fälschung.¹
Der Schlüssel zu der heftig anti-schweizerischen Haltung Kraffts findet sich in einer kurzen Passage dieses Briefs. In Deutschland, erklärte er, schätze man persönliche Fähigkeiten und Überlegenheit, während man solche Qualitäten in der Schweiz verachte. Seiner Ansicht nach habe das Land seiner Geburt seinen Wert nie gewürdigt, während er in Deutschland, wenn man ihm die Möglichkeit gäbe, die ihm zustehende Anerkennung zu finden hoffe. Sein Problem war, eine passende Gelegenheit zu finden, seine Begabung zu präsentieren. Es ist nicht unwahrscheinlich, daß er schon erste Schritte in dieser Richtung unternommen hatte, denn vor ein paar Wochen, wahrscheinlich vor dem 20. September, hatte er ein vielversprechendes Treffen mit seinem Freund Fesel.

Dr. Heinrich Fesel (1890-1958) war ursprünglich Lehrer. Er war ein anerkannter klassischer Gelehrter und konnte etwas Sanskrit. Er beschäftigte sich auch mit Astrologie und war Mitglied in Goerners Mannheimer Kreis. Als Goerner Anfang 1933 eine Studiengruppe für Astrologie und Graphologie organisierte, assistierten ihm Fesel und ein gewisser Dr. Brauch beim Unterrichten der Anfänger. Goerner hatte Krafft und Fesel einander vorgestellt. Fesel zog später nach Berlin, blieb aber mit Goerner in Verbindung und versäumte nie zu fragen, ob es Neues von Krafft gebe. Er war auch Abonnent der *Wirtschaftsberichte* Kraffts. Wilhelm Wulff erzählte mir, Walter Schellenberg, der Leiter vom Amt VI (Auslandsgeheimdienst) des Reichssicherheitshauptamtes, habe Dr. Fesel für das RSHA rekrutiert. Laut Wulff war Fesel weit davon entfernt, ein begeisterter Nationalsozialist zu sein und bedauerte schon bald, sich mit Himmlers Geheimdienst eingelassen zu haben.²

Wahrscheinlich hatte Krafft an Fesel geschrieben, um sich über die

---

¹ Cf. Norman Cohn: *Die Protokolle der Weisen von Zion. Der Mythos von der jüdischen Weltverschwörung*, Köln und Berlin 1969, sowie Johannes Rogalla von Bieberstein: *Die These von der Verschwörung 1776-1945. Philosophen, Freimaurer, Juden, Liberale und Sozialisten als Verschwörer gegen die Sozialordnung*, Flensburg 1992. (A.d.Ü.)

² Fesel arbeitete im Amt VII des RSHA, dessen Aufgabe „weltanschauliche Forschung und Auswertung" war, d. h. die Untersuchung von Freimaurerei, Okkultismus, seltsamen Kulten etc. Zuvor hatte Prof. Dr. F. A. Six die Leitung innegehabt. Laut Charles Wighton war Amt VII „der Mülleimer des RSHA. Dort fanden die Verrückten der SS Unterschlupf, die selbst Himmler zuviel waren." (Charles Wighton: *Heydrich*, Corgi 1963, S. 184.)

Möglichkeit einer Anstellung zu erkundigen. Jedenfalls zeichneten sich am Horizont schon finanzielle Schwierigkeiten ab. Zuletzt hatte er von seinem Kapital oder seinen Ersparnissen gelebt, doch nun wurde es dringlich, Geld zu verdienen. Das Problem war, daß er in Deutschland als „psychologischer Berater" nicht beruflich praktizieren konnte. Oder genauer, er konnte psychologischen Rat auf astrologischer Basis nicht legal für Honorar anbieten, da Berufsastrologie in Deutschland seit einigen Jahren mißbilligt wurde.
Fesel arrangierte, vielleicht auf Anweisung seiner Vorgesetzten, ein Treffen mit Krafft in Titisee, einem kleinen Ferienort auf halbem Weg zwischen Urberg und Freiburg. Das genaue Datum ist nicht bekannt, es war aber zweifellos kurz nach Kriegsbeginn. Fesel bewilligte Krafft im Auftrag des RSHA eine monatliche Zahlung von 500 Mark für Berichte, die er anzufertigen habe. Die Wahl des Themas blieb Krafft überlassen, es war aber klar, daß diese Schriften mehr oder weniger auf der gleichen Linie wie seine *Wirtschaftsberichte* liegen sollten, d. h. eine Mixtur aus politischen oder ökonomischen Kommentaren sowie Spekulationen mit gelegentlichen Bezügen zu planetaren Zyklen und anderen astralen Phänomenen.
Es ist schwierig einzuschätzen, warum das RSHA Krafft auf seine Gehaltsliste setzte, da das, was er über politische oder wirtschaftliche Angelegenheiten zu sagen hatte, für einen Geheimdienst kaum von Interesse sein konnte. Auch kann man kaum glauben, daß Fesels Arbeitgeber bereit waren, für „Vorhersagen" zu zahlen, die auf den astrologischen Theorien Kraffts beruhten. Ich glaube, daß Fesels Leute einen möglicherweise nützlichen Agenten auf Eis legen wollten, bis seine Zeit gekommen wäre. Daß Krafft einen Schweizer Paß hatte, war offenbar nützlich für die Deutschen, da es ihm erlaubte, mehr oder weniger unbehelligt außerhalb Deutschlands zu reisen, wie nach Frankreich oder in die Beneluxländer. Krafft war vorsichtig genug, seine Einstellung erst zu akzeptieren, nachdem er die Schweizer Behörden in Deutschland konsultiert hatte. Laut einem Memorandum, das Frau Krafft lange nach dem Krieg geschrieben hat und das nun im Münchener Institut für Zeitgeschichte liegt, hatte Krafft, als er nach Berlin kam, um seine angestrebte Tätigkeit mit der, wie sie vage formulierte, „betreffenden Dienststelle" zu besprechen, bei der Botschaft der Schweiz angefragt und erfahren, daß er damit nicht gegen Schweizer Gesetze und Vorschriften verstoße. Fesel muß Krafft wohl mit einer passenden

„Legende" ausgestattet haben, denn es ist höchst unwahrscheinlich, daß Krafft einfach sagte: „Ich möchte für das Reichssicherheitshauptamt arbeiten!" Seine Verhandlungen mit dem RSHA waren im Oktober 1939 abgeschlossen.

Die Berichte, die Krafft für Fesels Amt schrieb, waren nicht besonders geheim, wie eine Bemerkung Goerners zeigt. Sein Sekretär Gerhard zur Horst tippte die monatlichen Berichte an Fesel, und auch Goerner las sie. Er erinnert sich, daß Kraffts Schreiben sich um Themen drehten wie: der Feldzug gegen Polen und seine Auswirkungen, die Möglichkeiten militärischer Aktionen im Westen und verschiedene Propagandathemen. Als Krafft am 2. November ein solches Schreiben an Fesel schickte, ließ der es ohne Bedenken im RSHA-Hauptquartier zirkulieren. Krafft sagte darin vorher, Hitlers Leben sei vom 7.-10. November in Gefahr, und er benutzte tatsächlich den Ausdruck, es bestehe „die Möglichkeit eines Attentatversuchs durch Explosivstoffe". Fesel archivierte das Schreiben und bewahrte Stillschweigen aus guten Grund, denn astrologische Spekulationen über den Führer waren streng tabu. Es gab jedoch ein überraschendes Nachspiel. Am 9. November 1939 erfuhr die deutsche Öffentlichkeit, daß auf Hitler ein mißglückter Anschlag verübt worden war. Am Abend zuvor hatten der Führer und andere aus der alten Nazigarde die traditionelle Versammlung im Münchener Bürgerbräukeller besucht, um des Putschversuchs von 1923 zu gedenken. Hitler und einige hohe Parteifunktionäre verließen die Veranstaltung unerwartet früh, um mit der Bahn nach Berlin zurückzukehren. Kurz nach ihrem Aufbruch explodierte eine Bombe, die in einer Säule direkt hinter dem Rednerpult versteckt war, tötete sieben Menschen und verletzte dreiundsechzig weitere Personen.

Krafft wußte nie, wann es genug war. Er wollte unbedingt auf seine astrologische Heldentat aufmerksam machen, schickte sofort ein Telegramm an Rudolf Heß in die Reichskanzlei in Berlin, verwies auf sein ursprüngliches Schreiben an Fesel und behauptete, Hitler sei auch in den nächsten Tagen noch in Gefahr. Ein paar Monate später erzählte er Georg Lucht mit leuchtenden Augen, sein Telegramm habe „in Berlin wie eine zweite Bombe eingeschlagen". Der verlegene Fesel wurde unvorzüglich angewiesen, das Schreiben vorzulegen. So erreichte es tatsächlich den Führer, der es beim Arbeitsfrühstück Goebbels zeigte.[3] Am selben Tag holten vier

---

[3] Siehe W. A. Boelcke, *Kriegspropaganda 1939-41*, Stuttgart 1966, S. 223.

Herren aus dem Freiburger Gestapo-Hauptquartier Krafft aus Urberg zur Befragung ab und schickten ihn am nächsten Tag unter Bewachung zum weiteren Kreuzverhör nach Berlin. Goerner berichtete mir, Krafft habe den Sicherheitsdienst-Leuten ausreichend deutlich machen können, daß er nichts mit dem Münchener Vorfall zu tun habe. Darüber hinaus habe er sie davon überzeugen können, daß unter bestimmten Umständen zutreffende astrologische Vorhersagen möglich seien. Dann sagte man ihm, er sei frei und könne nach Urberg zurückkehren. Es war gut, daß er den Sicherheitsdienst um eine Bescheinigung bat, daß nichts gegen ihn vorliege, denn als er wieder in Freiburg eintraf, so Prof. Bender, wollte ihn die örtliche Gestapo am Bahnhof gleich wieder verhaften. Offenbar nahm er die Gelegenheit wahr, ein paar Tage in Berlin zu bleiben, denn *Sterne und Mensch* (März-April 1940) berichtete, daß er an einer Versammlung der Akademischen Gesellschaft für astrologische Forschung am 21. November 1939 teilgenommen habe.

Am selben Tag, als Krafft sein Telegramm nach Berlin schickte, wurden zwei britische Geheimdienstoffiziere bei Venlo über die deutsch-holländische Grenze gelockt und von Walter Schellenberg (der noch nicht seine spätere Bedeutung im RSHA erreicht hatte) mit Hilfe eines SS-Kommandos festgenommen.[4] Einer von ihnen war Captain S. Payne Best, der den Bericht über seine weiteren Erlebnisse 1950 in seinem Buch *The Venlo Incident* veröffentlichte. Wieder einmal gab es unerwartete astrologische Zusammenhänge.

In einem von vielen Verhören wurde Best zu seiner Verbindung zu einem Astrologen, einem gewissen K. von H., befragt. Wenige Wochen zuvor hatten er und seine Frau beim Essen eine Freundin zu Gast. Sie erschien in Begleitung ihres Sohnes, „der gerade aus Berlin, wo er als astrologischer Berater eine einträgliche Praxis hatte, nach Den Haag gekommen war... Die Gestapo war ihm auf die Schliche gekommen und hatte ihn aufgestöbert. Er wurde verhaftet und durch die Mangel gedreht, damit er für sie arbeite und Hitlers

---

Seine Darstellung beruht auf dem Nostradamus-Kapitel in Boris von Borresholm: *Dr. Goebbels nach Aufzeichnungen aus seiner Umgebung*, 1949. Auch wenn der Kern der Geschichte richtig sein mag, ist er keine völlig verläßliche Quelle. Weder Lucht noch Goerner erwähnten, daß der Brief Hitler erreicht habe, und möglicherweise wurde er auch schon vor dem 2. November verfaßt.
[4] Siehe auch Adolf Burger: *Unternehmen Bernhard. Die Geldfälscherwerkstatt im KZ Sachsenhausen.* Berlin 1992, S. 103. (A.d.Ü.)

Horoskop ausarbeite oder was immer Astrologen so tun."[5]

Ein Gestapomensch – Best beschreibt ihn als „großgewachsenen, ausgesprochen gutaussehenden jungen Mann mit ondulierten Haaren, gefärbten Lippen und Wangen und nachgezogenen Augenbrauen" – wollte ganz genau wissen, was Best mit dem Astrologen K. von H. vereinbart habe. Best sagte, er habe nichts mit ihm vereinbart und kenne den Mann kaum. Der Gestapomensch fragte: „Warum sagten Sie dann zu Herrn K. von H., er solle nicht nach Deutschland zurückkehren, bevor die Mondphase gewechselt habe?" Best war verwirrt, bis ihm einfiel, daß ein deutscher Agent, mit dem er vor seiner Verhaftung in Holland gesprochen hatte, ihm allen Ernstes erklärt hatte, Hitler glaube, der Erfolg seiner Unternehmungen hinge von der Mondphase ab, zu der sie begonnen würden. Und er erinnerte sich, daß er sich „über K. von H. lustig gemacht hatte und ihm empfahl, seine Rückkehr nach Deutschland bis nach dem Neumond zu verschieben."

Als ich Bests Buch las, hatte ich das Gefühl, als ob mir die Initialen K. von H. in Zusammenhang mit Astrologie irgendwie bekannt vorkamen. Dann fiel mir ein, daß K. von H., der mit seiner Mutter bei den Bests in Den Haag aufgetaucht war, wahrscheinlich kein anderer als der Baron Keun von Hoogerwoerd war, ein Holländer, der Anfang der dreißiger Jahre in Berlin Louis de Wohl in der Astrologie unterrichtet hatte. Jedenfalls waren es nun zwei Astrologen, die nach der Münchener Explosion in Deutschland verhaftet wurden: Krafft und der Baron, wenn auch aus unterschiedlichen Gründen.

Ein interessanter Bericht über die Folgen des Attentatsversuchs findet sich auch in einem Buch von Dr. Hans Gisevius.[6] Dieser Autor berichtet an Hand von Informationen, die er von Arthur Nebe, dem vielseitigen Chef der deutschen Kriminalpolizei, erhalten habe, Hitler sei wie Goebbels, Himmler und Heydrich davon überzeugt gewesen, der Anschlag von München habe nur von einer gut organisierten Gruppe ausgeführt werden können. Man vermutete, er sei von Otto Strasser, der damals in Herrliberg bei Zürich lebte, mit Hilfe des britischen Geheimdienstes organisiert worden. Nebe hielt das für Unsinn. Als Gisevius und Nebe nach dem mißglückten Attentat Stauffenbergs auf Hitler vom 20. Juli 1944 auf

---

[5] S. Payne Best: *The Venlo Incident*, 1950, S. 60 f.
[6] H. B. Gisevius: *Wo ist Nebe?*, Zürich 1966.

der Flucht waren, habe Nebe folgende Geschichte erzählt:
Himmler sei im November 1939 über die skeptische Haltung Nebes so erstaunt gewesen, daß er einen seiner Hellseher, einen Wiener „Seher", kommen ließ, der auf einer Couch in Himmlers Büro in Trance fiel. Das Medium beschwor die verschwommenen Konturen eines gewissen Otto herauf, der sich in der Schweiz, so sagte er, mit drei eleganten Herren unterhalte. Sie unterhielten sich in einer fremden Sprache. Einer der Herren übergebe Otto falsche Papiere und einen Lageplan, vermutlich den des Bürgerbräugebäudes.
Um den Kontakt mit Otto zu intensivieren, brauchte der Hellseher einen Gegenstand aus den Trümmern des Bürgerbräukellers. Nebe gab ihm einen Metallsplitter, der aber mit der Bombe nichts zu tun hatte, und nun floß der Redestrom. In Wirklichkeit hatte Otto keinerlei Ähnlichkeit mit dem Attentäter Georg Elser, der ohne Hilfe in Heimarbeit eine höchst effektive Zeitbombe hergestellt hatte. Daß die Gestapo ihn aufgreifen konnte, verdankte sie ein paar dummen Schnitzern Elsers, der wohl sonst unentdeckt entkommen wäre.
Himmlers Leichtgläubigkeit war ebenso groß wie die Geschicklichkeit Elsers als Mechaniker und seine Tollkühnheit, aber der Reichsminister war ein ziemlicher Dummkopf. Nebe erzählte Gisevius darüber hinaus, Hitler sei von der technischen Leistung Elsers so fasziniert gewesen, daß er glaubte, – so Nebes Eindruck – zwischen ihm und Elser gebe es eine geheimnisvolle okkulte Verbindung.
Die Begegnung Kritzingers mit Goebbels hatte am 4. Dezember 1939 stattgefunden. Die weiteren Entwicklungen sollten nicht lange auf sich warten lassen. Loog kam und ging, und Krafft wurde zu Gesprächen nach Berlin beordert, da er von allen möglichen Kandidaten der geeignetste zu sein schien, das Propagandaministerium mit Nostradamus-Material zu versorgen. Er hatte nicht das Privileg, mit Goebbels zu sprechen, sondern erhielt seine Instruktionen von Fesel. Der war zwar, wie wir wissen, nicht für das Propagandaministerium tätig, aber die maßgeblichen Stellen hatten wohl aus Sicherheitsgründen entschieden, daß für Krafft sein schon vorhandener Kontaktmann zuständig bleiben solle. Luchts Memorandum stellt deutlich heraus, daß die Arbeit als „streng geheim" galt.
Auf dem Weg zurück nach Urberg verbrachte Krafft wahrscheinlich am 18.-19. Dezember eine Nacht in Mannheim, wo er ein längeres Gespräch mit Goerner führte. Zugegen war auch der Stuttgarter Psychiater Dr. W. Gollner, der an Astrologie interessiert war und

Krafft im August 1938 in Urberg aufgesucht hatte. Krafft erzählte ihnen von seiner zukünftigen Tätigkeit. Fesel habe angedeutet, man wolle ihn zu einem Geheimauftrag in die Beneluxländer schicken. Weder Goerner noch Gollner waren darüber erfreut, beide versuchten, ihn davon zu überzeugen, fern von möglicher Gefahr in Urberg zu bleiben. Krafft blieb jedoch starrköpfig und meinte, dies sei die Gelegenheit, auf die er schon lange gewartet habe.

Die Beunruhigung seiner Freunde steigerte sich noch, als Krafft davon sprach, sein Projekt *Wer ist Wer im Grenzgebiet* wieder aufzunehmen. Ihrer Meinung nach war das die sicherste Methode, die Aufmerksamkeit der Gestapo zu erregen.[7] Sie waren sich darüber im klaren, daß jeglicher öffentliche Kontakt zur Astrologie und anderen okkulten Dingen zunehmend gefährlicher wurde. Krafft nahm ihre Einwände nicht ernst, denn er war davon überzeugt, daß ihn seine einflußreichen Kontakte in Berlin schützten, jedenfalls soweit es ihn selbst betraf.

Gollner schrieb mir am 8. September 1961: „Krafft glaubte von ganzem Herzen an die machtvolle uranische Kraft, die sein eigenes Horoskop mit der uranischen Energie der herrschenden faschistischen Hierarchie in Deutschland verband, und er rechnete damit, daß diese Kraft ihn an die Spitze tragen würde."

Die Kraffts verbrachten Weihnachten in Urberg, dann packten sie ihre Sachen und reisten ab. Ihr Ziel war nicht Berlin, sondern Eisenach, eine Kleinstadt in Thüringen. Warum sie Eisenach wählten, weiß ich nicht, jedenfalls ließen sie sich dort nicht nieder. Am 29. Dezember war Krafft in Brüssel, offenbar auf Fesels Anordnung. Als er und seine Frau nach ein paar Tagen in Eisenach eintrafen, konnten sie keine passende Bleibe finden und reisten weiter nach Berlin.

---

[7] Seit 1934 hatte Krafft immer wieder geplant, ein biographisches Verzeichnis von Personen herauszugeben, die sich mit Astrologie und anderen „Randgebieten" befaßten. Kurz vor der Veröffentlichung des *Traité* 1939 wurden noch einige Fragebögen verschickt.

Die Affaire um den Tilea-Brief

Die Kraffts kamen in der ersten Januarwoche des Jahres 1940 in Berlin an und verbrachten ein paar Tage im Hotel, bis sie für eine Zeitlang bei ihrem Freund, dem Schriftsteller Carl Maria Holzapfel, in der Joachim-Friedrich-Straße in Halensee unterkommen konnten. Holzapfel kannte einige wichtige Nazis.[1] Auch Georg Lucht weilte in Berlin, und obwohl er ein erfahrener Ingenieur war, war er nicht für Kriegsaufgaben eingesetzt worden. Als Krafft ihn fragte, ob er ihm nicht bei der Nostradamus-Arbeit assistieren wolle, willigte er freudig ein. Lucht hatte zwar kaum eine Ahnung von der Deutung der *Quatrains*, konnte aber gut Schreibmaschine schreiben, und Krafft brauchte hauptsächlich Sekretariatshilfe. Lucht war ein großer Bewunderer Kraffts, und Krafft liebte ein ergebenes Publikum. Sie gingen gemeinsam zu einer Besprechung in Fesels Büro und mußten eine Verpflichtung unterzeichnen, über ihre Arbeit Stillschweigen zu bewahren und nichts zu enthüllen, in welcher Form auch immer, was Nostradamus oder ihre astrologische Forschung betraf. Damals, so Lucht, sah Krafft Fesel fast täglich.

Nicht lange danach ergaben sich für Krafft einige Kontakte, wie er sie sich schon lange gewünscht hatte, Kontakte zu Leuten, die einigen Einfluß im Dritten Reich hatten. Die folgenden Ereignisse fanden Anfang 1940 statt. Dies bestätigen Lucht und auch Frau Krafft in dem Memorandum, das sie nach dem Krieg im Münchener Institut für Zeitgeschichte hinterließ.

Sein Freund Holzapfel arrangierte es, daß Krafft zu einer Party in die Grunewald-Villa des bekannten Bildhauers Arno Breker eingeladen wurde. Brekers Werk war bei den Nationalsozialisten sehr geschätzt. Er schuf heroische Plastiken, die ihrer Vorstellung vom „nordischen" Menschen entsprachen.[2]

Krafft kam spät, und als ein Diener ihm Hut und Mantel abnahm, hörte er Klavierspiel im Salon. Die Künstlerin war die berühmte Konzertpianistin Elli Ney. Sie unterbrach ihre Darbietung, als Krafft den Raum betrat. Ein weiterer Gast war Dr. Hans Frank, der

---

[1] C. M. Holzapfel (* 1890) war Abteilungsleiter in Robert Leys Organisation „Kraft durch Freude" und Autor des Lobgedichts „Dem Führer" (erschienen in: *Deutsche Bühne*, Jan./Feb. 1934) - ein fanatischer Nazi.
[2] Zum Werk von A. Breker siehe Joseph Wulf: *Die Bildenden Künste im Dritten Reich*, Reinbek bei Hamburg 1966.

Generalgouverneur von Polen, der später in Nürnberg gehängt werden sollte. Er stellte Krafft mit den dramatischen Worten vor: „Das ist der Mann, der den Anschlag auf das Leben des Führers vorhersah!" Wie Goerner sagte: „Solcher Ruhm war sehr süß für Krafft – vor allem die Anerkennung in der Öffentlichkeit!"
Am späteren Abend wurde er aufgefordert, über die Nostradamus-Prophezeiungen zu sprechen, und besonders Frank, so seine Witwe, verfolgte seine Ausführungen mit großem Interesse. Auch Bernhard Rust, der Minister für Wissenschaft, Erziehung und Volksbildung, war zugegen, teilte aber nicht Franks Begeisterung. Krafft erzählte Lucht, daß Rust kühl und unfreundlich reagiert habe. Auch Goerner berichtete über den Verlauf dieses erfolgreichen Abends. Offenbar zeigte Krafft Brekers Gästen ein „Dynogramm", eine graphische Darstellung astrologischer Faktoren, wie sie Deutschland 1940 betrafen, und deutete an, man solle nicht zulassen, daß sich der Krieg über den Winter 1942/43 hinaus fortsetze. Jemand warf im Brustton der Überzeugung ein, bis dahin sei die ganze Sache sicher ausgestanden. Für Krafft war es ein denkwürdiges Ereignis.
Holzapfel arrangierte auch einen Besuch bei Robert Ley, dem Chef der Deutschen Arbeitsfront und Begründer von *Kraft durch Freude*. Holzapfel arbeitete für Ley und hatte die Nostradamus-Forschungen Kraffts ihm gegenüber erwähnt. Nach einem längeren Gespräch vertraute Ley Krafft an, er persönlich glaube an kosmische Einflüsse. Krafft meinte später Lucht gegenüber, er habe eine derartige Zustimmung von einem liederlichen Trunkenbold wie Ley am allerwenigsten erwartet. Ley wollte eine gute Ausgabe der *Prophéties* haben. Krafft hatte Goerner am 7. Oktober 1936 ein Exemplar der 1689er Ausgabe mit Widmung geschenkt und schrieb nun an Goerner, ob er es verkaufen wolle. Ein paar Tage später erhielt Goerner einen Brief aus Leys Mitarbeiterstab mit einem Angebot über 300 RM. Goerner war aber nicht gewillt, sich von dem Buch zu trennen. Es war noch immer in seinem Besitz, als ich ihn 1961 besuchte.
Der reibungslose Fortgang der Arbeit an Nostradamus wurde jedoch bald unterbrochen. Ende Januar 1940 erhielt Krafft einen Brief von einem gewissen Virgil Tilea, der kein anderer als der rumänische Botschafter in London war. Sie waren sich im Frühjahr 1937 in Zürich erstmals begegnet, bevor Krafft dort seine Zelte abgebrochen hatte und nach Deutschland gegangen war. Tilea war damals noch nicht im diplomatischen Dienst Rumäniens. Seine Berufung in die

Londoner Botschaft erfolgte erst im Dezember 1938. Im Januar 1939 fuhr er nach Großbritannien.
Im Frühjahr 1937 hatte sich Tileas erste Frau in der Bircher-Benner-Klinik in Zürich einer Behandlung unterzogen, und er hatte sie dorthin begleitet. Dr. Franklin Bircher hatte ihm vorgeschlagen, Krafft kennenzulernen. Tilea interessierte sich zwar nicht besonders für Astrologie, willigte aber ein. Als er Krafft begegnete, mochte er ihn nicht. Auch mir erzählte er, daß Krafft ihm unsympathisch war. Krafft bot ihm an, sein Horoskop zu erstellen, und Tilea akzeptierte sein Angebot. Er erwartete nicht viel von diesem seltsamen und ihm neuen Verfahren, war jedoch beeindruckt, als Krafft ein paar Tage später Informationen über sein Vorleben lieferte, von denen er eigentlich nichts hätte wissen können.
Ein Jahr später waren die Tileas wieder in Zürich. Dr. Bircher fragte, ob Tilea Krafft wiedersehen wolle. Zuerst lehnte er ab, änderte dann aber seine Meinung. Er wollte Krafft bitten, bei einem astrologischen Experiment mitzuwirken. Krafft willigte ein, und einige Tage später gab ihm Tilea die Photokopien zweier Handschriften und dazu die Geburtsdaten (d. h. Datum, Zeit und Ort), ohne jedoch die Identität der entsprechenden Individuen offenzulegen, die ich A und B nennen will. Innerhalb einer Woche lieferte Krafft Auskünfte über beide Personen. In seiner schriftlichen Deutung führte er aus, daß A eine schizoide Persönlichkeit sei, wie man sie seiner Erfahrung nach häufig bei teilweise jüdischer Abstammung finde. Er sagte außerdem vorher, daß A wohl kaum den November 1938 überleben werde. Für B prophezeite er, er werde, auch wenn er sich gegenwärtig noch einer ziemlich bedeutenden Stellung, ja sogar Berühmtheit, erfreue, um den September 1940 einen katastrophalen Rückschlag erleiden.
A war Corneliu Codreanu, der rumänische Faschistenführer und Chef der antisemitischen Organisation „Eiserne Garde". Krafft hatte mit der jüdischen Herkunft recht, denn seine Mutter war eine Jüdin aus Czernowitz, und auch seine Vorhersage bewahrheitete sich, denn Codreanu wurde des Hochverrats angeklagt und am 30. November 1938 „auf der Flucht" erschossen. B war König Carol von Rumänien, der am 6. September 1940 zugunsten seines Sohnes Michael abdanken mußte. Einen Monat später besetzten die Deutschen Rumänien. So sollte sich auch die zweite Prophezeiung erfüllen.
Tileas Tagebücher waren nicht in London, als wir im Mai 1965

unser Gespräch führten, und Tilea konnte sich auch nicht an den genauen Zeitpunkt erinnern, an dem er Krafft gebeten hatte, eine astrologische Studie über ihn selbst zu erstellen. Er glaubte, es sei wohl im Jahre 1938 gewesen, wahrscheinlich im Dezember, und unmittelbar darauf habe sich Kraffts Codreanu-Vorhersage bewahrheitet. Die Treffsicherheit dieser Vorhersage habe ihn sehr beeindruckt. Deshalb war er äußerst gespannt, was Krafft über seine eigene Zukunft sagen würde. Die Horoskopdeutung wurde nie geliefert, auch wenn sie in Briefen Kraffts an Tilea erwähnt wird. Ich werde noch darauf zurückkommen.

Wie schon gesagt, traf Tilea im Januar 1939 in London ein. Am 15. März besetzten die Deutschen die Tschechoslowakei, und wenige Tage später erhoben sie weitreichende ökonomische Forderungen Rumänien gegenüber. Tilea war kein Freund von Hitlerdeutschland, betrieb diplomatische „Indiskretion" und machte gegenüber der britischen Regierung eine Andeutung über die Höhe dieser erpresserischen Forderungen Deutschlands. Wenn den Briten anfangs die Natur von Hitlers Expansionsplänen im Balkan noch nicht klar war, wurde nun die Haltung der britischen Regierung eindeutig. Der deutsch-rumänische Wirtschaftsvertrag wurde am 24. März unterzeichnet, und eine Woche später verpflichteten sich die Briten, Polen im Falle eines deutschen Angriffs zu Hilfe zu kommen. Es scheint, daß Tileas Intervention wesentlichen Einfluß auf die damalige britische Politik hatte.[3] Die Deutschen waren wütend auf ihn, weil er die Katze aus dem Sack gelassen hatte, und attackierten ihn fortwährend im deutschen Rundfunk.

Als der *Traité* im Juli 1939 erschien, schickte Krafft sofort ein Exemplar an Tilea, der aber verständlicherweise zu viel zu tun hatte, um das Buch zu lesen oder Krafft zu schreiben. Er sollte sich jedoch bald an ihn erinnern, denn kurz nach Kriegsbeginn traf ein Brief Kraffts in London an. Er trug das Datum 26. September 1939, war in Urberg in englischer Sprache geschrieben, an Tileas Heimatadresse in Bukarest geschickt und im Diplomatengepäck nach London befördert worden. Außerdem war er kurz nach dem Treffen mit Fesel in Titisee verfaßt, wo Krafft auf die Gehaltsliste des Reichssicherheitshauptamtes gesetzt worden war. Die Deutschen interessierten sich sehr für Tilea, besonders seit er in London war.

---

[3] Siehe M. Gilbert und R. Gott: *The Appeasers*, 1963.

Urberg b/St Blasien, Sept. 26th 39
Permanent address: Commugny
(Switzerland)

Dear Mr. Tilea,

When we met for the last time, at Zurich, you then seemed rather sceptical when I ventured that certain people had their best time still ahead of themselves, and that a new order in S.E. Europe was inevitable to come. Meanwhile you might have remembered our talks, and your confidence in historimmic and cosmobiological laws should have increased.

From Dr. Franklin Bircher I ~~was told~~ past spring that you had thought my information given about one of the two birthmaps and handwritings was 'inspired' by the knowledge of the man concerned. This was not so, and when I actually heard who he was, I was more bewildered than you probably were, about the tragic end of this patriot.

About two months ago I had ordered a copy of my recent "Traité d' Astro-Biologie" to be sent to you ℅ Embassy of R. at London, and I hope that you got the book which, I feel sure, will interest you in more than one respect.

Should you find time to read it I should like to know one day your appreciation of this rather unorthodox piece of work.

Meanwhile I am, with my compliments for Mrs. Tilea, sincerely:

K. E. Krafft.

11. Brief Kraffts vom September 1939 an Virgil Tilea, den rumänischen Botschafter in London.

Krafft Brief begann damit, es sei nach Deutschlands leichtem Sieg in Polen für Rumänien ratsam, die Idee einer „neuen Ordnung" zu akzeptieren – also deutschen Lebensraum im Balkan. „Als wir uns zuletzt in Zürich trafen," so Krafft, „schienen Sie skeptisch zu sein, als ich zu behaupten wagte, daß gewisse Leute ihre beste Zeit noch vor sich hätten, und daß eine neue Ordnung in Südwesteuropa unvermeidlich kommen werde. Mittlerweile haben Sie sich sicherlich an unser Gespräch erinnert, und Ihr Vertrauen in historionomische und kosmobiologische Gesetze sollte gewachsen sein." Dann kam er zu seiner Codreanu-Vorhersage: „Dr. Franklin Bircher erzählte mir im letzten Frühjahr, Sie glaubten, die Deutung, die ich über eines der beiden Geburtsbilder und Handschriften angefertigt habe, sei durch Wissen über die Person ‚inspiriert'. Das war nicht der Fall, und als ich erfuhr, um wen es sich handelte, war ich wohl erstaunter als Sie über das tragische Ende dieses Patrioten."[4]
Am 12. Dezember 1939 schrieb Krafft aus Urberg wieder an Tilea. In diesem ebenfalls in englischer Sprache verfaßten Schreiben bezog er sich auf einen früheren Brief, der aber nicht mehr existiert. Er arbeite an Tileas Horoskop, benötige aber zusätzliche Angaben. „In meinem letzten Brief bat ich um die Beantwortung einiger Fragen, um Ihr Geburtsbild ausarbeiten zu können, wie die Geburtsdaten Ihrer Frau und die Ihrer Eltern (die Stunde ist in diesem Fall nicht erforderlich) und auch das der anderen Person, von der Sie ein Horoskop haben wollen. Außerdem schlage ich vor, Ihnen nicht nur eine Zusammenfassung, sondern eine detaillierte Abhandlung der erforderlichen historionomischen Studien zukommen zu lassen, damit Sie Gelegenheit haben, Ihre eigenen Schlüsse daraus zu ziehen. Wie wäre es damit? (N. B. Diese speziellen Studien müssen sowieso gemacht werden, warum also nicht schriftlich?!)"
Krafft glaubte, man könne eine befriedigende astrologische Interpretation nur erstellen, wenn man das Horoskop des Nativen mit den von ihm nahestehenden Personen vergleiche, deshalb auch die Bitte um nähere Angaben zu den Geburtsdaten seiner Frau und seiner Eltern. Er hatte diesen Brief einige Tage vor seiner Abreise nach Berlin geschrieben, wo er mit Fesels Amt verhandelte.
Wie schon erwähnt, hatte Fesel Krafft mit einer Geheimmission in die Beneluxländer geschickt. So ist zu erklären, warum der nächste

---

[4] Ich befragte Tilea zu Codreanu. „Er war ein verwirrter Visionär!" sagte Tilea.

Brief Krafffts an Tilea (vom 29. Dezember 1939) aus Brüssel kam. Dieses Schreiben in französischer Sprache ist von geringerem Interesse. Er schrieb wohl aus zwei Gründen: erstens ging der Brief direkt nach London, ohne daß es jemand in Deutschland wußte, und zweitens wollte er den Kontakt zu Tilea halten. Er machte ihn auf einen Artikel des bekannten britischen Astrologen R. H. Naylor aufmerksam, den er in der Novemberausgabe der in London erscheinenden *Prediction* gelesen hatte. In Deutschland hätte er diese Zeitschrift wohl kaum bekommen können. Krafft mochte Naylor und bat seinen Brüsseler Verlagsvertreter Horick, Naylor seinen *Traité d'Astro-Biologie* zu schicken. Seine Witwe Phyllis Naylor erinnerte sich an die Ankunft des Buchs im Januar 1940. Krafft hatte auf das Vorsatzblatt eine Widmung geschrieben, und sie erzählte mir im Jahre 1959, ihr Mann und sie hätten sich gewundert, daß die Widmung aus Brüssel kam, wo sie doch Krafft in der Schweiz glaubten. Krafft schreibt, er hoffe, Tilea die versprochene astrologische Studie gegen Ende Januar schicken zu können. „Sie können mich immer über die alte Adresse erreichen, oder via Mr. Horick, den belgischen Vertreter für mein Buch." Er erwähnte aber nicht seinen bevorstehenden Umzug nach Berlin. Tilea schrieb Ende Januar an die Schweizer Adresse Krafffts. Dieser Brief erreichte ihn Mitte Februar in Berlin. Er enthielt, wie erbeten, die Geburtsdaten seiner Frau und seiner Kinder, nicht aber die seiner Eltern.

Krafffts Briefwechsel mit Tilea hatte bislang zu keinerlei Schwierigkeiten mit Fesels Amt geführt – das RSHA war, wie ich glaube, seit September 1939 im Bilde – doch nun geriet er in zunehmend schwierige Gewässer. Krafft besprach seinen Anwortbrief an Tilea mit Fesel und zeigte ihm einen Entwurf. Fesel wollte erst mit seinen Vorgesetzten Rücksprache halten. Als Krafft nach ein oder zwei Wochen vorsprach, um sein monatliches Salär abzuholen, fragte er, ob man zu einer Entscheidung gekommen sei. Fesel erwiderte, der Brief könne zwar verschickt werden, doch seien einige Änderungen nötig. In seiner gegenwärtigen Form sei er nicht genügend deutschfreundlich, und Krafft solle die militärischen Aussichten Deutschlands in glänzenden Farben zeichnen. Wenn Krafft nicht einwillige, erhalte er nicht die Erlaubnis, den Brief zu versenden.

Krafft war wütend, so Lucht. Dies sei eine reine Privatangelegenheit zwischen Tilea und ihm. Tilea bezahle ihn nicht für einen Auftrag, und Fesels Vorgesetzte hätten kein Recht, Druck auf ihn auszuüben.

Fesel zuckte mit den Achseln und sagte, er müsse den Entwurf einbehalten. Das war der Tropfen, der das Faß zum Überlaufen brachte. Krafft warf ihm das Geld, das er gerade erhalten hatte, auf den Tisch und schrie: „Ich habe diesen Monat nicht für Ihre Dienststelle gearbeitet, und dieser Brief verbleibt mir!"
Ob er den Briefentwurf wirklich mitnahm, weiß ich nicht, jedenfalls kam er ohne Geld zu Hause an. Die Situation war schon schwierig genug und abgesehen davon, daß eine Verweigerung der Mitarbeit in Fesels Amt risikoreich war, hatten die Kraffts kaum Geld, um auch nur die laufenden Kosten zu bestreiten.
Frau Kraffts Memorandum vermittelt den Eindruck, als habe ihr Mann an diesem Punkt seine Verbindung zum RSHA abgebrochen. In Hinsicht auf den Brief war das nicht der Fall, auch wenn er seine bezahlte Tätigkeit eingestellt haben mag. Das RSHA hatte verfügt, daß der Brief an Tilea verschickt werde – zu seinen Bedingungen. Lucht erzählte mir, daß er eine ganze Reihe unterschiedlicher Versionen tippen mußte, bis Fesels Vorgesetzte zufrieden waren. Das RSHA wollte, daß der Brief sein Ziel auf alle Fälle erreiche. So mußte Lucht ihn zweimal tippen. Ein Exemplar trug das Datum 22. Februar, war aber erst am 27. Februar unterschriftsreif. Krafft setzte handschriftlich ein Postskriptum in englischer Sprache darunter: „Ich nutze die Gelegenheit, Ihnen diesen Brief über einen Freund zu schicken, der nach Rumänien reist." Der Freund war reine Erfindung. Der Brief wurde von einem RSHA-Kurier nach Rumänien gebracht und am 14. März per Einschreiben von Brasov nach Bukarest geschickt. Der Briefumschlag trug den handschriftlichen Vermerk Kraffts: „Im Fall der Abwesenheit bitte via Diplomatengepäck weitersenden." Das andere Exemplar mit Datum vom 14. März ging mit der gewöhnlichen Post von Berlin nach Bukarest und wurde von der Militärzensur geöffnet. Nach Goerner, der diese Geschichte zwei Jahre später von Krafft erfuhr, war Krafft entzückt über das „Mantel und Degen"-Stück mit dem Brief in Brasov.[5]

---

[5] Am 8. Juli 1961 gab mir Goerner das für mich angefertigte Memorandum Luchts. Es enthält einen detaillierten Bericht, was 1940 in Berlin vorgefallen war. Ein paar Tage später traf ich Tilea in London und zeigte ihm das Schreiben. Es war sehr aufschlußreich für ihn, da er bislang nicht gewußt hatte, was sich in Deutschland zugetragen hatte. Er lieh mir den von der deutschen Militärzensur geöffneten Brief mit Datum 14. März (er steckte noch im Umschlag) sowie den Umschlag, der von Brasov aus versandt worden war. Siehe auch die Abbildungen S. 237, 241 und 244.

Berlin-Halensee, 14.Mz.40
Joachim-Friedrich-Str.54
Ks/GL(2)

Lieber Herr TILEA,

Ihr Brief von Ende Januar ist mir erst Mitte Februar zugegangen. Die Verzögerung war zumteil verursacht durch mehrfache Ortswechsel während der letzten Zeit. Mitte Dezember wurde ich nämlich nach Berlin eingeladen zu einem Referat über NOSTRADAMUS. Bei dieser Gelegenheit wollten wir nach Eisenach in Thüringen übersiedeln, fanden aber dort keine Wohngelegenheit. So beschlossen wir, hierher weiter zu fahren, wo ich im Zusammenhang mit meinen kosmobiologischen Forschungen seit Jahren einen grössern Bekanntenkreis habe, und sich auch günstigere Arbeitsmöglichkeiten bieten als in unserm weltverlornen Urberg.

Seit fünf Wochen bin ich nun beschäftigt, für eine hiesige Gesellschaft in Verbindung mit einer Reichsstelle eine neue Ausgabe der Ihnen wahrscheinlich bekannten Prophéties von NOSTRADAMUS zu besorgen, mit einer wissenschaftlich-kritischen Einführung in das umstrittene Gebiet. Da ich mich damit seit zwanzig Jahren abgebe und schon vor Jahren viel darüber geschrieben habe, macht mir diese Arbeit viel Freude; und ich darf wohl sagen, dass hier das Beste und Gründlichste vorbereitet wird, was bisher je über NOSTRADAMUS und das Prophetische veröffentlicht worden ist.

Sobald das Werk fertig ist - ich hoffe Anfang April - wird es mir ein Vergnügen sein, Ihnen ein Stück zu dedizieren. Vielleicht schreiben Sie mir bis dahin, ob ich Ihnen das Buch durch die Gesandtschaft Ihres Landes senden darf, da es sich um ein kostbares Werk handelt, das nur in kleiner Auflage gedruckt werden und im Buchhandel nicht erscheinen wird (damit nicht daraus der Aberglauben neue Nahrung schöpft, - obwohl, oder gerade weil darin unwiderlegliche Beweise für die seherische Begabung von NOSTRADAMUS über Jahrhunderte weg erbracht werden). -

In Ihrem letzten Brief geben Sie mir wohl die Geburtsdaten Ihrer Frau und Ihrer Kinder, nicht aber diejenigen Ihrer Eltern. Gerade diese aber sind mir ein wichtiger Anhaltspunkt für die Beurteilung der Erbmasse, aus deren Grund das Einzelwesen wächst. Beispiele dafür haben Sie wohl in meinem "Traité" gefunden, wo ich im Kapitel VI gezeigt habe, wie in einer Familie (der unsrigen!) sich der Planet Merkur durch vier Generationen hindurch im selben Zeichen vorfindet. Ein solches Gestirn ist dann im Geburtsbild eines Nachkommen viel gewichtiger, als wenn seine Stellung im "Stammbaum" nicht vorgezeichnet wäre.

Eine andre wichtige Entdeckung, die ich noch bei Ihrer Studie mit-verwerten will, betrifft den verbesserten Siebenjahres-Rhythmus. Dieser umfasst nämlich, wie umfangreiche Erhebungen gezeigt haben, nicht genau 7 Jahre, sondern 7 Jahre weniger 7 Wochen; und der Ausgangspunkt ist für jeden Menschen der Stand der Sonne zu seiner Geburtszeit. Wenn also jemand im Frühling geboren ist, dann setzt sein Leben an einer andern (vorwiegend expansiven) Phase jenes Rhythmus ein, als wenn beispielsweise er im Herbst zur Welt kam.

Von diesem Rhythmus und seinen Phasen bezogen auf den Lebenskreis hängen wieder weitgehend die Reaktionen des Einzelnen

12. Der Brief, für den sich der britische Geheimdienst interessierte. Er trägt den Stempel der Zensurbehörde der Wehrmacht.

Kraffts Brief begann mit einer Entschuldigung für die Verzögerung. Tileas Brief habe ihn wegen mehrfachen Ortswechsels erst Mitte Februar erreicht. Mitte Dezember sei er nach Berlin zu einem Referat über Nostradamus eingeladen worden, und in den letzten fünf Wochen sei er damit beschäftigt gewesen, eine neue Ausgabe der *Prophéties* für eine Gesellschaft in Verbindung mit einer „Reichsstelle" zu besorgen. Er hoffe, Anfang April sei das Werk samt einer wissenschaftlichen Einführung fertig. Er habe ein Exemplar für ihn reserviert.[6] Er wollte wissen, ob er ihm das Buch über die rumänische Botschaft in Berlin schicken solle. Es werde nicht im Buchhandel erscheinen, „damit nicht daraus der Aberglaube neue Nahrung schöpft", und es werde unwiderlegbare Beweise für die seherische Begabung von Nostradamus erbringen.

Nach dieser Einleitung schreibt Krafft, er bereite eine neue Studie über Tileas Horoskop mit einem „verbesserten Siebenjahres-Rhythmus" vor. Dieser Rhythmus umfasse nicht genau 7 Jahre, sondern 7 Jahre *weniger* 7 Wochen; Ausgangspunkt sei dabei der Stand der Sonne bei der Geburt. Dies war eine seiner neuen „Entdeckungen" gegenüber den konventionellen astrologischen Techniken.

Soweit die erste Seite des zwölfseitigen Briefes, den der arme Lucht wieder und wieder tippen mußte, bis Fesels Amt zufrieden war. Es folgte eine Einschätzung Kraffts zur persönlichen Situation Tileas und seiner gegenwärtigen Angelegenheiten. Der weitaus größte Teil des Briefes gibt einen tendenziösen Überblick über die aktuelle politische Lage in Europa, gesehen durch die deutsche Brille. Der Brief ist ein außergewöhnliches, wenn auch nicht besonders subtiles Beispiel für psychologische Kriegführung.

Tilea war zufällig in Bukarest, als dort der am 14. März aus Brasov verschickte Brief ankam. Seine Mutter war gestorben, er war via Italien und Jugoslawien nach Rumänien zurückgekehrt; voller Argwohn mied er die kürzere Route über Wien. Er hatte schon seit dem

---

[6] Der Erscheinungstermin scheint sich verzögert zu haben, denn auf einer Postkarte vom 19. Februar 1940 erwartete Krafft, daß das Buch Mitte März fertig sein werde. Das setzt zwar voraus, daß der Großteil des Materials schon vorlag, *bevor* er nach Berlin ging, ist aber gut möglich, da Krafft sich schon seit den frühen dreißiger Jahren mit Nostradamus beschäftigt hatte. Offenbar hatte er schon in Urberg in seinen Prophezeiungen nach möglichen Hinweisen auf den Zweiten Weltkrieg gesucht. „Sie werden ein Exemplar erhalten", schrieb er an Ferrière, „und Sie werden sich wundern, was der ‚Seher von Salon' für unsere Zeit vorhersagen konnte. Es ist nicht sehr beruhigend für die Briten!"

letzten Herbst einen Verdacht gegen Krafft gehegt, besonders seit dem Brief aus Urberg vom 26. September mit den nicht gerade subtilen Hinweisen auf die voraussichtliche „Neue Ordnung" in Südosteuropa. Auch abgesehen von diesen Propaganda-Phrasen hatte er sich gefragt, warum Krafft in Deutschland geblieben war. Er habe sich aus verschiedenen Gründen entschlossen, erzählte er mir, mit Krafft in Kontakt zu bleiben und seine Briefe zu beantworten, denn er glaubte, Krafft werde sich früher oder später verraten.

Die Tatsache, daß dieser letzte Brief in Berlin geschrieben und dann in Rumänien abgeschickt worden war, schien zwei Hypothesen zu stützen: einmal, daß Kraffts Auftraggeber, wer auch immer sie waren, sichergehen wollten, daß Tilea das Schreiben erhielt, und zweitens, daß Krafft, wenn er in Berlin war, offenbar die Top-Nazis beriet, vielleicht sogar Hitler. Tilea ging davon aus, daß Krafft ein hochbegabter Astrologe war – seine erfolgreiche Codreanu-Prophezeiung hatte das gezeigt – und nach seinen Informationen glaubte Hitler an Astrologie. Dies hatte auch sein Kollege Raoul Bossy, der rumänische Botschafter in Berlin, berichtet, und Tilea hatte diese aufschlußreiche Mitteilung seines Kollegen in einem Geheimdienstbericht gelesen, den das rumänische Außenministerium an alle Botschaften und Konsulate versandt hatte.

Sein Verdacht bestätigte sich, als er auf dem Rückweg nach London über Zürich kam. Frau Tilea war in der Bircher-Benner-Klinik in Behandlung, und er konnte mit Franklin Bircher über Krafft reden. Bircher wußte, daß Krafft in Berlin war, und er war ebenfalls zu dem Schluß gelangt, daß er auf höchster Ebene für die Nazis tätig sein mußte. Als ihm klar geworden war, daß Kraffts Brief nichts anderes war als ein unverhohlener Versuch der „Gehirnwäsche" von Seiten der Deutschen, um ihn in seiner pro-britischen Sympathie zu verunsichern, schrieb er aus Zürich am 30. März 1940 einen ironischen Brief an Krafft. Er bestätigte den Eingang seines Schreibens und teilte ihm mit, daß er sein kleines Spiel durchschaut habe. Das zweite Exemplar des Krafft'schen Briefes, der am 14. März von Berlin nach Bukarest geschickt worden war, kam mittels Diplomatengepäck in London an und erreichte Tilea nach seiner Rückkehr aus der Schweiz. Die absichtliche Reproduktion des Briefes bestätigte seinen schon früher gehegten Verdacht. Also *mußte* Krafft für Hitler arbeiten, und so mußten nur noch die Briten davon überzeugt werden, die nötigen Gegenmaßnahmen in die Wege zu leiten.

244

13. Der Briefumschlag wurde von Krafft in Berlin adressiert. Er wurde am 14. März von Himmlers Geheimdienst in Rumänien aufgegeben.

14. Kraffts Faksimile-Edition von *Les Prophéties* des Nostradamus und seine Einleitungs-Broschüre. Die Publikation wurde geheim von einer Abteilung Himmlers finanziert.

Nostradamus und psychologische Kriegführung

Während ich diese Zeilen schreibe, liegt auf meinem Schreibtisch eines der 299 Exemplare des Krafft'schen Faksimile-Reprints der Benoist-Rigaud-Ausgabe *Les Prophéties de Michel Nostradamus*, die erstmals 1568 in Lyon erschienen war, zwei Jahre nach dem Tod von Nostradamus. Wohl kein anderes der vielen Nostradamia hat eine so seltsame Publikationsgeschichte.[1]

Krafft und Georg Lucht hatten ihre Aufgabe Anfang Januar 1940 zweifellos mit großem Enthusiasmus begonnen. Doch schon Ende Februar wünschte sich Lucht, niemals in die Angelegenheiten Kraffts verwickelt gewesen zu sein. Die Geschichte mit dem Brief an Tilea hatte ihn eingeschüchtert. „Wir steckten in diesen Wochen mit einem Fuß im Konzentrationslager", schrieb er. Anfang März erhielt er ein Stellenangebot des Siemenswerks in Berlin-Spandau und sagte Krafft, er wolle die Stelle annehmen. Krafft war wütend und beschuldigte den unglücklichen Lucht, ihn mit der noch nicht abgeschlossenen Nostradamus-Arbeit sitzen zu lassen. Da blieb Lucht. Doch ihre Zusammenarbeit dauerte nur noch zwei Wochen. Als Lucht die letzte Version des Briefes an Tilea getippt hatte, stand er kurz vor einem Nervenzusammenbruch, und auch Krafft war angespannt und gereizt.

„In den letzten Märztagen," schrieb Lucht, „hatten wir ein Stadium unverhohlener wechselseitiger Feindseligkeit erreicht. Krafft beschuldigte mich, apathisch zu sein und wiederholte immer wieder das Sprichwort ‚das Eisen schmieden, solange es heiß ist'. Ich war fürchterlich niedergeschlagen, brachte jedoch eine lahme Erwiderung hervor, es gebe gar kein Eisen, das man schmieden könne. Es sei ein Fehler, unseren Einfluß zu überschätzen. ‚Wir tanzen nach ihrer Pfeife,' sagte ich, ‚unsere Auftraggeber beuten uns aus und pervertieren Nostradamus schamlos für die psychologische Kriegführung.' Ich sagte, ich könne in all dem keinen Sinn mehr sehen."

Am 2. April 1940 riß Lucht sich schließlich los, und vierzehn Tage später wurde er zu einer Arbeit in einer Flugzeugfabrik eingeteilt. Im Zusammenhang mit seiner Einsicht, Kraffts Aufgabe sei, den Sinn der äußerst schwierig zu deutenden prophetischen Vierzeiler zu „pervertieren", muß ich auf eine Passage des auf Band aufgezeichneten Gesprächs mit Dr. Kritzinger zurückkommen.

---

[1] Siehe die Abbildung S. 244.

"Als Krafft nach Berlin gekommen war," sagte Kritzinger, "trafen wir uns von Zeit zu Zeit und diskutierten viele Quatrains, ohne uns auf eine gemeinsame Grundlage einigen zu können. Ich muß hier einen kritischen Faktor erwähnen: alles, was Goebbels wollte, war Propagandamaterial auf der Grundlage der Prophezeiungen des Nostradamus. Krafft und ich jedoch stimmten darin überein, daß es ein Vergehen gegen den Geist des Nostradamus sei, wenn wir seine Prophezeiungen entstellten, und daß er sich wegen dieses Vergehens im Grabe umdrehen würde. So taten wir unser Bestes, nur Material zu verwenden, das sinnvoll war und auf den Punkt traf."

Dennoch bemängelte Dr. Kritzinger in einem Brief vom 24. Oktober 1962, daß Kraffts Deutungen vielfach "zu weit" gingen. Ein Beispiel dafür war die angebliche Bedeutung von Quatrain V, 94:

Translatera en la Grande Germanie,
Brabant & Flandres, Gand, Bruges & Bolongne:
La traisue sainte, le grand duc d'Armenie,
Assaillira Vienne & la Coloigne.[2]

Im Sommer 1940 war die Deutung von "Grande Germanie" offensichtlich. Es konnte nur "Großdeutschland" bedeuten, dessen Armeen Brabant und Flandern, Gent, Brügge und Boulogne bis zum Meer erobert hatten. Aber wer war "le grand duc d'Armenie", und warum sollte er Wien und Köln angreifen? Kritzinger glaubte, es sei Stalin, der in Georgien, nicht weit von Armenien, geboren war, wo im Ararat russisches, persisches und türkisches Gebiet aneinander grenzte. Doch damals war es unvorstellbar, daß Stalin Wien oder Köln angriff[3], und so schlug Krafft eine wahrscheinlichere und ihm logischer erscheinende Lösung vor. Der "grand duc" war sicherlich

---

[2] "Übertragen wird er auf Großdeutschland, / Brabant und Flandern, Gent, Brügge und Boulogne. / Wenn der Waffenstillstand geschlossen ist, der Großherzog von Armenien. / Er wird Wien und Köln bestürmen."
[3] Cf. Willi A. Boelcke (Hrsg.): *Wollt Ihr den totalen Krieg? Die geheimen Goebbels-Konferenzen*, Pawlak: Hersching 1989, S. 25. Laut Sommerfeldt erklärte Goebbels [Ende November 1939] in einer Konferenz zum Thema Nostradamus: "Das ist eine Masche, an der wir lange häkeln können... Neuordnung Europas durch Großdeutschland, Besetzung Frankreichs nur vorübergehend, Großdeutschland bringt das tausendjährige Reich und den tausendjährigen Frieden. Den ganzen hanebüchenen Quatsch natürlich auch über die Sender nach Frankreich hinein. – Den großen Fürsten aus Armenien legen wir auf Eis, bis uns der Herr Stalin aus Georgien den Kampf ansagt – oder wir ihm. Sonst noch Fragen oder Bemerkungen zu dem Thema? Danke." (A.d.Ü.)

Arminius, der deutsche Stammesfürst der Cherusker, der im Jahre 9 n. Chr. drei römische Legionen im Teuteburger Wald besiegt hatte. Durch eine seltsame Analogie [Armenie = Arminius] wurde der „grand duc" zum Führer von „Großdeutschland", der seine bewaffneten Krieger 1936 in das Rheinland und nach Köln geschickt hatte und im März 1938 nach Wien, um Österreich zu besetzen. Zwei Jahre später eroberten seine Armeen Brabant und Flandern etc. So abwegig diese Spekulationen auch erscheinen mögen, so typisch sind sie für alle Versuche, den Sinn der Quatrains zu deuten, und Krafft und Kritzinger ließen sich offenbar davon fesseln.

Aber warum erteilten seine Hintermänner ihre Zustimmung dazu, in eine Faksimile-Edition der *Prophéties* mit Kommentar limitierter Auflage herauszubringen? Als Material für psychologische Kriegführung, denn das war ihre Hauptabsicht, hätte es ausgereicht, ihren Herausgeber eine geeignete Auswahl aus den tausend Quatrains treffen zu lassen, um sie dann von einem Schreiberling des Propagandaministeriums, der sicherlich nicht Kraffts Ehrfurcht gegenüber Nostradamus und seinem Werk geteilt hätte, entsprechend umformulieren zu lassen. Doch da es einen Köder brauchte, um Krafft die Arbeit schmackhaft zu machen, war das Zugeständnis, daß er als Lohn für seine Mühen ein Buch vorweisen konnte, psychologisch sicher ein geschickter Schachzug. Und auch wenn er einzelne Exemplare an seine Freunde verkaufen durfte, war keinesfalls daran gedacht, das Buch in den Buchhandel zu bringen. Ein größeres Interesse an Nostradamus und seinen Prophezeiungen war das letzte, was die Behörden wollten, denn sie wußten, daß kein anderer Autor eine bessere Quelle für Gerüchte war, und wenn es schon Gerüchte gab, dann solche, die sie selbst in die Welt gesetzt hatten.

Als Lucht am 2. April seinen Abschied nahm, war der Kommentar Kraffts schon auf 200 Schreibmaschinenseiten gewachsen. Laut Lucht war Krafft zu einer ganzen Reihe verblüffender Schlußfolgerungen gelangt. Nicht so überraschend war dabei die Ankündigung der unmittelbar bevorstehenden Besetzung Hollands und Belgiens durch deutsche Truppen. Doch die Geheimdienstleute beanstandeten derart treffende Spekulationen, und als das Manuskript die Zensur passiert hatte, blieb praktisch nichts mehr übrig. Im Frühjahr verbot das RSHA die Publikation, und das Buch durfte bis zum Dezember 1940 nicht „veröffentlicht" werden.

Der Faksimile-Reprint der *Prophéties* war, wie schon gesagt, auf eine Auflage von 299 Exemplaren begrenzt. Ein Impressum fehlte, und auf der Titelseite ist nur vermerkt, daß der Text der 1568er Ausgabe durch Photo-Lithographie der Fotokopist GmbH in Frankfurt am Main reproduziert wurde. Kraffts Kommentar war so ausgedünnt, daß er in eine 32-seitige Broschüre mit Datum vom 12. Oktober 1940 paßte, die in einer Tasche hinter dem Einbanddeckel steckte. Den Namen des Autors muß man suchen und findet ihn schließlich kleingedruckt auf Seite 26. Wer erwartet, interessante Spekulationen über Deutschlands Zukunft zur damaligen Zeit lesen zu können, wird enttäuscht. Alles, was Krafft veröffentlichen durfte, war ein harmloser Aufsatz über die Probleme, denen sich ein Interpret der Quatrains stellen muß. Wer bezahlte Druck und Einband? Man erinnert sich, daß Krafft Tilea mitteilte, daß das Buch von einer Gesellschaft in Verbindung mit einer „Reichsstelle" gesponsort werde. Laut Lucht war es Himmlers Reichssicherheitshauptamt, das die Rechnung mit Fesel als Vermittler beglich. Als Anwort auf einige Fragen, die ich ihm stellte, bestätigte er mir, das Propagandaministerium sei mit dem Projekt niemals direkt befaßt gewesen, und soweit er wisse, habe Krafft Goebbels auch nie getroffen. Der Schlüssel zur Identität dieser mysteriösen Gesellschaft Kraffts findet sich auf der letzten Seite der Einleitungsbroschüre, in einem Hinweis auf die „Deutsche Metapsychische Gesellschaft" in der Pragerstraße 17, 4. Stock, Berlin W 50. Die Gesellschaft wolle den Kontakt und Austausch zwischen Nostradamusforschern fördern. Außerdem habe sie damit begonnen, die Adressen all derjenigen zu sammeln, die sich mit Nostradamus beschäftigten, um sie über Neuveröffentlichungen zu informieren und Gelegenheit zu Gesprächen untereinander bieten zu können.

Laut Kritzinger war die Pragerstraße 17 die Adresse von Oberstleutnant Konrad Schuppe, einem pensionierten Offizier und Vorsitzendem der Gesellschaft. Er habe Krafft dort mehrfach angetroffen und mit ihm die mögliche Bedeutung bestimmter Quatrains diskutiert. Wilhelm Wulff hatte den Eindruck, die Gesellschaft sei auf Anweisung Goebbels gegründet worden, um alle diejenigen ausfindig zu machen, die sich mit Nostradamus beschäftigten.

Deutsche Nachkriegsquellen berichten nur wenig über den Gebrauch von Nostradamus-Material zu Zwecken der psychologischen Kriegführung. Walter Schellenberg erinnert sich in seinen Memoiren, er sei, als deutsche Truppen die belgische Grenze in der

Nähe von Sedan Mitte Mai 1940 überquerten, angewiesen worden, mit dem Propagandaministerium zusammenzuarbeiten, um Material zu erstellen, das in Frankreich über Rundfunk und Flugblätter verbreitet werden sollte. Die Vorarbeit war vermutlich schon einige Monate zuvor von Krafft geleistet worden, auch wenn man ihm aus Sicherheitsgründen nicht viel davon erzählte.

Schellenberg berichtet, Flugblätter mit den passenden Quatrains schrecklichen Inhalts aus den *Prophéties* seien aus Flugzeugen abgeworfen worden. Nostradamus prophezeite, nur Südostfrankreich werde nicht von den Feindseligkeiten betroffen. Deshalb sei die Zivilbevölkerung in diese Richtung geflohen, und so seien die Zugänge zu Paris und den Kanalhäfen kaum verstopft gewesen, als die deutschen Armeen anrückten.[4] Ich suchte vergeblich nach Abbildungen solcher Flugblätter, bekam jedoch nur eines zu sehen, das seinen typographischen Merkmalen nach in Belgien oder Frankreich gedruckt worden war. Es zeigte ein Dutzend Knüttelverse, die zwar Nostradamus zugeschrieben wurden, mit den *Prophéties* jedoch nichts zu tun hatten, und es ist unwahrscheinlich, daß Krafft etwas mit der Herstellung dieses Machwerks zu tun hatte.[5]

Es gab noch einen weiteren deutschen Nostradamus-Experten, den ich bisher noch nicht erwähnt habe: Alexander Zentgraf. Er veröffentlichte nach dem Krieg unter dem Pseudonym Dr. Centurio das Buch *Nostradamus, der Prophet der Weltgeschichte*, Berlin 1953. Er berichtet[6], im kalten Winter 1939-40 habe ihn ein freundlicher Herr aufgesucht, der sich als Gelehrter vorstellte. Er wollte wissen, ob es einen Quatrain mit einem Hinweis auf den „Blitzkrieg gegen Frankreich" gebe. Daraufhin schlug Centurio vier Quatrains vor (III, 6-9). Ich habe mich oft gefragt, ob dieser „Gelehrte" Krafft war.

---

[4] Walter Schellenberg: *Memoiren*, Köln 1959, S. 105.
[5] Auf Goebbels Ministerkonferenz vom 27. März 1940 wurde entschieden: „Die Nostradamus-Broschüre kann in ihrer gegenwärtigen Form erscheinen." Das zeigt, daß eine frühere Version (vielleicht vom Dezember 1939) durch eine neuere ersetzt worden war, wahrscheinlich auf der Grundlage von Kraffts Material. Nach W. A. Boelcke, *Kriegspropaganda 1939-41*, 1966, S. 304, waren bis Mitte 1940 83.000 Exemplare gedruckt worden: 20.000 in Französisch, 5.000 in Holländisch, 10.000 in Italienisch, 10.000 in Serbisch, 25.000 in Kroatisch, 5.000 in Rumänisch, 5.000 in Schwedisch und 3.000 in Englisch zur Verteilung in den USA. In dieser Quelle finden sich auch andere Hinweise auf Nostradamus, der letzte mit dem Datum September 1940.
[6] 4. Aufl. 1960, S. 70. [ebenso A. Centurio: *Die großen Weissagungen des Nostradamus*, München o. J., S. 207.]

Centurio schreibt, nach der deutschen Besetzung von Paris habe er mit Verblüffung in amerikanischen Zeitungen gelesen, in den letzten Monaten hätten angebliche Nostradamus-Prophezeiungen in Frankreich große Verbreitung gefunden, und die französische Regierung sei über ihre heimtückische Wirkung beunruhigt.

Kritzinger gab mir ein interessantes Dokument, die Photokopie eines 16-seitigen Nostradamus-Büchleins in Duodez-Format mit dem Titel *Der Seher von Salon*. Es trug das Impressum Rotadruck Wilhelm Meyer KG, Berlin SW 68, und verhehlte nicht seinen deutschen Ursprung. Einer seiner Freunde hatte voller Verwunderung entdeckt, daß es in seiner Manteltasche steckte, als er nach einem Kinobesuch im persischen Teheran seine Garderobe abholte. Inhaltlich beruht es auf Krafft'schem Material.

Solche paradoxen Situationen gibt es nur in einem Krieg. Bemüht versuchten die Deutschen, mit einer Nostradamus-Blütenlese die französische Moral zu unterminieren, während französische Behörden ihrerseits Nostradamia unterdrückten, um die Besatzungsmacht nicht zu brüskieren. Die Zensurbehörde von Vichy ergriff im November 1940 Maßnahmen gegen das neuste Buch von Dr. de Fontbrune, *Les Prophéties de Maistre Michel Nostradamus*, da der Kommentar des Autors die Deutschen verärgern könne.[7] Laut Kritzinger wurde auch E. Ruirs Buch *Le grand carnage d'après les prophéties de Nostradamus de 1938 à 1947*, Paris 1938, „wegen zu akkurater Deutungen" verboten.

Sogar in der neutralen Schweiz hatte man Bedenken gegen die Publikation von Nostradamus-Kommentaren. 1940 veröffentlichte der Genfer Verlag Les Editions Utiles einen Reprint der Rouen-Ausgabe der *Prophéties* von 1649 ohne jeglichen Kommentar oder Apparat. Die Herausgeber fügten einen Hinweis bei, sie seien nicht autorisiert, einen Kommentar anzufügen oder eine „Übersetzung" des Textes in modernes Französisch vorzunehmen.

Lucht und Krafft hatten sich am 2. April 1940 getrennt. Im Juni erhielt Lucht einen Brief seines früheren Kollegen. Krafft wohnte zeitweilig in Nikolassee, einer Vorstadt Richtung Potsdam, und lud Lucht ein, ihn am Sonntag zu besuchen. Dort erzählte ihm Krafft, seine Verbindung zu Fesels Amt sei nunmehr nur noch lose, und er arbeite nun als Übersetzer für das Deutsche Nachrichtenbüro, die

---

[7] 11. Aufl., 1958, S. 6.

offizielle Nachrichtenagentur der Regierung. (Er fand diese Stelle durch einen Hamburger Freund, einem gewissen Hoelken, dem er zufällig getroffen hatte.) Krafft meinte, übersetzen – meist vom Deutschen ins Französische – sei keine besonders harte Arbeit, und er hoffe, es ein paar Jahre dabei aushalten zu können.
Frau Kraffts berichtet in ihrem Memorandum, ihr Mann sei schon zu lange sein eigener Herr gewesen, um an einer untergeordneten Tätigkeit Gefallen zu finden, aber diese Arbeit verwickelte ihn nicht in Meinungskonflikte (wie z. B. mit dem RSHA) und ließ ihm freie Zeit für seine Nostradamus-Studien. Am 21. Mai 1940 hielt er zum Beispiel einen Vortrag auf einer ungewöhnlich gut besuchten Versammlung der Akademischen Gesellschaft für Astrologische Forschung in Berlin.
Auf einer Postkarte vom 5. Juli 1940 an Dr. Ferrière schreibt Krafft, er habe weitere „erstaunliche Entdeckungen" gemacht, und die „pro-deutsche Einstellung" Nostradamus' werde ihm immer deutlicher. Diese seltsame Feststellung setzt voraus, Nostradamus habe das Dritte Reich und den Zweiten Weltkrieg vorhergesehen, und Krafft glaubte, das sei tatsächlich der Fall. Wie zu erwarten, stellte auch eine spätere Generation von Nostradamus-„Experten" fest, ihr Held habe den ersten Sputnik, die kommunistische Revolution in China, die Ermordung von Präsident Kennedy und so weiter vorhergesehen. Jede neue Generation findet Passendes in den Quatrains.
Bald nahm Krafft ein weiteres Nostradamus-Buch in Angriff. Laut Memorandum seiner Frau erhielt er im Herbst 1940 einen Anruf eines gewissen Dr. Wilmanns, der im Auswärtigen Amt arbeitete.[8] Wilmanns erzählte Krafft, in seinem Besitz befinde sich das Manuskript eines Nostradamus-Buches. Er halte das Werk für untauglich; Krafft solle es korrigieren und überarbeiten. (Diese deutsche Nostradamus-Obsession ist schon ziemlich komisch.) Krafft erwiderte, er sei zu beschäftigt, doch Wilmanns drängte so sehr, daß Krafft schließlich einwilligte, das Manuskript zu lesen. Er schickte es mit einem Brief zurück, in dem er schrieb, das Werk sei so dürftig, daß es völlig neu verfaßt werden müsse, und er habe keine Lust, sich damit zu belasten. Doch Wilmanns akzeptierte kein Nein, und so hatte Krafft ein neues Nostradamus-Buch am Hals. Dabei war seine Faksimile-Edition der *Prophéties* noch nicht einmal erschienen.

---

[8] Meine Nachforschungen in Bonn ergaben, daß in der fraglichen Zeit kein Dr. Wilmanns im Auswärtigen Amt beschäftigt war.

Georg Lucht hielt die Verbindung zu Krafft aufrecht. Krafft hatte einen Kontakt zum Propagandaministerium hergestellt, denn als ihn Lucht Ende 1940 besuchte, zeigte ihm Krafft einige Entwürfe und Broschüren, die er für das Propagandaministerium verfaßt hatte.
Krafft machte Lucht Anfang 1941 mit Wilmanns bekannt, und auch Lucht war der Meinung, Wilmanns arbeite beim Auswärtigen Amt. Während Kraffts Freund Fesel an Astrologie glaubte, war Wilmanns skeptisch, erzählte jedoch Lucht, ihn zwängen seine offiziellen Pflichten, sich damit auseinander zu setzen. Wilmanns fragte Lucht, wann die USA in den Krieg eintreten würden. Lucht gab vorsichtig eine ausweichende Antwort und war froh, mit heiler Haut davongekommen zu sein. Aus seinem Memorandum und seinen Briefen geht hervor, daß ihm seit der Affäre mit dem Tilea-Brief klar war, daß Krafft irgendwann in Schwierigkeiten geraten werde, und er glaubte, Leuten wie Wilmanns ginge man besser aus dem Wege.
Außer seiner Arbeit an dem Buch für Wilmanns betrieb Krafft noch andere Nostradamus-Projekte, doch das war sein Privatvergnügen. Es waren Vorträge, die er in Berlin organisiert hatte. Der erste fand im Januar 1941 statt. Krafft wählte seine Zuhörer mit Bedacht, und er konnte Ferrière (auf einer Postkarte) mitteilen, daß zwischen sechzig und siebzig Zuhörer gekommen waren. Auf einer weiteren Karte vom 29. Mai an Ferrière schrieb er, seine Vorträge seien auch weiterhin erfolgreich, er hoffe, nunmehr nicht mehr zu den Astrologen gezählt zu werden, die „ausgemerzt werden müssen".
Georg Lucht war bei Kraffts Eröffnungsvortrag „Die Prophezeiungen des Nostradamus" zugegen. Lucht: „Nach und nach wurde der Vortrag immer fesselnder, aber gleichzeitig auch immer gefährlicher für Krafft!" Lucht war sich schmerzlich darüber im klaren, daß er und Krafft im Januar 1940 eine Verpflichtung unterzeichnet hatten, weder über Nostradamus noch die Astrologie in der Öffentlichkeit zu diskutieren, und er sah Krafft schon als Kandidat für die freundliche Aufmerksamkeit der Gestapo. Nach dem Vortrag wechselten sie ein paar Worte, und Lucht fragte Krafft, ob er wisse, was für ein Risiko er eingehe. Krafft lachte nur und sagte: „Mir kann nichts passieren. Der Vortrag ist bei der Polizei angekündigt, und gewisse Leute kennen das Thema meiner Vorträge ganz genau!"
Graf Brockdorff, der frühere Polizeipräsident von Kiel, der nach dem Krieg im Kieler Kultusministerium beschäftigt war, schrieb damals an Goerner, er solle Krafft warnen, weitere Vorträge zu halten,

denn die Geheimpolizei habe ein Auge auf ihn geworfen. Wenn Goerner diesen Rat an Krafft weitergab, befolgte er ihn nicht. Er war sich offenbar nicht darüber im klaren, daß auch scheinbar harmlose Bemerkungen verhängnisvolle Konsequenzen haben konnten. Ende Juni 1941 erzählte Frau Krafft Georg Lucht, daß Krafft bei einem informellen Treffen zugegen war, kurz bevor die Deutschen Rußland überfielen. Er habe dort auf der Grundlage astrologischer Verfahren mitgeteilt, möglicherweise stünden „groß angelegte militärische Operationen im Osten" bevor, die sich nur gegen die Sowjetunion richten könnten. Irgendwer informierte die Gestapo. Für die roch es zwar nach „Hochverrat", doch dieses Mal unternahm sie nichts. Seine Begeisterung für die Astrologie, so Herr Lucht, verleitete Krafft dazu, allzu offen über seine vermeintlichen Entdeckungen zu plaudern.

Seine halböffentliche Vortragstätigkeit stand in Zusammenhang mit seiner kurz zuvor (Dezember 1940) mehr oder weniger privat publizierten Faksimile-Edition der *Prophéties*. Wie schon erwähnt, war das Buch nie im Buchhandel erhältlich, doch in einem Artikel der Januarausgabe 1941 von *Sterne und Mensch* gab es einen Hinweis, daß das Buch bei Krafft selbst erhältlich sei (Preis 30.- RM). Der Verlag leite die Bestellungen weiter. Offenbar sollten seine Vorträge in begrenztem Kreis für das Buch werben, doch damit war seine Werbekampagne noch nicht abgeschlossen. Krafft gab im Privatdruck eine 16-seitige Zeitschrift im Oktavformat mit dem Titel *Nostra Damur* heraus, darüber hinaus eine Reihe gedruckter Karteikarten mit erläuterndem Material zu bestimmten Quatrains. *Nostra Damur* war den „Förderern und Freunden des Frankfurter Neudrucks der *Prophéties* von 1940" gewidmet, doch es konnten nur zwei Nummern erscheinen.[9] Krafft schrieb den Text für die Photo-Litho-Reproduktion in seiner unverwechselbaren Handschrift selbst und konnte so zusätzliche Kosten für den Setzer einsparen.

Man erinnert sich, daß Krafft der Faksimile-Edition der *Prophéties* ursprünglich eine umfangreiche Einleitung voranstellen wollte und daß Fesels Amt dies vereitelte. Krafft plante nun, mit *Nostra Damur* einiges Material in Druck zu geben, das er nicht im Buch selbst veröffentlichen durfte, und er wollte den Kunden der Faksimile-Edition

---

[9] Sie tragen das Datum 8. November 1940 und 31. Januar 1941. Von der ersten Nummer wurden 600 und von der zweiten 500 Exemplare gedruckt. Siehe die Abbildungen S. 258 und 290.

die ersten drei Nummern von *Nostra Damur* kostenlos liefern. So spekulativ und gewagt Kraffts Deutungen im Vergleich zu anderen Versuchen zuvor oder danach auch sein mögen, die Herausgabe von *Nostra Damur* mit ihren sorgfältigen Artikeln zur Textüberlieferung der Quatrains war ein kleines wissenschaftliches Werk.

Die Herausgabe von *Nostra Damur* und der Quatrain-Karten kam Ende März oder April 1941 plötzlich zu Erliegen. Krafft teilte dies in einem Rundbrief seinen Berliner Freunden und Bekannten mit.[10] Die dritte Ausgabe von *Nostra Damur* und die handgeschriebenen Texte für dreißig weitere Karten seien druckreif, „wo durch scharfe Einschränkungen im Buchdruck – selbst bei vorsorglicher Bereitstellung von Papier und Karton durch den Auftraggeber – die Ausführung weiterer Arbeiten in dieser Richtung auf längere Zeit unmöglich geworden ist." Wenn man zwischen den Zeilen liest, wird deutlich, daß man ihn zweifelsohne angewiesen hatte, sich mit weiteren Nostradamus-Publikationen zurückzuhalten. Entgegen Luchts Befürchtungen wurde ihm seine Vortragstätigkeit nicht verboten, denn er kündigte gleich zwei Vorträge mit Schaubildern über „Nostradamus als Propheten Großdeutschlands" an, die am 28. Mai und am 11. Juni 1941 in der Nürnbergerstraße 24 A stattfinden sollten, dem Wohnsitz von Frau Petersen aus seinem neuem Berliner Freundeskreis. Sie hatte eine Musikschule, und die Vorträge fanden dort im großen Saale statt.[11]

Es bestehe die Aussicht, schreibt Krafft in dem Rundbrief, Exemplare einer Studie aus „Brüssel" zum Verkauf in seinem Kreis zu vermitteln. Offenbar hatte es Schwierigkeiten bei der Einfuhrkontrolle gegeben. Es handelte sich dabei um das Buch, das Wilmanns in Auftrag gegeben hatte. Laut Frau Kraffts Memorandum kam es vor der Fertigstellung zu ärgerlichen Zusammenstößen zwischen Krafft und Wilmanns, der ihn veranlassen wollte, einige Deutungen deutlicher zugunsten Deutschlands zu „trimmen". Schließlich willigte Wilmanns ein, die fraglichen Quatrains wegzulassen.

---

[10] Siehe die Abbildung S. 255.
[11] Brief von Frau Anna Endell (vom 25. Mai 1966), die einige Vorträge von Krafft besucht hatte. Laut Dr. W. Schütt (*Das Neue Zeitalter*, 16.12.1949) hielt Krafft auch in seinem Hause in der Burggrafenstraße 16, wo er 1940-41 wohnte, Vorträge. Er erinnerte sich, daß Krafft Anfang 1941 kaum Geld hatte und auf ein weiteres Treffen mit Hans Frank hoffte. Krafft habe sich sehr gefreut, als er aus dem ‚Braunen Haus' (dem Partei-Hauptquartier) in München den Auftrag bekam, eine Studie über Churchills Horoskop zu erstellen.

Translatera en la grand Germanie,
Brabant & Flandres, Gand, Bruges & Boulogne.
La trève feinte, le grand duc d'Arménie
Assaillira Vienne à la Cologne.
("Prophéties", V.94)

"Der Waffenstillstand war eine Finte, der Friedensschluss ein Betrug. Deshalb wird der grosse Führer vom Lande des Arminius überraschend besetzen das Rheinland ("Köln") und die Ostmark ("Wien"). In den Bereich Grossgermaniens wird er überführen Mittelbelgien, Boulogne und Polen."

Mitteilung und Einladung

an die Förderer und Freunde des Frankfurter Neudrucks
der "Prophéties" von 1940
und ihren Bekanntenkreis

Nach mancherlei Verzögerungen ist vergangenen Monat in Brüssel eine im vergangenen Spätsommer abgeschlossene Studie

"Comment Nostradamus a-t-il entrevu l'Avenir de l'Europe?"

erschienen, mit gegen vierzig ältern und neuern Deutungen aus den "Prophéties", darunter zahlreiche in den letzten Jahren in Erfüllung gegangene Vierzeiler;

Nach Klärung schwebender Fragen betr. Einfuhr ausländischer Literatur besteht die Aussicht, Exemplare dieses Werkes Nostradamus-Freunden vermitteln zu können (150 S. - Pr.etwa RM 3.-).-

Dagegen sind Nr.3 des Mitteilungsblattes "NOSTRA DAMUR" und die Texte für etwa dreissig weitere Karten mit Auslegungen druckreif geworden im Augenblick, wo durch scharfe Einschränkungen im Buchdruck - selbst bei vorsorglicher Bereitstellung von Papier und Karton durch den Auftraggeber - die Ausführung weiterer Arbeiten in dieser Richtung auf längere Zeit unmöglich geworden ist.-

Umso mehr werden es die Freunde der Grenzwissenschaften und der "Prophéties" begrüssen, wenn ihnen durch

Zwei Vorträge mit Schaubildern

Gelegenheit geboten wird, über den gegenwärtigen Stand der Nostradamus-Forschung Verlässliches zu erfahren.

Die beiden Vorträge sind vorgesehen für je

Mittwoch, den 28.Mai und den 11.Juni 1941. Punkt 19 Uhr

im Haus Nürnburgerstr.24 A, Hochparterre rechts
(Ecke Augsburger Strasse, in Richtung Wittenbergplatz
auf der linken Seite;
U-Bahn: Nürnberger Platz; Strassenbahn: 92 und 98).

15. Kopie eines Rundbriefs von Krafft, Berlin 1941.

Der Titel des Buchs war *Comment Nostradamus a-t-il entrevu l'Avenir de l'Europe*. Es erschien bei Editions Snellew in Brüssel, wahrscheinlich im Februar 1941. Auf etwa 200 Oktavseiten besprach Krafft vierzig Quatrains, darunter auch drei, die er in seinen Berliner Vorträgen ausführlich darstellen wollte. Sie deuteten, wie er glaubte, auf eine Niederlage Großbritanniens hin. Das „Brüssel"-Buch war für Leser in Belgien und Frankreich gedacht und ist eher ein Beispiel für „graue" als für „schwarze" psychologische Kriegführung, denn man hatte keinerlei Anstrengungen unternommen, die deutsche Unterstützung für das Buch zu verschleiern. Wenn auch Kraffts Deutungen nicht besonders subtil waren, so waren sie doch nicht zu offen pro-deutsch, um direkten Verdacht zu erregen. Als Beispiel für die damals allgegenwärtige psychologische Kriegführung ist das Werk nicht ohne Wert.

An dieser Stelle ist Kraffts Behandlung eines der drei fraglichen Quatrains von Interesse. Es handelt sich um Quatrain II, 100:

> *Dedans les isles si horrible tumulte,*
> *Bien on n'orra qu'une bellique brigue*
> *Tant grand sera des predateurs l'insulte,*
> *Qu'on se viendra ranger à la grand ligue.*[12]

Für Krafft waren *les isles* Großbritannien, und *predateurs* die hinterhältigen Briten, Räuber und Plünderer. Der *tumulte* in Britannien werde unvorstellbar schrecklich (*horrible*). *Bellique brigue* war der totale Krieg, der die ganze Bevölkerung umfaßte. Die letzten zwei Zeilen mußten gesondert erläutert werden. „Das Unrecht, womit diese Piraten andere Nationen überzogen haben, wird so groß sein, daß sich Europa erheben wird, um diesen räuberischen Akten ein Ende zu setzen." Seit Dünkirchen 1940 hätten die Briten fieberhafte Anstrengungen unternommen, eine Invasion zu vereiteln. Aber die *levée en masse*, fuhr er fort, ähnele einem totalen Chaos, und ein Aufruhr der britischen Bevölkerung sei für die nationale Sicherheit so gefährlich wie der bevorstehende Angriff des Feindes. Offenbar bestellte Wilmanns das Buch noch zu einer Zeit, als die deutsche Invasion auf den britischen Inseln noch jeden Tag erwartet wurde.

---

[12] „Auf den Inseln ein sehr schrecklicher Aufruhr, / obwohl man nur von einem kriegerischen Streit hören wird. / So groß wird der Aufstand der Räuber und Plünderer sein, / daß man sich zu der großen Liga zusammenschließt." [Zur „Übersetzung" Kraffts siehe Abbildung S. 255.]

Die Studie aus „Brüssel" brachte eine Ankündigung, Übersetzungen ins Deutsche, Englische, Spanische und Rumänische seien in Vorbereitung. Sie erschienen offenbar nie, doch 1941 kam in Lissabon eine portugiesische Übersetzung unter dem Titel *Nostradamus vê o futuro da Europa* bei Ediçiòes Alma heraus. Dieser Verlag war, mehr oder weniger geheim, unter der Kontrolle der deutschen Botschaft in Lissabon propagandistisch tätig. Der Druck wurde von einer portugiesischen Firma ausgeführt, die sich jedoch in deutschem Besitz befand. Als ich 1962 in Lissabon war, stellte ich fest, daß das Buch Krafts in der portugiesischen Nationalbibliothek nicht aufzufinden war. Die zuständigen Stellen ließen verlauten, was nicht in ihrem Besitz sei, gäbe es auch nicht. Innerhalb einer Stunde konnte ich vier Exemplare in einwandfreiem Zustand in einem Antiquariat ausfindig machen, erwarb sie für je einen Shilling und füllte die Lücke in den Regalen der Nationalbibliothek. Die Bibliothekare waren recht erstaunt, daß ich das Buch auftreiben konnte. Krafft bekam wohl nie ein Exemplar der Lissabonner Edition zu Gesicht.

Im Mai 1941 arbeitete Krafft bereits ein Jahr beim Deutschen Nachrichtenbüro. Es gab offenbar viel zu tun, denn auf einer Postkarte vom 5. Mai schrieb er Ferrière, er habe kürzlich vierzehn Stunden am Stück gearbeitet. Er hoffe auf eine Erholungspause, man habe ihm drei Monate Urlaub garantiert, und zum Herbst wolle er ins friedliche, ruhige Urberg zurückkehren. Aber in diesen Sommer gelangten weder Krafft noch seine Frau nach Urberg, denn fünf Wochen später wurde er verhaftet.

MICHEL MOSTRADAMUS
(Stich von 1622)

NOSTRA DAMUR

Über ältere und älteste Ausgaben der «Prophéties»

Irrtümer erweisen sich zuweilen zählebiger als eine noch so gut beglaubigte Wahrheit. Dies ist zumal dort der Fall, wo ein seit Jahrzehnten die Mehrzahl der Berichterstatter damit begnügt hat, bei Zeitgenossen oder Vorgängern das abzuschreiben, was diese ihrerseits aus zweiter oder dritter Hand umbesehn übernommen hatten. Unter solchen Umständen belegt Übereinstimmung der Behauptungen wenig mehr als die Bequemlichkeit oder die Kritiklosigkeit der Schreiber.

Die erste ernst zu nehmende Bibliographie der Schriften von NOSTRADAMUS veröffentlichte T. KELLEN¹). Einen weiteren Schritt zur Klärung der Frage der frühen Drucke der «Prophéties» bildete die Arbeit C. von KLINCKOWSTROEMS²).

'Auf dem ersten Blick — so schrieb damals vKl. — erscheint nichts leichter als eine Beschreibung der ältesten Drucke der «Prophéties » des NOSTRADAMUS. Fast alle Biographen, die ältern sowohl wie die neueren, stimmen darin überein, daß er den ersten Teil
___
¹) Börsenblatt f. d. deutschen Buchhandel. (Leipzig 1904), 919—921.
²) Zeitschrift f. Bücherfreunde (Leipzig 1913), 361—372. — Mit zahlreichen Illustrationen. —

17

16. Titelblatt einer Ausgabe von *Nostra Damur*, die Krafft 1940-41 privat herausgab.

17. Die portugiesische Ausgabe von Krafft *Comment Nostradamus a-t-il entrevu l'avenir de l'Europe?*

Die Aktion Heß

Am Samstag, dem 10. Mai 1941 um 5.45 h stieg Rudolf Heß, Reichsminister und im Falle von Hitlers Tod nach Göring dessen erster Stellvertreter, in eine Messerschmitt 110 und nahm Kurs auf Schottland. Hitler erfuhr davon am nächsten Morgen in Berchtesgaden, als Heß' Adjutant einen Brief überbrachte. Nun war dringend geboten, eine Erklärung für den Flug zu finden, die man nicht nur der deutschen Nation, sondern der ganzen Welt präsentieren konnte. Als der Führer am Montagmorgen den Vorsitz einer Versammlung von Gauleitern übernahm, an der auch Göring und andere führende Parteifunktionäre teilnahmen, war eine Antwort schon gefunden. Heß sei nicht nur geistig weggetreten, hieß es, sondern auch von Astrologen negativ beeinflußt worden. Walter Schellenberg erinnert sich, daß Bormann Hitler dazu brachte, die Behauptung, Heß sei verrückt, zu akzeptieren, und wahrscheinlich war es Bormann, der dafür sorgte, daß die Astrologen mit hineingezogen wurden.
Auch der Generalgouverneur von Polen, Hans Frank, war bei dieser Versammlung zugegen, und nach seiner posthum erschienenen Autobiographie war die astrologische These bereits vor der Eröffnung der Versammlung in Umlauf.[13] Am 14. Mai erschien im *Völkischen Beobachter* ein Artikel mit folgendem Wortlaut: „Rudolf Heß, der seit Jahren, wie es in der Partei bekannt war, *körperlich schwer litt*, nahm in letzter Zeit steigend seine Zuflucht zu den verschiedensten Hilfen, Magnetiseuren, Astrologen usw. Inwieweit auch diese Personen eine Schuld trifft in der Herbeiführung einer geistigen Verirrung, die ihn zu diesem Schritt veranlaßte, wird zu klären versucht. Es wäre aber auch denkbar, daß Heß am Ende von englischer Seite *bewußt in eine Falle gelockt* wurde."[14]

---

[13] Hans Frank: *Im Angesicht des Galgens*, München-Gräfelfing 1953, S. 411: „Hitler bezeichnete diesen Flug als eine reine Wahnsinnstat: ‚Heß ist vor allem ein Deserteur, und wenn ich ihn je erwische, büßt er für diese Tat als gemeiner Landesverräter. Im übrigen scheint mir dieser Schritt stärkstens mitveranlaßt zu sein von dem astrologischen Klüngel, den Heß um sich in Einfluß hielt. Es ist daher Zeit, mit diesem Sterndeuterunfug radikal aufzuräumen'."
[14] Es gibt einen verblüffenden Hinweis auf das Interesse Heß' am Okkultismus in Helmut Heiber: *Walter Frank und sein Reichsinstitut für Geschichte des neueren Deutschlands*, 1966, S. 806. In den ersten Jahren des Dritten Reichs hatte Heß sich um ein Stiftungkapital von 12 Millionen Mark und jährliche Subventionen von 2 Millionen für ein geplantes Zentralinstitut für Okkultismus bemüht. Aus dem großartigen Plan wurde nichts.

Die Londoner *Times* brachte am 14. Mai eine höchst spekulative Geschichte ihres Schweizer Korrespondenten: „Gewisse Leute aus dem engstem Freundeskreis von Heß werfen ein bezeichnendes Licht auf die Affäre. Sie behaupten, Heß sei insgeheim Hitlers Astrologe gewesen. Er habe bis letzten März den Erfolg vorhergesagt und Recht behalten. Bis jetzt, denn nun habe er trotz der Siege, die Deutschland errungen hat, behauptet, Hitlers kometengleiche Karriere habe ihren Höhepunkt überschritten."
Schellenberg berichtet, daß Heinrich Müller, der brutale bayerische Chef des Amt IV des RSHA (Gestapo) nun fröhlich zur Tat schritt. Für Heß' Adjutanten, eine Reihe seiner engsten Freunde und sogar für seinen Chauffeur wurden Haftbefehle ausgestellt. Doch es dauerte noch, bis die „Aktion Heß" geplant war, die zur Verhaftung von Hunderten von Leuten führen sollte, darunter an erster Stelle Astrologen. Schellenberg erinnert sich, daß Himmler, der eine Schwäche für Astrologie und mystische Prophetie hatte, die geplante Aktion gegen die Astrologen und Hellseher mit gemischten Gefühlen sah. Er berichtet, mit welchem Vergnügen Reinhard Heydrich, der Chef des RSHA, Hitlers Instruktionen mit „Gestapo-Müller" in Himmlers Gegenwart noch einmal im Detail durchsprach. Heydrich soll Himmler einmal mit einem gewissen deutschen Feldmarschall verglichen haben: „Der eine sorgt sich um die Sterne auf seinen Schultern, der andere um die in seinem Horoskop."[15]
Das Regime unternahm eine ganze Reihe von Schritten, um die öffentliche Meinung hinsichtlich okkulter Vorstellungen und Praktiken zu beeinflussen, bewahrte aber Stillschweigen über die Massenverhaftungen von Astrologen und Okkultisten. In einem Schreiben an die Gauleiter mit der Unterschrift Martin Bormanns vom 6.-7. Juni 1941 wurden Kirchen, „Astrologen, Wahrsager und andere Schwindler" unterschiedslos in einen Topf geworfen. Um zu verhindern, daß diese unerwünschten Themen allgemeiner Gesprächsstoff wurden, erließ das Propagandaministerium am 24. Juni 1941 eine Verordnung, daß „öffentliche Vorführungen" nicht erlaubt seien, wenn sie mit Okkultismus, Spiritismus, Hellseherei, Telepathie oder Astrologie zu tun hätten. Auch öffentliche Vorträge über diese Themen wurden verboten. Dieser Verordnung folgte am 3. Oktober ein vertraulicher Rundbrief an alle Redakteure, ab sofort auch keine

---

[15] Charles Wighton: *Heydrich*, Corgi 1963, S. 226.

entsprechenden Artikel mehr zu veröffentlichen. Das Schreiben ergänzte zudem die schon vorhandene Liste verbotener Themen wie „Erdstrahlen" (Radioästhesie), Fernheilung (Gesundbeten) sowie die ariosophischen Lehren des Georg Lanz von Liebenfels. Am 26. November 1941 verwies das Hauptbüro der Partei in einem vertraulichen Rundbrief an die Parteifunktionäre auf eine kurz zuvor erschienene Ausgabe von *Die Weltliteratur* (Nr. 8/9, 1941), in der die Kampagne gegen Astrologen, Anthroposophen, Hellseher und andere Okkultisten gerechtfertigt wurde.

Ein Memorandum, das Adolf Gerst, der 1941 bei der Karlsruher Gestapo war, im Dezember 1959 für Goerner schrieb, nennt noch weitere Gruppierungen, wie die Anhänger der Christian Science, die Christengemeinschaft (eine religiöse Anthroposophen-Sekte), Wunderheiler und sogar Graphologen. Gerst nennt auch Psychologen und Psychotherapeuten, aber die Gestapo interessierte sich nur für Leute, die wie Krafft keine medizinische oder eine anerkannte Qualifikation besaßen. Das Raster der Gestapo war weit gefaßt.

Die Hauptwelle der Verhaftungen der „Aktion Heß" fand am 9. Juni 1941 statt, einen Monat nach dem Flug von Heß nach Schottland. An diesem Tag schritt die Gestapo überall in Deutschland zur Tat. Gersts persönliche Kenntnis erstreckte sich nur auf seinen Bezirk, aber Nachrichten aus anderen Regionen bestätigten, daß die meisten Verhafteten nach ein paar Tagen oder nach spätestens drei bis vier Wochen freigelassen wurden. Doch es gab auch Ausnahmen. „Professor" Issberner-Haldane zum Beispiel verbrachte den Rest des Krieges im Gefängnis.

Auch wenn alle Astrologen nach ihrer Verbindung zu Heß befragt wurden, war doch zu diesem Zeitpunkt die Frage zweitrangig, ob man ihm wirklich astrologische Ratschläge erteilt hatte oder nicht. Der wahre Grund für die Behörden war laut Herrn Gerst, daß man diese Leute als mögliche Regimegegner ansah. Er schrieb: „Die Erfahrung hat gezeigt, daß in zahlreichen Fällen der Inhalt graphologischer Deutungen... der nationalsozialistischen Weltanschauung widersprach und die Sicherheit der Heimatfront untergrub."[16]

---

[16] Gerst täuschte sich wahrscheinlich darin, daß auch Graphologen betroffen waren. Doch in diesem Zusammenhang sollte man vielleicht noch festhalten, daß Himmler eine Kartei all derer angelegt hatte, denen er ein Geschenk gemacht hatte. Die Unterschriften der Dankesschreiben wurden zu graphologischen Zwecken in der Kartei aufbewahrt.

Die Gestapo wartete aber keinen ganzen Monat, sondern verhaftete Schulte-Strathaus und ein Dutzend andere aus dem Stab von Heß bereits am 12. Mai. Ernst Schulte-Strathaus (* 1881) war Literaturhistoriker und Goethe-Experte. Er war seit 1935 Mitarbeiter Heß' im „Braunen Haus" in München und stand im Dienst der Reichskulturkammer. Laut Dr. Gerda Walther, die ihn gut kannte, war er der Experte von Heß für „Okkultes" wie die Astrologie.[17] Er war ein begeisterter Amateurastrologe und als solcher recht bekannt.

Ob die Gestapo das Horoskop von Heß fand, als sie Büro und Haus von Schulte-Strathaus durchsuchte, ist nicht bekannt, aber zweifelsohne verdächtigte man ihn, Heß den Ratschlag erteilt zu haben, daß der 10. Mai ein aussichtsreicher Tag für seinen Flug sei. Diese im Jahre 1941 nur sehr wenigen bekannte Spekulation wurde 1954 von einem Münchener Journalisten verbreitet. Er verfaßte eine Artikelserie über die „Aktion Heß" und beschrieb darin Schulte-Strathaus' Verbindung zu Heß in einem meistenteils auf Erfindung beruhendem Detailreichtum. Schulte-Strathaus antwortete am 23. Dezember 1954 und verwahrte sich gegen diese Unterstellungen. Er betonte in seinem Brief, er habe Heß seine astrologischen Anschauungen nie aufgedrängt, und er habe auch nie suggeriert, daß der 10. Mai ein passender Tag für seinen Abflug sei.[18]

Dennoch scheint Schulte-Strathaus im Januar 1941 ein bestimmtes astrologisches Phänomen Heß gegenüber erwähnt zu haben. Er sprach mit ihm über Prophezeiungen der Vergangenheit zu den „großen Konjunktionen" von 1484 und 1504, d. h. die Ballung einer größeren Gruppe von Planeten in einem Sternzeichen, und auch über eine sehr weit zurückliegende große Konjunktion im „wässrigen" Zeichen Fische, die viele Leute eine Wiederholung der Sintflut erwarten ließ.[19]

Schulte-Strathaus, so sein Brief, hatte Heß erzählt, am 10. Mai 1941 werde eine ungewöhnliche große Konjunktion mit sechs Planeten im Zeichen Stier bei gleichzeitigem Vollmond stattfinden.

---

[17] Siehe Gerda Walther: *Zum anderen Ufer*, 1960, S. 473.

[18] Georg Neidhardt gab mir eine Kopie dieses Briefs, als ich 1962 in München war. Ich fand nie die Möglichkeit, Schulte-Strathaus persönlich zu begegnen.

[19] Cf. Aby Warburg: *Heidnisch-antike Weissagung in Wort und Bild zu Luthers Zeiten*, Heidelberg 1920, bes. Abb. 13; ebenso „*Astrologi halluzinati*' - *Stars and the End of the World in Luthers Time*, ed. Paola Zambelli, Berlin New York 1986. (A. d. Ü.)

Scherzhaft habe er gesagt, so viele Planeten an einer Stelle könnten die Erde aus ihrer Bahn werfen.[20] Die bevorstehende Konjunktion im Januar 1941 habe er nicht mit Heß' Horoskop in Zusammenhang gebracht, überhaupt sei alles nur nebenbei besprochen worden, und wenn man nach den Regeln astrologischer „Kochbücher" ginge, sei der 10. Mai auch kein besonders günstiger Tag für Heß. Heß habe diesen Tag sicher nicht aufgrund eines astrologischen Ratschlags von seiner Seite aus oder wem auch immer gewählt, und er persönlich habe von seinen Plänen keinerlei Kenntnis gehabt. Schulte-Strathaus saß also im Gefängnis, weil man ihn für Heß' Astrologen hielt. Er kam erst am 1. März 1943 wieder frei.

Auf meinen Deutschlandreisen fragte ich viele Astrologen, ob sie jemanden aus ihrer „Zunft" nennen könnten, der Heß' Ratgeber gewesen sein könnte, aber keiner konnte einen einleuchtenden Vorschlag machen. Alexander Zentgraf, mit dem ich korrespondierte, nannte einen gewissen Schmidt-Nabus, den ich nicht identifizieren konnte. Später fand ich einen fragmentarischen Hinweis in Dr. Rainer Hildebrandts einfühlsamer Biographie über Professor Albrecht Haushofer.[21] Er war der Sohn von Professor Karl Haushofer (1869-1946), dem bekannten Begründer der Geopolitik[22]. Haushofer hatte Heß nach dem ersten Weltkrieg für kurze Zeit als Assistenten angestellt, und seine Familie hatte engen Kontakt zu ihm. Der alte Haushofer wurde oft als Dunkelmann beschrieben, der Hitler größenwahnsinnige Ideen über deutschen Lebensraum im Osten in den Kopf gesetzt habe; doch Haushofer hatte schon vor

---

[20] Einige Leser erinnern sich vielleicht an die zahlreichen Zeitschriftenartikel Anfang 1962 über eine große Konjunktion im Wassermann. Solch unsinnigen Spekulationen von Astrologen aus allen Teilen der Welt schenkt man allzuviel Publizität. Im Frühjahr 1935 hatte Kraffts Freund Ferrière die Ephemeriden im voraus auf ähnliche große Konjunktionen untersucht und war auf die von Anfang Mai 1941 gestoßen. In einem Brief an Krafft meinte er, sie symbolisiere „eine Brutstätte von Vipern". Krafft antwortete, er sei bereits vor fünfzehn Jahren auf die 1941er Konjunktion aufmerksam geworden: „Die Auswirkungen? Kollektiver Wahnsinn? Geißelungen?"

[21] Rainer Hildebrandt: *Wir sind die letzten*, [1949], S. 100, 111, 114.

[22] Vorläufer der Geopolitik Haushofers sind Friedrich Ratzel (1844-1904), mit Werken wie *Politische Geographie* (1897) und *Der Lebensraum* (1901), sowie der schwedische Geograph Rudolf Kjelljen (1864-1922), der den Begriff „Geopolitik" prägte. Haushofers Institut und die *Zeitschrift für Geopolitik* lieferten den Nazis die Schlagworte vom „Kampf gegen Weimar" bis zum „Drang nach Osten". (A.d.Ü.)

vor 1939 erkannt, daß der Führer ein gefährlicher Irrer war. Sein Sohn Albrecht (1903-45) war im Jahre 1941 Professor für politische Geographie in Berlin. Er steckte bis zum Hals im Untergrund-Widerstand gegen Hitler. Er wurde 1945 von den Nazis ermordet. Allen Berichten nach war Albrecht Haushofer ein außerordentlich faszinierender und begabter Mann. Wie so viele gebildete Deutsche seiner Generation glaubte auch er ernsthaft an Astrologie. Sein Schüler und engster Freund während der Kriegsjahre, Hildebrandt, erinnerte sich, daß er sich mit Hitlers Horoskop und seiner Deutung befaßte. In einem Brief bestätigte er mir, daß Haushofer sich auch mit Nostradamus beschäftigt habe.

Man erinnert sich, daß Heß mit der Absicht nach England geflogen war, mit dem Herzog von Hamilton zu sprechen. Er erwartete, dieser werde ihn unverzüglich zu König Georg VI. und Winston Churchill bringen, um Gespräche über einen *modus vivendi* mit Deutschland zu führen. Mit den Worten Hildebrandts, der mir ein verläßlicher Zeitzeuge zu sein scheint: „Heß' Neigung zur Astrologie bestärkte ihn in seiner Überzeugung, daß alles Erdenkliche unternommen und riskiert werden müsse, um die Feindseligkeiten unverzüglich zu beenden, denn für Ende April und Anfang Mai 1941 waren die astrologischen Aspekte Hitlers außerordentlich schlecht. Heß deutete diese Aspekte so, daß er diese Gefahren, die den Führer bedrohten, auf seine eigenen Schultern nehmen müsse, um Hitler zu retten und Deutschland den Frieden zu bringen. Immer wieder hatte ihm sein astrologischer ‚Ratgeber' gesagt, die englisch-deutschen Beziehungen seien durch eine tiefsitzende Vertrauenskrise bedroht... Tatsächlich gab es zu dieser Zeit gefährliche Oppositionen in Hitlers Horoskop. Haushofer, der sich viel mit Astrologie beschäftigte, ließ seinen Freund selten ohne Hinweis, was ihm in nächster Zeit ‚unerwartet' zustoßen könne."

Die Haushofers, Vater und Sohn, hatten schon einige Zeit zuvor vorsichtige Versuche unternommen, einen Kontakt zum Herzog von Hamilton herzustellen. Doch sie hatten nicht die geringste Ahnung davon, daß Heß selbst nach Schottland fliegen wollte, und die Nachricht von seinem Abflug überraschte sie. Beide Haushofers wurden festgenommen, doch keiner von ihnen wurde in Zusammenhang mit Astrologie gebracht. Ebenso verhaftet, so Hildebrandt, wurde der „Heß' Astrologe, ein gewisser Dr. Schmitt".

Wilhelm Wulff klärte schließlich das Rätsel um Schmitt. Er meinte, es könne sich nur um Dr. Ludwig Schmitt handeln, einen bekannten Münchener Arzt, der wegen seiner Theorie der Wirkung richtigen Atmens „der Atemdoktor" Schmitt genannt wurde. Er kannte Heß, der eine Schwäche für medizinische Randgebiete hatte. Schmitt war ein begeisterter Astrologe, und Wulff hatte ihn auf einigen Astrologie-Kongressen vor dem Krieg erlebt. Dr. J. L. Schmitt, Leopoldstraße 25, München, findet sich auch auf einer Liste von dreizehn Astrologie betreibenden deutschen Medizinern im *Zenit* (Mai 1931). Wulff traf ihn nach der „Aktion Heß" in einem Zellenblock des Konzentrationslagers Berlin-Sachsenhausen. Ob Heß Schmitt vor seinem Flug konsultierte, ist nicht bekannt.

Die Münchener Astrologin Maria Nagengast behauptete in *Das neue Zeitalter* vom 3. Dezember 1954, sie habe im März 1941 einen Brief von Heß erhalten. Er habe sie nach einem günstigen Tag für eine Auslandsreise gefragt. Sie habe den 10. Mai 1941 vorgeschlagen und dafür 300.- RM Honorar erhalten. Die astrologische Expertise dieser Dame reichte offenbar nicht, um zeigen zu können, daß seine Mission fehlschlagen und er noch Jahrzehnte später im Gefängnis sitzen werde. Doch vielleicht enthält diese Geschichte wie fast alles im *DNZ* ein Körnchen Wahrheit.

Es gibt nicht viele Berichte über die Erfahrungen einzelner Astrologen, die im Verlauf der „Aktion Heß" verhaftet wurden, doch die folgenden scheinen typisch zu sein. In jedem bekannten Fall konfiszierte die Gestapo astrologische Bücher und Aufzeichnungen sowie alle okkulte und andere verbotene Literatur aus dem Besitz der Opfer. Auch die Bestände von Verlagen und Buchhandlungen wurden beschlagnahmt. Die genaue Zahl der Festnahmen ist nicht bekannt. Schätzungen reichen von dreihundert bis zu tausend Personen, darunter auch ein guter Anteil Parteigenossen.

Dr. Gerda Walther wurde am 9. Juni in München nicht wie viele andere bei Tagesanbruch, sondern erst vormittags an ihrem Arbeitsplatz, einem Zensurbüro der Wehrmacht für die Auslandspost, verhaftet. Frau Walther war keine Berufsastrologin. Sie war in internationalen parapsychologischen Kreisen als ehemalige Sekretärin und Assistentin von Albrecht Freiherr von Schrenck-Notzing bekannt, einem bekannten Erforscher mediumistischer Phänomene. Man fragte sie zunächst nach ihren früheren Verbindungen zur Christengemeinschaft, einer religiösen Sekte der anthroposophischen Bewegung Rudolf Steiners, doch dann kam der Beamte zur Astrologie.

„Angenommen, ein Neger, ein Jude und ein Arier wurden am selben Tag zur gleichen Stunde geboren, würden Sie für jeden von ihnen die gleiche astrologische Vorhersage machen?" fragte er.
Frau Walther gab ihm, da es um Rasse-Fragen ging, eine ausweichende Antwort, die ihn offenbar zufrieden stellte. Er las seine Fragen von einem Blatt Papier ab, und bald gelangten sie zu einer Frage, die sie beide nicht verstanden. Verärgert wischte der Beamte das Papier zur Seite und rief: „Das kommt aus Berlin; ich weiß wirklich nicht, worauf die hinauswollen!"
Frau Walther wurde in das örtliche Gefängnis gesteckt und nach ein paar Tagen wieder vernommen, diesmal von einem gewissen Herrn Mohr. Er wollte wissen, ob sie jemals Horoskope von Hitler und Heß besessen habe. Sie bejahte die Frage. „Wie kamen Sie dazu?" fragte er. Sie antwortete, früher brauchte man nur zum nächsten Zeitungskiosk gehen, um einen astrologischen Almanach oder ähnliche Publikationen zu kaufen. „Wie sieht Hitlers Horoskop aus?" fragte Mohr. „Oh, sehr interessant, sehr ungewöhnlich!" sagte Frau Walther, äußerte sich jedoch nicht, in welcher Hinsicht, ob gut, ob schlecht, denn das Horoskop des Führers war heikel. Ein paar Tage später wurde sie entlassen, nachdem sie ein Schriftstück unterzeichnet hatte, über ihre Festnahme und die Umstände, die damit zusammenhingen, nichts verlauten zu lassen.
Ein anderer Astrologe, der von der Münchener Gestapo vernommen wurde (sein Name war offenbar Johannes Schrami), konnte eine Kopie der vierzehn Fragen anfertigen, die man sich in Berlin ausgedacht hatte. Das Amt VII des Reichssicherheitshauptamtes hatte in dieser Phase des Krieges offenbar nichts Besseres zu tun, als die Antworten auf dem folgenden Fragebogen zu analysieren:

Geheime Staatspolizei München II G Sonderkommission Brienner Straße 50
1. Seit wann befassen Sie sich mit Astrologie und wie sind Sie dazu gekommen? – Haben Sie sich mit den astrologischen Dingen durch Selbststudium oder durch Anleitung vertraut gemacht?
2. Für welche namhaften Persönlichkeiten haben Sie Horoskope gestellt?
3. Gehören oder gehörten Sie einer astrologischen Organisation an? Zu welchen führenden Persönlichkeiten von Staat und Partei unterhalten Sie Beziehungen? Welche astrologische Literatur haben Sie gelesen oder kennen Sie?
4. Welche astrologischen Zeitschriften beziehen Sie? Haben Sie sich selbst auf astrologischem Gebiet betätigt?

5. Haben Sie selbst astrologische Vorträge gehalten oder irgendwelchen Personen Anleitung gegeben, und nach welchem System arbeiten Sie?
6. Mit welchen astrologischen Kreisen unterhalten Sie laufend Verbindung, und wie oft haben Sie sich mit diesen getroffen?
7. Haben Sie an astrologischen Tagungen und Kongressen teilgenommen? a) im Ausland, b) im Inland?
8. Welche astrologischen Personen sind Ihnen auf astrologischem Gebiet bekannt und mit welchen unterhalten Sie noch Verbindungen?
9. Glauben Sie, die Richtigkeit der astrologischen Deutungen begründen zu können?
10. Sind nach Ihrer Meinung die Gestirnstellungen bestimmend für das Schicksal der Menschen und wie verhalten sich Willensfreiheit und Erbanlage dazu?
11. Haben die Angehörigen verschiedener Rassen (Arier, Juden, Chinesen, Neger), die unter derselben Konstellation am gleichen Ort geboren sind, die gleichen Horoskopvoraussagen zu erwarten? Wenn Ja, dann erkennen Sie die rassischen Voraussetzungen des Schicksals nicht an?
12. Haben Sie Verbindung zu okkulten oder spiritistischen Organisationen und haben Sie an ihren Sitzungen teilgenommen?
13. Mit welchen sonstigen Grenzwissenschaften haben Sie sich ausserdem befasst?
14. Was halten Sie von Hellseherei und Wahrsagerei?[23]

E. C. Kühr beschreibt im Vorwort zum zweiten Band der Nachkriegsausgabe seines Buches *Psychologische Horoskopdeutung* (Wien 1951) seine Erfahrungen vom 9. Juni 1941 in Breslau. Er schlief noch, als vier Gestapoleute zu ihm nach Hause kamen. Sie stellten seine Wohnung auf den Kopf und eröffneten ihm, daß seine Bibliothek beschlagnahmt und er verhaftet sei. Offenbar hatte er die meisten astrologischen Bücher an einen sicheren Platz geschafft, so daß nur sehr wenig gefunden wurde. Am selben Tag suchte die Gestapo seinen Verleger auf, den auf astrologische und okkulte

---

[23] Man stellte diese Fragen im Verlauf der „Aktion Heß" nicht jedem Astrologen. A. M. Grimm z. B., ein bekannter Berufsastrologe aus dem Münchener Raum, wurde nicht danach befragt. Die Zusammenstellung unter Punkt 3 zeigt, daß Schrami sich wohl nur einige hastig hingekritzelte Notizen machen konnte. Nach dem Krieg wurde der Fragebogen erstmals in *Das neue Zeitalter* (3.12.1954) veröffentlicht. Eine maschinegeschriebene Kopie desselben Textes wurde am 25. Januar 1960 von Goerner ohne Nennung seiner Quelle im Münchener Institut für Zeitgeschichte hinterlegt. Der Text im *DNZ* mag echt sein, aber seine Authentizität ist nicht erwiesen.

Literatur spezialisierten Regulus Verlag in Görlitz, und erklärte den gesamten Bestand bis auf weiteres für „eingefroren".[24]

Im Breslauer Gestapo-Hauptquartier wurde Kühr von einem Mann vernommen, der sich offenbar mit Astrologie auskannte. Er fragte: „Nun, was sind zur Zeit Ihre laufenden Aspekte?" Kühr antwortete, Uranus stehe an seinem Aszendenten und die Sonne transitiere seinen Saturn. „In welchem Haus?" fragte der Gestapomensch. „Im neunten", erwiderte Kühr. „Dann kann Sie ja nichts überraschen", meinte der Vernehmer.

Kühr wurde einen Monat später entlassen, nicht ohne eine Verpflichtung unterzeichnet zu haben, über seine Haft niemandem etwas zu erzählen, weder persönlich noch per Brief Kontakt mit seinen Astrologen-Freunden oder früheren Klienten aufzunehmen, und in Zukunft keine Astrologie mehr zu betreiben, in welcher Form auch immer, oder sie im Gespräch zu erwähnen. Er solle sich sofort beim Arbeitsamt melden und dürfe Breslau nicht ohne Erlaubnis der Gestapo verlassen. Schließlich warnte man ihn, der kleinste Verstoß gegen diese Anweisungen werde zu seiner sofortigen Überstellung in ein Konzentrationslager führen. Zu Hause entdeckte er, daß der Gestapo ein Durchschlag eines Manuskripts entgangen war, und trotz des Risikos ließ er ein halbes Dutzend Photokopien anfertigen und sandte sie an Freunde in verschiedene Regionen Deutschlands, um sie zu verwahren. Ein Exemplar überlebte den Krieg an einem Ort, wo man es zuletzt erwartet hätte, nämlich in Berlin.

Am 9. Juni 1941 wurde die Ehefrau des Freiherrn von Klöckler in ihrer Leipziger Wohnung festgenommen. Von Klöckler hatte sein Medizinstudium wieder aufgenommen, nachdem die berufsmäßige Ausübung der Astrologie nach 1935 unmöglich geworden war, und hatte kurz vor Ausbruch des Krieges seinen Abschluß gemacht. 1941 arbeitete er in einem Hospital in Oschatz etwa 50 Kilometer südlich von Leipzig. Obwohl er früher der bekannteste Astrologe Leipzigs gewesen war, wurde er nicht verhaftet, weil seine Arbeit als Mediziner kriegswichtig war. Trotzdem bestellte ihn die Gestapo zum Verhör. Als er sagte, er müsse sicher sein, daß er seinen Zug nach Oschatz erreiche, um zwei schwerkranke Patienten zu sehen,

---

[24] Sowohl der Regulus Verlag als auch der Baum Verlag in Pfullingen, wo das Nostradamus-Büchlein von C. Loog erschienen war, wurde damals von der Gestapo geschlossen. Siehe Joseph Wulf: *Literatur und Dichtung im Dritten Reich*, Reinbek bei Hamburg 1966, S. 273 f.

brachten sie ihn im Dienstwagen zum Bahnhof – seine Frau behielten sie jedoch für acht Wochen in Haft.[25]
Im Juni 1941 diente Wilhelm Bischoff, heute Berufsastrologe in Berlin, in einem Infanterie-Regiment in Trier. Seine astrologischen Bücher und Papiere wurden von der Gestapo zuhause in Saarbrücken beschlagnahmt. Am 21. Juni schrieb der Soldat Bischoff einen wütenden Brief an die Saarbrücker Gestapo. Es sei empörend, daß man den Besitz eines Soldaten plündere, der Führer und Vaterland verteidige. Als er keine Antwort erhielt, schrieb er am 25. August erneut. Ein hoher Gestapobeamter schrieb zurück, er könne seinen glücklichen Gestirnen danken, daß er jetzt Uniform trage, sonst wüßte die Gestapo, wie sie mit ihm zu verfahren habe. „Doch ich behalte mir vor, nach Ihrer Entlassung aus der Armee geeignete Maßnahmen gegen Sie zu ergreifen", schloß Regierungsrat Hensch. In Düsseldorf wurde Dr. Hubert Korsch verhaftet, der Vorsitzende der Astrologischen Zentralstelle und Herausgeber ihrer Zeitschrift *Zenit*, die 1938 ihr Erscheinen einstellen mußte, ebenso der frühere Mitherausgeber Josef Loh. Er überlebte die Haft und konnte so berichten, was geschehen war. Die Gestapo hatte schon ein umfangreiches Dossier über Korsch angelegt und drängte nun darauf, die Identität des „Spektator" herauszufinden, Autors eines Artikels über Hitler, der bereits im Mai 1931 im *Zenit* erschienen war. Der „Spektator" war Josef Schultz aus Düsseldorf, aber obwohl Korsch und Loh vierzehn Tage verhört wurden, gaben sie den Namen nicht preis. Korsch wurde nie freigelassen, und wahrscheinlich ist er am 24. April 1942 im Konzentrationslager Oranienburg bei Berlin ermordet worden.[26]

Ein weiteres Opfer der „Aktion Heß", dessen Lebensweg bald den Krafffts und F. G. Goerners kreuzen sollte, war Professor Johannes Maria Verweyen (1883-1945), der bis zu seiner Entlassung durch die Nazis im Jahre 1934 einen Lehrstuhl für Philosophie an der Universität Bonn innehatte. Er war gebürtiger Katholik, trat jedoch 1921 aus der Kirche aus und wurde Theosoph. Fünf Jahre später begegnete er dem außergewöhnlichen „Bischof" James Wedgwood, von dem er die Weihen der liberal-katholischen Kirche, eines

---

[25] Information von Dr. Otto Kellner, einem guten Freund der von Klöcklers.
[26] Siehe die Broschüre von Dr. Walter Koch: *Dr. Korsch und die Astrologie*, München 1956.

Anhängsels der Theosophischen Gesellschaft, empfing. Verweyen beschäftigte sich mit allem möglichen mystisch okkulten Gedankengut und auch mit Astrologie. 1936 trat er wieder in die katholische Kirche ein.[27]

Gerhard zur Horst, der vor dem Krieg Goerners Sekretär gewesen war, wurde in Mannheim verhaftet. In seinem Besitz befanden sich noch einige Papiere Kraffts, und die Gestapo stellte viele Fragen dazu. Beim Verhör bemerkte er, daß Goerners Klientenkartei auf dem Tisch stand. Die Gestapo interessierte sich besonders für seine Beziehung zu Krafft und fragte, ob er etwas über die Kontakte zwischen Krafft und Heß' Freund Hofweber wisse, der Kraffts *Wirtschaftsberichte* abonniert hatte.[28]

Ich komme nun zu Goerners Geschichte, die ich im Juli 1961 in Mannheim aufzeichnete.

Am 9. Juli 1941, dem Tag, an dem die meisten Verhaftungen der „Aktion Heß" stattfanden, war Goerner nicht zu Hause in Mannheim, sondern in dem etwa fünfzig Kilometer entfernten Dorf Gammelsbach. Frühmorgens rief ihn seine Haushälterin an, um ihm zu sagen, daß die Gestapo zwischen 5 und 6 Uhr in seiner Wohnung gewesen sei und Bücher und Aufzeichnungen beschlagnahmt hatte. Dann war die Leitung tot. Nun wußte er, daß das Telephon abgehört wurde und die Gestapo seinen Aufenthaltsort kannte. Um 10 Uhr rief sein Freund Dr. Jander an und berichtete, die Gestapo sei auch bei ihm gewesen. Er riet ihm, nach Mannheim zurückzukehren und die Dinge auszustehen.

Goerner war zunächst unentschlossen und entschied sich dann, in Gammelsbach zu bleiben und die weiteren Ereignisse abzuwarten. Um 14.30 Uhr fuhr ein Polizeiauto durchs Dorf. „Sie kommen sicher meinetwegen", sagte sich Goerner. Und tatsächlich kehrten

---

[27] Siehe die kleine biographische Studie von Karl Kamps: *Johannes Maria Verweyen: Gottsucher, Mahner und Bekenner*, die 1955 im katholischen Credo Verlag in Wiesbaden erschien.

[28] Ich schrieb an Hofweber und fragte ihn, ob er wisse, was Heß von Kraffts Berichten gehalten habe. Hofweber antwortete mir am 10. Juli 1963. Er habe all seine Aufzeichnungen im Krieg verloren und könne sich nicht an Kraffts Veröffentlichungen erinnern. Er sei Heß erstmals begegnet, als sie im ersten Weltkrieg im selben Kampfgeschwader waren, und er beklagte sich bitterlich über Winston Churchill, der sich damals schon längst aus dem politischen Leben zurückgezogen hatte, daß er sich nicht dafür eingesetzt habe, daß sein Freund aus dem Spandauer Gefängnis entlassen werde.

sie in seine Richtung zurück. Ein Polizist in Zivil kam und fragte: „Sind Sie Herr Goerner?" Er war freundlich, wie Goerner sich erinnert, und sprach mit breitem bayerischen Akzent. Goerner bejahte, und sofort kam die Frage, ob er Bücher im Haus habe. Er antwortete, all seine Bücher seien in Mannheim. Man sagte ihm, er sei nur vorübergehend festgenommen. Er packte ein paar Sachen und wurde ins Gestapo-Hauptquartier nach Mannheim gebracht.
Bei der Ankunft wies man ihn in einen Raum, in dem viele Leute saßen, die er kannte. Er stellte nicht ohne Erstaunen fest, daß die meisten von ihnen mit Astrologie oder Okkultismus zu tun hatten. Die Wartezeit wurde lang, und einer nach dem anderen wurde zur Befragung hereingerufen. Man reichte ein paar einfache Erfrischungen, ein Stück Brot und etwas Wurst. Schließlich wurde Goerner von einem Kriminalpolizisten vernommen. „Was wissen Sie über Heß' Flug?" war die erste Frage. „Nichts!" antwortete Goerner. Das reichte dem Polizisten nicht und die weitere Vernehmung sollte sich noch eineinhalb Stunden hinziehen.
Eine Sekretärin führte Protokoll. Um 23.30 Uhr verließ der Beamte den Raum für einige Minuten. „Es sieht nicht gut für Sie aus", meinte die Sekretärin. Der Polizeioffizier kam mit einem Blatt Papier in der Hand zurück. „Das ist ein Haftbefehl für Sie", sagte er. „Sie werden gleich abgeholt."
Während an diesem 9. Juni 1941 überall in Deutschland Festnahmen und Verhöre stattfanden, arbeitete Karl Ernst Krafft fleißig beim Deutschen Nachrichtenbüro in Berlin. Am Mittwoch, dem 11. Juni sollte er den zweiten seiner Nostradamus-Vorträge halten, und am Wochenende wollten er und seine Frau in den großen Sommerurlaub nach Urberg fahren. Doch am Donnerstag kamen zwei Gestapoleute und forderten ihn auf, sie zu seiner Wohnung in der Burggrafenstraße zu begleiten, da sie, wie sie sagten, seine Bücher durchgehen wollten. Die Kraffts waren neulich umgezogen, und so war Krafft nicht in die Razzia des 9. Juni geraten, denn die Gestapo wußte nichts von der Adressenänderung. Dort holte Krafft die seltene 1586er Ausgabe der *Prophéties* hervor und rief: „Das aber dürfen Sie mir nicht nehmen!" Dann, so Frau Krafft, hielt er den Gestapoleuten aus dem Stand einen Vortrag über die Bedeutung des Buches. Höflich hörten sie ihm eine Viertelstunde zu, bis schließlich einer von ihnen sagte: „Wirklich, Herr Krafft, wir *müssen* einen Blick auf Ihre Bücher werfen." Nach einem flüchtigen Überblick

baten sie ihn, sie in das Gestapo-Hauptquartier am Alexanderplatz zu begleiten, um ein Protokoll aufzunehmen. Als sie gingen, sagte einer von ihnen zu Frau Krafft: „Heute Abend ist er wieder da."

Die „Aktion Heß" trieb die Astrologie und andere Grenzgebiete zurück in den Untergrund. Doch auf jeden Astrologen oder Okkultisten, der festgenommen wurde, kamen Dutzende, die ungeschoren blieben, weil sie nie einer organisierten Gruppe angehört hatten oder nichts zu den jetzt verbotenen Themen veröffentlicht hatten. Ein geheimes Papier des Sicherheitsdiensts vom Juli 1944 an die obersten Parteifunktionäre gab einen Überblick über das, was Informanten aus allen Teilen des Reiches berichtet hatten. Die Beobachter des SD hatten „einen bemerkenswerten Anstieg der Prophezeiungen zum weiteren Verlauf des Krieges festgestellt" und benannten den Gebrauch von Hellseherei, Astrologie und Numerologie.[29] Dazu ohne Kommentar die folgenden Anekdoten:

In Leipzig betrieb der Zahnarzt meines Freundes Otto Kellner, ein gewisser Gohlis, Parteigenosse, Astrologie und „Pendelei" mit großer Begeisterung. Um herauszufinden, ob sein Haus bombardiert werden würde, berechnete er die Horoskope aller Mieter. Zuvor hatte er die Horoskope all seiner Patienten analysiert, die ihr Heim durch britische Luftangriffe verloren hatten, und daraus gewisse Schlußfolgerungen gezogen. Nur ein Horoskop aus der Nachbarschaft erschien ihm unzulänglich. Und tatsächlich überstand sein Haus den Krieg bis auf ein paar Bombensplitter unbeschädigt.

Reinhold Ebertin berichtete eine ähnliche Geschichte über seine Mutter Elsbeth Ebertin, die 1944 bei einem Luftangriff auf Freiburg im Breisgau ihr Leben verlor. „Meine Mutter hatte die Krise kommen sehen, kannte sie doch die Geburtsbilder vieler Menschen der nächsten Häuser. Doch wenn sie geflohen wäre, hätte das ein furchtbares Aufsehen erregt, und sie wäre sofort von der Gestapo gefaßt worden, weil man davon sprach: ‚Solange Frau Ebertin noch hier ist, kann uns nicht viel passieren!'"[30]

---

[29] *Meldungen aus dem Reich: Auswahl aus den geheimen Lageberichten der SS, 1939-44*, hrsg. von H. Boberach, 1965, S. 523.
[30] *Kosmobiologie*, Feb.-März 1966, S. 20.

Captain Louis de Wohl

Ein Hinweis auf einen astrologischen Zusammenhang mit dem Flug von Heß nach Schottland findet sich in einem Zeitungsartikel, der zwölf Tage nach seiner Ankunft, am 22. Mai 1941, in London erschien. Walter Tschuppiks Artikel „Astrologie in Hitlers Diensten" wurde wohl nur von einer Handvoll Engländer gelesen, denn er erschien in dem Wochenblatt *Die Zeitung*, die fast ausschließlich von emigrierten Deutschen und Österreichern gelesen wurde.
Bald nach der überraschenden Ankunft von Heß habe man sich erinnert, so Tschuppik, daß auf einer Astrologen-Tagung einen Monat zuvor in Harrogate ein gewisser Mawby Cole vorhergesagt habe, als Folge der großen Planetenkonjunktion am 11. Mai werde ein historisches Ereignis stattfinden. Cole selbst sei bei dem großen Luftangriff auf London am 10. Mai 1941 umgekommen. Einige Journalisten, die sich für den Zusammenhang zwischen Okkultismus und Politik interessierten, hatten bei der Wohnung Coles vorgesprochen und seien in sein Arbeitszimmer geführt worden, wo man ihnen ein Horoskop der Jupiter-Saturn-Konjunktion gezeigt habe sowie „eine amerikanische Astrologiezeitschrift, die ebenfalls über diese schicksalshafte Konstellation berichtete".
„Man muß bedenken, daß der erfinderische Dr. Goebbels den propagandistischen Wert der Astrologie schnell erkannt hatte, denn in seinem Ministerium gibt es eine spezielle Abteilung namens AMO (Astrologie, Metapsychologie und Okkultismus). Nationalsozialistische Astrologen schicken Artikel an Zeitungen überall auf der Welt, um die öffentliche Meinung auf Ereignisse vorzubereiten, auf die Hitler die Aufmerksamkeit gerichtet sehen will." Tschuppik vermutete einen direkten Zusammenhang zwischen Heß' Flug vom 10. Mai und der großen Konjunktion. Heß glaube an Astrologie und folge in dieser Hinsicht dem Beispiel Hitlers, der in Berchtesgaden einen persönlichen Astrologen beschäftige. Dieser fragliche Astrologe sei bislang Krafft [sic] gewesen. Krafft sei jedoch vor kurzem verschwunden. Man munkele, er sei ermordet worden. Sein Nachfolger sei Rudolf Ossietz, „ein junger Mann, von dem man nur bekannt ist, daß er dämonisch blickende dunkle Augen hat und seine schwarzen Haare über den Kopf zurück gebürstet trägt." Dieser fiktive Herr Ossietz sehe Krafft äußerst ähnlich.
Die Redakteure von einigen populären amerikanischen Astrologie-Magazinen seien blauäugige Opfer der AMO-Abteilung Goebbels',

so Tschuppik. Amerikanische Astrologie-Journalisten seien Hitler schon zweimal unfreiwillig zu Diensten gewesen. Erstmals im Juli und August 1940, als sie die unmittelbar bevorstehende Niederlage Englands prophezeit hätten; etwas später hätten die Astrologen des Propagandaministeriums „Frieden am 15. Februar 1941" vorhergesagt, und Astrologie-Zeitschriften aller Ländern seien dieser Linie gefolgt, ohne zu merken, daß sie deutscher Propaganda aufsäßen. Auch wenn Goebbels' Vorhersagen sich immer als falsch erwiesen hätten, bestünde doch eine klar erkennbare Verbindung zwischen Astrologie und Politik, und Heß' Reise sei in astrologischer Hinsicht weitaus sorgfältiger geplant gewesen, als das Propagandaministerium eingestehen wolle.

Auch wenn Tschuppiks Artikel eine ganze Reihe von Erfindungen enthält wie die AMO-Abteilung und Rudolf Ossietz, so ist es doch vorstellbar, daß das Propagandaministerium Artikel in diverse populären Astrologie-Zeitschriften lanciert hatte.[1]

Als im Juni 1941 in Deutschland im Zuge der „Aktion Heß" eine Verhaftungswelle stattfand, war Captain Louis de Wohl, Astrologe „auf Abruf" für diverse Abteilungen des britischen Geheimdienstes, gerade in den Vereinigten Staaten von Amerika angekommen, um seinen astrologischen Geschäften nachzugehen. Er war zur Geheimhaltung verpflichtet und durfte über seine Arbeit nicht mit unautorisierten Außenseitern sprechen. Ich glaube jedoch, daß Tschuppiks Artikel auf Informationen de Wohls beruhte, denn er war einer der wenigen in den deutschen Emigranten-Kreisen in London, der von Krafft wußte.

Der Gentleman, den der rumänische Botschafter in London, Virgil Tilea, seinen einflußreichen britischen Freunden als, soweit er es beurteilen könne, qualifiziertes „Gegenstück" zu dem furchtbaren Karl Ernst Krafft in Berlin präsentierte, hatte ein ungewöhnliche Karriere hinter sich.[2] Ludwig von Wohl – er änderte seinen Namen,

---

[1] Ich konnte die 1939-41 in den USA erschienen Astrologiezeitschriften nicht untersuchen und sie daraufhin auswerten. Ein Hinweis in den *Goebbels-Tagebüchern* auf die Verbreitung okkulter „Prophezeiungen" zur psychologischen Kriegführung folgt auf S. 303.
[2] Siehe de Wohls Autobiographie: *I follow my Stars*, 1937. Eine kurze, wenn auch unzureichende Abhandlung der Ereignisse 1940-41 findet sich auch in seinem Buch: *Sterne Krieg und Frieden. Astrologische Erfahrungen und praktische Anleitung*, Olten 1951.

als er 1935 nach England kam – wurde am 24. Januar 1903 in Berlin geboren. In *I follow my Stars* schrieb er, er sei um 19.45 Uhr geboren, doch nach dem Krieg teilte mir ein bekannter amerikanischer Astrologe mit, die korrekte Zeit sei ca. 15.30 Uhr. Es ist für einen Astrologen nicht ungewöhnlich, eine falsche Geburtszeit zu publizieren, um seinen Kollegen zu erschweren, im Horoskop „herumzuschnüffeln" – wohl ein Akt präventiver Magie.

De Wohl war ungarischer und teilweise jüdischer Herkunft. Er war in Berlin aufgewachsen. In dem Jahrzehnt vor der Machtübernahme Hitlers war er als Romanschriftsteller, Journalist und Drehbuchschreiber nicht ganz erfolglos gewesen. Er hatte einen großen Bekanntenkreis in Berlin und vielfältige gesellschaftliche Verpflichtungen. Bei dem jährlichen Ball der Niederlande, einem offiziellen Ereignis, das im Spätherbst 1930 im Hotel Esplanade stattfand, traf er einen Herrn, den er als alten Bekannten bezeichnete. Es war niemand anderer als der niederländische Prinz Heinrich (1876-1934), der Ehemann von Königin Wilhelmina. Der Prinz stellte ihn der holländischen Hofdame Baronin Keun von Hoogerswoerd vor, die daraufhin ihren Sohn rief. „Da Sie doch ein Schriftsteller sind, denke ich, daß sein Beruf Sie interessieren wird", sagte sie. „Er ist nämlich Astrologe!"

De Wohl beschreibt den Baron Harald Keun von Hoogerwoerd als kräftigen, untersetzten jungen Mann von Anfang dreißig. Wahrscheinlich ist er identisch mit dem mysteriösen K. v. H. aus Captain S. Payne Bests Buch *The Venlo Incident*, den ich in einem früheren Kapitel erwähnte.[3]

Der Baron war damals in deutschen Astrologie-Kreisen kaum bekannt, obwohl er Kontakt zu einer „Gesellschaft" in Berlin hatte. An diesem Abend sprach er mit de Wohl über Astrologie. Zunächst war de Wohl skeptisch, doch dann war sein Interesse erwacht, und er bat den Baron, ein Horoskop für ihn zu erstellen. Eine Woche später erhielt er zwanzig maschinegeschriebene Seiten. Er war fasziniert von dem, was er über sich las, und bald nahm er Unterricht bei ihm. Etwa ein Jahr später, erinnerte sich de Wohl, „fand ich mich in der Rolle eines Ratgebers für meine Freunde..."[4]

Louis de Wohl besaß offenbar die Fähigkeit, immer auf die Füße zu fallen, und zweifelsohne war er ein einfallsreicher und begabter

---
[3] Siehe S. 229 f.
[4] Louis de Wohl: *I follow my Stars*, 1937, S. 121-42.

Mensch. Mit bemerkenswerter Klugheit löste er das Problem, seinen Lebensunterhalt zu verdienen, als er 1935 als deutscher Flüchtling nach London kam. Miss J., die mit seinen Kriegs-Aktivitäten zu tun hatte, erzählte mir, er habe von allen Leuten, denen sie begegnet sei, „den schnellsten Verstand" gehabt. Er verbesserte sein Englisch, begann Bücher zu schreiben und gleichzeitig eine Klientel für seine astrologische Praxis zu sammeln.
Sein Buch *Sterne Krieg und Frieden* beginnt mit einer interessanten, aber unrichtigen Anekdote. Es sei Rudolf Freiherr von Sebottendorff[5] gewesen, der Hitler vor seinem Putschversuch im November 1923 gewarnt habe. Rudolf Heß habe Hitler im Landsberger Gefängnis an Sebottendorffs Vorhersage erinnert.[6] Daraufhin habe Hitler Astrologie zu studieren begonnen und beschlossen, in Zukunft astrologische Sachverständige zuzuziehen.
1935 habe de Wohl einen Parteigenossen kennengelernt, der „eine prächtige Uniform trug und viele Sklaven hatte". Dieser Herr habe ihn aufgefordert, seine astrologischen Kenntnisse in den Dienst Deutschlands und des *Führers* zu stellen. Er solle sich mit der zuständigen Stelle in Verbindung setzen. De Wohl habe erwidert, er habe nicht gewußt, daß es überhaupt eine zuständige Stelle gebe. „Dafür bin ich ja da", habe der Parteigenosse geantwortet. Er habe eine ausweichende Antwort gegeben und Deutschland verlassen. 1935 war das einzige Parteimitglied der NSDAP, in dessen Zuständigkeitsbereich astrologische Angelegenheiten fielen, Karl-Friedrich Schulze (1897-1964), der Zensor für astrologische Literatur, dessen Hauptaufgabe es war, die Veröffentlichung primitiver Wahrsage-Bücher zu verhindern.[7]
1939 stellte der rumänische Bankier Oscar Kaufmann Louis de Wohl Tilea vor. De Wohl verriet ihm, daß er sich mit Astrologie befaßte, und daraufhin erzählte ihm Tilea von Krafft Vorhersage über Codreanu. Ich weiß nicht, ob Tilea ihm alle Briefe zeigte, die er in den letzten Monaten von Krafft bekommen hatte, doch er gab

---

[5] Er schreibt fälschlich „Baron Sobottendorf".
[6] Es war Elsbeth Ebertin, die die fragliche Warnung aussprach. Zu dem indirekten Zusammenhang Sebottendorffs mit Hitler und der „Prophezeiung" von Frau Ebertin siehe Kapitel 6.
[7] Siehe den Nachruf von Reinhold Ebertin in *Kosmobiologie*, Oktober 1964. Laut Ebertin wurde Schulze von einem Verwandten Heinrich Himmlers ersetzt, „der weder das technische Wissen noch die für eine solche Aufgabe nötige Charakterstärke besaß".

ihm eine Kopie des einen, der Krafft im Februar-März 1940 in Berlin so viel Mühe gemacht hatte.
Laut de Wohl[8] hatte Tilea den Briten den Inhalt von Kraffts Brief am 22. Februar 1940 mitgeteilt, und im Gespräch mit Tilea habe er, de Wohl, die richtige Formel gefunden, die zu seiner späteren Anstellung in London als Wachhund Kraffts führen sollte. Es sei nicht von Bedeutung, ob gewisse hochgestellte Briten an Astrologie glaubten, es komme darauf an, *daß Hitler daran glaubt*. Wenn er die gleichen Berechnungen aufstelle wie Hitlers Astrologe, der zweifelsohne Krafft sei, so werde er wissen, welchen Rat der Führer bekomme, und könne so die entsprechenden Stellen des britischen Geheimdienstes informieren. An diesem Punkt, so de Wohl, habe Tilea eingewilligt, ihn den entsprechenden Leuten vorzustellen. Tatsächlich war es aber Tilea, der auf diese Idee gekommen war, und es sollten noch Wochen vergehen, bis de Wohl mit dem „Tilea-Plan" zu tun bekam.
An dieser Stelle muß ich einen technischen Einwand gegen Tileas Theorie der Vorhersagen einschieben. Wenn es um sogenannte prognostische Techniken geht, hat ein Astrologe die Wahl zwischen einem halben Dutzend mehr oder weniger bekannter Methoden. Dazu kommt, daß keine davon auf einer wissenschaftlichen Grundlage beruht. Manchmal scheint das eine oder andere Verfahren zu „funktionieren", aber genauso oft produziert der Astrologe völligen Unsinn. Prognose ist die Achillesferse der Astrologie. Logischerweise wäre es deshalb notwendig, daß der Astrologe in London mit denselben prognostischen Verfahren arbeitet wie sein Berliner Gegenstück. In London kannte aber niemand die speziellen Methoden, wenn es sie überhaupt gab, die in Berlin verwendet wurden.
Tilea besprach die Angelegenheit Krafft mit Sir Orme Sargent, der damals stellvertretender Unterstaatssekretär im Außenministerium war. Tilea nannte drei entscheidende Faktoren: Kraffts beeindruckende Codreanu-Prophezeiung, seine Anwesenheit in Berlin und seine vermutliche Verbindung zu Hitler, und schließlich das Wichtigste, daß die Astrologie sich zur psychologischen Kriegführung einsetzen lasse. Ich weiß nicht, was Sir Orme Sargent mit Tileas Behauptung anfangen konnte, ein Astrologe hier könne „die Vorhersagen vorhersagen", die Krafft für Hitler in Berlin machte,

---

[8] *Sterne Krieg und Frieden*, S. 14 ff.

aber er erkannte die Möglichkeiten für das Spiel der psychologischen Kriegführung. So stellte man diskret Nachforschungen über die Fähigkeiten einer Reihe von örtlichen Astrologen an. Wenig später teilte Sargent Tilea mit Bedauern mit, „unsere Astrologen sehen die Sache ziemlich pessimistisch", und deshalb sei ihm auch niemand für den Posten von Krafffts „Double" empfohlen worden.
Tilea wußte eine Lösung. „Ich kenne einen Astrologen, der es nicht pessimistisch sieht", sagte er. „Sein Name ist Louis de Wohl."
Jetzt stellte Tilea de Wohl einer Reihe von einflußreichen Leuten vor. Durch eine Einladung lernte er im Sommer 1940 Lord Winterton, Viscount Horne und Lord Dundonald kennen. Letzterer schickte ihn zu der ehrwürdigen Mrs. Margaret Greville, einer bekannten Gastgeberin der guten Gesellschaft. Diese wiederum stellte ihn offenbar dem Herzog von Alba vor, dem spanischen Botschafter, der ihn auch gleich zum Dinner einlud. De Wohl schreibt, daß Mrs. Greville ihn auch mit Lord und Lady Londonderry und Lady (Austen) Chamberlain bekannt machte. Als de Wohl am 18. August 1940 in der spanischen Botschaft zum Dinner war, waren auch der Herzog von Westminster und Lord und Lady Halifax zugegen. Lord Halifax war der damalige Außenminister. Nach de Wohls Bericht von diesem denkwürdigen Ereignis habe, als nach dem Essen Portwein gereicht wurde, der Herzog von Alba ihn gebeten, Lord Halifax alles zu erzählen, was er über Hitlers Horoskop wisse. Es machte nichts, daß er Hitlers Horoskop nicht dabei hatte, denn er kannte es auswendig. Er sprach über eine Stunde, und von Zeit zu Zeit warf Lord Halifax Fragen ein.
In *Sterne Krieg und Frieden* schreibt de Wohl, er habe keine Ahnung, ob Lord Halifax in irgendeiner Weise mit der nun folgenden Entwicklung der Dinge zu tun hatte, doch er hatte den Eindruck, daß Lord Horne seine Finger mit im Spiel hatte. Lord Horne hatte ihm am 22. August geschrieben. Er bezog sich auf ihr Treffen kurz zuvor bei Tilea und wollte ein Schreiben, das de Wohl für ihn angefertigt hatte, mit gewissen Leuten diskutieren. Darin hatte de Wohl die Daten aller wichtigen *coups* Hitlers mit planetaren Aspekten in Zusammenhang gebracht, wie sie wohl dessen angeblicher astrologischer Ratgeber vorher ausgerechnet hatte.
„Schon sehr bald", so de Wohl, „wurde ich dann einem General und einem Admiral vorgestellt – wer sie waren und wo diese Begegnungen stattfanden, ist hier nicht von Interesse... Es war nicht leicht,

eine Nische für mich zu finden. So konnte natürlich weder das Kriegsministerium noch die Britische Admiralität einen Astrologen anstellen." Er aber habe nicht auf eine offizielle Entscheidung gewartet, sondern sich schon im September 1940 an die Arbeit gemacht. Schließlich habe man eine Nische für ihn gefunden, ein „Büro für psychologische Forschung" im Grosvenor House, Park Lane, einem der ersten Hotels von London.
Lange Zeit irritierte mich de Wohls ausdrücklicher Hinweis auf das Grosvenor House Hotel. Ich glaubte, das „Büro für psychologische Forschung" sei seine eigene Erfindung, und sein Büro sei sein Hotelzimmer gewesen. Dazu muß man wissen, daß das Grosvenor House aus einem Hotel und einem Komplex unmöblierter Apartments besteht, die von der Hotelgesellschaft verwaltet werden. Das Hotel ist eines der luxuriösesten Etablissements von London, und es erschien mir typisch für de Wohl, daß er sein Büro bei einer „ersten" Adresse ansiedelte. Schließlich wurde das Problem einen Tag, bevor mein Manuskript für die Auslieferung an den Verlag fertig war, von Miss I. gelöst, die damals Chefsekretärin in Sir Charles Hambros Büro des SOE (Special Operations Executive) war.[9] Sie bestätigte, daß de Wohl auf der Gehaltsliste des SOE stand.

„Bevor de Wohl vom SOE übernommen wurde", schrieb sie, „wohnte er in St. John's Wood. Er überzeugte Charles Hambro (und Hambro überzeugte andere Leute), daß er etwas zentraler wohnen sollte, und darüber hinaus bestand er darauf, daß es das Grosvenor-Hotel sein *muß*. So bezahlte das SOE eine unmöblierte Suite, nicht nur ein Schlafzimmer, und ich kaufte die Möbel.[10] Die Bezeichnung ‚Büro für psychologische Forschung' war, wie Sie richtig vermuteten, seine Erfindung, und offiziell gab es dagegen keine Einwände... Ich bin sicher, daß wir nicht vor Ende Oktober 1940 ins Grosvenor House zogen, vielleicht sogar später. Ich war recht oft in dem sogenannten ‚Büro', um mich als seine Sekretärin auszugeben... Ich mußte seine ‚Berichte' an die Admiralität und das Kriegsministerium tippen, denn sein Englisch war zwar gut, aber grammatikalisch ziemlich holprig."

---

[9] Sir Charles Hambro war damals der zweitwichtigste Mann des SOE.
[10] In diesem Zusammenhang sollte man vielleicht noch erwähnen, daß im Herbst 1940 die deutschen Luftangriffe auf London in vollem Gange waren, und daß daher auch eine Unterkunft im Grosvenor House nicht sehr teuer gewesen sein kann. Auf jeden Fall arbeitete das SOE mit geheimen Geldmitteln.

Über de Wohls Londoner Aktivitäten zwischen Herbst 1940 und Mai 1941 weiß ich nur wenig. Laut Miss I. schrieb er seine „Berichte" für die Leitung des Geheimdienstes des Militärs und der Marine, doch deren Interesse an Astrologie und de Wohl hielt nicht lange an. Er hatte offenbar einen einflußreichen Förderer, der aber einige tausend Kilometer von London wegversetzt wurde, als man entdeckte, daß er tatsächlich an Astrologie zu glauben begann.

Im Dezember 1940 oder Januar 1941 führte der Geheimdienst der Marine eine unabhängige Untersuchung durch und beauftragte einen Mitarbeiter mit einem kleinen Forschungsauftrag. Mein Informant schrieb mir: „Ich klapperte mit einem weiteren Mitarbeiter eine ganze Reihe unterschiedlichster Astrologen ab, um zu sehen, ob sie aus Hitlers Horoskop ein Muster herausarbeiten konnten, das sich mit deutschen Aktionen oder ihrem Ausbleiben und damit mit den Ratschlägen deckte, die Hitler von seinem Astrologen bekam... Ich hatte nichts von de Wohl gehört, und die Stimmungslage war auch nicht so, daß sie das zur Beratung Hitlers genutzte System zu erkennen glaubten – ganz im Gegenteil."

Die sinnvollste Idee, wie de Wohl einzusetzen sei, kam von Charles Hambro. Er beauftragte ihn, „schwarzes" Propagandamaterial auszuarbeiten, um es über die Kanäle des SOE zu verbreiten.[11]

Laut Miss I. „beharrte de Wohl auf seinem ‚Angebot' und schickte laufend astrologische Berichte über deutsche Generale und Admirale, um (immer unter der Voraussetzung, daß Hitler die Astrologie tatsächlich nutzte) das Kriegsministerium und die Admiralität zu warnen, ‚wo der nächste Angriff stattfinden werde', d. h. wo General Soundso ‚gute Aspekte habe'." Doch offenbar nahm niemand die unerbetenen Berichte de Wohls sonderlich ernst.

---

[11] In dieser Phase des Krieges standen die „schwarzen" Aktivitäten der Psychological Warfare Executive (PWE) noch ganz am Anfang. Sefton Delmers berühmter Radiosender „Gustav Siegfried Eins" ging erst am 23. Mai 1941 auf Sendung, und ich selbst nahm meine Arbeit als Delmers Experte für „schwarze" Druckerzeugnisse erst im November 1941 auf. PWE und SOE arbeiteten zwar unabhängig voneinander, doch es gab ein paar enge Verbindungen zwischen ihnen. Zur Frühgeschichte, Organisation und Aufgabenstellung des SOE siehe M. R. D. Foote: *SOE in France*, HMSO, London 1966, und Bickham Sweet-Escotts autobiographisches Buch: *Baker Street Irregular*, London 1965. [Ausführlich Ellic Howe: *Die schwarze Propaganda: Ein Insiderbericht über die geheimsten Operationen des britischen Geheimdienstes im Zweiten Weltkrieg*, München 1983. (A.d.Ü.)]

Charles Hambro entschloß sich, de Wohl auf eine astrologische Mission in die USA zu schicken. Der Zweck dieser Reise ist im Zusammenhang mit der aktuellen Lage in Europa zu sehen. Die Deutschen hatten fast den ganzen Kontinent überrannt und feierten erste Erfolge in Rußland. Japan spielte auf Zeit, und die USA waren scheinbar neutral. Man kann nicht behaupten, daß die britischen Aussichten auf einen Sieg besonders günstig waren. Die deutsche Propagandamaschine war nicht untätig gewesen, und Hambro hatte inzwischen erkannt, daß sich Astrologen und ihre Vorstellungen zur psychologischen Kriegführung einsetzen ließen. Kraffts Brief an Tilea hatte das deutlich gezeigt. Es war durchaus möglich, daß die Deutschen amerikanische Astrologie-Massenblätter wie *American Astrology* – es gab ein halbes Dutzend ähnlicher Publikationen – bereits mit Artikeln oder Leserbriefen unterwandert hatten, denn sie sagten einen deutschen Sieg als unabwendbar vorher. Oder amerikanische Astrologie-Journalisten hatten das bereits für sie erledigt, denn sie zogen die astrologisch falschen Schlüsse aus dem militärischen Erfolg der Deutschen. So sollte de Wohl – offiziell als Privatmann – in die USA reisen, um einen Gegenangriff zu starten.[12]

Die folgenden Informationen beruhen auf der Analyse zweier in den Jahren 1966-67 für mich angefertigter Memoranda, das erste von meinem alten Freund H. und das zweite von Miss I., die ich schließlich nach langer Suche aufgespürt hatte. H. schrieb: „Meine Erinnerungen an den Einsatz von Louis de Wohl sind nur sehr vage. 1941 gab mir Sir Charles Hambro den Auftrag, mich um Organisation und Ablauf des Amerika-Projekts zu kümmern. Nach ein paar Wochen kam ich zu dem Schluß, daß das Projekt unsinnig war, und bat darum, mich aus der Verantwortlichkeit zu entlassen. Daraufhin übernahm Hambros Chefsekretär die politische Planung und meine Abteilung war nur noch für Routinearbeit wie Reiseplanung und Finanzierung zuständig. Bald nach seiner Ankunft in den USA bat

---

[12] Es ist unwahrscheinlich, daß ein Zusammenhang zwischen der Reise von de Wohl in die USA und der Bekanntmachung vom 14. Mai 1941 im *Völkischen Beobachter*, Heß sei von Astrologen beeinflußt gewesen, bestand, auch wenn diese Nachricht Hambro darin bestätigte, alle Möglichkeiten auszuschöpfen, die die Astrologie biete. Zudem kam de Wohl so knapp nach Heß' Ankunft in Schottland in Kanada an, daß wohl keine Zeit zur Planung einer solch komplizierten Mission gewesen war. Auch ist es unwahrscheinlich, daß der britische Geheimdienst bereits Mitte Juni von den Massenverhaftungen der Astrologen und anderer im Zuge der „Aktion Heß" Kenntnis hatte.

de Wohl um ‚weltweite Rückendeckung' für seine astrologische Propagandakampagne. Auf Grund dieser Anfrage arrangierten wir, daß ‚Prophezeiungen' aus Westafrika (Lagos) und Kairo in verschiedenen englischsprachigen Zeitungen in Afrika erschienen. Ich erinnere mich an ein paar lustige Zeitungsausschnitte. Ich glaube, es war de Wohls Absicht, mit gräßlichen Prophezeiungen ‚Hitlers Astrologen zu treffen', um Zweifel und Angst bei ihnen (und durch sie bei Hitler) zu erregen. Ich hielt nichts von de Wohl als SOE-Agent zur Verbreitung subversiver Propaganda. Das Projekt war mir zu komplex, zu teuer, und zu offen für Scharlatanerie, um die Zeit zu rechtfertigen, die darauf verwandt wurde. Ich reiste nach New York, als auch de Wohl dort war, traf mich aber nicht mit ihm."

Miss I. schrieb mir im Januar 1967 zwei Briefe. H. hatte sie ein Jahr zuvor als „Sekretärin des SOE an führender Stelle" beschrieben, konnte sich aber nicht an ihren Namen erinnern. „Ich agierte als Verbindungsperson zwischen de Wohl und der Abteilung, die jeweils zum gegebenen Zeitpunkt mit ihm zu tun hatte", schrieb sie. „Die Hauptkontaktperson war ein Herr im Kriegsministerium."

Auch Miss H. wurde in die USA geschickt, zum Teil als „Wachhund" des SOE, hauptsächlich jedoch, um Verbindungsdienste zwischen de Wohl und einer britischen Spezialstelle in New York zu leisten. De Wohl selbst hatte keinen Kontakt zu dieser Stelle und kannte wahrscheinlich nicht einmal ihre Adresse[13]. Miss I.: „Das war beabsichtigt, um jeden Verdacht der Amerikaner zu entkräften, daß Louis mit britischen Stellen in Kontakt stand. Für die Amerikaner war ich die Sekretärin de Wohls." Doch das American Office of Strategic Services (OSS) war informiert. Mr. Bickham Sweet-Escott: „Unsere Freunde im OSS waren nicht beeindruckt. Zweifellos glaubten sie, de Wohls Mission sei nur eine Deckgeschichte für eine weitaus dunklere Angelegenheit. Vielleicht war es das auch."[14]

De Wohl kam am 24. Mai 1941 in einem kanadischen Hafen an und

---

[13] Die britische Spezialstelle in New York war das British Security Coordination Office unter der Leitung von Sir William Stephenson. Es diente als Verbindungsstelle zwischen dem britischen Geheimdienst, dem Special Operations Executive (SOE) und ihren amerikanischen Gegenstücken. Bis 1967 durfte ich auf Anweisung des Chefs der historischen Abteilung des Kabinetts die Organisation Stephensons nicht namentlich nennen. (Nachtrag Ellic Howes aus der 2. engl. Auflage 1984.)

[14] Bickham Sweet-Escott: *Baker Street Irregular*, London 1965, S. 147. Sweet-Escotts Vermutung ist ungerechtfertigt.

reiste weiter nach Montreal, wo Miss I. drei Wochen später zu ihm stieß. Es kam zu „Unklarheiten mit den Behörden", drei weitere Wochen gingen ins Land, und sie hatten noch immer nicht die Grenze zu den USA überschritten. Doch schließlich gelangten sie nach New York und de Wohl machte sich an die Arbeit. Das New Yorker Büro war nicht besonders hilfreich, arrangierte jedoch (wahrscheinlich über vertrauenswürdige Mittelsmänner) einen Werbefachmann von Metro-Goldwyn-Mayer, der eine Pressekonferenz für ihn organisierte. Miss I.: „Man hatte ihn für zwei Monate engagiert, um de Wohl schnell bekannt zu machen." So kam es zu einem Wochenschau-Interview. „De Wohl machte eine Aufnahme für die Wochenschau, aber das Eis brach nicht. Im Gegenteil, auf der Leinwand wirkte er schrecklich, und so wurde dieser Versuch nicht wiederholt."

Ich bat Miss I., mir zu schildern, was de Wohl in Amerika unternahm. Sie schrieb: „Vielleicht sollte ich erst einmal berichten, wie das Projekt gedacht war. Das SOE sollte regelmäßig schwarzes Propagandamaterial an das New Yorker Büro schicken, um es in der Hoffnung, daß es so nach Deutschland gelangte, in die amerikanische Presse zu lancieren. Man unterstützte ihn auf jede Weise, aber wie das Material in die Hände der U.S.-Journalisten kam, blieb de Wohl überlassen. Das Grundthema war: ‚Deutschland wird den Krieg verlieren'. In Wirklichkeit erhielten wir nichts aus London, und das New Yorker Büro schwor, niemals etwas erhalten zu haben. Als ich zurückgekehrt war, schwor ein Londoner Kollege, er habe stapelweise Material geschickt, und das New Yorker Büro habe es anscheinend absichtlich zurückbehalten. Welche Seite sprach die Wahrheit? Ihre Antwort ist wohl genauso richtig wie meine."

Ich zitiere weiter aus Miss I.s Bericht: „De Wohl arbeitete astrologische ‚Karten' verschiedener Leute aus, die Hitler von Nutzen waren, und er berichtete auf Zusammenkünften ausgewählter Journalisten, welch ‚üble astrologische Aspekte' seine Opfer in der nächsten Zukunft zu erwarten hätten, um sie so mit einer ‚Aura' von Unglück zu versehen. Er versuchte auch, ehemalige Kollegen aus der UFA (den Berliner Filmstudios), die jetzt in Hollywood waren, zu veranlassen, eine aktive Rolle in der anti-deutschen Propaganda zu übernehmen. In der gleichen Richtung arbeitete er mit einigen amerikanischen Astrologen, denen er vertrauen konnte. Mir scheint damals wie heute, daß, was ein exzellentes Beispiel für psychologische

Kriegführung hätte sein können, mangels Kooperation ein Flop wurde. Ursprünglich sollte das Projekt zwei, allerhöchstens drei Monate dauern. Doch als ich sieben Monate nach der Abreise von England noch immer in den USA war, begann ich unruhig zu werden... Es schien mir, daß das Projekt kaum mehr einen Einfluß auf die Kriegsbemühungen hatte."

De Wohl, so Miss I., hatte sich nicht darum gerissen, in die USA zu gehen, seine laufenden planetaren „Aspekte" seien nicht besonders günstig gewesen, doch er hatte den Auftrag aus Pflichtgefühl übernommen. Viele seiner Freunde unter den deutschen Flüchtlingen dienten bereits in der britischen Armee, und so wollte auch er seinen Beitrag leisten.

Die American Federation of Scientific Astrologers (AFA) veranstaltete im August 1941 einen wichtigen landesweiten Kongreß in Cleveland, Ohio. Das war eine gute Gelegenheit für de Wohl, Kollegen aus allen Teilen der USA zu treffen. Sein Angebot, dort einen Vortrag über einen Vergleich der Horoskope Hitlers und Napoleons zu halten, wurde mit Begeisterung aufgenommen.

Auch wenn de Wohl sicher nicht das Niveau von Krafft erreichte, so war es doch ein recht lebendiger Vortrag. Nachdem er unter anderem Hitlers Liebesleben besprochen hatte – er sagte den gewaltsamen Tod Eva Brauns voraus, von deren Existenz er doch gar nichts wissen konnte – wandte er sich dem Rußlandfeldzug zu, der damals erst wenige Wochen alt war. „Dies ist meiner Meinung nach die erste größere Aktion Hitlers, die ihm sein Astrologe nicht empfohlen haben kann. Bis dahin hatte er immer alles zeitlich perfekt abgestimmt." Aber wer waren seine Ratgeber? De Wohl nannte keine Namen, bezeichnete sie jedoch als „die besten Astrologen Deutschlands". Außerdem habe Hitler „Karl E. Krafft, den neben Dr. Alfred Fankhauser besten Schweizer Experten, veranlaßt, seinen Wohnsitz von Urberg in der Schweiz nach Berlin zu verlegen."[15]

Danach wurde es phantastischer: „Sogar die Zusammenarbeit von deutschen und Schweizer Astrologen reichte Hitler noch nicht... er ließ ihre Ergebnisse von dem berühmten Institut für Geopolitik in

---

[15] Krafft hätte es wohl ausdrücklich mißbilligt, nach Fankhauser an die zweite Stelle gesetzt zu werden, und wahrscheinlich hätten auch nur wenige führende deutsche Astrologen Fankhauser das Format von Krafft zugestanden. Auch wußte de Wohl offenbar nicht, daß Urberg nicht in der Schweiz, sondern in Deutschland liegt.

München überprüfen. Was ist Geopolitik? Eine äußerst wirkungsvolle Kombination aus Geschichte, Geographie, Militärstrategie und Astrologie – wobei die letztere als Zeitgeber fungiert." De Wohl war nicht der einzige, der die Bedeutung des Münchener geopolitischen Instituts überschätzte, das von Professor Karl Haushofer geleitet wurde. Der Professor „soll über einen Mitarbeiterstab von zweitausend Strategen, Physikern, Meteorologen, Ingenieuren und Ökonomen verfügen, die die von Heß' Spionen und anderen Agenten gewonnenen Erkenntnisse für Hitlers ‚strategischen Index' überprüfen." Das stimmte nicht – Haushofer betrieb sein geopolitisches Institut mit einem Assistenten und einer Sekretärin.[16]

Schließlich beflügelte ihn seine Einbildungskraft so sehr (sein Gespür für psychologische Kriegführung war ihm wohl abhanden gekommen), daß er der erstaunten Zuhörerschaft mitteilte, Hitler plane aufgrund der astrologischen Ratschläge aus Haushofers Stab, den Krieg auf den amerikanischen Kontinent zu tragen. Dies, so de Wohl, habe das Institut dem Führer anhand folgender Überlegungen nahegelegt:

1. Es sei immer erfolgversprechend, ein Land anzugreifen, wenn zwei wichtige „Übeltäter" (Saturn und Uranus) sich in dem Zeichen befänden, das die Nation „regiere", gegen die sich der Angriff richte.
2. Saturn und Uranus befänden sich ab Ende Frühjahr 1942 im Zwilling, dem „herrschenden Zeichen" der USA. Deshalb werde (so die Geopolitiker) ein deutscher Angriff erst danach stattfinden.
3. Schließlich müsse der Krieg unter allen Umständen von ausländischem Boden aus begonnen werden.

Die Deutschen, so de Wohl, werden Brasilien als Ausgangspunkt für die Feindseligkeiten gegen die USA wählen. Er führte für diese Annahme astrologische Gründe ins Felde: „Brasilien wird von der Jungfrau regiert und ist deshalb ab Ende Frühjahr 1942 dem feindlichen Einfluß von Saturn und Uranus unterworfen. Amerika hat immer unter schwerwiegenden Ereignissen gelitten, wenn Uranus den Zwilling transitierte." Aus Sicht der Amerikaner, denen verständlicherweise mißfiel, daß der „heiße Krieg" auf ihren Kontinent übergreifen könnte, klang dies sehr nach anti-deutscher Propaganda, auch wenn es einem Publikum vorgetragen wurde, das sich

---

[16] James Leasor: *The Uninvited Envoy*, 1962, S. 44.

leicht von „technischen" Details fesseln ließ.[17]
In den USA verübte de Wohl auch einen Anschlag auf Krafft. Er zeigte einem amerikanischen Journalisten zwei fiktive Passagen, die angeblich aus dem Tilea-Brief stammten. Bekäme ein Presseattaché oder ein Geheimdienstoffizier der deutschen Botschaft in Washington diese Passagen zu Gesicht, würde das wohl sofort nach Berlin gekabelt, und Krafft säße in der Patsche. In einem Zeitungsartikel bestritt de Wohl, jemals einen Brief von Krafft gefälscht zu haben, gab aber zu, zwei Abschnitte aus dem Tilea-Brief an einen amerikanischen Journalisten gegeben zu haben, die, wie er behauptete, echt waren. Die fraglichen Passagen hätten angedeutet, Krafft sei nicht sicher, ob Deutschland den Krieg gewinnen werde, und es bestehe die Möglichkeit, daß der Führer plötzlich verschwinde. „Das hat Krafft gesagt. Ich besitze eine Kopie seines Briefs an Tilea", schrieb er.[18] In Wirklichkeit schrieb Krafft in seinem Brief an M. Tilea vom 14. März 1940 nichts dergleichen, und zwar aus guten Gründen: erstens glaubte er, daß Deutschland den Krieg gewinnen werde, und zweitens saß ihm die Gestapo im Nacken, als er den Brief schrieb. Es hätte ihn seinen Kopf gekostet, zu schreiben, Hitler werde plötzlich verschwinden.
De Wohl blieb noch die zweite Jahreshälfte 1941 in den USA und kehrte erst im Februar 1942 nach London zurück. In Amerika war die Krafft-Legende wirkungsvoll lanciert. In Großbritannien mußte er darüber diskret Stillschweigen bewahren.

„Später wurde ich britischer Offizier im Range eines Captain", schreibt de Wohl in *Sterne Krieg und Frieden*. Das Frontispiz zeigt ihn in Uniform mit den Abzeichen eines Captains auf den Schulterklappen. Anfang 1966 erzählte mir Sefton Delmer eine Anekdote über de Wohl, die mich damals verwirrte. Er hatte sie von Leonard

---

[17] Die Amerikaner glaubten wirklich, daß Hitler in Südamerika schändliche Absichten habe. Cf. Roosevelts Ansprache zum Navy Day in Washington vom 27. Oktober 1941. Er behauptete, eine in Deutschland von Hitlers Regierung angefertigte geheime Karte zeige, wie die Deutschen Mittel- und Südamerika neu aufteilen wollten. Die deutsche Regierung veröffentlichte am 1. November ein Dementi und erklärte den USA am 11. Dezember den Krieg.

[18] Ich habe den Originalartikel (*Heim und Welt*, 20 August 1950) nicht eingesehen, sondern stütze mich auf einen maschinegeschriebenen Auszug, der mir freundlicherweise vom Münchener Institut für Zeitgeschichte zur Verfügung gestellt wurde. Die „undichte Stelle" bestand wohl gegenüber der New Yorker *Sunday Times*.

Ingrams gehört, einem gemeinsamen Freund und Kollegen von uns. Ingrams wußte von den Aktivitäten de Wohls im Kriege und berichtete, daß die Beförderung de Wohls gänzlich inoffiziell gewesen sei. Delmer: „Leonard Ingrams und seine Freunde vom SOE veranstalteten aufwendig eine gestellte Ernennungszeremonie, weil er unbedingt Offizier sein wollte." Ich schrieb ans Verteidigungsministerium und bat um Einzelheiten über die militärische Karriere de Wohls. Die Musterungsbehörde der Armee teilte mir mit, „es gibt keinerlei Aufzeichnungen darüber, daß Louis de Wohl jemals zum Offizier befördert wurde." Etwas später erzählte mir mein Freund W., der beim militärischen Geheimdienst war (aber nicht beim SOE), folgende Geschichte:
„De Wohl wollte um jeden Preis Offizier in der britischen Armee werden und bedrängte den Oberst, der meine Sektion leitete, bis zur äußersten Erschöpfung.[19]. Um endlich Ruhe zu haben, sagte der Oberst: ‚Ich habe das für Sie arrangiert. Sie *sind* Captain in der britischen Armee. Natürlich kann ich Ihnen das nicht schriftlich geben, denn es ist viel zu geheim, und sie dürfen auch nicht als Offizier auftreten.' De Wohl war überglücklich und gelobte völliges Stillschweigen. Trotzdem kaufte er ohne unser Wissen eine Militäruniform, und bald sah man ihn wie ein ‚ungemachtes Bett' durch Picadilly Circus stolzieren. Ihm wurde sofort untersagt, die Uniform zu tragen, er scheint sich aber nicht daran gehalten zu haben."
Schließlich noch eine weitere und meiner Meinung nach glaubwürdigere Version von Miss I.: „Es fand eine ‚Vereidigungs'-Zeremonie statt, die aber *nicht* in einem Büro des SOE, sondern im Kriegsministerium von Brigadier N. vorgenommen wurde, jedenfalls erzählte N. mir das. Man hatte Louis hoch und heilig eine Beförderung versprochen, wenn er in die USA ginge. Als er nach London zurückkam, erinnerte er seine Kontaktleute an ihr Versprechen, aber nichts passierte. Schließlich ersann Brigadier N. eine Möglichkeit, das Gesicht zu wahren. So kam es zu der ‚Zeremonie'. Ein hochoffiziell aussehendes Papier wurde aufgesetzt, de Wohl habe ‚seiner Majestät die Treue geschworen', und er erhielt die mündliche Erlaubnis, in London Uniform zu tragen. Nach ein paar Monaten merkte de Wohl, der zwar Optimist, aber kein Dummkopf war, daß er nicht befördert worden war und hörte auf, die Uniform zu tragen.

---

[19] Dieser Oberst war laut Miss I. die „Hauptkontaktperson zum Kriegsministerium" (vgl S. 282).

Als er aus den USA zurückgekommen war, war Hambro ‚out' und damit auch de Wohl, wenn man von dem Zwischenspiel mit Delmer absieht.[20] Aber er schrieb noch eine Zeitlang seine Berichte für das Kriegsministerium... Man kann mit Recht sagen, daß Ende 1943 de Wohl jegliche Begeisterung vergangen war, sich im Krieg persönlich zu engagieren."

Dennoch wurde de Wohl weiterhin auf der Gehaltsliste geführt. Mein vorhin erwähnter Freund W. war Anfang 1943 in einen bestimmten Ableger des militärischen Geheimdienstes eingetreten. Er berichtete, daß de Wohl aus geheimen Töpfen bar bezahlt wurde und daß dazu regelmäßig einer seiner Kollegen zum Athenaeum Court, einem Hotel in Picadilly, gehen mußte. Der Bote erzählte dem Oberst, de Wohl habe darauf bestanden, eine Stunde ohne Ende über Astrologie zu ‚quatschen'. Der Oberst meinte: ‚Laßt ihn reden, wenn es ihn glücklich macht!'"

Möglicherweise war das „Zwischenspiel mit Delmer", wie Miss I. es nannte, das letzte Mal, daß de Wohl offiziell beschäftigt war. Wie schon im ersten Kapitel beschrieben, stellte Delmer ihn mir Anfang 1943 vor. Unsere wenigen Begegnungen fanden im Zusammenhang mit der Fälschung von drei Ausgaben von Dr. Korschs Astrologiezeitschrift *Zenit* statt. De Wohl schrieb den Großteil davon unter der Aufsicht Delmers. Die technische Seite wurde von mir ausgeführt. Ich war Delmers Spezialist für „schwarze" Typographie, und Delmer berichtet ausführlich in *Black Boomerang* darüber.[21] De Wohl hatte wohl kein Exemplar des *Zenit* vorliegen, der sein Erscheinen seit Dezember 1938 eingestellt hatte, sonst hätten wir unsere Zeitschrift nicht fälschlich *Der Zenit* genannt. Das erklärt auch, warum ich nicht das gewohnte Titelbild des Zenit druckte, sondern Fräulein E., eine begabte deutsche Graphikerin und Designerin, beauftragte, ein ähnlich aussehendes Titelbild zu entwerfen. (Siehe die Abbildung S. 290)

Es gab zwei Ausgaben im Oktavformat, die auf Januar und März 1943 datiert waren, und eine Miniatur-„Luftfeldpost"-Ausgabe auf sehr dünnem Papier mit Datum April 1943. Jahre später konnte ich in Deutschland ein Exemplar von letzterer erwerben, und nach einer

---

[20] Sir Charles Hambro trat erst im September 1943 aus dem SOE aus.
[21] Sefton Delmer: *Die Deutschen und ich*, Hamburg 1962, Kap. 48. [Delmer verwendet für Ellic Howe das Pseudonym „Armin Hull". Cf. Ellic Howe: *Die schwarze Propaganda...*, München 1983. (A.d.Ü.)]

weiteren Suche konnte ich Kopien der Oktavausgaben machen. Die Miniaturausgabe ist am interessantesten, denn sie zeigt, wie die Zusammenarbeit de Wohl-Delmer in Schwung kam.
Wie ihre Vorgänger wurde die Miniaturausgabe angeblich von der Firma Hans Kretschmer in Görlitz-Biesnitz gedruckt. Sie enthält die üblichen Anzeigen für obskure Wunderarzneien sowie fiktive Verkaufsanzeigen für Bücher von echten deutschen Astrologie-Verlagen. So sah ich mit Schmunzeln, daß wir Reinhold Ebertin, Aalen, umsonst eine Anzeige für seine bis kurz zuvor in Erfurt erschienene Astrologiezeitschrift *Mensch im All* eingeräumt hatten.
Unsere Ausgabe für den April 1943 war für U-Boot-Besatzungen gedacht und erschien etwa drei Monate später. So wußte Delmer schon, wo im April deutsche U-Boote gesunken waren. Solche Informationen waren unverzichtbar, damit sich die „Prophezeiungen" de Wohls erfüllten. Wir hatten die Absicht, daß *Der Zenit* bei den deutschen U-Boot-Besatzungen mit einem Ruf von Allwissenheit auftrat, um die Moral zu senken und Gerüchte in Umlauf zu bringen.
Die Prophezeiungen lagen etwa auf der folgenden Linie: „1. April: ungünstig für U-Boote, auszulaufen; 4. April: nicht auslaufen, wenn das Horoskop des Kapitäns ungünstig ist; 9. April: vorteilhaft für neuere U-Boote, aber nicht für ältere; 20. April: sehr schlecht für alle U-Boote."
Die gleiche Ausgabe brachte einen lebensnahen und höchst subversiven Artikel unter der Schlagzeile: „Der 30. Juni ist nahe!". So sollte angedeutet werden, die Ereignisse des 30. Juni 1934 (Röhm-Putsch) könnten sich wiederholen, diesmal mit aufrührerischen SS-Führern. Das „schwarze" Thema, Himmlers SS betrüge den vertrauensseligen Führer und alle guten deutschen Patrioten, war immer der Grundton in Delmers Werk.
„Der Reichsführer SS gelangt nun in einen Lebensabschnitt, für den seine kosmischen Konstellationen nichts Gutes vermelden." Auch den Herren Ernst Kaltenbrunner, Bruno Streckenbach, Karl Wolff, Hans Prützmann, Wilhelm Rediess, Arthur Nebe und Erich von dem Bach Zelewski werde, so die Sterne, das Leben nicht leicht fallen. Besonders letzterer wurde brüsk angegriffen: „Das ist der Mann, dessen Verbohrtheit zum russischen Durchbruch in Kursk führte, weil er sich weigerte, die SS an die Front zu schicken. Noch vertraut ihm der Führer. Er sollte ihn sofort entlassen!"

18. Eine gefälschte deutsche Astrologie-Zeitschrift von 1943, hrg. für die PWE von Louis de Wohl.

19. Eine von dem halben Dutzend Nostradamus-Quatrainkarten, die Krafft 1940-41 in Berlin privat herausgab.

1963 zeigte mir der Hamburger Astrologe Wilhelm Wulff eine Oktav-Ausgabe von *Der Zenit*, die in einer Sendung von Werkzeugmaschinen nach Deutschland gelangt und vom Sicherheitsdienst abgefangen worden war. Er enthielt unter anderem auch die Horoskope der Admirale Dönitz und Raeder. Wulff hatte damals als Astrologe für Himmler arbeiten müssen, wobei eine Pistole nicht nur metaphorisch auf seinen Kopf gerichtet war. Walter Schellenberg befahl ihm, ein technisches Gutachten darüber zu erstellen. Der SD wollte wissen, ob das Material tatsächlich auf astrologischen Prinzipien beruhte. Wulff konnte ihnen mitteilen, daß das tatsächlich der Fall war.

De Wohl verfaßte unter Delmers Aufsicht auch den größten Teil einer weiteren „schwarzen" Produktion: *Nostradamus prophezeit den Kriegsverlauf*. Angeblicher Autor dieses kleinen Buchs war ein Dr. Bruno Winkler aus Weimar, der in seiner Einleitung Dr. Heinrich Lesse, dem Kurator der herzoglichen Manuskriptsammlung in Regensburg, für die Überlassung eines einzigartigen (aber nicht existenten) Nostradamus-Manuskripts dankte.[22] Der Stachel der Propaganda sitzt in den Kommentaren zu der deutschen Übersetzung von fünfzig falschen Nostradamus-Quatrains, die in einem entsprechenden Altfranzösisch verfaßt waren.[23] Dieses Projekt ist ein interessantes Beispiel, wie subversives Material zur Erzeugung von Gerüchten als harmloses Buch getarnt wurde.

Die Herstellung dieses Nostradamus-Buches, das das Impressum des Regulus Verlags in Görlitz trug, einer früher für ihre okkulten und astrologischen Publikationen bekannten Firma, war eine faszinierende Aufgabe für mich. Da Dr. Winkler ein „altes" Manuskript benutzt hatte, entschied ich mich, es zu reproduzieren, und bat Fräulein E., die Texte der Quatrains von Hand in einer zeitgenössischer Schrift zu schreiben. Sie wurden in Blockschrift wiedergegeben, die deutschen Übersetzungen der falschen Quatrains in Fraktur, die Kommentare in Antiqua. Das Buch wurde auf das dünnste Bibelpapier gedruckt, das aufzutreiben war, und obwohl es

---

[22] Bruno Winkler war der Autor einer weiteren Nostradamus-Schrift: *Aufstieg und Niedergang nach den Prophezeiungen des grossen französischen Sehers der Jahre 1555 und 1558*, Leipzig 1940. Diesen Titel nennt W. A. Boelcke in: *Kriegspropaganda 1939-41*, Stuttgart 1966, S. 304. Sein Doktorat und seine angebliche Verbindung nach Weimar hatten sich wohl Delmer oder de Wohl ausgedacht.

[23] Siehe Abbildung S. 293.

124 Seiten hatte, wog es weniger als dreißig Gramm. Laut Kolophon (mit Datum vom 15. März 1943) verdankte es sein Design einem fiktiven Paul George. Das Projekt war eine willkommene Abwechslung gegenüber meinen sonstigen Routineaufgaben, wie der Fälschung deutscher Lebensmittelkarten oder dem Druck einer weiteren Auflage von Delmers berühmten Handbuch *Krankheit rettet* für Simulanten, das mit wechselnden Schutzumschlägen (wie Soldaten-Liederbuch, ballistische Tabellen, Taschenführer für Oslo etc.) ständig nachgedruckt wurde.[24]

Soweit ich weiß, verschwand de Wohl so plötzlich von der Bühne, wie er gekommen war. Wir begegneten uns kurz nach dem Krieg in London und wechselten ein paar Worte, doch ich sollte ihn nicht wiedersehen. Erst im Jahre 1959 interessierte mich seine Karriere im Krieg wieder. Ich schrieb ihm im Mai 1961, erhielt aber keine Antwort. Ein oder zwei Wochen später berichtete *The Times*, daß er am 2. Juni 1961 in Luzern gestorben war.

---

[24] Diese „Drückeberger"-Broschüre, die im Zweiten Weltkrieg viele Soldaten vor dem Fronteinsatz bewahrte, erschien Ende der siebziger Jahre (mit der Absicht, die Krankenversicherung zu betrügen) unter dem Titel *Wege zu Wissen und Wohlstand. Lieber krank feiern als gesund schuften.* (A.d.Ü.)

20. Das Titelbild und eine Seite aus einer britischen Broschüre (1943) mit angeblichen Nostradamus-Prophezeiungen.

Astrologen in Gefangenschaft

Am 9. Juni 1941 kurz vor Mitternacht wurde F. G. Goerner im Gestapo-Hauptquartier Mannheim ein Haftbefehl vorgelegt. Dann wurde er ins örtliche SS-Gefängnis überstellt. Man gab ihm eine Decke und stieß ihn in eine finstere Zelle, in der zwei Mitgefangene saßen, Amateurastrologen, wie sich herausstellte. In der nächsten Woche wurde er dreimal verhört, zuletzt von einem uniformierten Gestapomensch, der ihn über seine Kontakte vor Ort befragte.

Am 16. Juni verlegte man ihn in das Schloßgefängnis in Mannheim, und im Verlauf der folgenden Verhöre wurde deutlich, daß die Gestapo besonders an seiner Beziehung zu Krafft und deutschen Freunden Kraffts interessiert war. Sie wollten wissen, ob Krafft und er mit Heß persönlich in Verbindung gestanden hatten. Er erzählte ihnen, daß er Krafft seit zehn Jahren kenne und sich intensiv mit seinem Werk auseinandergesetzt habe. Was Kraffts Freunde angehe, sei, was immer er wisse, der Gestapo doch sicherlich bestens bekannt. „Sie verbergen doch etwas!" sagte sein Befrager drohend.

Am 16. August, zwei Monate nach seiner Ankunft im Schloßgefängnis, wurde Goerner in die Verwaltung gebracht, wo man ihm einen sogenannten „roten Schutzhaftbefehl" vorlegte, der, wie er mir erzählte, von Reinhard Heydrich persönlich unterzeichnet war.[1] Dann erfuhr er, daß er in ein Konzentrationslager bei Berlin verlegt werde: „Wir werden Sie dort Ihren Freunden Krafft und Verweyen gegenüberstellen und hören, was Sie dann zu sagen haben."

Goerner war verblüfft, Verweyen in einem Atemzug mit Krafft genannt zu hören, blieb jedoch ruhig. Zwei Tage später wurde er aus seiner Zelle geholt. Ein großer Holländer legte ihm Handschellen an und brachte ihn zum Mannheimer Bahnhof. Die Zugfahrt nach Berlin dauerte mit Übernachtungen in Gefängnissen in Frankfurt und Kassel drei Tage. Schließlich fand er sich im Aufnahmeblock des Konzentrationslagers Oranienburg im Norden Berlins wieder. Dort traf er eine Reihe alter Bekannter wie Dr. Korsch und Heinrich Huter, doch von Krafft oder Professor Verweyen war nichts zu sehen.[2]

---

[1] Heydrich war der Chef des Reichssicherheitshauptamtes, einer Organisation mit sieben Ämtern. Die Gestapo war Amt VI. Ich verstehe aber nicht, warum Heydrich persönlich diesen Haftbefehl unterschrieben haben soll.
[2] Huter war Eigentümer eines astrologischen Verlags in Leipzig. Als ich ihn

Etwa vierzehn Tage später, am 4. September, einem Samstag, öffnete sich die Tür der Baracke, und ein Wächter erschien in Begleitung eines Mannes in Zivil. „Wir wissen inzwischen genau, wer Sie sind!" rief der Zivilist. Goerner war im Verwaltungswirrwarr offenbar „verloren" gegangen. Dann knallte die Tür wieder zu. Er fragte sich, was wohl als nächstes passieren würde. Doch er brauchte nicht lange zu warten. Der Sonntag ging vorbei und am Montag brachte man ihn in ein Büro des RSHA in Berlin. Man wies ihn in einen kleinen Raum und befahl ihm, sich zu setzen. Ihm gegenüber saßen vier hohe SS-Offiziere hinter einem mit Papieren überhäuften Tisch. Wieder einmal mußte er jedes Detail seiner Beziehung zu Krafft durchsprechen und Fragen zu Professor Verweyen beantworten. Die Befragung dauerte lange, und allmählich, so Goerner, wurden seine Befrager freundlicher. Offensichtlich wußten sie schon ziemlich viel über Krafft, und Goerner hatte inzwischen bemerkt, daß die Papiere auf dem Tisch von ihm stammten.

Das Verhör nahm eine unerwartete Wendung, als man ihn zu den sonderbaren Sprachgeist-Theorien Kraffts befragte, zu dessen Jonglieren mit Vokalen und Konsonanten, um so zu Zusammenhängen und Bedeutungen zu gelangen, wie sie akademischen Philologen sicherlich nicht untergekommen wären. Ihm wurde klar, daß sie diese arkanen etymologischen Spekulationen für ein getarntes Chiffrier-System hielten und vermuteten, Krafft habe sich als Spion betätigt. Er gab sein Bestes, um die seltsamen Sprachtheorien Kraffts zu erläutern, doch sie schienen nicht sonderlich überzeugt zu sein.

Dann wurde er nach Oranienburg zurückgebracht. Sieben Wochen geschah weiter nichts, und er wurde zunehmend mutloser. Auch sein gesundheitlicher Zustand verschlechterte sich, doch als er sich beim Lagerarzt meldete, mußte er wie ein begossener Pudel abziehen. Am 16. Oktober wurde er völlig unerwartet in die Verwaltung bestellt und fand sich in einem Polizeiauto wieder, das nach Berlin fuhr. Schließlich gelangte er mit seiner Begleitung zum Polizeigefängnis am Alexanderplatz. Dort wies man ihn in eine kleine Zelle – es war die Nummer 102 – und überließ ihn seinen Gedanken.

1962 in Stuttgart traf, erzählte er mir, die Gestapo habe bereits im April 1939 40.000 Bücher und Broschüren aus seinem Warenlager beschlagnahmt. Er wurde im Januar 1942 aus Oranienburg entlassen.

Als Krafft am 12. Juni seine Wohnung in der Burggrafenstraße in Begleitung zweier Gestapoleute verließ, sagte einer von ihnen zu Frau Krafft, ihr Mann werde abends wieder zu Hause sein. Als sie am Alexanderplatz ankamen, erfuhr Krafft, daß der Beamte, der ihn sprechen wollte, nicht erreichbar sei, und daß er über Nacht bleiben müsse. Er durfte seine Frau anrufen, dann wurde er in eine Zelle gebracht. Doch auch am nächsten Tag kam er nicht nach Hause und auch nicht am folgenden Tag. Statt dessen kamen drei Gestapoleute und nahmen seine Aufzeichnungen und viele Bücher mit. Frau Krafft fragte nach, warum man ihren Mann verhaftet habe, erhielt aber keine Antwort. Vierzehn Tage später konnte sie ihn im Polizeigefängnis am Alexanderplatz kurz besuchen und erfuhr, daß er bislang keinen Haftbefehl gesehen hatte und auch noch nicht verhört worden war.

Krafft war zuversichtlich, daß seine Kontakte zu wichtigen Nazis ihm aus der Klemme helfen würden. Er diktierte seiner Frau einen Brief, den sie an den Generalgouverneur von Polen, Hans Frank, schicken sollte, den er Anfang 1940 bei dem früher erwähnten musikalischen Empfang getroffen hatte. Daraufhin forderte man sie auf, bei einem hohen Mitarbeiter aus Franks Stab vorzusprechen. Der stellte ihr eine Reihe von Fragen und sagte, er werde seinem Chef einen Bericht schicken. Bei ihrem nächsten Besuch teilte er ihr mit, er könne nichts für Krafft oder sie tun. Als nächstes schrieb sie an Ley, der etwas zugänglicher als sein Kollege Frank war, denn nach einigen Tagen kam ein Anruf von einem Beamten des Auswärtigen Amts. Er riet ihr, sich mit einem gewissen Herrn Ehrhardt aus dem Reichssicherheitshauptamt in Verbindung zu setzen, und gab ihr dessen Telephonnummer. Sie ging auch zur Schweizer Botschaft, und dort teilte man ihr mit, man werde sich mit dem Auswärtigen Amt in Verbindung setzen. Es dauerte sehr lange, bis sie einen Gesprächstermin bei Ehrhardt erhielt, und als sie bei ihm vorsprach, waren seit Kraffts Verhaftung bereits sechs Monate vergangen. Inzwischen hatten sich Krafft und Goerner schon im Polizeigefängnis am Alexanderplatz getroffen.

Ein paar Tage nach seiner Ankunft, am 16. Oktober, drehte sich ein Schlüssel im Schloß von Goerners Zellentür. Sie öffnete sich, und ein Wärter brüllte: „Antreten zum Baden! Handtuch und Seife, raus auf den Korridor und Maul halten!" Goerner trat auf den Flur vor seine Zelle mit der Nummer 102 und schaute vorsichtig nach links und rechts. Die Zellen 100 und 101 waren geschlossen, doch Nummer 99 war nur angelehnt. Sie öffnete sich, und heraus kam – Krafft. Ein kurzer Blick wechselseitigen Wiedererkennens blitzte auf, doch es war zu riskant, einen Gruß zu flüstern. Erst unter der Dusche konnten sie ein paar Worte wechseln.

„Wie lang sind Sie schon hier?" fragte Goerner. „Seit dem 12. Juni", sagte Krafft.

Sie sprachen darüber, wie es ihnen ergangen war. Krafft meinte, es könne schlimmer sein; seine Frau dürfe ihn von Zeit zu Zeit besuchen und ihm vegetarisches Essen und ab und zu auch ein paar Bücher mitbringen. Die Bücher seien zwar nichts besonderes, hülfen ihm aber, die Zeit totzuschlagen. Er versprach, Goerner ein Buch zuzustecken, wenn sie das nächste Mal zur Dusche gingen. Er hielt Wort und gab ihm in den nächsten Monaten gelegentlich ein Buch religiöser Natur – Goerner erinnerte sich an ein Heft mit einer Biographie der Hl. Therese von Lisieux – und manchmal Zeitungsausschnitte, einmal sogar eine ganze Zeitung. Goerner mußte alles Gedruckte gut verstecken, denn er wäre in größte Schwierigkeiten geraten, wenn man etwas bei ihm entdeckt hätte.

Goerner war auch nicht allzusehr überrascht, als er eines Tages beim Freigang Professor Verweyen traf. Sie konnten ein paar Worte wechseln, doch eine richtige Unterhaltung war unmöglich. Die Wochen vergingen, unterbrochen nur von gelegentlichen Begegnungen mit Krafft unter der Dusche. Dann, am 23. Dezember 1941, wurden Goerner, Krafft und Verweyen aus ihrem Zellenblock in einen anderen Gebäudeteil eskortiert und zu demselben Ehrhardt gebracht, den zu kontaktieren man Frau Krafft geraten hatte. Er hatte ihnen nicht viel mitzuteilen, außer daß die Anklage gegen sie im Januar beraten werde und dann eine Entscheidung über ihre Zukunft falle. Doch der Januar ging ereignislos vorüber, und vier weitere Monate verstrichen, bis etwas von Bedeutung passierte.

Inzwischen hatte Frau Krafft einen Termin bei Ehrhardt bekommen können. In den nächsten Monaten suchte sie ihn mehrfach auf. Beim ersten Mal erklärte er, er habe bislang keine Zeit gefunden, sich mit dem Fall Krafft zu befassen. Außerdem sei es ein äußerst verwickeltes Problem, Kraffts Werk an Hand der Papiere, die man in der Burggrafenstraße beschlagnahmt habe, durchzusehen, da man eine ganze Armee von Spezialisten dafür brauche. Er sei jedoch bereit, sich anzuhören, was sie zu sagen habe.

Ehrhardt erwähnte auch, daß die meisten festgenommenen Astrologen inzwischen wieder freigelassen worden seien. Der Sicherheitsdienst sei der Meinung, Krafft sei eine Koryphäe auf dem Gebiet der Astrologie, auch wenn er und seine Kollegen nicht verstünden, warum. Offenbar habe die persönliche Ausstrahlung Kraffts diejenigen, mit denen er in Kontakt stand, beeinflußt, und deshalb sei er möglicherweise ein schädliches und sogar gefährliches Element für die nationalsozialistische Weltanschauung.

Frau Krafft erwiderte, ihr Mann habe sich immer dagegen gesperrt, Astrologe im herkömmlichen Sinne des Wortes genannt zu werden, denn er habe die fatalistische Haltung, die diesen Leuten gemein sei, abgelehnt. Da sagte Ehrhardt ungeduldig: „Wie kann man sich während zwanzig Jahren so fanatisch mit diesen Dingen befassen, ohne damit einen Zweck zu verfolgen?" Zudem glaube man, auch wenn er es vielleicht nicht bewußt geplant habe, daß Krafft von gewissen Medizinern aus der Schweiz möglicherweise ermutigt worden sei, in Deutschland asoziale Ideen zu verbreiten. Auch könne er, Ehrhardt, nicht verstehen, warum Krafft auf die Sicherheit der Schweiz verzichtet habe und sich in Deutschland mit einem bescheidenen Lebensstandard begnüge. Er müsse daraus schließen, daß er auf Weisung gehandelt habe. Frau Krafft konnte diesmal nicht sehr viel bei Ehrhardt ausrichten.

Im April 1942 konnte Goerner sich kurz mit Professor Verweyen unterhalten. Verweyen sagte, er habe Ehrhardt geschrieben, man habe ihm im Dezember mitgeteilt, eine Entscheidung über seine Zukunft falle im Januar. Bislang sei jedoch nichts geschehen, und er werde sich glücklich schätzen, wenn er etwas erfahre. Ob das je geschah, ist nicht bekannt. Ein Wärter erzählte Goerner am 24. Mai, Verweyen sei gerade in das Konzentrationslager Oranienburg verlegt worden. Er kam nie aus dem Lager frei und wurde im Februar 1945 in das berüchtigte Lager Bergen-Belsen gebracht. Dort starb er einen Monat später, am 21. März 1945.

Frau Krafft hatte Ehrhardt inzwischen immer wieder aufgesucht. Bei einer dieser Gelegenheiten, wahrscheinlich Anfang Frühjahr 1942, war er zuversichtlicher als je zuvor. Er räumte ein, daß er bislang den guten Absichten Kraffts gegenüber skeptisch gewesen sei, doch nun sei er bereit, seine Entlassung vorzuschlagen. Das sei jedoch an gewisse Bedingungen geknüpft. Man erwarte, daß er sich mit seiner Meinung zurückhalte, und mit Sicherheit werde man ihm nicht erlauben, Vorträge zu halten oder Beziehungen zu hochgestellten Persönlichkeiten wie Dr. Frank und Dr. Ley aufzunehmen. Auch dürfe er keinesfalls mit dem Ausland korrespondieren. Er könne an seinen alten Arbeitsplatz im Deutschen Nachrichtenbüro zurückkehren, doch nur unter der Bedingung, daß ihm der Zugang zu den höheren Abteilungen verwehrt bleibe. Krafft könne denken und studieren, was er wolle, dürfe aber mit niemandem über unerwünschte Themen wie Astrologie oder die Prophezeiungen des Nostradamus diskutieren oder darüber schreiben. Frau Krafft fragte ihn, ob er glaube, daß seine Vorschläge für Kraffts Zukunft akzeptiert werden würden. In aller Regel befolge man die Weisung des zuständigen Beamten, antwortete er.

Ehrhardts Vorschläge wurden nicht akzeptiert, wenn er sie seinen Vorgesetzten überhaupt unterbreitet hatte. Als Frau Krafft ihn das nächste Mal aufsuchte, wahrscheinlich im Mai 1942, erzählte er ihr, es gebe nun einen neuen Plan, sein Amt habe sich mit einem Ministerium in Verbindung gesetzt, wo man Arbeit für ihn habe. Goerner werde mit dabei sein und unter den gleichen Bedingungen arbeiten. Beide hätten ihren eigenen Raum, ein Wärter werde sie beaufsichtigen, sie zur Kantine bringen und bei Spaziergängen begleiten.

Doch das war noch nicht alles: Wenn sich herausstelle, daß sie ihre Arbeit zufriedenstellend erledigten, könne nach sechs Monaten ein neues Entlassungsgesuch gestellt werden, ihre Arbeit müßten sie aber weiterführen.[3] Frau Krafft erinnerte sich, daß sie an dieser Stelle unruhig wurde und besorgt dagegen protestierte, daß man Krafft dazu zwinge, eine Arbeit zu verrichten, die gegen seine Prinzipien verstoße. Ehrhardt beruhigte sie. „Wir möchten, daß er mathematische Berechnungen vornimmt. Er ist doch ein guter Mathematiker? Und wenn alles klappt, können Sie ihn drei oder viermal die Woche nach der Arbeit besuchen, vielleicht sogar öfter." Ehrhardt machte deutlich, daß auch sie für diese Zugeständnisse gewisse Bedingungen zu erfüllen habe. „Sie werden keine weiteren Versuche mehr unternehmen, die Freilassung Ihres Gatten zu erreichen", sagte er. „Wenn doch, könnte es verhängnisvoll für sie beide sein. Sie werden sich von der Schweizer Botschaft fernhalten und mit niemandem im Ausland korrespondieren." Frau Krafft erwiderte, sie werde in alles einwilligen, doch ihrer Schwiegermutter

---

[3] Goerner sagte nichts von einer möglichen Entlassung nach sechs Monaten.

wolle sie jeden Monat ein paar Zeilen schreiben, damit die alte Dame sich keine Sorgen mache. Ehrhardt meinte, es sei gefährlich, wenn auch nur *eine* Tür offen bliebe, und wenn sie an Krafffts Mutter schriebe, sei das ihr eigenes Risiko.

Krafft und Goerner erfuhren nichts von diesen neuen Plänen, bis sie am 5. Juni 1942 in Ehrhardts Büro gebracht wurden. Ehrhardt, so Goerner, saß hinter seinem Schreibtisch und sah sie forschend an. Er teilte ihnen mit, daß gewisse Informationen über sie an eine andere Abteilung weitergeleitet worden seien. Krafft verzog verdrießlich das Gesicht. Ehrhardt fragte sie, ob sie sich mit trigonometrischen Berechnungen auskannten. Goerner strahlte über das ganze Gesicht und rief freudig „Ja!" während Krafft nur zustimmend murmelte. Ehrhardt kündigte an, sie würden innerhalb der nächsten Tage aus dem Polizeigefängnis am Alexanderplatz herauskommen, und man werde ihnen eine Arbeit zuweisen. Außer den Bemühungen Frau Krafffts zugunsten ihres Mannes hätten sich auch andere Leute für ihn verwendet, und das sei der Grund für diese außergewöhnliche Behandlung. Er warne sie jedoch, falls sie irgendwelche Tricks versuchen sollten, fänden sie sich im Gefängnis am Alexanderplatz oder im Konzentrationslager Oranienburg wieder.

Eine weitere Woche verstrich ereignislos. Am 12. Juni, genau ein Jahr nach Krafffts Verhaftung, kam der Gefängnisbarbier, der als „vertrauenswürdig" galt, in Goerners Zelle. Goerner war überrascht, denn sonst kam er nur einmal die Woche, und es war erst ein oder zwei Tage her, daß er Goerner zuletzt rasiert hatte. „Ich hab' gerade deinen Kumpel rasiert, den Kerl in Zelle 99", sagte er. „Ihr kommt heute nachmittag raus." Dann kam ein Wächter und befahl ihm zu packen. Er brauchte nicht lange, um seine wenigen Habseligkeiten in einen kleinen Pappkoffer zu packen, sein einziges Gepäcksstück. Der Nachmittag zog sich entsetzlich lange hin, und auch der Abend verging, ohne daß jemand kam, um ihn abzuholen. Goerner begann sich Sorgen zu machen. Schließlich entschloß er sich doch, zu Bett zu gehen, und als er dalag und auf den Schlaf wartete, fiel ihm eine Reihe offenbar prophetischer Träume ein, die er erst kürzlich gehabt hatte. Darin war er entlassen oder an eine nicht näher spezifizierte Abteilung des Propagandaministeriums überstellt worden. Er erinnerte sich auch, daß in einem dieser Träume die Entlassung nicht vor dem 13. stattfand, und heute war erst der 12. Juni. Beruhigt schlief er ein.

Goerners prophetischer Traum ging in Erfüllung. Am nächsten Morgen wurde die Zellentür geöffnet, und ein Wärter befahl ihm herauszukommen. Krafft stand schon im Korridor. Sie stiegen in ein Auto, das im Hof wartete, und fuhren Richtung Norden. Schließlich gelangten sie zu einem großen Gebäude in der Kommandantenstraße. Früher hatte es zur Zigarettenfabrik Muratti gehört, beherbergte aber nun eine Filiale des Propagandaministeriums. Sie wurden in ein Büro gebracht, wo ein paar gutgekleidete junge Mädchen fleißig tippten.

„Wir saßen da wie arme Sünder", erinnerte sich Goerner. „Die Mädchen starrten uns an, als ob wir geradewegs vom Mond kämen. Nach allem, was wir im letzten Jahr durchgemacht hatten, sahen wir wohl nicht besonders präsentabel aus. Dann erschien ein Kerl in Zivil. Er sagte, sein Name sei Fritz Hirsch, und er sei für uns zuständig. Er zeigte uns die Kantine, wo wir zu essen bekamen, und unsere Quartiere. Er teilte uns mit, daß wir tagsüber zusammen bleiben könnten, um 5 Uhr aber in unsere Zimmer eingeschlossen würden. Im Fall eines Luftangriffs würde uns jemand in den Schutzraum bringen. Das war eine erfreuliche Neuerung, denn am Alexanderplatz mußten wir in unseren Zellen bleiben."

Sie waren am Samstagmorgen angekommen, doch ihre neuen Arbeitgeber erschienen erst nach dem Wochenende. Goerner berichtete, daß Krafft und er eine Besprechung mit drei oder vier Leuten hatten; er könne sich aber nur an einen Namen erinnern, einen gewissen Kurd Kisshauer, der früher einmal bei der Planung eines Planetariums für die optischen Werke Zeiss in Jena gearbeitet hatte. Sie erfuhren, daß künftig Kisshauer sie instruieren, ihre Arbeit einsammeln und überprüfen werde. Jetzt stellte sich heraus, daß es sich bei den trigonometrischen Berechnungen, von denen Ehrhardt gesprochen hatte, um die Erstellung und Deutung von Horoskopen handelte. Krafft sollte für die Arbeit verantwortlich zeichnen und Goerner als sein Assistent und Sekretär fungieren.

Unglücklicherweise starb Kurd Kisshauer im November 1958, bevor ich ihn interviewen konnte. Er war überzeugter Gegner der Astrologie, denn er schrieb einige Broschüren, in denen er sie angriff. In Parteikreisen galt er als Experte zu diesem Thema. Der Leipziger Verleger Karl Huter erzählte mir, daß er mit Kisshauer im April 1940 aneinandergeraten war, als er versuchte, Papier für seine Publikationen zu bekommen. Kisshauer war damals Mitarbeiter im

Stab Alfred Rosenbergs[4], der unter anderem für die Überwachung der weltanschaulichen Schulung innerhalb der NSDAP zuständig war. Da Papierzuteilungen für Verlage sich am „völkischen" Interesse zu orientieren hatten, erhielt Huter keinerlei Unterstützung von Kisshauer, der vermutlich der Letzte war, der ihm helfen wollte.[5]
Krafft und Goerner freuten sich, daß sie nach all den Monaten der Untätigkeit etwas zu tun bekamen. „Die Arbeit war sehr interessant", sagte Goerner. „Wir waren überrascht, wieviel Material die Abteilung für psychologische Kriegführung uns liefern konnte: Geburtsdaten, Handschriftenproben, Photographien und so weiter. Wir bekamen die Daten des russischen Generals Timoschenko und vieler alliierter Staatsmänner, Generale und Admirale. Wir mußten die Horoskope führender britischer Generale begutachten und hatten schnell herausgefunden, daß die Briten in Nordafrika bereits drei verschiedene Kommandanten ausprobiert hatten. General Montgomery war fast am gleichen Tag wie General Rommel geboren. Krafft meinte: ‚Das Horoskop dieses Mannes ist gewiß stärker als das Rommels'."[6]
Daß Krafft und Goerner gerade zu dieser Zeit an diese Arbeit gesetzt wurden, ist in Zusammenhang mit einer Eintragung in den Goebbels-Tagebüchern[7] zu sehen. Der Eintrag für den 19. Mai 1942 lautet: „Berndt reicht mir eine Ausarbeitung über die von uns zu betreibende okkultistische Propaganda ein. Hier wird in der Tat einiges geleistet. Die Amerikaner und Engländer fallen ja vorzüglich auf eine solche Art von Propaganda herein. Wir nehmen alle irgendwie zur Verfügung stehenden Kronzeugen als Mithelfer in

---

[4] Alfred Rosenberg (1893-1946) war seit 1923 der Hauptschriftleiter des *Völkischen Beobachters*, Teilnehmer des Hitlerputschs und Herausgeber der *Nationalsozialistischen Monatshefte*. Als Chefideologe der Nazis lieferte er mit seinem *Mythus des 20. Jahrhunderts* (1930) eine „wissenschaftliche" Begründung der „völkischen Weltanschauung". Seit 1933 war er Reichsleiter der Partei, 1941-45 Reichsminister für die besetzten Ostgebiete. Er wurde im Nürnberger Prozeß zum Tode verurteilt. (A.d.Ü.)

[5] Kisshauer war der Autor des Reclam-Bändchens *Sternenlauf und Lebenslauf*, Leipzig 1935. Siehe auch seinen Aufsatz „Die Astrologie – eine Wissenschaft?" in: *Nationalsozialistische Monatshefte*, April 1938.

[6] Feldmarschall Viscount Montgomery wurde am 17. November 1887 und Feldmarschall Rommel am 15. November 1891 geboren. De Wohl beschäftigte sich zur gleichen Zeit wie Krafft mit ihren Horoskopen.

[7] *The Goebbels Diaries*, 1948. [*Goebbels Tagebücher aus den Jahren 1942-43*, hrsg. v. Louis P. Lochner, Zürich 1948, S. 205.]

Anspruch. Nostradamus muß wieder einmal daran glauben."[8]
Berndts Planung stand am 19. Mai 1942, und etwa am 15. Juni nahmen Krafft und Goerner ihre Arbeit in der Filiale des Propagandaministeriums in der Kommandantenstraße auf. Andere „Okkultisten", die für das Propagandaministerium arbeiteten, konnte ich nicht ausfindig machen.
Mir ist nie ganz klar gewesen, ob Krafft wirklich „ernsthafte" Gutachten auf astrologischer Grundlage vornehmen oder nur Material liefern sollte, das dann von irgendwem im Propagandaministerium für die psychologische Kriegführung zurechtgebogen wurde. Nach dem Bericht seiner Frau geriet Krafft bald in Schwierigkeiten, weil er eine bestimmte Aufgabe nicht so ausführte, wie seine Auftraggeber es wünschten. Statt dessen präsentierte er ein Schreiben mit seiner eigenen Einschätzung des fraglichen Themas, und Kisshauer machte großes Theater. Denn meistens tat er seine Arbeit so, wie er es für richtig hielt, ohne sich allzusehr um die möglichen Erwartungen seiner „Klienten" zu kümmern. Dies ging soweit, daß die Arbeit ihm und auch Goerner zu einem persönlichen Anliegen wurde.
Als ich Goerner besuchte, besaß er Kopien zweier Schriftstücke, die Krafft damals verfaßt haben soll. Er konnte sie herausschmuggeln, als er im April 1943 entlassen wurde.[9] Abgesehen von den seltsamen Umständen im Zusammenhang mit dem Horoskop von General Sir Claude Auchinleck handelt es sich um derartig wertlose Skizzen, wohl ausschließlich für die psychologische Kriegführung verfaßtes Material, daß man sich über die Dummheit der Auftraggeber nur wundern kann. Wenn Krafft wirklich für diese Produkte verantwortlich zeichnete, kann er es nur ironisch gemeint haben, oder vielleicht glaubte er diesen Blödsinn auch tatsächlich.
Eines dieser Papiere trägt den Titel „Die Roosevelts – Der Unglücksstern der USA". Der Präsident und Mrs. Roosevelt stünden angeblich unter dem Einfluß von Freimaurern und Juden; Wallstreet sei das Zentrum der jüdischen Finanzkraft, die Juden hätten sich verschworen, Amerika seiner Freiheit und Unabhängigkeit zu

---

[8] Louis Lochner beschreibt Alfred-Ingemar Berndt als „ziemlich blöden Zeitungsmenschen, der als ‚Jasager' unter Goebbels eine kometenhafte Karriere machte. Er war einer seiner Stellvertreter, dem er am meisten vertraute". Biographische Angaben in W. A. Boelcke *Kriegspropaganda 1939-41*, 1966.
[9] Er überließ mir die Kopien über Nacht, als ich im Juli 1961 in Mannheim war. Ich konnte mir nur ein paar kurze Notizen machen.

berauben, wie es schon in den *Protokollen der Ältesten von Zion* stehe. Interessanter ist das Schriftstück über Auchinleck. Es trägt das Datum 3. Juli 1942 und wurde daher etwa vierzehn Tage nach der Ankunft Krafts und Goerners in der Kommandantenstraße verfaßt. Sie berechneten das Horoskop des Generals auf den 21. Juni 1884 um 9 Uhr morgens in Irland. Aber Auchinleck wurde nicht in Irland, sondern in Aldershot bei London geboren. Ich bat meinen alten Freund John Connell, den Biographen des Feldmarschalls, ihn zu fragen, was er von der Geburtszeit halte, die Krafft benutzt habe. Sir Claude antwortete, er sei zwischen 8 und 9 Uhr morgens geboren, und er frage sich, wie Krafft so nahe an die wahrscheinliche Geburtszeit kommen konnte. Doch alles andere, was Krafft über den General sagte, war kompletter Blödsinn. Er wußte von Auchinlecks „irischer" Herkunft, die aber nicht mit Südirland, sondern mit Ulster zusammenhing. „In seiner heutigen Stellung dient Auchinleck den Feinden seines Vaterlandes", schrieb Krafft.
Der „Urlaub" im Muratti-Haus dauerte nur ein paar Monate, dann nahmen die Dinge eine Wendung zum schlechteren. Sie wurden in einen, wie Goerner es nannte, „absoluten Schweinestall" in der Köpenicker Straße verlegt.
„Es war kein Büro des Propagandaministeriums," sagte er, „sondern eine Müllkippe, wohin man Krafft und mich abschob. Das Gebäude enthielt ursprünglich Stallungen und war zuletzt als Lager genutzt worden. Kraffts Zimmer lag am Ende eines langen Korridors etwa hundert Meter von meinem entfernt." Im Muratti-Haus war Krafft noch zuversichtlich, daß alles gut gehen werde, doch nun wurde er zunehmend depressiv und empfindlich. Er war besonders erbittert darüber, daß man seiner Frau ausdrücklich verboten hatte, sich in Briefen für ihn einzusetzen. Er schickte einige wütende Briefe an Ehrhardt. Der wiederum sagte zu Frau Krafft, er werde diese Briefe als private Mitteilungen behandeln und sie nicht zu Kraffts Akten legen. Er riet ihr jedoch, ihn zu warnen, weitere Briefe seien unerwünscht, und sie könne froh sein, daß sie ihn überhaupt besuchen dürfe. Frau Krafft sagte zu Ehrhardt, sie sei überrascht, daß man von ihrem Mann erwarte, astrologisch zu arbeiten, sie habe geglaubt, die Ausübung der Astrologie sei verboten. „Das ist auch so," antwortete Ehrhardt, „wir wollen keine Astrologie in Deutschland. Seine Sachen brauchen wir für die Auslandspropaganda."
Wahrscheinlich merkte Krafft nun, daß seine einzige Funktion darin

bestand, die Fälscher im Propagandaministerium mit astrologischem Material zu versorgen. Dies führte unter anderem zu seinem Nervenzusammenbruch, denn als sie in das Muratti-Haus kamen, glaubte er noch, einen wichtigen Beitrag zu den deutschen Kriegsbemühungen zu leisten. Nun entwickelten sich Symptome, wie sie jeder Psychiater kennt: Er, der früher so mitteilsam und gesprächig war, zog sich zurück und wurde schweigsam. Wie seine Frau berichtete, begann er nun mit striktem Fasten und wies jedes stark gewürzte Essen ab, auch all die kleinen Köstlichkeiten, die sie ihm mitbringen konnte. Er konnte Goerners Anblick nicht ertragen und mied seine Gesellschaft. Er verließ das Haus auch nicht zu den Einkaufsausflügen mit Hirsch und Goerner, nicht einmal mit Hirsch alleine. (Sie durften ihr Essen mit Früchten und Gemüse aus einem Geschäft in der Nähe aufbessern.) Wenn Hirsch frühmorgens in Kraffts Zimmer kam, fand er ihn oft in tiefer Meditation auf dem Fußboden sitzend. Auf den freundlichen Gruß Hirschs gab er keine Antwort – offenbar nahm er seine Anwesenheit nicht wahr.[10]

Nach zehn Wochen im dem „Stall" wurden die beiden Männer erneut verlegt, diesmal in eine etwas zivilisiertere Umgebung, ein Haus des Propagandaministeriums in der Lützowstraße. Als sie dort am 7. November 1942 eintrafen, wurden ihnen Räume im hinteren Gebäudeteil zugewiesen. Eine Stahltür trennte ihr Quartier von den Büros des Propagandaministeriums auf der Vorderseite. Goerner berichtete, daß Krafft darum bat, separat untergebracht zu werden. Goerner bekam ihn in dieser letzten Zeit anscheinend kaum zu Gesicht, auch wenn er sich gelegentlich mit Frau Krafft unterhalten konnte, die ihren Mann besuchen kam. Sie durfte tagsüber kommen und gehen, wie sie wollte, wurde jedoch nachts mit den Gefangenen eingeschlossen.

Weil ihr Starastrologe nun nicht mehr für sie arbeiten konnte oder wollte, verloren die Leute von der psychologischen Kriegführung ihr Interesse an ihren „Käfig-Astrologen", wie Goerner es nannte. Schon als sie noch in dem „Stall" steckten, war Kisshauer nur mehr zweimal die Woche gekommen. Krafft arbeitete in der Lützowstraße gar nicht mehr, und Kisshauer fragte Goerner, ob er nicht selbständig etwas tun wolle. Goerner antwortete, er habe nicht das Fachwissen Kraffts, werde jedoch sein Bestes geben.

---

[10] Als ich Frau Kraffts Bericht über diese Zeit las, dachte ich sofort an Kraffts Yoga-Übungen zwanzig Jahre zuvor in Genf.

„Es ging mir ganz gut in der Lützowstraße zwischen Dezember 1942 und April 1943", erzählte Goerner. „Ich mußte nicht sehr viel tun. Ich hatte Astrologie-Bücher und amüsierte mich ansonsten mit der Untersuchung verschiedener Rhythmen. Fritz Hirsch nahm mich mit auf seine Einkaufsausflüge. Wir machten einen Treffpunkt aus, und jeder ging für ein oder zwei Stunden seiner Wege. Natürlich kehrten wir immer zusammen zur Lützowstraße zurück."
Während Goerner gelassen das Beste aus seiner Lage machte, verschlimmerte sich die Paranoia Krafîts – die Deutschen nennen das Haftpsychose. Frau Krafft erinnerte sich an einen Brief, den Krafft an einen hohen Beamten des Propagandaministeriums schickte, der in einem Büro an der Frontseite des Gebäudes saß. Er beschuldigte ihn, ihn in die Enge treiben zu wollen, um einen Grund zu haben, ihn ins Konzentrationslager zu stecken. Es sei beschämend, klagte er, daß man ausgerechnet von ihm derartig vulgäre astrologische Prognosen erwarte. Doch jetzt mache er eine Prophezeiung, die sich bald bewahrheiten werde: ein Bombenhagel werde auf das Propagandaministerium fallen, eine gerechte Vergeltung für ihr schändliches Verhalten. Frau Krafft konnte den Empfänger am gleichen Abend sprechen – sie sah ihn zum ersten Mal – und bat ihn, den Brief zu ignorieren. Er sagte, er werde dem Reichssicherheitshauptamt mitteilen, daß man Kraffts Dienste nicht mehr benötige.
Krafft schrieb noch weitere Briefe, die seine Frau jedoch nicht abschickte. Sie richteten sich an die Schweizer Botschaft, verschiedene Freunde in der Schweiz und den Bildhauer Breker, den er bat, sich bei Frank für ihn zu verwenden. Aber ein Brief an Ehrhardt kam durch. Krafft war an einem Samstagmorgen aus dem Haus gelangt und hatte ihn selbst eingeworfen. Er konnte, ohne gesehen zu werden, in sein Zimmer zurückkehren und sagte zu seiner Frau: „Gott hat sie alle mit Blindheit geschlagen!" Die arme Frau Krafft war entsetzt. Am nächsten Tag ging sie zu Fesel und bat ihn, sich bei Ehrhardt für Krafft einzusetzen. Fesel meinte, er werde seinen Kollegen am Montagmorgen sehen, und sie solle ihn um 9 Uhr in seinem Büro anrufen. Als sie anrief, sagte er, sie solle sofort in Ehrhardts Büro kommen. Fesel war schon da, als sie kam. Ehrhardt sagte, er habe bis jetzt nur ihretwegen Rücksicht genommen. Krafft selbst verdiene keine Gnade. Jetzt gebe es nur zwei Alternativen: geschlossene Anstalt oder Konzentrationslager. Er hätte ihr gar nicht soviel erzählen sollen, fügte er hinzu, und Fesels Einmischung

verstoße gegen jede Vorschrift. Fesel fragte: „Was wäre passiert, wenn ich mich nicht eingemischt hätte?" und Ehrhardt antwortete vielsagend: „Das wissen Sie!"[11] Ein paar Tage später, am 12. Februar 1943, kamen zwei Gestapoleute in die Lützowstraße und fragten nach Krafft. Er verließ das Haus in ihrer Begleitung.
Goerner erfuhr noch am gleichen Tag, daß Krafft abgeholt worden war. Es war viele Wochen her, daß er ihn das letzte Mal gesehen hatte. Seit einiger Zeit war Kisshauer nicht mehr aufgetaucht, und die nächsten zwei Monate in der Lützowstraße vergingen für Goerner in unruhiger Spannung. Am Morgen des 13. April erschien ein Beamter des Reichssicherheitshauptamtes und befahl Goerner mitzukommen. Sie fuhren zur Potsdamer Straße, wo der Fahrer, sehr zu Goerners Erleichterung, in westliche Richtung abbog. Im Norden waren die Gefängnisse Alexanderplatz oder Lehrter Straße. Schließlich hielt das Auto vor einem Haus in der Meinekestraße. Goerner mußte zunächst allein in einem großen Zimmer warten und stellte mit Verblüffung fest, daß man ihn nicht eingeschlossen hatte. Dann wurde er in ein Büro zu einem hohen Gestapo-Offizier gebracht. Er erfuhr, daß man ihn freilassen werde, wenn er eine Erklärung unterzeichne, daß er nie im Gefängnis gewesen sei oder für das Propagandaministerium gearbeitet habe. Goerner verlor keine Zeit mit dem Lesen dieses Schriftstücks, setzte hastig seine Unterschrift darunter und verließ das Haus als freier Mann.
Goerner ging in die Lützowstraße zurück, wo er den Leiter dieser Abteilung des Propagandaministeriums antraf. Er fragte ihn, ob er die nächsten paar Wochen sein Zimmer weiterhin benutzen dürfe, denn er wolle nicht nach Mannheim zurück und habe noch keine Pläne für die nächste Zukunft. Der hatte nichts dagegen, und so blieb Goerner bis zum August.[12] Solange belegte er eine Vorlesung am Institut für Psychologie und Psychotherapie. Im August machte

---

[11] Ich hätte gern Ehrhardts eigene Schilderung dieses Gesprächs gehört, konnte ihn aber nicht ausfindig machen. Frau Kraffts Bericht über dieses Gespräch wurde in den frühen fünfziger Jahren niedergeschrieben, also fast ein Jahrzehnt später.
[12] Die Tatsache, daß er in die Lützowstraße zurückgekehrt war, bereitete ihm große Schwierigkeiten, als er nach 1945 Entschädigung für seine Haft und die Beschlagnahmung seiner Astrologiebücher beantragte. In fast jeder Instanz lehnten es die Gerichte ab, den Astrologen Schadensersatz zuzuerkennen, deren private Bibliotheken im Verlauf der „Aktion Heß" konfisziert worden waren, oder die ins Gefängnis gesteckt worden waren.

er einen kurzen Besuch in Mannheim und meldete sich dann zum Sanitätsdienst des Heeres. Er hatte inzwischen von Herzen bedauert, sich jemals mit Krafft eingelassen zu haben.
Krafft wurde am 12. Februar in die Lehrter Straße gebracht. Man warf ihn in eine Kellerzelle, wo fünfzig Leute in einem Raum steckten, der gerade einmal einem Dutzend Platz geboten hätte. Anfang März bekam er Typhus, und er hatte sich kaum davon erholt, als er in das Konzentrationslager Oranienburg verlegt wurde. Inzwischen war er physisch ein Wrack und wurde in das Hospital des Lager gebracht. Im Lager war noch ein weiterer Schweizer. Er hieß Jacques Farjon und man hatte ihm berichtet, daß ein Landsmann im Krankenblock liege. Sein Informant sagte: „Es ist ein bemerkenswert intelligenter Mann, aber er spricht kein Wort. Ich habe ihm gesagt, daß Sie Schweizer sind, und er möchte Sie sehen." Am nächsten Sonntag begegnete er Krafft zum ersten Mal. Er berichtete davon in einem Artikel, der am 1. August 1946 in *La Tribune de Genève* erschien: „In seinem Ausdruck lag etwas Ungewöhnliches, er hatte magnetische Kraft. Unter einer intelligenten hohen Stirn brannte in tiefliegenden Augen ein inneres Feuer – zwei dunkle Augen, die einen festhielten und nicht losließen, einen durchbohrten und die geheimsten Gedanken zu kennen schienen."
Frau Krafft war in Berlin geblieben, und in den nächsten acht Monaten konnte sie ihn im Lager zweimal kurz besuchen. Sie sah ihren Mann das dritte und letzte Mal im Herbst 1944. Er wurde auf einer Bahre in einen kleinen Empfangsraum getragen, und während des ganzen Gesprächs blieb ein Wärter im Raum. Er war schwer krank und wußte wohl, daß es mit ihm zu Ende ging. Sie war entsetzt über seine Verfassung, und konnte es bewerkstelligen, einen Termin bei einem gewissen Krayenbühl zu bekommen, SS-Offizier und offenbar Ehrhardts Vorgesetzter. Sie bat ihn um die Entlassung ihres Mannes, denn unter den gegenwärtigen Umständen werde er kaum noch lange überleben. Krayenbühl sagte: „Natürlich wollen wir nicht, daß er stirbt, aber da kann man nichts machen. Wenn wir ihn freilassen, wird er sich rasch erholen, und dann wird alles, wie es war", d. h., Krafft wäre wieder ein Ärgernis für sie.
Frau Krafft erkannte, daß ihre weitere Anwesenheit ihrem Mann nichts nützte. Die alliierten Armeen standen schon an der Westgrenze Deutschlands, die Russen überrannten Ostpreußen und das Ende des Krieges war in Sicht. Sie bat um die Erlaubnis, in die

Schweiz zurückkehren zu dürfen, doch die Deutschen verboten ihr, das Land zu verlassen. Schließlich besorgte ihr die Schweizer Botschaft ein Ausreisevisum, und Anfang November 1944 konnte sie über die Grenze gehen.

Eine Berliner Freundin von Frau Krafft hatte versprochen, ihm regelmäßig Essenspakete zu schicken, doch das Paket für Weihnachten 1944 kam mit der Notiz zurück, er sei nicht mehr länger in Oranienburg und eine neue Adresse folge in Kürze. Frau Kraffts Freundin fragte energisch nach und erfuhr schließlich, daß man ihn in das Konzentrationslager Buchenwald verlegt habe. Er kam nie dort an, sondern starb am 8. Januar 1945 auf dem Transport. Die Todesurkunde mit Datum 20. Januar 1945 stammt vom Standesamt Weimar und wurde aus Buchenwald verschickt. Frau Krafft erfuhr erst am 13. Februar durch eine kurze Mitteilung des Politischen Departements in Bern vom Tod ihres Mannes.

Am 15. April erschien in der Genfer Zeitung *La Suisse* ein Sensationsbericht: Einige Jahre vor dem Krieg habe Krafft mittels der Astrologie einen Anschlag auf Hitlers Leben vorhergesehen und die Behörden gewarnt, so daß die Gestapo das Attentat vereiteln konnte. „Wegen seiner außergewöhnlichen Fähigkeiten beschloß Hitler, ihn zu engagieren, da er seinen Wert zu schätzen wußte. Krafft willigte unter der Bedingung ein, daß er nicht Vollzeit zur Verfügung stehen müsse, damit er sein Werk fortsetzen könne, und diese Bedingung wurde akzeptiert. So lernte Krafft alle führenden Leute aus dem innersten Kreis um den Führer und auch Rudolf Heß kennen."

Wie wir wissen, machte Krafft seine Hitler-Prophezeiung nicht einige Jahre *vor* dem Krieg, sondern im Herbst 1939. Er arbeitete nicht für Hitler und traf auch Rudolf Heß nie, auch wenn er mit wichtigen Nazi-Bonzen Kontakt hatte, nämlich Hans Frank und Robert Ley. Man fragt sich, wie die Leute von *La Suisse* überhaupt etwas von der Hitler-Prophezeiung erfahren hatten, wenn sie noch nicht einmal das richtige Jahr wußten.

Kaum jemand in der Schweiz hatte eine klare Vorstellung davon, was Krafft 1940-41 in Berlin machte, doch die Tatsache, daß er offenbar in eine seltsame Angelegenheit verwickelt war, die mit Nostradamus und der Astrologie zu tun hatte, war nicht völlig unbekannt. Dr. Ferrière zum Beispiel hatte ein paar Informationsbruchstücke, und er stand auch mit einer ganzen Reihe von Leuten in Verbindung, die Krafft kannten. Wer jedoch am meisten redete, war ohne Zweifel Kraffts Mutter, und so war de Wohl nicht der einzige Schöpfer der Krafft-„Legende".[13]

Im Jahre 1940, so Frau Krafft, brachte die BBC eine Meldung, daß Krafft der Astrologe Hitlers sei. Eine Bekannte von Kraffts Mutter aus Genf hörte diese Nachricht im Radio, besuchte die alte Dame in Commugny und sagte: „Das also macht ihr Sohn in Berlin. Er ist Hitlers Astrologe!" Seine Mutter schrieb ihm gleich einen Brief über die Radiosendung. In seiner Antwort meinte Krafft, das alles sei etwas seltsam, und er nehme an, die Briten hätten von seiner Hitler-Prophezeiung vom Herbst 1939 erfahren und daraus falsche Schlüsse gezogen. Es gibt jedoch keinen Grund für die Annahme, daß irgendwer in London von der Sache wußte, und der BBC-Bericht beruhte zweifellos auf spekulativem Hintergrundmaterial, das dem Rundfunk von de Wohl oder einem seiner Kontaktleute nach der Ankunft von Kraffts Tilea-Brief zugespielt worden war.

Aus Frau Kraffts Brief an Ferrière geht auch deutlich hervor, daß ihr Mann seine Hitler-Prophezeiung in einem Brief an seine Mutter erwähnt haben muß, und auch, daß er mit einflußreichen Leuten aus der Spitze des Dritten Reiches in Verbindung stand. Kraffts Mutter war von Geburt Deutsche, fanatisch pro-deutsch und deshalb sehr stolz auf die offenbar sehr wichtige Arbeit und die Verbindungen ihres Sohnes in Berlin. Frau Kraffts Problem war, daß ihre Schwiegermutter zuviel plauderte.

Ein Gerücht führte zum nächsten. Am 16. April 1945, einen Tag nach dem Artikel in *La Suisse* brachte ein Radiosender eine Meldung, ein gewisser Krafft, Hitlers Astrologe, sei in Buchenwald gefunden worden und in alliierter Hand. Am 22. September tauchte Krafft wieder in den Nachrichten auf. Die Agentur Reuter verbreitete eine Geschichte, die nur von de Wohl stammen konnte. Krafft sei Hitlers Astrologe gewesen und deshalb sei de Wohl von den Briten engagiert worden. Diese Nachricht erschien am gleichen Tag in den *Basler Nachrichten* und anderen Schweizer Zeitungen. Vor allem die Kombination der Namen Krafft und de Wohl stieß jetzt in der Schweiz und schließlich auch in Deutschland auf großes Interesse in der Öffentlichkeit.

Eine Reihe von Leuten, die Krafft gekannt hatten, berichteten in den *Basler Nachrichten* über ihre persönlichen Erinnerungen an

---

[13] Meine Annahme, daß Kraffts Mutter unvorsichtig plauderte, beruht auf einem Brief Frau Kraffts an Ferrière vom 25. September 1945.

Krafft; fast alle kritisch und im Ganzen unfreundlich. Am 10. November erschien schließlich zu seiner Verteidigung eine Erwiderung seiner Witwe in den *Basler Nachrichten.* Sie bestritt nachdrücklich, daß er in irgendeiner Weise mit Hitler oder Heß zu tun gehabt hatte, unterschlug jedoch verständlicherweise seine Tätigkeit in Berlin und seine Verbindung zum RSHA vor seiner Anstellung beim Deutschen Nachrichtenbüro.

Im Jahre 1947 mußte de Wohl wissen, daß die Krafft-Legende, die seine eigene Erfindung war, jeglicher Grundlage entbehrte, doch dies hielt ihn nicht davon ab, sie weiter zu verbreiten. Er sagte zum Beispiel in einem Interview, das am 9. November 1947 im Londoner *Sunday Graphic* erschien: „Einer meiner besten Klienten in England war ein alter Kunde von Karl Klafft [sic], dem Hausastrologen Hitlers. Von ihm erlernte ich Klaffts Technik. Ich wußte, was er Hitler raten werde, noch bevor er es dem Führer mitgeteilt hatte. Im Jahre 1940 arbeitete ich mit Klaffts Methode als Captain in der Abteilung für psychologische Kriegführung, und es war klar, daß er dem Führer raten werde, zu handeln. Der Führer nahm den Rat an und besetzte Frankreich." Der „alte Kunde" Kraffts war Tilea, der ihm die „Technik" Kraffts sicher nicht hätte erklären können. Nach Dünkirchen, so de Wohl, „geriet Hitlers Glaube an seinen Chefastrologen erstmals ins Wanken, und von nun an begann er sich mehr und mehr auf seine eigene Intuition zu verlassen. *Seine Intuition wurde der unbekannte Faktor in meinen Berechnungen.* Bis zuletzt glaubte Hitler an Astrologie, und die Nachfrage nach meinen Berichten riß nicht ab. Mehr als einmal konnten wir einige taktisch unberechenbare Züge Hitlers vorhersagen." Doch Miss I. hatte bereits klargestellt, daß es seit Ende 1940 keinen Bedarf für die „strategischen Berichte" de Wohls mehr gab.

De Wohl hat mit der Verbreitung der Krafft-Legende und vielen wortreichen, aber nie überzeugenden Berichten über seine angebliche Tätigkeit in London sicher eine Menge Geld verdient. Seine Artikel erschienen in den Jahren 1947-48 rund um die Welt, und er wurde international berühmt.[14] Die Protestschreiben Frau Kraffts

---

[14] Später wandte er sich von der Astrologie ab und konvertierte zum Katholizismus. Er schrieb eine Reihe religiöser Romane, die das Imprimatur des Vatikans erhielten: *The Quiet Life,* 1950 (Thomas von Aquin); *The Restless Flame,* 1952 (Augustinus); *The Golden Thread,* 1953 (Ignatius von Loyola); *The Glorious Folly,* 1958 (Paulus); *Lay Siege to Heaven,* 1961 (Katharina von Siena).

blieben unbeantwortet. Schließlich konnte sie doch noch eine Antwort von ihm erhalten, als er 1947 in Zürich einen Vortrag über „Astrologie und psychologische Kriegführung" hielt. Er riet ihr, so Frau Krafft, doch keine schlafenden Hunde zu wecken, denn er zweifle nicht, daß Kraffts Sympathie den Nazis gegolten habe.

Aus dem Material de Wohls braute die deutsche Boulevardpresse, insbesondere die skurrile astrologische Wochenzeitschrift *Das Neue Zeitalter*, eine eigene Version der Krafft-de Wohl-Geschichte. Besonders bemerkenswert ist eine Serie, die 1949 in der *DNZ* erschien. Die Redakteure des Blattes gaben einen fiktiven Bericht über Kraffts Berliner Aktivitäten in Auftrag. Angeblich beruhte dieser Bericht auf Kraffts Tagebüchern, in deren Besitz sie seien. Das Tagebuch war reine Erfindung. Diese phantastische Serie beschrieb Begegnungen von Krafft und Goebbels, die nie stattgefunden hatten, und schilderte eine imaginären Liäson Kraffts mit einer Dame namens Karin Markow. Sie sei eine Geheimagentin im Dienst der Briten gewesen, die ihre Instruktionen von de Wohl bekommen habe. Auch wenn ansonsten im *DNZ* nur das übliche Wochenquantum inspirierten Blödsinns stand, waren daneben Leserbriefe abgedruckt, deren Verfasser wirklich etwas wußten. So standen Wahrheit und Fiktion Seite an Seite.

21. Louis de Wohl, März 1960 in London.

22. F. G. Goerner, Schnappschuß des Autors in Mannheim 1961.

Eine unglaubliche Alternative

Das Gerücht, Hitler glaube an Astrologie und beschäftige Astrologen, kursierte seit 1933. Viele Menschen glaubten, sein unaufhaltsamer Aufstieg und der erschreckende Verlauf seiner politischen Erfolge und territorialen Zugewinne könne nur darauf beruhen, daß er Zugang zu Informationen habe, die mittels paranormaler Methoden gewonnen worden seien. Am wahrscheinlichsten erschien dabei die Astrologie. Auch Dr. Hans Bernd Gisevius, der wohl einen besseren Zugang zu vertraulichen oder geheimen Informationen als die meisten seiner Zeitgenossen hatte, interessierte sich dafür, als er 1934 mit seinem Kollegen Arthur Nebe diesem in Deutschland zirkulierenden Gerücht auf den Grund gehen wollte – ohne Erfolg. Als sieben Jahre später die „Aktion Heß" weitaus bessere Möglichkeiten zur Nachprüfung bot, fand man wieder nichts heraus.[1]

Offenbar verbreiteten sich die Geschichten über Hitlers Astrologen erst nach 1938 außerhalb Deutschlands. Ich verwies schon auf den Geheimdienstbericht des rumänischen Botschafters in Berlin, Raoul Bossy, den das rumänische Außenministerium an alle Botschaften und Konsulate schickte.[2] Den frühesten Beleg für Hitlers angebliche Abhängigkeit von astrologischer Beratung fand ich in der Londoner *Daily Mail* vom 30. Januar 1939 (also mehr als sieben Monate vor Kriegsbeginn). Dort wurde behauptet, Hitler schenke dem Rat seines persönlichen Astrologen große Aufmerksamkeit.

Am 5. April 1939 erschien in der *Gazette de Lausanne* ein Artikel, der in die gleiche Richtung zielte: „Es gibt keinen treueren Anhänger der Astrologie als Herrn Hitler. Die besten Kunden des Internationalen Instituts in London sind die Privatastrologen in Berchtesgaden. Jeden Monat ordern sie neue astrologische Dokumente. Das

---

[1] Brief von Gisevius an den Autor (23. März 1966). H. B. Gisevius (* 1904) wurde im August 1933 Mitarbeiter der Berliner Polizei, als deren politische Abteilung gerade Teil der Gestapo wurde. Da er die Gestapomethoden mißbilligte, bat er um seine Versetzung und verließ schließlich im Juli 1936 den Polizeidienst, als Himmler Polizeichef des Reichs wurde. Im Krieg war er beim militärischen Geheimdienst. Er war auch in den Attentatsversuch auf Hitler vom 20. Juli 1944 verwickelt. SS-Gruppenführer Artur Nebe (* 1894) war seit 1936 Chef der Reichskriminalpolizei und wurde 1945 im Zusammenhang mit der Verschwörung des 20. Juli hingerichtet. Wenn Nebe mit all seinen RSHA-Kontakten keinen Astrologen Hitlers kannte, so bleibt nur ein Schluß, daß es keinen gab.
[2] Siehe S. 243.

alles, weil Herr Hitler an die Wahrheit der Astrologie glaubt. Und er beweist sie auch. Es ist kein Zufall, daß er all seine *coups* im März landet. Vor dem Losschlagen erfragt er die günstigste Zeit aus den Sternen. Der März ist sein bester Monat... Ob man nun an Astrologie glaubt oder nicht, wichtig ist, daß Hitler daran glaubt." Doch leider gab es kein Internationales Institut in London und keine *astrologues particuliers* in Berchtesgaden.

Am 12. Juli 1939 berichtete die *Daily Mail*, der Präsident der Columbia Universität in New York, Dr. Nicholas Murray, habe bestätigt, daß Hitler einen Stab von fünf Astrologen beschäftige. Mehrere Führerastrologen finden sich auch 1950; Louis de Wohl erzählte einem Reporter der *Empire News* (3. Dezember 1950), daß Hitler sechs Astrologen habe. Und schließlich wurde am 5. Oktober, einen Monat nach Kriegsbeginn, im Londoner *Evening Standard* aus dem Regiment dieser hypothetischen Sterngucker ein Name genannt.

„Nach einer Meldung aus Breslau ist erst kürzlich Hitlers Lieblingsastrologin Elsbeth Ebertin verschwunden, berichtet der Züricher Korrespondent der Agentur *Havas*. Man hat sie seit Kriegsbeginn nicht mehr gesehen. Sie genießt großes Ansehen unter den deutschen Astrologen, und sie soll als eine der wenigen Personen die genaue Geburtsstunde Hitlers kennen." Am nächsten Tag druckte der *Daily Telegraph* dieselbe Geschichte und fügte hinzu, Frau Ebertin sei „Chefin eines Verlags, der bei astrologischen Veröffentlichungen in Deutschland eine Monopolstellung hat." Ich habe jedoch keinen Zweifel daran, daß man Frau Ebertin ohne weiteres zu Hause in der Bahnhofstraße 7 in Weinsberg bei Heilbronn hätte finden können. Die Verbindung zwischen Frau Ebertin und Hitler, auf die der Züricher Korrespondent anspielte, basierte vermutlich auf einer vagen Erinnerung an ihre berühmte „Hitler-Prophezeiung" von 1923, die wir in diesem Buch schon besprachen.

Auch Walter Schellenberg war überzeugt, daß Hitler an Astrologie glaubte. Man denke zum Beispiel an seine Stellungnahme, daß nach Heß' Flug nach Schottland Hitlers „Neigung in eine kompromißlose Antipathie umschlug".[3] Schellenberg kannte ihn sicher nicht so gut wie Fräulein Schröder, die 1933-45 eine von Hitlers Sekretärinnen war. Sie war überzeugt, daß er sich für dieses Thema überhaupt nicht interessierte.

---

[3] Walter Schellenberg: *Memoiren*, Köln 1959, S. 160.

„Es liefen im Volk Gerüchte um, daß Hitler sich vor wichtigen Entscheidungen von Astrologen beraten ließ. Ich gestehe, daß ich davon nichts bemerkt habe und daß auch in den Gesprächen niemals davon die Rede gewesen ist. Im Gegenteil, Hitler selbst entkräftete diese These durch seine energisch vorgetragene Überzeugung, daß Menschen, die am gleichen Tage, am gleichen Ort und in derselben Stunde geboren würden, keineswegs auch das gleiche Schicksal hätten. Er sah den besten Beweis für seine Auffassung bei den Zwillingen. Er lehnte sich immer eifrig gegen die Vorstellung auf, daß das Schicksal der Menschen von den Sternen oder ihren Konstellationen abhinge. Allerdings hatten ihn in den allerersten Jahren der Kampfzeit die Voraussagen einer Münchner Wahrsagerin sehr beeindruckt. Es scheint, daß ihre Vorhersagen Punkt für Punkt eingetroffen sind. Aber Hitler sprach nur ganz ironisch von dieser Koinzidenz und betrachtete das ganze als einen Spaß."[4]

Einige Bemerkungen, die Hitler in privatem Kreis machte, bestätigen seine skeptische Haltung zur Astrologie. Es gibt keinen Grund, daß dies einmal anders gewesen sein sollte. „Den Aberglauben halte er [Hitler] übrigens für einen Faktor, mit dem man bei der Einschätzung menschlichen Verhaltens rechnen müsse, auch wenn er darüber erhaben sei und über ihn lache... Auch der Schwindel mit den Horoskopen, an den besonders die Angelsachsen glaubten, sei in seiner Bedeutung nicht zu unterschätzen. Was habe es der englischen militärischen Führung geschadet, als von irgendeinem bekannten Engländer ein Horoskop über diesen Krieg gestellt worden sei, das den Sieg Deutschlands ergeben habe. Noch und noch hätten die englischen Zeitungen nicht eingetretene Horoskope dieses Mannes ausgraben und veröffentlichen müssen, um den stimmungsmäßigen Auswirkungen dieser Nachricht entgegenzutreten."[5] Der Führer ging von falschen Voraussetzungen aus. Es waren eher die Deutschen als die Angelsachsen, die von der Astrologie „infiziert" waren. Zwischen den Kriegen gab es in Deutschland mehr Astrologen pro Quadratkilometer als irgendwo sonst auf der Welt.

---

[4] A. Zoller: *Hitler Privat. Erlebnisbericht seiner Geheimsekretärin*, Düsseldorf 1949, S. 176. „Der wirkliche Autor dieses wertvollen Buches... ist nach Überzeugung internationaler Experten Frl. Schröder." H. R. Trevor-Ropers Einleitung zu *Hitler's Table Talk, 1941-4*, 1953.
[5] Dr. Henry Picker: *Hitlers Tischgespräche im Führerhauptquartier*, 3. Aufl., Stuttgart 1977, S. 444 f.

Schon bald nach der „Aktion Heß" begannen die Nazis, die Astrologie und andere „okkulte" Verfahren so zu nutzen, wie es ihnen in den Kram paßte. In diesem Zusammenhang denke ich nicht nur an den zeitweiligen Einsatz von Krafft und Goerner im Jahre 1942, sondern an weit seltsamere Beispiele wie das „Pendel-Institut" in Berlin. Im Frühjahr 1942, als Krafft und Goerner noch in Einzelhaft im Gefängnis Alexanderplatz saßen, versammelten sich in der Nähe des Tirpitzufers in Berlin täglich eine ganze Reihe von Leuten in einem Haus in der Admiral-von-Schroeder-Straße. Viele von ihnen waren im Verlauf der „Aktion Heß" festgenommen und später wieder freigelassen worden. Jetzt waren sie Teilnehmer an einer okkulten Unternehmung, die unter offizieller Schirmherrschaft stattfand.[6] Einer derjenigen, die unfreiwillig bei diesem Geschäft mitwirken mußten, war mein Freund Wilhelm Wulff aus Hamburg. Seine Heranziehung zu dem Institut verdankte er indirekt seiner Bekanntschaft mit dem astrologisch interessierten Nürnberger Astronomen Dr. Wilhelm Hartmann.[7] Als er nach Berlin kam, war er überrascht, sich in der illustren Gesellschaft eines repräsentativen Querschnitts von spiritistischen Medien, Radioästhesisten (Rutengängern), Astrologen, Astronomen und Mathematikern wiederzufinden. Er habe sich ein Lachen nicht verkneifen können, erzählte er mir, als er erfuhr, daß der Staat nun mit den Leuten arbeitete, die er zuvor verfolgt hatte.

Die Leitung des Instituts hatte Hauptmann Hans A. Roeder von der Deutschen Marine. Die Briten hatten erst kürzlich viele deutsche U-Boote versenkt, und da den Deutschen keine wissenschaftliche Methode bekannt war, die es ihnen ermöglicht hätte, die U-Boote der Royal Navy zu lokalisieren, glaubten sie, die Briten hätten eine neue Ortungstechnik. Roeder vertrat die Theorie, der Geheimdienst der britischen Marine bestimme die Positionen der deutschen U-Boote mit Hilfe von Pendlern. Grob gesagt, in einem Raum der

---

[6] Ich konnte drei Quellen zum Pendel-Institut ausfindig machen: eine Reihe autobiographischer Artikel von Wilhelm Wulff im *Hamburger Abendblatt*, Oktober 1948, drei Artikel von Dr. Gerda Walther: „Der Okkultismus im Dritten Reich", in: *Neue Wissenschaft*, 1950-51, und ihre Autobiographie: *Zum anderen Ufer*, 1960.

[7] Dr. W. Th. A. Hartmann (* 1893 in Hamburg) wurde 1929 Leiter der Nürnberger Sternwarte und des Planetariums. In seinem Buch *Die Lösung des uralten Rätsels um Mensch und Stern* von 1950 entwickelte er einen Ansatz für eine wissenschaftliche Grundlage astrologischer Vorstellungen.

Admiralität in London sitze ein Pendler mit einer Karte des Atlantiks vor sich; mit einem Pendel „suche" er die Karte ab und wenn alles klappe, schlage das Pendel aus oder beginne vorschriftsmäßig zu schwingen: Heureka, wieder ein deutsches U-Boot gefunden! Man schickt einen Funkspruch, Zerstörer eilen zur Stelle, werfen ihre Wasserbomben, und das U-Boot sinkt.

Aber beide Seiten könnten das gleiche Spiel spielen. Der Zweck des Instituts war nun, herauszufinden, welche Pendel-Techniken dafür erforderlich waren. Deshalb hatte man Wulff, Gerda Walther, die Gräfin Wassilko-Serecki (die frühere Vorsitzende Astrologischen Gesellschaft Wien), Ludwig Straniak und all die anderen zusammengerufen. Wäre erst das britische Geheimnis enthüllt, so könne man ein paar Kurse vorbereiten, um durch die „Adepten" Angehörige der Marine darin zu schulen, das Pendel gegen die britische und amerikanische Schiffahrt zu schwingen.

Diese eigenartige Theorie schien ihren Ursprung in Salzburg zu haben. Dort behauptete ein Ludwig Straniak, ein Architekt, er könne die Position eines Schiffes bestimmen, wenn er ein Pendel über die Photographie des Schiffes halte und dann mit diesem Instrument auf einer Karte „suche". Mitglieder der deutschen Admiralität besuchten ihn in Salzburg und kamen mit dem Eindruck nach Berlin zurück, es lohne sich, diese „Techniken" weiter zu erforschen. So wurde Straniak ein führendes Mitglied der Pendelschwingertruppe im „Institut". Er lieferte viele eindrucksvolle Proben seiner Fähigkeiten, so Wulff, auch wenn dies nur bedeutete, daß seine Methode für experimentelle Zwecke genutzt werden konnte, doch dafür, woran die deutsche Marine vorrangig interessiert war, taugte sie nicht. Er konnte zum Beispiel mit einem Pendel die exakte Stelle auf einem Blatt Papier angeben, wo sie zuvor mit einem kleinen Metallobjekt berührt worden war, doch dies war wohl nicht genug.

Tag für Tag hockten die Pendler mit ausgestrecktem Arm über den Seekarten des Atlantiks und anderer Meere, doch das Ergebnis war kümmerlich. Gerda Walther und Wulff nahmen Roeders Hoffnungen und Theorien nicht ernst und konnten sich bald rar machen. Auch der Nürnberger Astronom Hartmann hielt alles für ausgemachten Blödsinn. Wer dabei blieb, litt bald an nervöser Erschöpfung, und später wurde das Institut in eine ruhigere und gesündere Umgebung, auf die Insel Sylt verlegt, vielleicht aufgrund der Überlegung, daß ein wenig Ozon die „Schwingungen" verstärke.

Man brauchte die Hilfe der Okkultisten erneut, als Mussolini am 25. Juli 1943 von der Regierung Badoglio festgenommen worden war. Am 27. Juli gab Hitler den Befehl zur „Operation Alarich", der Befreiung Mussolinis. Das Problem war, daß die Deutschen keine Ahnung hatten, wo der *Duce* steckte, und als der Geheimdienst keine brauchbaren Informationen lieferte, rief man die Okkultisten. Schellenberg berichtet von dieser heiklen Angelegenheit in seinen Memoiren: „In dieser Situation praktizierte Himmler wieder einmal eine seiner okkulten Marotten – und nun sogar mit einem gewissen Erfolg. Er ließ einige der nach dem Englandflug von Rudolf Heß verhafteten ‚Vertreter der okkulten Wissenschaften' zusammenrufen und setzte sie in einer Villa am Wannsee in Klausur. Es waren dies Hellseher, Astrologen und Pendler, die den Aufenthaltsort des verschwundenen Duce ans Licht zu zaubern hatten. Diese Séancen kosteten uns eine ziemliche Stange Geld, da der Bedarf an gutem Essen, Trinken und Rauchen der ‚Wissenschaftler' ganz enorm war. Aber siehe da – ein ‚Meister des siderischen Pendels' stellte nach einiger Zeit fest, Mussolini müsse sich auf einer Insel westlich von Neapel befinden. Und tatsächlich war der Duce auch zuerst auf eine der von ihm bezeichneten kleinen Ponza-Inseln gebracht worden. Und um wiederum der Wahrheit die Ehre zu geben, muß gesagt werden, daß dieser Pendler im Augenblick des Experiments keinerlei Verbindung mit der Außenwelt hatte."[8]
Die Leser, die Schellenbergs *Memoiren* oder Trevor-Ropers *Hitlers letzte Tage* kennen, erinnern sich vielleicht an gelegentliche Erwähnungen eines Astrologen, der für Himmler gearbeitet haben soll. Schellenberg nennt ihn nicht namentlich, aber Trevor-Roper, dessen Informationen darauf beruhen, was Schellenberg ihm nach dem Krieg erzählte, nannte ihn Wulf. Es war niemand anderer als der in obigem Zusammenhang mit dem Pendel-Institut erwähnte Wilhelm Wulff. Anders als Krafft, dem nichts lieber gewesen wäre als eine solche Position mit Macht und Einfluß, war Wulff der persönliche Umgang mit Himmler, Schellenberg, Nebe (dem Chef der Kriminalpolizei) und anderen führenden Leuten des Reichssicherheitshauptamtes überhaupt nicht willkommen. Wulff gestattete mir, einen ersten Entwurf seiner Memoiren zu lesen, als ich ihn 1962 in Hamburg besuchte. Gerade weil er mir mit gewissem Material half,

---

[8] Walter Schellenberg: *Memoiren*, Köln 1959, S. 301.

will ich seine Geschichte nicht vorwegnehmen, da er sie in einem eigenen Buch erzählt.⁹
Wie es eine astrologische Anekdote über den ersten großen öffentlichen Auftritt Hitlers vom November 1923 gibt, so gibt es auch eine über das Ende seiner Karriere. Die Quelle dafür ist das unveröffentlichte Tagebuch von Hitlers Finanzminister, dem Grafen Schwerin von Krosigk. Der Autor geriet im Mai 1945 in Flensburg samt Tagebuch in Gefangenschaft, und Trevor-Roper benutzte es, als er *Hitlers letzte Tage* schrieb.
Ein paar Tage vor dem 15. April 1945, mit dem die Tagebucheinträge beginnen, erzählte Goebbels von Krosigk, er habe letzthin dem Führer laut aus Carlyles *Geschichte Friedrichs des Großen* vorgelesen. Goebbels habe die Passage zitiert, die die Verzweiflung des Königs angesichts der bevorstehenden Niederlage Preußens am Ende des siebenjährigen Krieges beschreibt, wie er Gift nehmen will, wenn bis zum 15. Februar keine Wendung eingetreten sei. „Tapferer König!" schreibt Carlyle (laut von Krosigk), „warte noch eine kleine Weile, dann sind die Tage deines Leidens vorbei, schon steht hinter den Wolken die Sonne deines Glücks und wird sich dir bald zeigen." Am 12. Februar starb die Zarin, und so geschah ein Wunder für das Haus Brandenburg. (Im Folgenden stütze ich mich auf Mr. Trevor Ropers Bericht.)¹⁰
„,Dem Führer seien die Tränen in die Augen getreten.' Sie besprachen die Sache hin und her und ließen sich im Verlaufe der Unterhaltung zwei Horoskope kommen, die in einer von Hitlers Forschungsabteilungen sorgfältig aufbewahrt wurden: das am 30. Januar 1933 gestellte Horoskop des Führers und das Horoskop der Republik, datiert 9. September 1918. Diese geheiligten Schriftstücke wurden herbeigeholt und geprüft, und ‚dabei habe sich die erstaunliche Tatsache herausgestellt', deren frühere Beobachtung sich gelohnt hätte, ‚daß beide Horoskope übereinstimmend den Kriegsausbruch 1939, die Siege bis 1941, und dann die Kette der

---

⁹ Wilhelm Wulffs Buch erschien unter dem Titel *Tierkreis und Hakenkreuz. Als Astrologe an Himmlers Hof*, Gütersloh 1968. (A.d.Ü.)
¹⁰ Mit der freundlichen Genehmigung Professor Trevor-Ropers benutzte ich seine 1962 bei Pan Books erschienene Werkausgabe. [H. R. Trevor-Roper: *Hitlers letzte Tage*, Zürich 1948, S. 95-98] Hier zeigt sich, daß Schwerin von Krosigk weder Carlyle richtig zitiert noch die Fakten korrekt wiedergibt. Die Zarin Elisabeth von Rußland starb am 5. Januar 1762.

Rückschläge mit den schwersten Schlägen in den ersten Monaten 1945, vor allem in der zweiten Hälfte April, ein Stagnieren bis zum August, in diesem Monat den Frieden, dann drei Jahre lang eine schwere Zeit für Deutschland, und von 1948 an wieder den Aufstieg vorausgesagt hätten'. Er schickte mir am nächsten Tage die Horoskope; ich konnte alle die Dinge nicht herauslesen, nur in der beigefügten ‚Deutung', die allerdings erst jetzt erfaßt ist, fand ich sie, und bin nun sehr gespannt auf die zweite Hälfte April."
Am 12. April erhielt von Krosigk telephonisch die Nachricht, daß Roosevelt tot sei. „Wir fühlten die Flügel des Engels der Geschichte durch das Zimmer rauschen. Sollte das die lang ersehnte Wendung sein?" fragte er sich.
Trevor-Roper erfuhr aus einer weiteren Quelle, daß Goebbels, als er nach seiner Rückkehr von Küstrin nach Berlin die Neuigkeit in den frühen Morgenstunden des 13. Aprils hörte, eine Flasche Champagner für seine Gefährten orderte und sogleich mit dem Führer telephonierte: „Mein Führer," rief er, „ich beglückwünsche Sie! Roosevelt ist tot. In den Sternen steht es geschrieben, daß die zweite Aprilhälfte für uns eine Wendung bringen wird. Heute ist Freitag, der 13. April. Es ist der Wendepunkt!" Vierzehn Tage später nahmen Hitler und Goebbels sich das Leben.
Über Freitag, den 13. April 1945, gibt es eine weitere astrologische Geschichte, die zwar ziemlich unwahrscheinlich klingt, aber dennoch wahr sein könnte. Im Sommer 1962 las ich das schon erwähnte Nostradamus-Buch von Dr. Centurio. Der Autor behauptete, als die Armeen der Briten und Amerikaner die Seine überquerten, sei er vom Chef des Reichsrundfunks, Eugen Hadamovsky, nach Berlin gerufen worden. Dort habe er erfahren, Goebbels erwäge, eine Übereinkunft mit den Alliierten, insbesondere den Briten, zu erreichen. Hadamovsky habe Centurio gefragt, ob sich bei Nostradamus ein Anhaltspunkt für eine solche Eventualität finden lasse. Centurio habe daraufhin auf Quatrain IX, 51 verwiesen, der möglicherweise passe. Er beginnt: *Contres les rouges secte se banderont*. Nach Centurio hieß das „eine Alliance gegen die Roten Parteien", d. h. eine Allianz zwischen Deutschland und den Alliierten gegen die Sowjetunion.
„Auf Befehl meines Chefs," so Centurio, „schrieb ich sogleich in englischer Sprache ein Büchlein mit dem Titel *Nostradamus and England*. Es wurde bei einem Verlag in Süddeutschland gedruckt.

Aus Dr. Goebbels Absicht wurde nichts..."[11]
Nicht überrascht, aber amüsiert über diese Anekdote konnte ich schließlich einen Kontakt mit Dr. Centurio herstellen, der sich als Dr. Alexander Zentgraf entpuppte. Wir trafen uns nie, doch er schrieb mir am 28. Juni 1962 in einer recht ordentlichen englischen Prosa. Er wußte offensichtlich eine ganze Menge über Krafft, und er hatte ihn und Goerner sogar in der Lützowstraße besuchen können. Anfang Februar 1943 hatte er auch ein paar Gespräche mit ihrem „Wärter", Herrn Hirsch, geführt.
Hirsch berichtete, Krafft „versucht, eine geistige Störung vorzutäuschen, er ißt viel Knoblauch und macht Sitzbäder in einer Wanne." Einige Tage später erzählte ihm Hirsch, daß Krafft bald „abgeholt" werde. Ich hatte diese „Sitzbad"-Geschichte auch von Goerner gehört. Offenbar hatte Hirsch Krafft bewegungslos in einem leeren Badezuber sitzen sehen. Wahrscheinlich machte er seine Yoga-Übungen, doch das wußte Hirsch nicht. Daß er den Verrückten spielte, ist wohl unwahrscheinlich. Zentgraf schrieb, er habe sich bei der Gestapo zugunsten Krafts einsetzen wollen: „Ich versuchte, ihm zu helfen, doch ich wurde bei der Gestapo nicht vorgelassen." Ein obskurer Astrologe namens Bernd Unglaub hatte Zentgraf darauf aufmerksam gemacht, daß Krafft in der Lützowstraße einsaß. Bevor er im Herbst 1926 nach Berlin gezogen war, hatte er sich als Autor von prognostischen Almanachen und von astrologischen Büchern wie *Rennbahn-Tips, Lotterien und Spekulation* („Die astrologische Erfolgsreihe Nr. 1") durchgeschlagen. Die bayerische Polizei hatte die erste Ausgabe seines *Sirius Taschenalmanachs* (für 1926) beschlagnahmt und Verkauf und Verbreitung verboten. Ich besitze Exemplare der Ausgaben für 1927/28, die in Berlin erscheinen konnten, wo die Polizei nicht so pingelig war. Darin finden sich Artikel über Methoden zur Entwicklung von Hellsichtigkeit und anderer okkulter Unsinn. Er gab seinen Lesern auch zwei Adressen,

---

[11] Die Broschüre erschien unter dem Pseudonym „Nestor". Ich habe kein Exemplar davon gesehen. Centurios Geschichte enthält eine ganze Reihe von Ungereimtheiten. Hadamovsky verlor seine Stellung beim Propagandaministerium im April 1942 und wurde in die Abteilung für Parteipropaganda versetzt. Möglicherweise sah er Goebbels zuletzt im Oktober 1943. Kurz danach meldete er sich zur *Wehrmacht*, und 1944 soll er in Rußland gefallen sein. Er kann also im Juni 1944 Centurio nicht befohlen haben, ein Nostradamus-Pamphlet zu schreiben. Siehe auch W. A. Boelcke: *Kriegspropaganda 1939-41*, 1966, S. 80-83.

wo die mexikanische „Halluzinations"-Droge *Peyotl* in Deutschland zu beziehen war. Darüber hinaus schrieb er, daß man das zweite Gesicht stimulieren könne, wenn man den Blick auf ein Bild von Meister Morya fixiere, einen der sagenhaften Mahatmas von Madame Blavatsky. Diese Methode empfahl er jedoch nicht uneingeschränkt, da er sich an zwei Fälle erinnern könne, wo ein längeres Starren auf das Portrait des Meisters zum Selbstmord geführt hatte. Unglaub war ein typischer Vertreter des okkulten „Untergrunds": dumm[12] und vielleicht auch etwas verrückt.

„In der Bülowstraße 27 in Berlin lebte in der Nachbarschaft meiner verstorbenen Mutter der Kosmologe Bernd Unglaub", schrieb Zentgraf. „1929 schrieb er ein kleines Buch mit dem Titel *Was ist, Was wird sein*. Er prophezeite darin für 1933 Hitlers Machtergreifung und für 1939 den Großen Krieg, der viel Unglück über Deutschland bringen werde.[13] Ich selbst habe das Buch gesehen und es gelesen. Später (1941) wurden alle Exemplare von der Gestapo vernichtet. Unglaub stammte aus dem Allgäu. Schon 1922 hatte er Hitler reden gehört, doch er schloß sich ihm nicht an, ‚denn ich kenne sein Ende!' sagte er mir 1940!! ‚Wann wird sein Ende sein?' fragte ich. ‚Mai 1945', sagte Unglaub. Dann wurde Unglaub wegen Defätismus von der Gestapo verhaftet. Auf die verzweifelten Bitten seiner Frau suchte ich den zuständigen Menschen bei der Gestapo auf, wofür ich all meinen Mut zusammennehmen mußte. Unglaub wurde freigelassen und die Gestapo behelligte ihn nicht mehr."
Zentgraf sah Unglaub am Freitag, dem 13. April 1945 zum letzten Mal: „Er kam aus der Reichskanzlei. Hitler hatte ihn kommen lassen, um zu erfahren, was er tun solle. Unglaub hatte sich geschickt herausgeredet."
An dieser Stelle muß man noch einmal auf den Hintergrund eingehen. Die Tagebucheintragungen Schwerin von Krosigks beginnen mit dem 15. April. Wir können also davon ausgehen, daß Hitler und Goebbels sich die Horoskope in einer ruhigeren Stunde in der ersten Aprilwoche vornahmen. Am Freitag, dem 13. April 1945, hatte Goebbels Hitler frühmorgens angerufen und berichtet, daß Roosevelts Tod „in den Sternen geschrieben" stand. Folglich ist dieser Tag

---

[12] Cf. Th. W. Adorno: *Minima Moralia*, Frankfurt 1969, Teil 3, Kap. 151, S. 325: „Okkultismus ist die Metaphysik der dummen Kerle." (A.d.Ü.)
[13] Unglaub schickte leider kein Exemplar an die Deutsche Bücherei in Leipzig, so daß Zentgrafs Aussage leider nicht überprüft werden kann.

der einzige, an dem Hitler möglicherweise astrologische Informationen haben wollte, um Goebbels' Vermutung zu bestätigen.

Aber sagte der Führer wirklich: „Holt mir sofort einen Astrologen?" Im belagerten Berlin war es damals sicher nicht so einfach, einen Astrologen aus dem Hut eines SS-Obergruppenführers hervorzuzaubern. Man kann sich ausmalen, wie die Adjutanten rund um den Führerbunker fieberhaft herumfragten: „Kennt jemand einen guten Astrologen? Wir brauchen ihn sofort!" Vielleicht kannte jemand Unglaub, und man holte ihn. Jedenfalls liegt die Bülowstraße nicht weit von der Reichskanzlei entfernt.

Unglücklicherweise überlebte Unglaub nicht lange genug, um seine Geschichte einem britischen oder amerikanischen Geheimdienstler erzählen zu können oder später in einer ruhigeren Zeit einem Reporter vom *Spiegel* oder *Stern*. Er starb am 21. Juli 1945 an Zungenkrebs – „als ob die Götter neidisch wären", sagte Dr. Zentgraf.

Ob die Unglaub-Geschichte nun wahr ist oder nicht, ich persönlich glaube nicht daran. Aber im Dritten Reich ereignete sich so viel Seltsames, daß selbst eine so unglaubliche Begegnung wie die des Führers mit Bernd Unglaub möglich war. Und wenn ich schließlich auch die Krafft-Legende zerstört habe, so habe ich an ihre Stelle eine genau so *unglaubliche* Geschichte gesetzt.

Danksagungen

Den vielen Menschen, die mir für dieses Buch von unschätzbarer Hilfe waren, möchte ich herzlich danken[1]: C. Amacker (Genf), Miss June Bainbridge, Professor Hans Bender (Institut für Grenzgebiete der Psychologie und Psychohygiene, Freiburg i. Br.), Louis Bévand (Genf), W. Bischoff (Berlin), Gustave-Lambert Brahy (Brüssel), Dr. Hans Buchheim (Institut für Zeitgeschichte, München), Dr. C. J. Burckhardt (Vinzel/Vaud), Th. Chapellier (Brüssel), Mlle. G. Charton (Lausanne), C. J. Child, Prof. R. Danneel (Bonn), D. S. Delmer, Peter Dorp, Dr. G. Franz (Freiburg i. Br.), Frl. F. Frey (Zürich), Michael Gauquelin (Paris), F. G. Goerner (Mannheim), Lionel Hale, Werner Hamerski (Münster), Dr. Otto Kellner (Hamburg), Gräfin Goedela Keyserling (Innsbruck), Dr. W. Koch (Göppingen), Prof. H. H. Kritzinger (Achern), G. Lucht (Brandau im Odenwald), E. Hans Mahler (Zürich), Hon. Ewen Montague, Q. C., Dr. W. Mrsic (München), Roger Munsch (Pommeuse), Mrs. P. I. Naylor, Mlle. M. Panchaud (Lausanne), André Tanner (Lausanne), Felix Tappolet (Zürich), Paul Walser (Winterthur), Stephen Watts, Ilse R. Wolff (Bibliothek Wien), W. Th. H. Wulff (Hamburg) und den Bibliotheksmitarbeitern des Warburg Institute, Universität London.

Besonders zu Dank verpflichtet bin ich V. V. Tilea, C.B.E., der mir vier Briefe überließ, die Karl Ernst Krafft in den Jahren 1939-40 an ihn geschrieben hatte, sowie für ausführliche Gespräche über seine Beziehung zu Krafft und Louis de Wohl.

Ellic Howe
London, 3. Februar 1967

---

[1] Auch ich danke allen, die in der einen oder anderen Weise dazu beigetragen haben, daß dieses Buch erscheinen konnte: Nicolas Barker, Eberhard Bauer, Walter Boer, Klaus W. Bohnert, Volker Ewald, Albrecht Götz von Olenhusen, Günther Hager, Kai-Uwe Hoinka, Heinz Kern, Lena Riemann, Axel und Irmela Rütters, Ronald Voullié und O. H. Wittaker.

Franz Isfort

Abbildungen

1.	*The Straggling Astrologer*, 1824	S. 47
2.	Raphaels *Prophetic Messenger*, 1827	S. 48
3.	R. J. Morrison (Zadkiel)	S. 69
4.	William Blakes „The Ghost of a Flea"	S. 69
5.	Hugo Vollrath u. a.	S. 135
6.	K. E. Krafft, etwa 1916	S. 173
7.	K. E. Krafft, etwa 1932	S. 201
8.	K. E. Krafft, 1924	S. 212
9.	Kraffts Hütte in Urberg, 1938	S. 212
10.	Umschlag von C. Loog: *Die Weissagungen des Nostradamus*, 1921	S. 222
11.	Kraffts Brief an Tilea vom 26. September 1939	S. 237
12.	Kraffts Brief an Tilea vom 14. März 1940	S. 241
13.	Briefumschlag, aufgegeben von Himmlers Geheimdienst in Brasov, Rumänien, 1940	S. 244
14.	Kraffts Faksimile-Edition von *Les Prophéties*, 1940	S. 244
15.	Kraffts Rundbrief, Berlin 1940	S. 255
16.	Kraffts *Nostra Damur*, Berlin 1940/41	S. 258
17.	Portugiesische Ausgabe von Kraffts „Brüssel-Buch"	S. 258
18.	„Schwarze" Ausgabe Louis de Wohls von *Der Zenit*, 1943	S. 290
19.	Nostradamus Quatrain-Karte, hrsg. von Krafft, 1940/41	S. 290
20.	„Schwarzes" britisches Nostradamus-Flugblatt, 1943	S. 293
21.	Louis de Wohl, 1960	S. 313
22.	F. G. Goerner in Mannheim, 1961	S. 313

Index

Abrun, R. G. *104*
Ackroyd, John *29*; *94*
Adams, Evangeline 96
Adorno, Th. W. *323*
Aerogramm 167
Ahmad, Scheich Habeeb 94
Akademische Gesellschaft für astrologische Forschung 136; 151; 229
Alba, Herzog von 278
Allen, William Frederick 84
Altmann, Max 113-115
Amadou, R. *102*
Ambelain, R. *107*
American Astrology 97; 281
American Office of Strategic Services (OSS) 282
Andrews, Henry *41*
Andrews, William 35
Anthroposophie 113; 261; 265
Arbeitsgemeinschaft Deutscher Astrologen 147
Archetyp 195; 202
Ariosophie 152 f.; 261
Arische Rundschau 152
Asboga, Dr. Friedbert *75*
Ashpe, Dr. Smith 72
Astrale Warte 149
Astres 97
Astrolabium 73
Astrologer's Magazine (1793) 37 ff.
Astrologer's Magazine (1857) 73
Astrologer's Magazine (1890) 87
Astrologer of the Nineteenth Century, The 46
Astrologer, The 83; 84; 87
Astrologie heute 97
Astrologie, Die 144; 149; 160; 194
Astrologische Gesellschaft in Deutschland 134; 148; 156 ff.
Astrologische Gesellschaft Wien 116
Astrologische Rundschau 116; 120 f.; 140 f.; 144; 160
Astrologische Zentralstelle 133; 143 f.; 159 ff.; 269
Astrologischer Zentralverband 145

Astromedizin 75
Astro-Meteorological Society 60; 75
Astro-Meteorologie 54; 61; 72
Athenaeum, The 63
Auchinleck, Sir Claude 304
Ausdrucksdeutung 137
Bahai, Abdul 119
Bailey, Alice A. *96*
Bailey, E. H. *52*; 90
Balzli, Dr. Johannes 118
Bareste, Eugène 218
Barlet, F. Ch. 106
Bayer, Dr. Karl *142*
Beaverbrook, Lord 94
Becher, Theobald 119; 133; 148 ff.
Becker, Wilhelm 114; 117; 144 ff.; 158 ff.
Belcher, Sir Edward 65 f.
Bender, Hans 168 f.; 197 f.; 207 f.; 229
Bergier, J. *106*
Berndt, Alfred-Ingemar *303*
Besant, Annie *81*; 93; 113
Best, Captain S. Payne 229 f.; 275
Bethor, Alexander 114 f.
Bévand, Louis 181 ff.; 186 ff.
Beveridge, William 200
Bezold, Carl *19*
Bircher, Dr. Franklin 235; 238; 243
Bischoff, Wilhelm 269
Blake, William 49
Blavatsky, Helena Petrovna 79 ff.; 86; 93; 104; 110 ff.
Blessington, Lady 61
Blick in die Zukunft, Ein 125; 160
Bloom, Ursula *101*
Blüher, Hans *150*
Bô Yin Râ 119
Boelcke, W. A. *223*; *246*
Böer, Walter *208*
Bohneberg, Herr 157
Bois, Jules 104; *105* f.
Boll, Franz *19*
Bömer, Karl 224
Bormann, Martin 259 f.
Borresholm, Boris von *229*

Bossy, Raoul 243
Brabazon of Tara, Lord *101*
Bradlaugh, Charles 93
Bradshaw, J. 55
Brahy, G.-L. 195
Brandler-Pracht, Karl 114 ff.; 144
Brandt, Dr. Karl 9
Brasch, Elisabeth von 209
Brauch, Dr. 226
Breker, Arno 233; 306
British Association for the Advancement of Astral Sciences 55
British Homeopathic Association *74*
British Journal of Astrology, The 75; 92
British Phrenological Society *56*
British Security Coordination Office *282*
Brockdorff, Graf 252
Bronder, D. *122*
Brougham, Lord 59; 63 f.
Broughton, Dr. Mark 95
Broughton, Luke 95
Brunhübner, Fritz 29
Buchheim, Dr. Hans 171
Bulwer-Lytton, Sir 63
Bunsen, Baron 63
Burckhardt, Dr. C. J. 177
Bureau International des Écoles Nouvelles *184*
Burger, Adolf 229
Burt, Dr. (Sir) Cyril 196
Busse, H. *123*
Butler, Lady Olive 166; 174; 210
Butler, Samuel 78
Caillet, A. L. *102*
Canseliet, E. *107*
Carey, Dr. G. W. *75*
Carter, C. E. O. 88
Celestial Intelligencer, The 41
Centurio, Dr. 249 f.; 321
Chacornau, Paul *105*
Chamberlain, Lady (Austen) 278
Chaney, W. H. 96
Chapellier, Theodore 171; 203-211
Charakterologie 12; 137
Charton, Germaine *178*
Chellew, Henry 100

Chiromantie *115*; 152
Chiromantie, Die 152
Choisnard, Paul 107 f.; 180
Christengemeinschaft 261; 265
Christian, Paul 105
Cleather, A. H. 86
Cleather, A. L. *87*
Codreanu, Corneliu 235 ff.; 276 f.
Cohn, Norman *226*
Cole, Mawby 273
Combe, Andrew *56*
Combe, George *56*
Coming Events 87
Conjurer's Magazine, The 37 ff.
Connell, John 304
Cooke, Christopher 56-62; 66; 70
Copestick's Prophetic Annual 57
Copestick, Francis D. 56 f.
Corbyn, Mrs. *37*
Corfield, John *29*; 40 f.
Cosmos-Gesellschaft Deutscher Astrologen 115
Creighton, Mr. 36
Crépieux-Jamin, J. *123*
Cross, Robert T. (Raphael VI) *70*; 76 f.
Cross, William Sharp 58
Crowley, E. A. *79*
Curry, Patrick *34*
Dahlke, Rüdiger *75*
Daily Express 101
Daily Mail 314 f.
Daily Telegraph 54; 65 f.; 315
Daim, W. *152*
Danneel, Rolph 171; 174
Daqué, Edgar 136; *195*
Davidson, Dr. W. M. *75*
Decroly, Ovide *195*
Dee, John 61
Delmer, Denis Sefton 7 ff.; 165; *280*; 286-291
Desbarolles, A. *123*
Destiny 90
Dethlefsen, Thorwald *75*
Deutsche Arbeiterpartei 121
Deutsche Astrologische Gesellschaft 116; 160
Deutsche Kulturgemeinschaft zur Pflege der Astrologie 136

Deutscher Astrologenverband *161*
Didaskolos, Mr. 77
Döbereiner, Wolfgang *75*
Dodson, Joseph *78*
Drechsler, Dr. Adolph *110*
Driesch, Hans *153*
Dundonald, Lord 278
Dynamogramm 167
Dynogramm 234
Ebertin, Elsbeth 123-129; 160; *276*; 315
Ebertin, Reinhold 144; 152 f.; 159 ff.; *276*; 289
Egerton of Tatton, Lady 63
Ehrhardt, Herr 296-308
Elder, William 40
Ellis, Ida *78*
Elser, Georg 231
Encausse, Dr. Gérard 102 ff.
Endell, Anna *254*
Ertl, Suitbert *182*
Ewart, William 58
Eysenck, Hans Jürgen *182*
Fabre d'Olivet *106*
Fankhauser, Dr. Alfred 284
Farjon, Jacques 308
Fate and Fortune 87
Faure, Dr. Maurice 199; 202
Favre, Dr. Henri *105*
Ferrière, Dr. Adolphe 170; *184*-199; 207; 214; *225*; *242*; 251 ff.; *263*; 309 f.
Fesel, Heinrich 226-240; 248 ff.; 306
Feuerstake, W. 143
Finkenstein, Graf Ulrich *150*
Fitzclarence, Admiral 63
Flambart, Paul (ps.) 108
Fomalhaut, (ps.) 107
Fontbrune, Dr. de 250
Foote, M. R. D. *280*
Fortune, Dion *103*
Frank, Hans 233; *254*; 259; 296; 306; 309
Frankenbach, Karl 149
Franz-Willing, Dr. G. *122*
Freud, Sigmund *131*
Future, The 87
Gadbury, John 30; 35; 39; 54

Gall, F. J. *56*
Galton, Francis 76; *184*
Gann, W. D. *94*
Garnett, Richard (Trent, A. G.) *58*; 77 f.; *87*
Gauntlett, Arthur 13; 140; 166
Gauquelin, Michel *182*
Gebelin, Court de 105
Gebhard, Marie 110
Geistige Front 153
Genethlialogie *42*
Geogramm 167
Geopolitik 263; 284
George, Lewellyn 96
Germanen-Orden 120 f.
Gerst, Adolf 261
Gessmann, Gustav *115*
Gévingey, (ps.) 107
Gibson, Richard 25
Gilbert, M. *236*
Gilbert, William 37 f.
Gisevius, Dr. Hans 230; 314
Glahn, Frank *134*; 149; 158
Glauer, Adam Alfred Rudolf 120 ff.
Globus, Warenhaus 170; 190 f.; 197 ff.
Gnosis 16
Goebbels, Joseph 160; 220 ff.; 228; 246; 273; 320 ff.
Goerner, F. G. 167 ff.; *178*; 203 ff.; 226 ff.; 240; 252; 261; 270 f.; 294-307; 322
Golden Dawn *79*
Goldsmith, Dr. Oliver 70
Gollner, Dr. W. 231 f.
Goodrick-Clarke, N. *120*; *153*
Gordon, John 94
Gott, R. *236*
Götz von Olenhusen, Albrecht *122*
Graham, G. W. 44
Graphologie 123; 138; 159; 170; 191 f.; 261
Grashof, Max 118
Greville, Margeret 278
Grimm, A. M. 131 ff.; 140 ff.; 155; *267*
Grosvenor, Lord Robert 58; 63; *74*
Guaita, Stanislas de 104; 106

Guhl, Oskar 171; 187 ff.
Gundel, Hans-Georg *19*
Gundel, Wilhelm *19*
Gutberlet, Wilhelm 122
Haatan, Abel 106
Hadamovsky, Eugen 321
Hagen, Major von dem 158
Hague, Thomas 95
Halifax, Lord 278
Hall, Manly Palmer 96
Hambro, Sir Charles 279 ff.; 288
Hamburger Schule 13; 133; 138 ff.; 159
Hanisch, Otto 119
Hartmann, Dr. Franz 111 ff.
Hartmann, Dr. Wilhelm 317
Haushofer, Albrecht 264
Haushofer, Karl 263 f.; 285
Heiber, Helmut *259*
Heilbrun, C. G. *78*
Heilmann, Walter (ps.) 118
Heim und Welt 286
Heimsoth, Karl-Günther 150
Heindel, Max 96; 118 ff.; *154*
Heinersdorf, Herbert *151*
Heinrich, Prinz (der Niederlande) 275
Helmstädter, Axel *75*
Herald of Astrology, The 52
Herbais de Thun, Vicomte Charles de 109; *161*
Hersch, Prof. Liebmann 180 f.
Herschel, J. W. 77; *87*
Herschel, Mercurius 72
Herwarth, Oberst von 220; 224
Heß, Rudolf 171; 205; 228; 259 ff.; 270 ff.; *281*; 309
Heydrich, Reinhard 260; 294
Hiéroz, J. *108*
Hildebrandt, Dr. Rainer 263 f.
Himmler, Heinrich 122; 231; 260 f.; 319
Hirsch, Fritz 301; 305 f.; 322
Hirt, August *57*
Hitler, Adolf 8; 17; 41; 121; 129; 146 ff.; 160; 228 ff.; 243; 273 ff.; 309 ff.
Hoffmann, L. 128
Hofweber, Eduard 205; 270

Holzapfel, Carl Maria 233
Hoogerwoerd, Baron Keun von 229 f.; 275
Horick, Mr. 239
Horne, Viscount 278
Horoscope 11; *97*; 211
Horoscope, The 56; *87*; 95
Horoskope, The 58
Horst, Gerhard zur 204; 228; 270
Howe, Ellic 9; *79*; *120*; *280*; 288 ff.
Howe, Erich Graham 12
Hübbe-Schleiden, W. 111
Hübner, Wolfgang *42*
Hull, Armin 9; *288*
Humphery, Mr. 65
Huter, Heinrich 294
Huter, Karl 301
Hutin, Serge *102*
In Search 88; 96
Ingrams, Leonard 287
Institut für Geopolitik 285
Institut für Grenzgebiete der Psychologie 169
Institut für Zeitgeschichte 171; 227
Institut Jean-Jacques Rousseau *184*
Issberner-Haldane, E. 152 f.; 261
Jahrbuch für Kosmobiologische Forschung 195
Jinner, Sarah *36*
Johnson, Dr. Samuel 70
Jones, Ernest *131*
Jones, Marc Edmund 96
Judge, William Q. 79
Jung, C. G. 10 ff.; *82*; 130 f.; 136 f.; 195 f.; 202
Kabbala 102 f.
Kalkreuth, Gräfin Pauline von 116
Kampfbund für Deutsche Kultur 154 f.
Kamps, Karl *270*
Kaplan, Stuart R. *106*
Kaufmann, Oscar 276
Kellner, Dr. Otto 138; 143; 148; *269*; 272
Kent, William Charles *59*
Keyserling, Hermann Graf 130; 166; 209 ff.
Khan, Inayat 179

Kiesewetter, Karl 111
Kisshauer, Kurd 301 ff.
Kjelljen, Rudolf *263*
Klages, Ludwig 56; *123*; 137; 192
Klinckowstroem, Graf Carl von 216
Klöckler, Herbert Freiherr von *28*; 138; 161; 268
Klotz, Helmut *151*
Knapp, Dr. Martin 166; *197*
Knappich, Wilhelm *19*
Kniepf, Albert 114; 124
Koch, Dr. Walter *25*; *269*
Koot Hoomi *134*
Korsch, Dr. Hubert 123; 143-161; 205; 269; 294
Kosmobiologie 144; 180 ff.; *276*
Kosmologika 205
Krafft, Anna 174; 210; 310
Krafft, Anna (van der Koppel) *198*; 207 ff.; 227; 240; 251 ff.; 272; 296-311
Krafft, Anneliese 175
Krafft, Carl 174 ff.; 183 ff.; 198
Krafft, Dr. Albert 174
Krafft, Karl Ernst 8; 17; 20; 30; 161-257; 270-312; 322
Krayenbühl, Herr 308
Kretschmer, E. 12; 137
Krieger, Dr. Irmgard 202
Krishnamurti 113
Kristallschau 61 ff.
Kritzinger, Dr. H. H. 168; 187; 219 ff.; 246 ff.
Krosigk, Graf Schwerin von 320 ff.
Kühr, E. C. 267 f.
Kurtzahn, E. *106*
Lacey, F. W. 84 ff.
Ladois, Eugène *105*
Lambert, John 40
Lavers, James *216*
Le Normand, Marie-Anne Adélaïde *44*; 45
Le Pelletier, Anatole 218 f.
Leadbeater, Rev. C. W. *81*
Leasor, James *285*
Leo, Alan 82-91; 117
Leo, Bessie 88
Lessing, Dr. Theodor 136

Lévi, Eliphas 102 ff.; 110
Ley, Robert 158; 234; 296; 309
Liebenfels, Lanz von 121; 152; 261
Lietz, Hermann *184*
Lilly, William 35
Linnel, John *49*
List, Guido von 121
Lochner, Louis P. *302*
Loh, Josef 269
London Astrological Society *46*
London Correspondent, The 40
London Meteorological Society 55; 60; 72
London, Jack 96
Londonderry, Lord 278
Loog, C. 217 ff.
Low, A. M. 101
Lucas, Louis *106*
Lucht, Georg 167 ff.; 214; 228; 233; 240-252
Luck, Lord 101
Lyndoe, Edward 98
Mahler, E. Hans 170; 190 f.; 197
Marquiset, A. *44*
Maser, Werner *122*; *129*
Mayer, Ernst *115*
Mazdaznan 119
Meade, Marian *80*
Medhurst (Raphael IV) 70
Meier-Parm, Christian 144; 158
Mensch im All 152; 159; 161
Mensinga, J. A. *110*
Mercurii 45; 51; *73*
Meridian 161
Merlinus Liberatus 35
Metapsychische Gesellschaft, Deutsche 248
Michon, Abbé H. *123*
Mieville, Leopold *89*
Miller, Henry *96*
Modern Astrology 88
Moebius, Paul 154 f.
Möller, Helmut 6; *120*
Montessori, Maria *195*
Montgomery, Viscount 302
Moody, P. 50
Moody, T. H. 54
Moore, Francis 35
Moore, H. L. 200

Moore, Marcia *96*
Moricand, Conrad *96*
Morin de Villefranche 104 ff.; 141
Morning Advertiser 67
Morrison, Richard James (Zadkiel) 43; 51-74
Mrsic, Dr. Wilhelm 133; 143; 187; 202; 215
Müller, Heinrich 260
Münchener Beobachter 121
Munsch, Roger 170
Mussolini, Benito 319
Nachrichtenblätter 147
Nagengast, Maria 265
Naibod 32
Napoleon Buonaparte 41
Nationalsozialistische Deutsche Arbeiterpartei 121 ff.
Naumann, Dr. Gerhard 148
Naumann, Irma 148
Nautogramm 167
Naylor, Phyllis 13; 27 ff.; 163; 239
Naylor, R. H. 98; 239
Nebe, Arthur 230; 314
Neidhardt, Georg *262*
Nethercott, A. H. *82*
Neubäcker, Peter *73*
Neue Zeitalter, Das 265; 312
Ney, Elli 233
Nias, David *182*
Nicoullaud, Abbé Charles (Fomalhaut) 107; 218
Nostra Damur 216; 253
Nostradamus 8; 169; 200; 213-224; 233 f.; 242-253; 291; 303; 321
Occult Review, The 87
Occultist Defence League *78*
Olcott, Colonel Henry S. 79
Old Moore's Monthly Messenger 92
Old, Walter Richard (Sepharial) 86 f.; 92 ff.
Olympia Domata 35
Omarr, Sydney *96*
Oracle, The 71
Order of the Suastica, Most Ancient 68
Ordre Kabbalistique de la Rose-Croix 106

Orell Füssli Verlag 171; 187 ff.
Orger, Thomas 41
Ossietz, Rudolf 273
Ostara 152
Oxley, Thomas 73
Palmer, John (Raphael II) 50; 70
Palmerston, Lord 64
Panchaud, Marguerite 165; 171; *200*; 211; 225
Partridge, John 35
Pasqually, Martines de 102
Pauwels, L. *106*
Pearce, Alfred James 74 ff.; *87*; 108
Pearce, Charles Thomas *74*
Pearson, Prof. Karl 183
Peel, Sir Robert *73*
Péladan, Josephin 104
Pendel-Institut 317 f.
People, The 98
Perry, Inez Eudora *75*
Petersen, Frau 254
Peuckert, Will-Erich *19*; *103*
Pfaff, Julius *20*; 110
Pfefferkorn, Martin 147-156
Pferdewett-Systeme 93
Phrenologie 56
Piaget, Jean *195*
Picatrix 39
Picker, Dr. Henry *316*
Planisphäre 73
Pluto *29*; 107
Podmore, Frank 61
Polarogramm 167
Political Warfare Executive 7; 9
Pöllner, Otto 114 f.; 132
Powley, P. 70; 83; 87
Prana 114 ff.
Prediction 11; *97*; 239
Preyer, W. T. *123*
Progression 31
Prophetic Almanac, The 49
Prophetic Messenger, The 49 ff.; 76
Psychogramm 167
Psychological Warfare Executive (PWE) *280*
Psychologische Astrologie 12; 136 ff.

Ptolemäus, Claudius *20*; 110
Pulver, Max 192
Punch 65
Quade, Dr. Fritz 133; 136
Radioästhesie 57; 261; 317 f.
Ranger, Mr. *73*
Ratzel, Friedrich *263*
Regardie, Israel *103*
Reichenbach, Freiherr Stroemer von 202
Reichstein, Herbert *152*
Reichsverband Deutscher Schriftsteller 150
Reinhard, P. 115
Revue internationale des sociétes secrètes 107
Richardson, Dr. 85
Rijnberk, G. van *106*
Ring, Thomas 28; 208
Ritter, H. *40*
Roback, C. W. *90*
Roeder, Hans A. 317
Rogalla von Bieberstein, Johannes *226*
Röhm, Ernst 151
Rollo, Ireton *87*
Rommel, E. 302
Rosenberg, Alfred 302
Rosicrucian Fellowship 118
Rouhier, Dr. 205
Royal Prophetic Annual, The 51
Rudhyar, Dane *96*
Rudolph, Ludwig *139*
Ruir, E. 250
Rust, Bernhard 234
Saint Martin, Louis-Claude de 102
Saint-Yves d'Alveydre *106*
Salmon, William 35
Sänger, Emil 158; 221
Sargent, Sir Orme 277 f.
Saudek, R. *123*
Saunders, Richard *41*
Saxl, Fritz 14 ff.
Schellenberg, Walter 122; 226 ff.; 248; 259 ff.; 291; 315 ff.
Schingnitz, Werner 153
Schmidt-Nabus, Dr. 263
Schmitt, Dr. Ludwig 265
Schmitz, Oskar A. H. 130 ff.

Scholem, G. *103*
Schrami, Johannes 266
Schrenck-Notzing, Albrecht Freiherr von 265
Schröder, Frl. 315
Schubert, G. H. *110*
Schubert-Weller, Christoph *161*
Schule der Weisheit 130
Schuler, Alfred *56*
Schulte-Strathaus, Ernst 262 f.
Schultz, Josef 149; 269
Schulze, Karl-Friedrich 159; 276
Schuppe, Konrad 248
Schütt, Dr. W. 254
Schwab, Dr. F. 136
Schwickert, Friedrich 130; 141
Science and Astrology 99; *176*
Scottish Astro-Philosophical Society *68*
Season, Henry 35
Sebottendorff, Rudolf Freiherr von 120 ff.; 276
Selva, Henri 107; 141
Serres, Olivia 45
Sheffield British Institution 71
Sherburn, C. *86*
Shirley, Ralph *87*
Sibly, Ebenezer 39 f.
Sidereal Atlas, The 95
Sieggrün, Friedrich 139 f.
Simmonite, William Joseph 29; 71 f.
Sinnett, A. P. 81; 112
Six, F. A. *226*
Smith, Robert Cross (Raphael) 43; 51
Smith, Samuel 68
Soal, S. G. *86*
Society of the Most Ancient Magi 68
Spaink, Karin *75*
Sparkes, Mr. (Raphael V) 68 ff.
Special Operations Executive (SOE) 279-287
Speculum Anni 35
Sphinx, Die 111
Spirit of Partridge, The 46; 52
Spiritismus 16; 61; 79; 105; 115; 176; 260; 317

Sprachgeist 200 ff.; 213
Spranger, Prof. Eduard 196
Spurzheim, K. K. 56
Staehlin, Dr. Andreas 175
Star Lone and Future Events 87
Star, Ely 105
Stationers' Company 35; 95
Steiner, Dr. Rudolf 113; 116 ff.; 265
Stenger, Ludwig 132
Stephenson, William 282
Sterne und Mensch 145; 161; 194; 229
Storey, Miss 187
Straggling Astrologer, The 44; 46
Straniak, Ludwig 318
Strasser, Gregor 151
Strasser, Otto 150; 230
Strauß, Dr. A. H. 28
Strauß-Kloebe, Sigrid 195
Stuiber, Ludwig 140
Stundenastrologie 55
Süddeutsche Monatshefte 142
Sun, The 59
Sunday Dispatch 98
Sunday Express 94; 97
Sunday Times 286
Swastika 56
Sweet-Escott, Bickham 280; 282
Tappolet, Felix 174-179; 187 ff.; 202
Tarot 11; 105
Tester, S. J. 19
Theosophie 16; 79-87; 93; 110-118; 210
Theosophische Gesellschaft 79 ff.; 110 ff.; 160; 165
Theosophisches Verlagshaus 113; 148; 160
Thule-Gesellschaft 121 f.; 152
Tiede, Ernst 114 ff.; 120
Tilea, Virgil 170; 234-243; 274 ff.; 311
Times, The 67; 260
Tingley, Kathleen 118
Transit 32
Trarieux d'Egmont, Gabriel 211
Trevor-Roper, H. R. 319; 320
True Celestial Almanac, The 73

True Prophetic Almanac, The 51
True Prophetic Messenger, The 46
Tschuppik, Walter 273 f.
Tucker, W. J. 98 ff.; 160; 165
Typokosmie 194 f.; 200 ff.; 213
Ungern-Sternberg, Olga von 137
Unglaub, Bernd 322 ff.
Universal Brotherhood 118
University Magazine, The 78
Urania 40; 76
Uranus 206
Ussher, Sir Thomas 62
Varley, John 49
Vauquelin, Nicolas 50
Vehlow, Johannes 158
Venus 97
Vers l'Unité 183
Verweyen, Prof. Johannes Maria 136; 269; 294 ff.
Viatte, A. 102
Vignon, Abbé Eugène 107
Völkischer Beobachter 121 f.; 259; 302
Vollrath, Hugo 112; 117 f.; 132; 143-157
Vore, Nicholas de 96
Vox Stellarum 35; 41; 43; 52
Wachsmuth, Dr. G. 119
Waite, A. E. 79 ff.; 106
Wallerstein, Immanuel 263
Walser, Pastor Paul 171; 193; 197
Walter, Dr. Johannes (ps.) 118
Walther, Dr. Gerda 262; 265 f.; 317 f.
Warburg Institute 15
Warburg, Aby 14 ff.; 262
Ward, C. A. 216
Wassilko-Serecki, Gräfin 318
Weaver, Edmund 41
Webb, James 120; 195
Wedgwood, James 269
Weg zur Vollendung, Der 209; 210
Weiss, Dr. Adolf 141
Wertmann, H. V. 208
Westfehling, Uwe 106
Westminster, Herzog von 278
White, Robert 41
White, Thomas 41; 57
White, W. H. 60

INDEX

Whitmont, Edward C. 76
Wighton, Charles 226
Wilde, George 77 f.
Wilhelm, Richard *195*
Willermoz, J.-B. 102
Williams, Edward Vaughan 73
Williams, Mrs. 36
Wilmanns 251-256
Wing, Vincent 35
Winkler, Bruno *291*
Winterton, Lord 278
Wirth, Oswald 104 f.
Wirtschaftsastrologie 93; 192; 200; 227
Wirtschaftsberichte 200; 205; 227; 270
Witte, Alfred 138 ff.
Wohl, Louis de 7; 164; 230; 274-302; 310 ff.
Wood, Philip 54
Worsdale, John 41 ff.
Wright, James 40
Wright, Thomas *41*
Wright, W. C. 44-51; *76*
Wronski, Hoëne *106*

Wulf, Joseph *233*; *268*
Wulff, Wilhelm 161; 226; 248; 264; 291; 317 ff.; *320*
Yates, Frances Amalia *40*; *103*
Yeats, William Butler 87
Zadkiel's Almanac 52 f.; 74 ff.
Zambelli, Paola *262*
Zeitalter, Das neue 97
Zeitschrift für Bücherfreunde 216
Zeitschrift für Geopolitik 263
Zeitschrift für Parapsychologie 182
Zeitung, Die 273
Zenit 8; 123; 144; 149; 161; *200*; 269; 288
Zenit, Der 288
Zentgraf, Dr. A. 249; 263; 322 f.
Zentralblatt für Okkultismus 114 ff.
Zimpel, Dr. Carl-Friedrich *75*
Zodiak 19
Zodiakus 115 f.
Zoller, A. *316*
Zuriel's Voice of Stars 68

Gab es eine »Stunde Null«?

Zwischen Befreiung und Besatzung

352 Seiten, ISBN 3-89547-704-4

344 Seiten, ISBN 3-89547-703-6

200 Seiten, ISBN 3-89547-702-8

182 Seiten, ISBN 3-89547-701-X

11194 29.8.1995